須澤 通／井出万秀

ドイツ語史

社会・文化・メディアを背景として

Toru Suzawa　Manshu Ide

ikubundo

はじめに

　本書は，ドイツ語史を学ぼうとする学生諸君およびドイツ語の歴史に興味を抱く一般読者諸氏を対象に，現代の標準ドイツ語に至るドイツ語の発達史全般を概説するために編まれた。

　ドイツ語の歴史は，ドイツ語による最初の文献が現れる8世紀に始まるとされる。「ドイツ語」という言葉も，この時代に初めて，ラテン語やロマンス語と対立する，「民衆語」を意味する中世ラテン語の形で文献に現れる。8世紀のカロリング朝フランク王国では，民衆語によるキリスト教布教のため，さらに，カール大帝による民衆語と民族文化の保護・育成の試みによって，ドイツ語が公用語としてのラテン語と並んで，書きことばとしても積極的に用いられた。書きことばとしてのドイツ語の出現をもってドイツ語の歴史が始まるとされるように，この後の標準ドイツ語成立に至る過程は，書きことばとしてのドイツ語の統一プロセスであると言えよう。しかし，イギリスやフランスでは，それぞれロンドン，パリといった標準語成立の中心となる強力な政治的，文化的中枢が早くから存在したのに対して，長い間，政治，経済，文化における単一の中枢を持たなかったドイツでは，書きことばとしてのドイツ語の統一プロセスは，多元的で複雑にならざるをえなかった。ドイツ語の書きことばにおける確かな統一の動きが確認されるのは，ようやく16, 17世紀になってからである。

　話しことばについて見ると，8世紀のドイツ語は複数のゲルマン部族の言語から成り立っていた。これらの部族語に起源を持つドイツ語の方言（地域方言）は，今日でもなおその特徴を強く残し，日常的に用いられている。長い間，政治的，文化的中枢を欠いていたドイツでは，話しことばとしてのドイツ語の統一は容易なことではなかった。

　本書では，ドイツ語の発達段階を，文献とそこに記録された書きことばの特徴を中心に，ドイツ語と社会との関わり，人々のドイツ語に対する意識など，社会・政

治史，精神史，文化・文学史など，ドイツ語を取り巻く歴史も包括して，1. ドイツ語先史，2. 初期ドイツ語，3. 中世のドイツ語，4. 初期新高ドイツ語，5. 新高ドイツ語，6. 現代ドイツ語 の六つの時代に区分した。しかし，この時代区分は，書きことばとしての現代の標準ドイツ語成立に至るプロセスの連続性を示すものではない。各時代のドイツ語は，特に初期新高ドイツ語期以前において顕著に見られるように，それぞれ，地域や社会層において異なる多様な方言・地域語や特殊語から成り立っている。同時に，初期ドイツ語や中世のドイツ語においても既に，独自の書きことばにおける方言の超越と，地域的平準化を目指した動きや試みもうかがえる。しかし，これらは必ずしも現代の標準ドイツ語成立に向かうプロセスに連続するものとは言えない。16，17世紀には，書きことばにおける各地域方言の地域的平準化を目指した書記方言が形成され，これ以降，ドイツ語の書きことばにおける統一プロセスは，多様な形態を取りながらも確実に進展することになる。このようなドイツ語の通史を概観するため，本書では，各時代のドイツ語の特徴について，それぞれの言語体系，およびドイツ語とこれを用いる人々との関係を中心に記述するとともに，各時代の多様な方言・地域語や特殊語と，これらの超越を目指した書きことばにおける平準化や統一化の動きについても，現代の標準ドイツ語成立に至るプロセスとの関係から概説した。特に初期新高ドイツ語以降については，書きことばにおけるドイツ語の統一に向けた動きと，ドイツ語を取り巻く社会の変遷との関連について，より多くのページを割いた。なお，初期ドイツ語と中世のドイツ語に関しては，主として学生諸君が現代のドイツ語とは大きく異なる文法的形態の概要を展望できるように，比較的詳細な語形変化表を掲載した。

　日本語によるドイツ語史総記は，翻訳書を除けば極めて数は限られる。さらに，これまでに刊行された日本語によるドイツ語史総記としては唯一のものと言ってもよい『ドイツ語史』（大学書林）が出版されてから，既に半世紀近くが経っている（その後の改訂版を除く）。他方，ドイツ語圏においては，この数十年の間に数種類のドイツ語史が相継いで刊行され，それぞれにおいて，独自の目覚しい研究成果が発表されている。これと合わせて日本においても，ドイツ語史の優れた翻訳書や，ドイツ語史に関する辞典類が出版されている。こうした中，本書は，日本の学生諸

はじめに

君や一般読者諸氏に通史としてのドイツ語史について，著者独自の観点から概説するため，敢えて，翻訳書とは異なる日本語による本格的なドイツ語史の著作を試みた。その場合，当然のことながら，これまでのドイツ語史研究によって広く認められている学説に基づき，最新の研究成果を紹介することにも努めた。そのため，本書の内容は，近年，ドイツ語圏で出版された代表的なドイツ語史に関する著作に多く依拠している。本書では，ここにおける情報について，著者の観点から，そのエッセンスを抽出し，著者独自の調査や考察に基く成果を織り交ぜて，限られたページ数の中で，全体として，学生諸君や一般読者諸氏の要求に応えられる総記としてのドイツ語史にまとまるように努めた。

既に述べたように，本書の内容は，ドイツ語圏で出版されたドイツ語史に関する多くの著作，研究に依拠している。主な典拠は参考文献リストに記したが，本書の中で引用したり，内容的に依拠した出典個所については，常に明示した。特に初期新高ドイツ語以降は，ペーター・フォン・ポーレンツの『ドイツ語史──後期中世から現代まで』（全3巻）に拠るところが大きいが，このことに理解を示して下さった同氏には心から感謝の意を表したい。ポーレンツのドイツ語史は，中世以降，現代に至るまでのドイツ語の仕組みそのものの変化だけでなく，ドイツ語の発展を社会の変遷との関連で記述した大著で，ここにおける記述ばかりでなく，ここで紹介された研究成果や研究論文についても，学術文献の常識として，数多くの研究論文の中で言及されている。本書では，ポーレンツに基いた記述に関してその出典個所を常に明記したばかりでなく，当該のテーマについてポーレンツが扱った箇所についても指摘した。それは，読者諸氏が，当該箇所について，学術文献の常識として検証できるように情報源を示すためであり，さらに，学生諸君に本書の記述における当該のテーマについて，ポーレンツのドイツ語史でより詳しく調べるべくきっかけを与えるためでもある。

言語と同様に，書物にも歴史がある。本書の企画は，実に十数年前に遡る。須澤に藤代幸一先生（当時，東京都立大学教授）から，大学生のための教科書としてのドイツ語史作成の提案があった。当初，須澤が通史としてのドイツ語史全般を担当

し，藤代先生が初期新高ドイツ語以前のドイツ語の見本として原典資料，あるいは作品編を担当する計画であった。作業はしばらくは順調に進んだが，途中で行き詰まり，長い間，中断することとなった。それは，ひとつには，既に述べたように，この間，ドイツ語圏で相次いで刊行されたドイツ語史に関する著書と，研究書の成果を吸収するのに手間取ったこと，さらに，日本語による優れた翻訳書が数多く出版されたことで，日本語によるドイツ語史著作の意義について再考する必要があったことによる。このような停滞した状態は，井出が加わることによって急転回した。既に述べた，翻訳書とは異なる日本語による通史としてのドイツ語史作成の意義の確認とともに，当初の，大学生のための入門書的なドイツ語史の計画を変更し，限られたページ数の中で，ペーター・フォン・ポーレンツの『ドイツ語史——後期中世から現代まで』など最新の研究成果も織り交ぜ，ドイツ語史に関心を抱く一般読者諸氏の要求にも応えられる通史としてのドイツ語史を著すべく作業が再び進みだした。そして今，長年の夢がかない，ここに完成・出版できたことは，著者にとって望外の喜びである。本書の執筆分担は，中世のドイツ語以前を主として須澤が，初期新高ドイツ語を須澤と井出が担当し，新高ドイツ語を井出，一部須澤が担当し，現代ドイツ語を井出が担当した。本書全体の構成については，主として井出が担当した。

　本書が十数年の年月を得て完成した今，本書作成の機会をお与えくださり，その後，ドイツ語史著作の作業を須澤と井出の二名に任せられ，折に触れて，アドバイスや様々なサポートをくださった藤代幸一先生に心より感謝申し上げたい。本書は中断期間を含め，完成までに余りにも長い年月を要した。そのため，この時期に本書の刊行をお願いできる出版社の問題が最後の難関として残った。このような中，特に，この種の著書の刊行には厳しい近年の環境にあって，本書の企画に理解を示され，出版を快く引き受けてくださった郁文堂編集部の小黒朱実編集部長に対して，ここに深甚な敬意と謝意を表したい。また小黒編集部長をはじめとする郁文堂編集部の皆様には，編集，校正の両面で，大変お世話になった。

　最後になったが，浜　泰子氏には，本書全体の校正をお願いした。これに加えて，氏には，索引作成および本書の編集にも協力いただいた。氏の協力が無けれ

ば，本書がこのような形で完成することは無かったと言っても過言ではない。氏のご尽力に心からお礼を申し上げたい。

2009 年 3 月

著者

目次

はじめに 3
略号・表記方法一覧，記号一覧，アルファベット表記と音価 15

1. ドイツ語先史　17

1.1　インド・ヨーロッパ語 20
　1.1.1　インド・ヨーロッパ諸語の親縁関係 21
　1.1.2　インド・ヨーロッパ祖語 24
1.2　ゲルマン語 28
　1.2.1　ゲルマン祖語 28
　1.2.2　第一次子音推移（ゲルマン語子音推移）とヴェルナーの法則 29
　1.2.3　アクセント変化と音韻変化 33
　1.2.4　文法的形態 35
　1.2.5　語彙の発展 45
　1.2.6　ゲルマン諸部族とその言語 48

2. 初期ドイツ語　55

2.1　ドイツ語を取り巻く社会環境 56
2.2　高地ドイツ語と低地ドイツ語 57
　2.2.1　第二次子音推移（古高ドイツ語子音推移）と方言 58
　2.2.2　母音の変化 68
2.3　書きことばとしてのドイツ語 72
　2.3.1　ドイツ語の文献と書きことば 73
　2.3.2　文法的形態と造語 77
　2.3.3　ドイツ語の語彙にキリスト教が及ぼした影響 86
　2.3.4　民衆語としての「ドイツ」 89

3. 中世のドイツ語 —— 中世高地ドイツ語と中世低地ドイツ語　91

- 3.1　ドイツ語を取り巻く社会環境 92
- 3.2　中世盛期の高地ドイツ語 94
  - 3.2.1　中高ドイツ語の言語体系 96
    - 3.2.1.1　母音の変化 96
    - 3.2.1.2　子音の変化 97
    - 3.2.1.3　文法的形態と造語，統語構造 99
  - 3.2.2　宮廷詩人語 107
- 3.3　中世末期の高地ドイツ語 112
  - 3.3.1　スコラ哲学と神秘主義 113
  - 3.3.2　実用的散文のドイツ語 117
- 3.4　中世低地ドイツ語 118
  - 3.4.1　中低ドイツ語の言語体系 121
  - 3.4.2　中低ドイツ語の語彙の影響 123
- 3.5　中世オランダ語 125
- 3.6　イディッシュ語 127

4. 初期新高ドイツ語　131

- 語史時代区分 132
- 政治体制 133
- 社会経済 135
- 4.1　言語・メディアを取り巻く状況 137
  - 4.1.1　文字を媒体とするコミュニケーションの拡大 137
  - 4.1.2　「書きことば」と「話しことば」 138
  - 4.1.3　都市での書記文化の担い手 139
  - 4.1.4　ラテン語からドイツ語へ 139
  - 4.1.5　朗読から黙読へ 140
  - 4.1.6　読み書き能力の養成 141

4.2 ドイツ語書きことば統一へのプロセス 142
4.2.1 書記方言地域分布 145
4.2.1.1 低地ドイツ語 146
4.2.1.2 西中部ドイツ語 148
4.2.1.3 東中部ドイツ語 149
4.2.1.4 西上部ドイツ語 152
4.2.1.5 東上部ドイツ語 153
4.2.2 官庁語 155
4.2.3 印刷ドイツ語 156
4.2.4 印刷ビラ・小冊子 158
4.2.5 ルター訳ドイツ語聖書 160
4.3 初期新高ドイツ語の言語体系 165
4.3.1 音韻 165
4.3.1.1 母音の変化 165
4.3.1.2 子音の変化 169
4.3.2 形態 172
4.3.2.1 名詞の曲用形 172
4.3.2.2 形容詞 174
4.3.2.3 動詞の活用形 174
4.3.2.4 動詞複合体 176
4.3.3 統語 179
4.3.3.1 話しことばに近い統語現象 180
4.3.3.2 主文と副文の境界の曖昧さ 181
4.3.3.3 枠構造 181
4.3.3.4 文と文の結合 ── 論理的な明晰さへ 183
4.3.3.5 関係文 183
4.3.4 語彙の拡大と発展 ── 造語と専門用語 184
4.3.4.1 造語 ──「造語言語」としてのドイツ語の発展 184
4.3.4.2 専門用語・職人語 189
4.3.4.3 ルタードイツ語 192
4.3.4.4 外来語 194

5. 新高ドイツ語　199
　語史時代区分 200
　政治体制 201
　社会経済 203
5.1　言語・メディアを取り巻く状況 206
　5.1.1　市民階層の文化的台頭 206
　5.1.2　書籍出版状況 207
　5.1.3　新聞 208
　5.1.4　道徳雑誌 210
　5.1.5　政治雑誌 210
　5.1.6　言語教育 211
　5.1.7　読書革命 212
　5.1.8　小説三昧 212
　5.1.9　民衆啓蒙 213
5.2 国語としてのドイツ語へのメタ思考 214
　5.2.1　文化愛国主義 215
　5.2.2　言語浄化 216
　5.2.3　規範文法 220
　5.2.4　ドイツ語辞典編纂 222
　　5.2.4.1　語幹辞典 — 文化愛国主義の下での辞書編纂 223
　　5.2.4.2　語彙網羅辞典 — 啓蒙主義の下での辞書編纂 224
5.3　ドイツ語の発展傾向 225
　5.3.1　音韻・正書法 226
　　5.3.1.1　外国語音韻の影響 226
　　5.3.1.2　子音重複 227
　　5.3.1.3　文字化の原則 228
　　5.3.1.4　表記異種の減少 228
　　5.3.1.5　長母音表記 229
　　5.3.1.6　名詞大文字書き 230
　　5.3.1.7　句読点 230

   5.3.2　形態 231
      5.3.2.1　名詞 232
      5.3.2.2　形容詞 235
      5.3.2.3　動詞 236
      5.3.2.4　動詞複合体 241
   5.3.3　統語 244
      5.3.3.1　主文・副文での定動詞の位置 244
      5.3.3.2　述部の枠構造 245
      5.3.3.3　名詞化文体 246
      5.3.3.4　論理的明晰さ ── 接続詞の意味的分化 248
      5.3.3.5　関係代名詞 249
   5.3.4　語彙 250
      5.3.4.1　造語 250
      5.3.4.2　語彙の拡大に寄与したもの 257
      5.3.4.3　外来語 259

6.　現代ドイツ語　　　　　　　　　　　　　　　　263

語史時代区分 264
政治体制 265
社会経済 266
6.1　言語・メディアを取り巻く状況 268
   6.1.1　戦前の初等義務教育における国語教育 270
   6.1.2　ドイツ語規範の統一 271
   6.1.3　外国語政策 273
   6.1.4　戦前の中等教育 274
   6.1.5　マスメディアの発展 275
      6.1.5.1　書籍出版 275
      6.1.5.2　新聞 276
      6.1.5.3　雑誌 277
      6.1.5.4　ラジオ 278
      6.1.5.5　テレビ 279

                6.1.5.6　インターネット 280
        6.1.6　文書コミュニケーションと口頭コミュニケーション 281
    6.2　ドイツ語ケア 282
        6.2.1　言語ケア・言語批判 283
            6.2.1.1　ドイツナショナリズムと外来語排斥 284
            6.2.1.2　ドイツ帝国政府と外来語純粋主義 284
            6.2.1.3　一般ドイツ言語協会 285
            6.2.1.4　第二次世界大戦後の言語ケア 286
            6.2.1.5　言語世論 287
        6.2.2　言語の多様性への注目 291
            6.2.2.1　地域性――方言 292
            6.2.2.2　政治体制と言語の多様性 293
            6.2.2.3　社会階層による差異 297
            6.2.2.4　専門領域と言語 298
    6.3　ドイツ語の発展傾向 301
        6.3.1　音韻・正書法 302
        6.3.2　形態 303
        6.3.3　統語 305
        6.3.4　語彙 309
            6.3.4.1　名詞 309
            6.3.4.2　形容詞 311
            6.3.4.3　動詞 312
            6.3.4.4　外来語 313

おわりに ―― 研究パラダイムと関心の推移 317

参考文献 319

索引 325

略号・表記方法一覧

ae.	altenglisch	古英語の
afr.	altfranzösisch	古フランス語の
ags.	angelsächsisch	アングロサクソン語の
ahd.	althochdeutsch	古高ドイツ語の
aind.	altindisch	古インド語の
alem.	alemanisch	アレマン語（方言）の
anord.	altnordisch	古ノルド語の
arab.	arabisch	アラビア語の
as.	altsächsisch	古ザクセン語の
bair.	bairisch	バイエルン語（方言）の
balt.	baltisch	バルト語の
dän.	dänisch	デンマーク語の
engl.	englisch	英語の
fnhd.	frühneuhochdeutsch	初期新高ドイツ語の
frz.	französisch	フランス語の
germ.	germanisch	ゲルマン語の
got.	gotisch	ゴート語の
gr.	griechisch	ギリシャ語の
ide.	indoeuropäisch	インド・ヨーロッパ語の
ital.	italienisch	イタリア語の
jap.	japanisch	日本語の
kelt.	keltisch	ケルト語の
lat.	lateinisch	ラテン語の
md.	mitteldeutsch	中部ドイツ語（方言）の
mengl.	mittelenglisch	中世英語の
mfrz.	mittelfranzösisch	中世フランス語の
mhd.	mittelhochdeutsch	中高ドイツ語の
mnd.	mittelniederdeutsch	中世低地ドイツ語の
mnl.	mittelniederländisch	中世オランダ語の
nhd.	neuhochdeutsch	新高ドイツ語の

obd.	oberdeutsch	上部ドイツ語（方言）の
omd.	ostmitteldeutsch	東中部ドイツ語（方言）の
ostfränk.	ostfränkisch	東部フランケン語（方言）の
rheinfränk.	rheinfränkisch	ライン・フランケン語（方言）の
schwed.	schwedisch	スウェーデン語の
slaw.	slawisch	スラブ語の
span.	spanisch	スペイン語の
swahili.	swahilisch	スワヒリ語の
toch.	tocharisch	トカラ語の

● 記号一覧 ●

（ ）	対応する日本語の意味		/ /	音素
〈 〉	文法説明		＝	（左側と右側は）同値である
＞	（右側は左側に）由来する		≒	（左側と右側は）関連する
＜	（左側は右側に）由来する		＊	再構形
→	（左側が右側に）推移する		[ ]	補足説明
[ ]	発音		（ ）	補足説明

● アルファベット表記と音価 ●

　ドイツ語アルファベットを半角カギ括弧で用いている場合は原則的に，当該のアルファベットの音価を問題としている。補足的に国際音声表記（IPA）発音記号を用いる場合もある。長母音記号は [:] で示す。例えば ö の音価は IPA で表記すると長い場合は [ø:]，短い場合は [œ] となるが，ここでは前者は [ö:]，後者は [ö] で表記する。この他，ü の長母音と短母音 [y:] と [ʏ]，および二重母音の [ae]，[ao]，[ɔe] に関しても，ここではそれぞれ，[ü:] と [ü]，および [ai]，[au]，[oi] と表記する。また / / でアルファベットを用いている場合は，当該のアルファベットを音素として問題としている。

第一章
ドイツ語先史

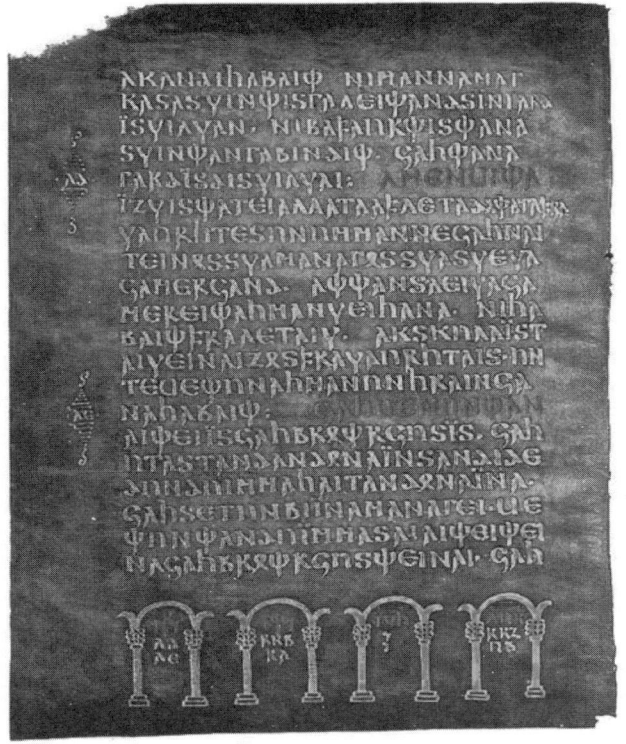

ウルフィラ訳ゴート語聖書マルコ伝 3, 26–27. 紀元 4 世紀
(ウプサラ大学所蔵写本コーデクス・アルゲンテウスより)

1. ドイツ語先史

　ドイツ語をあらわす名称は，近隣のヨーロッパ諸国では非常にまちまちで，統一した形を見ることはできない。例えば，フランス語の allemand（アルマーン）はゲルマンの主要な部族である「アレマン族」(Al(l)emanni) に由来し，フィンランド語の saksalainen（サクサライネン）は「ザクセン族」(Sachsen) の名称に由来する。また英語の German はラテン語の Germānī に起源を持つもので，これは本来，紀元前1世紀にアルプス以北のライン川以東の地に定住していたゲルマン諸部族を総称する名称であった。このラテン語による名称の由来については，多くの学問的試みにもかかわらず，確かなところは依然として分かっていない。一般的にはラテン語の形容詞 germānus（真実の）の関連から，ゲルマン人（Germanen）が，今のフランスの領域に住み，ローマの影響で文弱に流れていたガリア人（Gallī）と対比して粗野であることから，ローマ人がこれを「生粋の」ガリア人と呼んだとする説，さらにケルト語のガリア gair, gairm に起源を求め，ガリア人がゲルマン人を「隣人」，「怒号する者」と呼んだとする説，あるいはゲルマン人の一部族 Ermanōs と結びつけ，これがラテン語に Germanōs の形で入ったとする説などが見られる。おそらくこの名称は，最初は，ゲルマン種族のうちガリア人と最もかかわりの深かったトゥングリー（Tungri）族を指し，これがその後ローマ人によってゲルマン諸部族全体を総称する名称へと発展していったものと思われる。なお英語で16世紀からドイツ民族をあらわす名称として用いられていた German が，その言語をもあらわすようになるのは18世紀後半のことである。またロシア語の nemeckij (немецкий)，ポーランド語の niemiecki，チェコ語の nemecký，ブルガリア語の nemeski など，スラブ諸語におけるドイツ語をあらわす形容詞は，理解できることば（slovo / слово）を話すスラブ人（slavjanin / славянин）に対して，ドイツ人が，口のきけない（nemoj / немой），不可解なことばを話す外国人（neméc / немец）とみなされていたことをあらわしている。ドイツ語の形容詞 deutsch は，まず最初に中世ラテン語の theodiscus の形で現れるが，これはラテン語に対する「民衆語」をあらわすものであった。イタリア語の tedesco もこの中世ラテン語 theodiscus に由来する。さらにオランダ語の duits はドイツ語の Deutsch に相応し，「ドイツ語」を意味するのに対して，英語の Dutch はその語形を中世オランダ語の duutsc から借用したも

のの，語義的には「オランダ語」を指す。しかしこの単語も 18 世紀まではオランダ語に限られることなく，「ドイツ語」をあらわす名称として用いられていた。スカンディナビア諸国の tysk は，11 世紀から 12 世紀におけるザクセン方言 thiudisk からの借用語である。

　このようなドイツ語をあらわす名称の多様性は，ひとつにはラテン語による初期の名称 theodiscus が近隣諸国に広く浸透しなかったこと，さらに統一的ドイツ語の成立が遅々として進まず，そのうえ今日の標準ドイツ語が，特定の地域語，もしくは社会的ステータスのある語を中心に生み出されたのではなく，いくつかの方言，あるいは地域語から複雑な歴史的プロセスを経て作り出されたことと関係している。したがって，今日の標準ドイツ語に至るドイツ語の歴史は，ただひとつの源泉に始まる主流の発展史ではなく，さまざまな支流の多様にして複雑な合流と流入による主流の形成史である。

　ドイツ語の方言は，中部，南部の「高地ドイツ語」と，北部の「低地ドイツ語」の二つに大別される。このうち高地ドイツ語は，文献の数において低地ドイツ語をはるかに凌駕し，文章語として中世後期以降，低地ドイツ語圏でも低地ドイツ語に取って代わったことから，ドイツ語史の資料は主として高地ドイツ語に頼らざるをえないが，ドイツ語の歴史を見る際，ドイツ語と高地ドイツ語とを同一視することはできない。

　さて，ドイツ語の歴史は，厳密にはドイツ語による最初の文献が現れる 8 世紀カロリング朝時代に始まる。しかしドイツ語は，カール大帝時代に突如生まれたのではなく，これに先立つ先史時代を有する。そしてこの先史は，単にドイツ語が親近関係にある他のゲルマン諸語と緊密な関係を持っていた時代に遡るばかりでなく，さらにゲルマン語が親近関係にある，他のインド・ヨーロッパ語と密接な関係を持っていた時代にまでも遡る。

1.1 インド・ヨーロッパ語

　インド半島からアイスランドまでの広範囲における諸言語の多くを包括する言語学上の名称としては，フランツ・ボップ（1791-1867）に由来する「インド・ヨーロッパ語」の名称が国際的に通用しているのに対して，ドイツ語圏では「インド・ゲルマン語」の名称が用いられることもある。本書では，国際的慣用に従い，範囲をより的確に表現できる「インド・ヨーロッパ語」の名称を使用する。

　歴史比較言語学の基礎を築いたボップの『サンスクリット語，ゼンド語，アルメニア語，ギリシャ語，ラテン語，リトアニア語，古代スラブ語，ゴート語およびドイツ語比較文法』（1833-1852）が世に出て以来，言語研究の関心は，インドからヨーロッパにおよぶ地域における諸言語間の親縁関係を証明し，「インド・ヨーロッパ祖語（＝インド・ヨーロッパ基語）」を再構築すること，さらには，世界の諸言語を音韻上，文法上の特徴によって，「語族」に分類することに置かれてきた。例えば，世界の言語は，系統的に次の種類の語族に分類される。

1. インド・ヨーロッパ語族：ゲルマン語，ケルト語，ロマンス語，スラブ語，バルト語，ギリシャ語，アルメニア語，イラン語，インド語　など
2. フィン・ハンガリー語族：ラップ語，フィンランド語，エストニア語，ハンガリー語
3. セム語族：ヘブライ語，アラビア語，エチオピア語
4. ハム語族：ベルベル語，コプト語　など
5. シナ・チベット語族：中国語，チベット語，ビルマ語，タイ語
6. マライ・ポリネシア語族：インドネシア語，メラネシア語，ポリネシア語
7. トルコ・タタール語族：トルコ語，タタール語，キルギス語，アゼルバイジャン語
8. ドラヴィダ語族：タミール語，テルグ語，カンナダ語，マラヤラム語
9. バントゥー語族：ズールー語，スワヒリ語，ベチュアナ語，ヘロロ

1. ドイツ語先史

　　　　　　語，コンゴ語　など

これに対してフンボルト（Humboldt 1836）は，世界の言語を文法的構造に従って次の四つの言語類型に分類する。

1. 孤立語：無変化の単語からなる。文法上の関係は主として語順によってあらわされる。
　　中国語，チベット語，インドネシア語およびいくつかのバントゥー語　など
2. 抱合語：ひとつの文章成分（たいていの場合，述語）が他の文章成分を自らの中へ吸収してしまう。述語言語とも言われる。
　　グリーンランド語，メキシコ原住民語
3. 膠着語：変化しない語幹に，接尾辞のような独立できない成分が付加する。
　　トルコ語，タタール語，フィンランド語，ハンガリー語，日本語　など
4. 屈折語：文法上の関係が
   a) 語幹の内部における形態変化（母音交代，変母音など語根における語形変化）によってあらわされる。
   　　ヘブライ語，アラビア語などのセム語
   b) 語幹に付加した語末音節の形態によってあらわされる。
   　　インド・ヨーロッパ語

しかし，ここで注意しなければならないことは，多くの言語が複数のグループの特徴を含んでおり，また歴史的に見た場合，初期における文法構造のタイプが後に他のタイプに変わる言語も少なからず見られることである。例えば英語は，古代英語では屈折語としての特徴を持っていたが，今日の英米語は，多くの語尾が消失したことで，むしろ孤立語の傾向を示している。

1.1.1 インド・ヨーロッパ諸語の親縁関係

1786年にイギリスの東洋学者ウィリアム・ジョーンズ卿（1746–1794）が王立ア

ジア協会に示した，サンスクリット語とギリシャ語，ラテン語の親近性に関する見解は，その後ドイツ人のフリードリヒ・シュレーゲル（1772-1829）やボップらに引き継がれ，その研究によって古代インド語★とヨーロッパ言語間の親縁関係が明らかにされた。この親近性は，例えば次のような各言語のそれぞれに対応する語彙，音韻，語形変化の比較にはっきりと見られる。

古代インド語	ギリシャ語	ラテン語	ゴート語	英語	新高ドイツ語
aind.	gr.	lat.	got.	engl.	nhd.
pitár	patēr	pater	fadar [d=đ 有声のth]	father	Vater（父）
bhrātar-	phrátōr	frāter	brōþar [þ=th]	brother	Bruder（兄弟）
nāman-	ónoma	nōmen	namō	name	Name（名前）
tráyas	treís	trēs	þreis [ei=ī]	three	drei（3）
náva-	néos	novus	niujis	new	neu（新しい）
ásti	estí	est	ist	is	ist（～である〈3人称単数〉）
bhrárāmi	phérō	ferō	baíra [aí=e]	bear	(ge)bäre（私は産む＜私は運ぶ）

インド・ヨーロッパ諸語の親縁関係は，多くの言語領域において確かめられるが，特に，親族をあらわす語，身体の部分をあらわす語，代名詞，数詞などに共通するものが多い。

親族： 上述の nhd. Vater（父），Bruder（兄弟）のほか aind. mātár-, gr. métēr, lat. māter, nhd. Mutter（母）など -ter で終わる名詞；aind. svasar-, lat. soror, nhd. Schwester（姉妹）など sw- で始まる名詞

★ 古代インド語とは，古代婆羅門教の聖典ヴェーダ（Weda）に見られる古代インドの北西部方言とパーニニ（Pāṇini 紀元前4世紀）の文法によって整理された古典サンスクリット語を指す。

身体の部分：　*aind.* kapālam, *lat.* caput, *got.* haubiþ, *nhd.* Haupt（頭）; *aind.* nas-, *lat.* nasus, *nhd.* Nase（鼻）

代名詞：　　*aind.* ahám, *lat.* ego, *got.* ik, *nhd.* ich（私は）; *lat.* is / id, *got.* is / ita, *nhd.* er（彼は）/ es（それは）

数詞：　　　*aind.* dvā(u), *gr.* dýo, *lat.* duo, *got.* twai, *nhd.* zwei（2）など 1 から 10 までと 100 の数字

　インド・ヨーロッパ諸語は，100 をあらわす数詞を基準に大きく二つのグループに分類される。すなわちこの数詞が，ラテン語の centum のように，インド・ヨーロッパ祖語 *k̂m̥tóm*★ の古い口蓋閉鎖音 k を保持しているか，それともこれを古代イラン語の satəm のように歯擦音に変えたかによって，前者は「ケントゥム諸語」，後者は「サテム諸語」と呼ばれる。

　ケントゥム諸語に属する言語は，主として西方のインド・ヨーロッパ諸語で，これにはギリシャ語，ラテン語とそれから分派したロマンス語を含むイタリック語，イリューリア語，ケルト語，ゲルマン語，さらに東トルキスタンのトカラ語，小アジア東部のヒッタイト語の二言語が含まれる。100 をあらわす語は，例えば，*gr.* hekatón, *kelt.* cēt, *toch.* känt, *got.* hund（h＜k）となっている。これに対してサテム諸語に属する言語は，主として東方のインド・ヨーロッパ諸語で，スラブ語，バルト語，アルバニア語，トラキア語，さらにアジアのインド語，イラン語，アルメニア語がこれに含まれる。100 をあらわす語は例えば *aind.* śatám, *balt.* šim̃tas, *slaw.* sŭto となっている。

　ブラトケが 1890 年に提唱したこの区分は，インド・ヨーロッパ諸語が西のケントゥム諸語，東のサテム諸語に分類され，それらがそれぞれの地域で古くから相互に密接な関係を持っていたとされるテーゼの有力な根拠として，広く認められるようになったが，その後 1904 年に中央アジアで発見されたトカラ語と，1906 年に小アジアで発見されたヒッタイト語の二つのケントゥム語の解明により，それぞれの地域ごとでの密接な関係は疑問視され，今日ではそれぞれのグループの言語間に，

★ 語の前の＊印は，科学的に推定された祖語もしくは基語を示すため，再構形に付けられる。

音韻以外の特別な共通性は認められていない。

1.1.2 インド・ヨーロッパ祖語

　言語の発展と親縁関係に関して，シュライヒャーが説いた理論は「系統樹説」と呼ばれる（Schleicher 1861）。この理論では，一本の木が次々と枝分かれして成長するように，ひとつのインド・ヨーロッパ祖語が分裂を繰り返し，これによって現在の個別言語が生まれたとされる。しかし，ダーウィンの進化論の影響を強く受けたこの理論は，異なる言語間の相互の影響を全く考慮しないなど多くの欠点があり，これに対抗してその後，シュミットの「波動説」（J. Schmidt 1872），ヘーフラーの「開花説」（Höfler 1955 / 56）が生まれた。「波動説」では，水に落ちた石の波紋のように，言語は中心から波状的に周囲に影響を及ぼしながら発展していくとされ，「開花説」では，同じ花の開花時期が地方によって異なるように，言語変化の個々の現象は外的な特徴で，その要因はより深いところにあるとされる。

　19世紀の歴史比較言語学において，音韻法則に則った科学的推測に基づき再構築された，インド・ヨーロッパ諸語すべてに共通な祖語の際立った特徴は，名詞と動詞に豊かな語形変化を有することである。

① 名詞の曲用形

　名詞は，8種類の格（主格，属格，与格，対格，奪格，位置格，具格，呼格）と3種類の数（単数，複数，両数）を持ち，さらにその曲用形は，語幹末の母音または子音を基準として母音語幹と子音語幹に分けられる。

【1】母音語幹

　　o-語幹［男・中性名詞］：*gr.* lýkos（狼）
　　ā-語幹［女性名詞］：*lat.* terra（土地）
　　iā-語幹［女性名詞］：*gr.* pótnia（女主人）
　　i-語幹［男・中・女性名詞］：*lat.* hostis（敵，反対者 > *nhd.* Gast 客）
　　u-語幹［男・中・女性名詞］：*lat.* frūctus（> *nhd.* Frucht 果実）

【2】子音語幹

n-語幹［男・中・女性名詞］：*lat.* hominis（< homo 人間〈属格〉）
r-語幹［男・女性名詞］：*gr.* patēr（> *nhd.* Vater 父）
es-/os-語幹［主として中性名詞］：*gr.* genos（> *mhd.* Genus 種類）
nt-語幹（現在分詞の名詞化）［男・中・女性名詞］：*lat.* amantis（< amāns 愛する人〈属格〉）
語根名詞★［男・中・女性名詞］：*lat.* pēs（< pedis〈属格〉> *nhd.* Fuß 足）

② 動詞の活用形

動詞は法，態，時制の文法範疇に応じて活用する。「法」は直説法，接続法，願望法，命令法，禁止法の5種類に，「態」は能動態，中間態，受動態★★の3種類に，そして「時制」は現在，未完了過去★★★，アオリスト★★★★，現在完了，過去完了，未来の5種類に区別される。またその活用形態も豊富で，とりわけ語幹の冒頭子音の反復と語幹の母音交替に，その特徴を見ることができる。

【1】反復

語幹音節の冒頭子音と母音 e を語幹に加えて「現在完了」をあらわす活用手段。

lat. tendo — tetendi
（私は張る / ich spanne）　（私は張ってしまった / ich habe gespannt）

★　語根名詞では語根がそのまま語幹となる。したがって語幹末母音，語幹末子音のいずれも持たない。
★★　インド・ヨーロッパ祖語に受動態が存在したか否かについては，未だ議論の多いところである。
★★★　未完了過去はギリシャ語に保存されており，動作，状態が過去において継続，反復または開始されるものとして叙述する時制。「～していた」，「～しつつあった」，「～せんとしていた」と表現できる。
★★★★　アオリストは，ある事実が過去において，一応片づいてしまったものとして言いあらわす時制。「～した」と言い切る表現になる。

got. haita　　　　　—　　　　　haíhait★[*got.* aí = e]
　（私は〜という名前である / ich heiße）　　　　　（私は〜という名前であった / ich hieß）

【2】母音交替

　語源を同じくする単語において，その語幹の母音が一定の規則に従って変化する変音現象。これによって多様な語形変化が生じ新たな単語が形成される。この現象は動詞の時制変化に最も顕著に見られる。

gr. leípō　　　—　　　élipon　　　—　　　léloipa
（私は去る / ich verlasse）　（私は去った / ich verließ）　（私は去ってしまった / ich habe verlassen）

さらにこの現象は，*gr.* légō（私は言う）— lógos（言葉）や *lat.* tegō（私は覆う）— toga（古代ローマ人の外衣）の関係に見られるように，名詞派生においても重要な役割を果たしている。

　母音交替はeとoの間での交替が中心となり，これはさらに「質的母音交替」と「量的母音交替」の2種類に分類される。前者は音楽的高低アクセントに由来し，後者は強弱アクセントに由来する。母音交替が生じた原因は，いずれのアクセントも自由なアクセントであること，すなわち，単語のどの音節にも一定の条件のもとでアクセントを置くことができたことに関係があるものと考えられる。

　　質的母音交替：〈e — o〉　　　　*gr.* légō — lógos, *lat.* tegō — toga
　　　　　　　　　〈e — ゼロ — o〉　*gr.* leípo — élipon — léloipa
　　量的母音交替：〈e — ē〉　　　　*lat.* sedeō（私は座っている ich sitze）— sēdi（私は座っていた ich habe gesessen）
　　　　　　　　　〈o — ō〉　　　　*gr.* góny（膝）— gōnía（角）
　　　　　　　　　〈ē — e — ゼロ〉　*gr.* patēr（父〈主格〉）— patéra〈対格〉— patrí〈与格〉

★　ゴート語では，反復形は過去をあらわす。

インド・ヨーロッパ語は純粋に言語学上の概念であり，歴史的事実によって裏づけられる政治的，地理的な言語共同体と結びつけられるものではない。またインド・ヨーロッパ祖語も，決して現実の過去における実際の語形を再構築したものではなく，実在するインド・ヨーロッパ諸語からその古形を手がかりとし，音韻法則に基づき推測された理論的な構築物である。

今日の研究では，インド・ヨーロッパ祖語という概念，そしてこの祖語から個々のインド・ヨーロッパ語が分化・発展したとする考え方は，疑問視される傾向にある。すでに述べたヒッタイト語の発見とその後の解明が，インド・ヨーロッパ祖語に関する従来の学説に大きな疑問を投げかけたのである。サンスクリット語よりも古く，おそらくはインド・ヨーロッパ語の記録された言語のうちで最も古いヒッタイト語は，サンスクリット語やその他の古いインド・ヨーロッパ諸語のような豊かな形態変化を持たず，これまで推定されていたインド・ヨーロッパ祖語とはまったく似ても似つかないものであった。このことから今日では，豊かに発達した形態と構造を持つインド・ヨーロッパ祖語から簡略化された個々のインド・ヨーロッパ諸語への分化という従来の図式は疑問視され，インド・ヨーロッパ諸語間の類似性に関しても，これを本来異なる言語の統合もしくは相互の影響による結果とみなす研究者も少なくない。

同時に，インド・ヨーロッパ語族原住地という概念にも疑問が持たれている。原住地を求める今日までの試みでは，インド・ヨーロッパ語族が一時的に緊密な交流関係を持っていた地域という解釈で，その有力な候補地として黒海北岸があげられている。また，この地でインド・ヨーロッパ語族の言語が影響し合い統合されるようになった，いわゆる「インド・ヨーロッパ語化」の時期として，紀元前3000年頃の新石器時代が想定されている。インド・ヨーロッパ語族に関してはさらに，その原住地と同様に疑問が持たれている概念である原民族として，縄線文土器文化人と戦斧文化人が想定されている。しかし，この二つの想定はいずれも憶測の域を出ていない。これに対して，インド・ヨーロッパ諸語の現在における地理的分布は，いわゆる原住地からの民族移動の結果であるとされ，この点については今日いささかも疑われていない。

1.2　ゲルマン語

　インド・ヨーロッパ語族の民族移動，居住地の分散，他民族との接触・融合などにより，多様なインド・ヨーロッパ諸語が成立するに至った。この民族移動は紀元前2500年頃に始まり，紀元前2000年頃には，独自の言語的発展によって個別的特徴を有したインド語，ヒッタイト語，ギリシャ語が成立していたものと考えられる。一方，紀元前2000年までの間に，インド・ヨーロッパ語の一言語であった前ゲルマン語がその独特の輪郭を形成するようになった。この言語はアクセント，音韻組織，語形変化等の変革を経て，他のインド・ヨーロッパ諸語と異なったゲルマン祖語と呼ばれる独自の言語グループへと変遷を遂げた。

1.2.1　ゲルマン祖語

　ゲルマン祖語については，推定により再構築されたインド・ヨーロッパ祖語と違い，古いルーネ文字の碑文や古代ローマの著述家たちの作品を通じて，またラテン語，ギリシャ語およびその他の隣接諸国の言語に見られるゲルマン語起源の単語によって，ある程度正確な手がかりを得ることが可能である。

　今日までに知られる限りの最も古いゲルマン語の記録は，1812年にウンターシュタイアーマルク（今日のスロヴェニア共和国）で発見された，紀元1世紀頃のものと見られるネーガウの兜の銘文で，これにはルーネ文字は使われずに，北エトルリアのアルファベット文字が使用されている。ここには，「神へ」もしくは「軍の味方へ」と見られる意味の文字が刻まれている。またルーネ文字に関して有名なものは，ユトラント半島のガレフースの，西暦420年頃のものと見られる黄金の角の銘文で，ここには ek hlewagastiR★ holtingaR horna tawido（我，ホルト一族のフレワガストこの角笛を作れり）の意味のルーネ文字が刻まれている。

　ゲルマン語起源の単語については，古代ローマのカエサル（紀元前100?-44）にūrus（*nhd.* Auerochs 原牛），alcēs（*nhd.* Elch オオジカ）を，タキトゥス（55?-120?）に

★　ここにおけるRはゲルマン祖語の有声s-音に由来する音で，まだr-音とは対立していた。

glēsum（琥珀，*nhd.* Glas ガラス）を見ることができる。また大プリニウス（23-79）からも ganta（*nhd.* Gans ガチョウ），sāpō（化粧品，*nhd.* Seife 石鹸）を知ることができる。この他にも，紀元前 200 年頃のラテン語に見られる brāces, brāca は，ケルト人を通じてローマ人に知られることになったゲルマン語の *brōkez（＞ *ahd.* bruoh ＞ *mhd.* bruoch, *engl.* breeches ズボン，半ズボン）に由来する。さらにフィンランド語にも regnaz（＜ *germ.* *hrengaz ＞ *nhd.* Ring 輪），kuningas（＜ *germ.* *kuningaz ＞ *nhd.* König 王），kernas（＜ *germ.* *gernaz ＞ *nhd.* gern 好んで），tiuris（＜ *germ.* *diuriz ＞ *nhd.* teuer 高価な）のようにゲルマン語からの借用語が数多く見られる。（W. Schmidt 2007, 40）

1.2.2 第一次子音推移（ゲルマン語子音推移）とヴェルナーの法則

① 第一次（ゲルマン語）子音推移

デンマーク人のラスムス・クリスティアン・ラスク（1787-1832）によって発見され，ヤーコプ・グリム（1785-1863）によって整理，体系化されたこの現象は，ゲルマン語を他のインド・ヨーロッパ諸語と分ける最も顕著な音韻変化である。この変化はこれを阻止する条件がない限り，インド・ヨーロッパ語から引き継いだ，すべての閉鎖音に一様に及んでいる。

【1】 無声閉鎖音 → 無声摩擦音

ide.		*germ.*		*lat.*		*got.*	*engl.*	*nhd.*
p / ph	→	f						
t / th	→	þ (= th)						
k / kh	→	x (= ch)						
p / ph	→	f		pater	→	fadar	father	Vater（父）
t / th	→	þ (= th)		tres	→	þreis	three	drei (3)
k / kh	→	x (= ch)		cornu	→	haúrn	horn	Horn（角）

例外：

(1) sp, st, sk の音連続の中では，p, t, k はゲルマン語においても変化しない。

lat.		*got.*	*engl.*	*nhd.*
spuere	→	speiwan	spew	speien（唾を吐く）
hostis（敵）	→	gasts	guest	Gast（客）
miscēre	→	*ags.* miscian	mix	mischen（混ぜる）

(2) kt, pt の音連続の中では，t はゲルマン語においても変化しない。

lat.		*got.*	*engl.*	*nhd.*
octo	→	ahtau	eight	acht（8）
neptis	→	*ags., ahd.* nift（孫娘）		Nichte（姪）

【2】有声帯気閉鎖音 → 有声摩擦音

ide.		*germ.*	
bh	→	ƀ（=v）	［後に大部分が b になる］
dh	→	đ（有声 th）	［後に大部分が d になる］
gh	→	ǥ（有声 ach-音）	［後に大部分が g になる］

［ラテン語では f, f, h］

		lat.		*got.*	*engl.*	*nhd.*
bh	→	ƀ	frāter	→ brôþar	brother	Bruder（兄弟）
			(< *ide.* *bhrā́tor-)			
dh	→	đ	forēs〈複数〉	→ daúrôns〈複数〉	door	Tür（ドア）
			(< *ide.* *dhur-)			
gh	→	ǥ	hostis	→ gasts（よそ者）	guest	Gast（客）
			(< *ide.* *ghostis)			

【3】有声閉鎖音 → 無声閉鎖音

ide.		*germ.*
b	→	p
d	→	t
g	→	k

			lat.		*got.*	*engl.*	*nhd.*
b	→	p	labi（滑り降りる）	→	slêpan	sleep	schlafen（眠る）
d	→	t	duo	→	twei	two	zwei（2）
g	→	k	genū	→	kuni	knee	Knie（膝）

2　ヴェルナーの法則と文法的交替

　第一次子音推移の【1】の変化（*ide.* p, t, k / ph, th, kh → *germ.* f, þ, x）によって生じたゲルマン語の無声摩擦音 f, þ, x および無声摩擦音 s は，その後ある条件の下では有声摩擦音 ƀ, đ, ǥ および z となった。この現象は発見者のデンマーク人カール・ヴェルナー（1846-1896）の名前をとって「ヴェルナーの法則」（1875）と呼ばれる。この法則によれば，無声摩擦音 f, þ, x と s は語中および語末において，これらの直前の音節にアクセントがある場合は無声のまま留まるが，直前の音節にアクセントがない場合は，有声化して ƀ, đ, ǥ および z となる。

gr. phrátōr　→　*germ.* *bróþar　→　*germ.* *bróþar　＞　*got.* bróþar（兄弟）
gr. patér　→　*germ.* *faþár　→　*germ.* *fađár　＞　*got.* fáđar [d = đ]（父）

　この現象は，インド・ヨーロッパ語の自由なアクセントと関係する。このことはまた，密接な関係を持つ一連の単語においても，アクセントの位置次第で有声音と無声音の交替が生じることを示している。この交替は「文法的交替」と呼ばれ，今日に至るまでなおその名残を見ることができる。

　ゲルマン語子音推移によって生じたゲルマン語の無声摩擦音 f, þ, x は，ドイツ語ではそれぞれ f, d, h となり，ヴェルナーの法則による一定の条件のもとで生じた有声摩擦音 ƀ, đ, ǥ は，その後それぞれ有声閉鎖音 b, d, g と変化し，これはさらにドイツ語では b, t, g となった。また，ゲルマン語の無声摩擦音 s から生じた有声の z は，後に r となった。したがって，ドイツ語における「文法的交替」は，f ↔ b, d ↔ t, h ↔ g, s ↔ r となる。この「文法的交替」は，特に，古高ドイツ語および中高ドイツ語における強変化動詞の活用形に顕著に見られる。

ahd.	ih ziuhu	ih zôh	wir zugum	gizogan
nhd.	ich ziehe	ich zog	wir zogen	gezogen（ziehen 引く）
mhd.	ich siude	ich sôt	wir suten	gesoten
nhd.	ich siede	ich sott	wir sotten	gesotten（sieden 沸騰する）
mhd.	ich verliuse	ich verlôs	wir verlurn	verlorn
nhd.	ich verliere	ich verlor	wir verloren	verloren（verlieren 失う）

「文法的交替」の名残は，今日のドイツ語でも，bedürfen（必要とする）— darben（窮乏する），Hefe（酵母）— heben（持ち上げる），schneiden（切る）— geschnitten〈過去分詞〉，Schneider（仕立屋）— Schnitter（草刈人），Reihe（列）— Reigen（輪舞），Höhe（高さ）— Hügel（丘），erkiesen（選び出す）— erkoren〈過去分詞〉— Kür（自由演技）などのような語彙の間に見ることができる。　　　　（W. Schmidt 2007, 46）

③ 第一次（ゲルマン語）子音推移の時期

　この現象の起こった時期については，今日いくつかの証拠によって，おおよそのところを推測することができる。まず，現代ドイツ語の「麻」を意味する語 Hanf は，ギリシャ語の kánnabis に由来するが，このギリシャ語の単語はおよそ紀元前5世紀のヘロドトス（紀元前484?−425?）に初めて見られる，トラキア・スキタイ語からの借用語である。第一次子音推移を経た形 *germ. *hanapis（> *ags.* hænep, *ahd.* hanaf）は，おそらくギリシャ人の仲介によるもので，少なくともゲルマン人がこの単語をギリシャ人より先に知ることはなかったと考えられる。このことから，第一次子音推移は紀元前5世紀にはまだ起こっていないか，あるいはまだ終結していなかったと推測される。また，ゲルマン語に見られるローマからの借用語には，もはやこの子音推移が示されておらず，逆にラテン語の文献に出てくるゲルマン語の単語はいずれもこの子音推移を経ていることから，この子音推移は，ゲルマン人がローマ人と接触する以前，すなわち紀元前2, 3世紀には終結していたものと推測される。

　第一次子音推移に見られる3種類の変化の時間的順序は，おそらく上で見た順序と一致するものと思われる。少なくとも *ide.* b, d, g → *germ.* p, t, k の変化は，*ide.* p, t, k → germ. f, þ, x（もしくは germ. ƀ, đ, g）より後に起こったと考えられている。さもなければ子音推移を経て生じたゲルマン語の無声閉鎖音 p, t, k は，インド・ヨーロッパ語からの p, t, k とともにさらに変化して摩擦音になってしまうからである。

　この子音推移の原因については，非インド・ヨーロッパ語の影響とする説や，ゲルマン語内部において発生したとする説などがあるが，今日では，言語の内在的原因によるものとの見方が一般的である。

1.2.3　アクセント変化と音韻変化

　インド・ヨーロッパ語の自由なアクセントは，ゲルマン語では語頭強音，すなわち第一音節に固定されたアクセントとなる。しかし，ゲルマン語の本質的な特徴であるこの現象は，第一次子音推移，そのうち特に ide. p, t, k → germ. f, þ, x の推移の後で発生したものと思われる。さもなければ f, þ, x がその後さらに有声化して ƀ, đ, g となるヴェルナーの法則のための条件は生じえないことになり，文法的交替も存在しないことになるからである。

　この第一音節へのアクセント固定化は，Ántwort（答）> ántworten（答える）や Úrteil（判断）> úrteilen（判断する）などのように接頭辞を添加した複合名詞およびそれからの派生語でも見られる。このことは，ゲルマン語のアクセント固定化が生じたときには，これらの複合名詞における接頭辞と基礎名詞がすでに強固に結びついていたことを示している。これに対して，erkénnen（認識する）> Erkénntnis（認識）や entstéhen（発生する）> Entstéhung（発生）のように，接頭辞を伴った複合動詞およびそれからの派生語では，アクセントは第一音節の接頭辞にはない。このことは，接頭辞と基礎動詞の結びつきが強固であると受け取られている非分離動詞の起源が，第一音節へのアクセント固定化の後であったか，もしくはこのアクセントの変化が起こった時点では，まだ接頭辞と基礎動詞の結びつきが緩やかであったことを示している。

　ゲルマン語におけるアクセントの変化は，第一音節へのアクセント固定化に限らない。インド・ヨーロッパ語本来の高低（ピッチ）アクセントは，ゲルマン語では

強弱（ストレス）アクセントへと質的に変化した。このようなアクセント構造変化の結果，ゲルマン語特有の頭韻法が生じた。この名残は今日でもなお，Haus und Hof（家屋敷），mit Mann und Maus（全乗組員もろとも），Kind und Kegel（家族全員）などのように，多くの成句に見ることができる。ゲルマン語の第一音節に置かれた強弱アクセントは，さらに，*lat.* hostis ＞ *got.* gasts ＞ *ahd.* gast（敵，よそ者）や *germ.* *đagaz ＞ *got.* dags ＞ *ahd.* tag（＞ *nhd.* Tag 日）などの変化に見られるように，アクセントのない音節，特に語末音節の弱化を引き起こした。

　ゲルマン語を他のインド・ヨーロッパ諸語と分ける大きな変革として，さらに次の音韻変化があげられる。

① 母音推移

　　ide. o → *germ.* a：*lat.* hostis → *got.* gasts（敵，よそ者）
　　ide. ā → *germ.* ō：*lat.* māter → *as.* mōdar（＞ *nhd.* Mutter 母）
　　ide. ei → *germ.* ī：*gr.* steíchein（行く）→ *got.* steigan [ei＝ī]（＞ *nhd.* steigen 登る）

② 連音変化

　この変化は，e（＝ë）★—i と u—o の交替で，後に続く音によって条件づけられる。

【1】 *ide.* e → *germ.* i

　　ide. e は，ゴート語では i となったが，南（もしくは西）ゲルマン語および北ゲルマン語では，次音節に i, j, u および鼻音＋子音がある場合に i に変わった。

　　lat. medius → *ahd.* mitti（＞ *mhd.* mitte 真ん中の）
　　lat. pecus　→ *ahd.* fihu（＞ *nhd.* Vieh 家畜）
　　lat. ventus → *ahd.* wint（＞ *nhd.* Wind 風）

★ ë は古ゲルマン語以来の短音 e で，これには次音節の a, e, o の前で保存された ë の他に，*ide.* i が南（または西）ゲルマン語において次音節の a, e, o の前で ë に変わったものも含まれ，厳密には ë と書いて，特にウムラウトによって a から生じた短音 e（厳密には ẹ と表記する）と区別される。ë の発音は開音 [ɛ] で，ẹ は閉音 [e] である。e-音は多くの場合，開音と閉音に区別されることなく e と表記される。

【2】 *ide.* i → *germ.* e

ide. i は，ゴート語では h, hʷ★, r の前で，また南（もしくは西）ゲルマン語および北ゲルマン語では次音節に a, e, o がある場合に，e に変わった。

   germ. *wiraz → *got.* waír [aí = e] → *ahd.* wër（男，vgl. *nhd.* Werwolf 狼男）
   lat. nīdus（< *ide.* *nizdos）→ *ahd.* nest（> *nhd.* Nest 巣）

【3】 *ide.* u → *germ.* o

ide. u は，上記の *ide.* i → *germ.* e と同様に，ゴート語では h, hʷ, r の前で，南（もしくは西）ゲルマン語および北ゲルマン語では次音節に a, e, o がある場合に，o に変わったが，次に「鼻音＋子音」が続く場合，次音節に a, e, o があっても u は変化せずにそのまま残った。

   germ. *suhti- → *got.* saúhts [aú = o]（> *ahd.* suht > *nhd.* Sucht 病気）
   germ. *buđan → *ahd.* boto（> *nhd.* Bote 使者）
   germ. *gulþa → *ahd.* gold（> *nhd.* Gold 金）

ただし，

   germ. *tungon → *ahd.* zunga（> *nhd.* Zunge 舌）

1.2.4 文法的形態

ゲルマン語におけるアクセントの変化は，アクセントのない語末音節の弱化を引き起こしたが，この語末音節の弱化と消滅は，さらにゲルマン語における形態組織の退化および変化を招いた。インド・ヨーロッパ祖語に見られた 8 種類の格のうち，奪格と位置格はゲルマン語ではほとんど見られず，呼格と具格も若干の例外を除いて他の格，すなわち呼格は主格に，具格は特に与格と結びついた前置詞格に移行した。名詞の両数もゲルマン語では見ることができない。

① 名詞の曲用形

ゲルマン語における名詞の曲用形は，母音語幹と子音語幹に基づくインド・ヨーロッパ語の変化を基本としている。ただしインド・ヨーロッパ語の o-語幹，ā-語幹，es-/os-語幹は，ゲルマン語ではそれぞれ a-語幹，ō-語幹，iz-/az-語幹とな

★ ゴート語の hʷ は唇音化した h 音

る。母音語幹分類の基準となり，語根に続いて現れる「テーマ母音」は，特定の格において姿を現す。しかしゴート語では wō-語幹が ō-語幹の曲用形に，インド・ヨーロッパ語の es-語幹が a-語幹の曲用形に移行するなど，インド・ヨーロッパ語とは異なることも少なくない。各語幹と名詞の性の相互関係およびゴート語における曲用形を示すと以下のようになる。

【1】母音語幹

　a-語幹，ja-語幹，wa-語幹：男・中性名詞
　ō-語幹，jō-語幹，wō-語幹：女性名詞
　i-語幹 ：男・中・女性名詞
　u-語幹：男・中・女性名詞

【2】子音語幹

　n-語幹：男・中・女性名詞
　r-語幹 ：男・女性名詞
　iz- / az-語幹：中性名詞
　nt-語幹（現在分詞の名詞化）：残存する用例のほとんどが男性名詞
　語根名詞：男・中・女性名詞

母音語幹の曲用形

	a-語幹	ja-語幹	wa-語幹	ō-語幹	jō-語幹
単数主格	dags	haírdeis	triu	giba	bandi
属格	dagis	haírdeis	triwis	gibôs	bandjôs
与格	daga	haírdja	triwa	gibai	bandjai
対格	dag	haírdi	triu	giba	bandja
複数主格	dagôs	haírdjôs	triwa	gibôs	bandjôs
属格	dagê	haírdjê	triwê	gibô	bandjô
与格	dagam	haírdjam	triwam	gibôm	bandjôm
対格	dagans	haírdjans	triwa	gibôs	bandjôs
	nhd. Tag	*nhd.* Hirt		*nhd.* Gabe	
	（日）	（羊飼い）	（木材）	（贈り物）	（柳）
	［男性］	［男性］	［中性］	［女性］	［女性］

	i-語幹	u-語幹
単数主格	balgs	sunus
属格	balgis	sunaus
与格	balga	sunau
対格	balg	sunu
複数主格	balgeis	sunjus
属格	balgê	suniwê
与格	balgim	sunum
対格	balgins	sununs
		nhd. Sohn
	（管）	（息子）
	［男性］	［男性］

子音語幹の曲用形

	n-語幹	r-語幹	nt-語幹	語根名詞
単数主格	tuggô	brôþar	nasjands	baúrgs
属格	tuggôns	brôþrs	nasjandis	baúrgs
与格	tuggôn	brôþr	nasjand	baúrg
対格	tuggôn	brôþar	nasjand	baúrg
複数主格	tuggôns	brôþrjus	nasjands	baúrgs
属格	tuggônô	brôþrê	nasjandê	baúrgê
与格	tuggôm	brôþrum	nasjandam	baúrgim
対格	tuggôns	brôþruns	nasjands	baúrgs
	nhd. Zunge	*nhd.* Bruder		*nhd.* Burg
	（舌）	（兄弟）	（救世主）	（町）☆
	［女性］	［男性］	［男性］	［女性］

☆*nhd.* では「城塞」

② 形容詞の変化

　形容詞の変化は，インド・ヨーロッパ語では大体において名詞の母音語幹の曲用形と一致していたが，ゲルマン語では「強変化」と「弱変化」の二つの語形変化に区別されるようになる。「強変化」では，すべての性の単数主格など部分的に従来の名詞的変化（男・中性名詞は a-語幹，女性名詞は ō-語幹）が見られるが，中性

単数主格を含め，それ以外の多くは3人称代名詞もしくは指示代名詞の格変化が形容詞の語尾に添加された形となる。「弱変化」は名詞の子音語幹における n-語幹の曲用形と一致する。*got.* blind（＞ *nhd.* blind 盲目の）を例に，指示代名詞の格変化と形容詞の強変化を併記すると，以下のとおりである。

指示代名詞格変化・形容詞強変化

	男性		中性		女性	
単数主格	sa	blinds	þata	blind, blindata	sô	blinda
属格	þis	blindis	þis	blindis	þizôs	blindaizôs
与格	þamma	blindamma	þamma	blindamma	þizai	blindai
対格	þana	blindana	þata	blind, blindata	þô	blinda
複数主格	þai	blindai	þô	blinda	þôs	blindôs
属格	þizê	blindaizê	þizê	blindaizê	þizô	blindaizô
与格	þaim	blindaim	þaim	blindaim	þaim	blindaim
対格	þans	blindans	þô	blinda	þôs	blindôs

一方，弱変化は，n-語幹の男性名詞 guma（男），中性名詞 haírtô（＞ *nhd.* Herz 心），女性名詞 tuggô（＞ *nhd.* Zunge 舌）と同様の変化をした。

名詞 n-語幹格変化・形容詞弱変化

	男性		中性		女性	
単数主格	guma	blinda	haírtô	blindô	tuggô	blindô
属格	gumins	blindins	haírtins	blindins	tuggôns	blindôns
与格	gumin	blindin	haírtin	blindin	tuggôn	blindôn
対格	guman	blindan	haírtô	blindô	tuggôn	blindôn
複数主格	gumans	blindans	haírtôna	blindôna	tuggôns	blindôns
属格	gumanê	blindanê	haírtanê	blindanê	tuggônô	blindônô
与格	gumam	blindam	haírtam	blindam	tuggôm	blindôm
対格	gumans	blindans	haírtôna	blindôna	tuggôns	blindôns

③ 動詞の活用形

　動詞の形態組織も簡略化された。法においては禁止法が姿を消す。数においては両数は次第に用いられなくなり，態においては中間態と受動態が姿を消す。時制においては，現在形と過去形以外，すなわち未完了過去形，アオリスト，現在完了形，未来形などはゲルマン語では見られない。このようにゲルマン語で消滅した動詞形態組織は後に，大部分が助動詞を用いた書き換えによって補われることになる。これは文法範疇の表示がひとつの単語の中で「統合的」に表現される言語構造から，複数の単語によって「分析的」に表現される言語構造への移行を意味する。

【1】強変化動詞

　ゲルマン語の強変化動詞は，インド・ヨーロッパ語の母音交替を引き継ぎ，これをさらに時制表示のために体系化した。ゲルマン語の強変化動詞は，7種類の母音交替系列に整理される。以下に，ゲルマン語から新高ドイツ語に至るまでの強変化動詞の時制表示における語形変化を各系列ごとに見る。その際，母音交替の基本となる形は一般的に，不定詞，直説法過去1人称単数，直説法過去1人称複数，過去分詞の順で四つに区別される。なお，不定詞の母音でスラッシュの右側の形は直説法現在単数における語幹母音を，例示された動詞においては直説法現在1人称単数形を示している。

母音交替系列第 I

germ.	I a	a	ī —	ai —	i —	i
	I b	ī —	ai —	e —	e
ahd.	I a	ī —	ei —	i —	i
	I b	ī —	ē —	i —	i
mhd.	I a	ī —	ei —	i —	i
	I b	ī —	ē —	i —	i
(*ide.*		ei —	oi —	i —	i)

		不定詞	直説法過去		過去分詞
			単数	複数	
I a	*got.*	greipan [ei = ī]	graip	gripum	gripans

		不定詞	直説法過去 単数	直説法過去 複数	過去分詞
	as.	grîpan	grêp	gripun	gigripan
	ahd.	grîfan	greif	griffum	gigriffan
	mhd.	grîfen	greif	griffen	gegriffen
	nhd.	greifen（つかむ）	griff	griffen	gegriffen
Ⅰb	*got.*	þeihan	þáih	þaíhum [aí＝e]	þaíhans
	as.	thîhan	thêh	thigun	githigan
	ahd.	dîhan	dêh	digum	gidigan
	mhd.	dîhen	dêch	digen	gedigen
	nhd.	gedeihen（栄える）	gedieh	gediehen	gediehen

（Ⅰbでは語幹母音の後ろに w, h, r が来る）

母音交替系列第Ⅱ

germ.	Ⅱa	iu（eu）	—	au	—	u	—	u
	Ⅱb	iu（eu）	—	au	—	o	—	o
ahd.	Ⅱa	io（eo）/ iu	—	ou	—	u	—	o
	Ⅱb	io（eo）/ iu	—	ō	—	u	—	o
mhd.	Ⅱa	ie / iu	—	ou	—	u	—	o
	Ⅱb	ie / iu	—	ō	—	u	—	o
（*ide.*		eu	—	ou	—	u	—	u）

		不定詞	直説法過去 単数	直説法過去 複数	過去分詞
Ⅱa	*got.*	biugan	baug	bugum	bugans
	as.	biogan / biugu	bôg	bugun	gibogan
	ahd.	biogan / biugu	boug	bugum	gibogan
	mhd.	biegen / biuge	bouc	bugen	gebogen
	nhd.	biegen（曲げる）	bog（o＝ō）	bogen（o＝ō）	gebogen（o＝ō）
Ⅱb	*got.*	tiuhan	táuh	taúhum [aú＝o]	taúhans
	as.	tiohan / tiuhu	tôh	tugun	gitogan
	ahd.	ziohan / ziuhu	zôh	zugum	gizogan
	mhd.	ziehen / ziuhu	zôch	zugen	gezogen
	nhd.	ziehen（引く）	zog（o＝ō）	zogen（o＝ō）	gezogen（o＝ō）

（Ⅱbでは語幹母音の後ろに d, t, z, s の歯音または h が来る）

母音交替系列第Ⅲ

germ.	Ⅲa	i+NK —	a+NK —	u+NK —	u+NK
	Ⅲb	e+LK —	a+LK —	o+LK —	o+LK
ahd.	Ⅲa	i+NK —	a+NK —	u+NK —	u+NK
	Ⅲb	e/i+LK —	a+LK —	u+LK —	o+LK
mhd.	Ⅲa	i+NK —	a+NK —	u+NK —	u+NK
	Ⅲb	e/i+LK —	a+LK —	u+LK —	o+LK
(*ide.*	Ⅲa	e+NK —	o+NK —	N̥K —	N̥K)
	Ⅲb	e+LK —	o+LK —	L̥K —	L̥K

（N＝鼻音 m, n；L＝流音 l, r；K＝子音；N̥/L̥＝音節主音の鼻音または流音★）

		不定詞	直説法過去		過去分詞
			単数	複数	
Ⅲa	*got.*	bindan	band	bundum	bundans
	as.	bindan	band	bundun	gibundan
	ahd.	bintan	bant	buntum	gibuntan
	mhd.	binden	bant	bunden	gebunden
	nhd.	binden（結ぶ）	band	banden	gebunden
Ⅲb	*got.*	waírpan [aí=e]	warp	waúrpum [aú=o]	waúrpans
	as.	wërpan / wirpu	warp	wurpun	giworpan
	ahd.	wërfan / wirfu	warf	wurfum	giworfan
	mhd.	wërfen / wirfe	warf	wurfen	geworfen
	nhd.	werfen（投げる）	warf	warfen	geworfen

母音交替系列第Ⅳ

germ.	Ⅳ	i(e)+N/L —	a+N/L —	ē+N/L —	u(o)+N/L
ahd.	Ⅳ	e/i+N/L —	a+N/L —	ā+N/L —	o+N/L
mhd.	Ⅳ	e/i+N/L —	a+N/L —	ā+N/L —	o+N/L
(*ide.*	Ⅳ	e+N/L —	o+N/L —	ē(ō)+N/L —	N̥/L̥)

★ 音節主音を形成する鼻音・流音 m̥, n̥, l̥, r̥ は自響音とも呼ばれ、それ自体音節を支えうる点で母音的性格を持つ。ゲルマン語ではoやaの母音を伴って現れる。

		不定詞	直説法過去		過去分詞
			単数	複数	
IV	got.	niman	nam	nêmum	numans
	as.	nëman / nimu	nam	nâmun	ginoman
	ahd.	nëman / nimu	nam	nâmum	ginoman
	mhd.	nëmen / nime	nam	nâmen	genomen
	nhd.	nehmen（取る）	nahm	nahmen	genommen

母音交替系列第V

germ.	V	e(i)+K	—	a+K	—	ē+K	—	e(i)+K
ahd.	V	e/i+K	—	a+K	—	ā+K	—	e+K
mhd.	V	e/i+K	—	a+K	—	ā+K	—	e+K
(ide.	V	e+K	—	o+K	—	ē(ō)+K	—	e+K)

		不定詞	直説法過去		過去分詞
			単数	複数	
V	got.	giban	gaf	gêbum	gibans
	as.	gëban / gibu	gab	gâbun	gigëban
	ahd.	gëban / gibu	gab	gâbun	gigëban
	mhd.	gëben / gibe	gap	gâben	gegëben
	nhd.	geben（与える）	gab(a=ā)	gaben(a=ā)	gegeben(e=ē)

（ゲルマン語 e はゴート語では r, h, hw の前以外では i になる）

母音交替系列第VI （/の右側は直説法現在2, 3人称単数における語幹母音）

germ.	VI	a	—	ō	—	ō	—	a
ahd.	VI	a/e	—	uo	—	uo	—	a
mhd.	VI	a/e	—	uo	—	uo	—	a
(ide.	VI	a/o	—	ā/ō	—	ā/ō	—	a/o)

		不定詞	直説法過去		過去分詞
			単数	複数	
VI	got.	dragan	drôg	drôgum	dragans
	as.	dragan	drôg	drôgun	gidragan
	ahd.	tragan	truog	truogum	gitragan
	mhd.	tragen	truoc	truogen	getragen
	nhd.	tragen（運ぶ）	trug(u=ū)	trugen(u=ū)	getragen

母音交替系列第Ⅶ（○は特定の母音に限定されないことを意味する）

 mhd., nhd.　Ⅶ　○ ― ie ― ie ― ○
  （不定詞と過去分詞の語幹母音は様々）

「反復動詞」とも呼ばれるこの系列は，過去形が長母音あるいは二重母音の母音交替系列と反復からなり，ゴート語では次の2種類に分類される。

反復：

 got. haitan ― haíhait ― haíhaitum ― haitans（> *nhd.* heißen ～という名前である）
 [aí＝e]

母音交替：

 got. lêtan ― laílôt ― laílôtum ― lêtans（> *nhd.* lassen 残す）

これに対し初期ドイツ語では，反復に代わって2種類の新たな母音の交替が過去形を形成する。しかし中高ドイツ語では，この2種類の違いもなくなり，過去形の幹母音はすべて ie に統一された。

過去形に長母音・二重母音 *as.* ē, *ahd.* ia を持つもの：

		不定詞	直説法過去		過去分詞
			単数	複数	
Ⅶ	*as.*	hêtan	hêt	hêtun	gihêtan
	ahd.	heizan	hiaz	hiazum	giheizan
	mhd.	heizen	hiez	hiezen	geheizen
	nhd.	heißen	hieß	hießen	geheißen

過去形に二重母音 *as., ahd.* io を持つもの：

		不定詞	直説法過去		過去分詞
			単数	複数	
Ⅶ	*as.*	hlôpan	hliop	hliopun	gihlôpan
	ahd.	loufan	liof	liofum	giloufan
	mhd.	loufen	lief	liefen	geloufen
	nhd.	laufen（走る）	lief	liefen	gelaufen

【2】弱変化動詞

　ゲルマン語では，主として強変化動詞や名詞，形容詞から新たに弱変化動詞が派生した。これ以降，ゲルマン語で新しく造語される動詞は，若干の例外を除いていずれも弱変化動詞に属した。弱変化動詞の特徴は，過去と過去分詞をあらわすのに母音交替ではなく，tun（< *ahd.* tuon < *ide.* dhē-）の過去形に起源を持つ歯音接尾辞 -đ, -þ, -t を用いることにある。すなわち *ahd.* tuon の単数過去形 teta から *ahd.* -ta の接尾辞が，複数過去形 tâtum から *ahd.* -tum の接尾辞が形成された。弱変化動詞は，派生用接尾辞の形によって，ゴート語では4種類，古高ドイツ語では3種類に分類される。

（1）jan-動詞

　　got. nasjan（養う〈強変化動詞 *got.* (ga)nisan（> *nhd.* genesen 治る）の使役動詞★，*nhd.* nähren〉）

	不定詞	直説法過去	過去分詞
got.	nasjan	nasida	nasiþs
as.	nerian	nerida	ginerid
ahd.	nerien	nerita	ginerit
mhd.	nern	nerte	genert
nhd.	nähren	nährte	genährt

（2）ōn-動詞

　　got. salbôn（聖香油を塗る〈名詞 *got.* salbôns（< *germ.* *salbō- > *nhd.* Salbe 香油）から派生した動詞，*nhd.* salben〉）

	不定詞	直説法過去	過去分詞
got.	salbôn	salbôda	salbôþs
as.	salbon	salboda	gisalbod
ahd.	salbôn	salbôta	gisalbôt

★ jan-動詞のうち，強変化動詞から派生した使役動詞は，強変化動詞の単数過去形をその語幹として，これに派生接尾辞 -jan を加えた。nasjan の nas- は (ga)nisan の単数過去形である。この種の動詞は他に，*got.* lagjan（*nhd.* legen 横たえる）< *got.* lag < *got.* ligan（*nhd.* liegen 横たわっている）などに見られる。

mhd.	salben	salbete	gesalbet
nhd.	salben	salbte	gesalbt

(3) ゴート語 an-動詞，古高ドイツ語 ēn-動詞

got. haban（持っている〈強変化動詞 *got.* hafjan（＞ *nhd.* heben 持ち上げる）の継続相動詞，*nhd.* haben〉）

	不定詞	直説法過去	過去分詞
got.	haban	habaida	habaiþs
as.	hebbian	habda	gihabd
ahd.	habên	habêta	gihabêt
mhd.	haben	habete	gehabet
nhd.	haben	hatte	gehabt

(4) ゴート語 nan-動詞

got. fullnan（いっぱいになる〈形容詞 *got.* fulls（＞ *nhd.* voll いっぱいの）の起動動詞〉）

	不定詞	直説法過去
got.	fullnan	fullnôda★
nhd.	voll werden	

1.2.5 語彙の発展

ゲルマン語は特定の分野において語彙を創造し，固有の語彙を発展させた。

農耕・牧畜	*ahd.* bôna（*engl.* bean, *nhd.* Bohne 豆）
	ahd. kalb（*engl.* calf, *nhd.* Kalb 子牛）
	ahd. scâf（*engl.* sheep, *nhd.* Schaf 羊）
漁・狩猟	*ahd.* âl（*engl.* eel, *nhd.* Aal うなぎ）
	ahd. bëro（*engl.* bear, *nhd.* Bär 熊）
	ahd. habuh（*engl.* hawk, *nhd.* Habicht オオタカ）

★　ゴート語 nan-動詞には過去分詞形は存在しない。

	ahd. rêh（*engl.* roe, *nhd.* Reh ノロジカ）
住居	*ahd.* bank（*engl.* bench, *nhd.* Bank 長椅子）
	ahd. betti（*engl.* bed, *nhd.* Bett ベッド）
	ahd. halla（*engl.* hall, *nhd.* Halle ホール）
航海	*got.* skip ＞ *ahd.* skif（*engl.* ship, *nhd.* Schiff 船）
	got. saiws ＞ *ahd.* sêo（*engl.* sea, *nhd.* See 湖，海）
	ahd. sëgal（*engl.* sail, *nhd.* Segel 帆）
戦闘・武器	*got.* skildus ＞ *ahd.* skilt（*engl.* shield, *nhd.* Schild 楯）
	ahd. swërt（*engl.* sword, *nhd.* Schwert 剣）
	got. hilms ＞ *ahd.* hëlm（*engl.* helm, *nhd.* Helm 兜）
	got. wêpna ＞ *ahd.* wâfan（*engl.* weapon, *nhd.* Waffe 武器）
国家体制・法制	*got.* bôta ＞ *ahd.* buoza（*engl.* boot, *nhd.* Buße 償い，補償）
	got. þiufs ＞ *ahd.* thiob（*engl.* thief, *nhd.* Dieb 盗人）
	ahd. kuning（*engl.* king, *nhd.* König 王）
	got. sakjo ＞ *ahd.* sahha（*engl.* sake, *nhd.* Sache 訴訟，争い）

　ゲルマン語はさらに，ケルト人，そして特にローマ人との接触により，多くの借用語を導入することで語彙を豊かにした。

ケルト語からの借用語：

国家体制・法制	*got.*	reiki ＞ *ahd.* rîhhi（＞ *nhd.* Reich 王国）［＜ *kelt.* *rīgiom 王］
	got.	andbahti ＞ *ahd.* ambahti（＞ *nhd.* Amt 職務）［＜ *kelt.* *ambactus 奉公人］
建築	*ahd.*	zûn（＞ *nhd.* Zaun 柵）［＜ *kelt.* -dūnum 地名＝防護施設で囲まれた町（＞ *engl.* town 町）］
河川名	*nhd.*	Donau（ドナウ川）［＜ *lat.* Donubīus ＜ *kelt.* Danu 川］
	nhd.	Main（マイン川）［＜ *kelt.* Mogin, mei 水］
	nhd.	Rhein（ライン川）［＜ *kelt.* Rhenos, ro-ean 流れる川］
地名	*nhd.*	Kempten（ケンプテン）［＜ *kelt.* Cambodunum, -dunum 城］

	nhd.	Mainz（マインツ）［< kelt., lat. Mogontiacum < Mogons 神の名前］
	nhd.	Worms（ヴォルムス）［< kelt. Borbetomagus, magos 平地］

ラテン語からの借用語：

国家体制・法制	ahd.	keisur（> nhd. Kaiser 皇帝）［< lat. Caesar カエサル］
	got.	karkara > ahd. karkeri（> nhd. Kerker 牢獄）［< lat. carcer 牢獄］
戦闘	ahd.	kamph（> nhd. Kampf 戦闘）［< lat. campus 戦場］
	ahd.	phîl（> nhd. Pfeil 矢）［< lat. pīlum 投げ槍］
	ahd.	ërdwal（> nhd. Wall 塁壁）［< lat. vallum 塁壁］
建築	ahd.	fenstar（> nhd. Fenster 窓）［< lat. fenestra 壁の小窓］
	ahd.	këllari（> nhd. Keller 地下室）［< lat. cellārium 貯蔵室］
	ahd.	mûra（> nhd. Mauer 塀）［< lat. mūrus 壁］
	ahd.	scuola（> nhd. Schule 学校）［< lat. schola 講義，学校］
	ahd.	strâza（> nhd. Straße 道路）［< lat. via strāta 舗装道路］
商業	got.	kaupôn > ahd. koufen 商いをする（> nhd. kaufen 買う）［< lat. caupo 行商人］
	ahd.	karro（> nhd. Karren 荷車）［< lat. carrus 四輪車］
	ahd.	korb（> nhd. Korb 籠）［< lat. corbis 籠］
	ahd.	munizza（> nhd. Münze 硬貨）［< lat. monēta 硬貨］
	got.	sakkus > ahd. sac（> nhd. Sack 袋）［< lat. saccus 袋］
園芸	ahd.	fruht（> nhd. Frucht 果実）［< lat. frūctus 果実］
	ahd.	kôl（> nhd. Kohl キャベツ）［< lat. caulis キャベツ］
	ahd.	phlanzôn（> nhd. pflanzen 植える）［< lat. plantāre 植える］
	ahd.	ratih（> nhd. Rettich 大根）［< lat. rādīx 大根］
	got.	wein > ahd. wîn（> nhd. Wein ワイン）［< lat. vīnum ワイン］
	ahd.	wînzuril（> nhd. Winzer ブドウ栽培者）［< lat. vīnitor ブドウ栽

			培者]
文化・料理	ahd.	karz（> nhd. Kerze ロウソク）[< lat. charta パピルス紙]
	ahd.	kuhhina（> nhd. Küche 調理室）[< lat. coquīna 調理室]
	ahd.	simula（> nhd. Semmel ゼンメル，小型パン）[< lat. simila 上等の小麦粉]
	ahd.	spiagal（> nhd. Spiegel 鏡）[< lat. speculum 模写，鏡]
地名	nhd.	Augsburg [< lat. Augusta Vindelicorum（Vindelici 族の Augusta）]
	nhd.	Koblenz [< lat. confluentes 合流点]
	nhd.	Köln [< lat. colonia Agrippinensis（Agrippina の植民地）]

(Wolff, 49)

1.2.6　ゲルマン諸部族とその言語

　ゲルマン語を話す部族，すなわちゲルマン人は人類学的には単一部族ではなく，最初からいくつもの部族から構成されていた。ゲルマン人は紀元前1200年から800年頃には，南スカンディナヴィアからヴァイクセル川河口にまで居住しており，紀元前6世紀，つまり初期の鉄器時代には，エルベ川下流・中流地帯にまで達した。紀元前4世紀から2世紀に，オーデル川とヴァイクセル川の領域にいたゲルマン人はさらに東方，および南東の方面へ移動した。紀元前100年頃にはオーデル川・ヴァイクセル川領域にはヴァンダル人，ブルグント人が，また紀元前後にはゴート人が移住した。このように，ゲルマン人は長期間にわたる移動によって自分たちの居住地域を拡大したが，ゲルマン諸部族の言語・文化はかなりの長い期間，統一性を保っていたと考えられている。というのは，バルト海の北，西，南沿岸地方の文化が，紀元前1500年から500年頃までは，ほとんど変化のないことが考古学的に確認されており，また第一次子音推移に関しても，すべての地方のゲルマン語が一様にこれを経験しているからである。

　マウラー（Maurer 1952）によると，紀元前後には五つのゲルマン部族群が存在し

ていた。

1. 北ゲルマン人
   北ユトラントおよび南スカンディナヴィアに定住したゲルマン人。後にアイスランドにも移住した。

2. 東ゲルマン人もしくはオーデル・ヴァイクセル・ゲルマン人
   オーデル川，ヴァイクセル川流域に居住したヴァンダル族，ブルグント族，ゴート族。民族大移動の影響を最も受けた。

3. エルベ・ゲルマン人
   エルベ川流域に居住したセムノネス族★，テューリンゲンのヘルムンドゥーリ族，ランゴバルド族，後に南バイエルンに移住したマルコマンニ族，クアディ族。

4. ヴェーザー・ライン・ゲルマン人
   ヴェーザー川，ライン川流域に居住したフランク族，ヘッセン族。

5. 北海ゲルマン人
   北海沿岸に居住したフリース人，アングル族，ザクセン族。後にアングロサクソン族はブリタニアに侵入し，イギリスを統治する。

この頃すでに，これらの部族の言語が分化し，方言差異が現れていた可能性もあるが，紀元後3世紀以前にその証拠を見ることはできない。ゾンダーエッガー（Sonderegger 1970）によると，ゲルマン語の分化の過程とその時代は次のようになる。

★ セムノネス族の一部から，後にアレマン族が形成される。

図1 ゲルマン人の居住地域とその変化

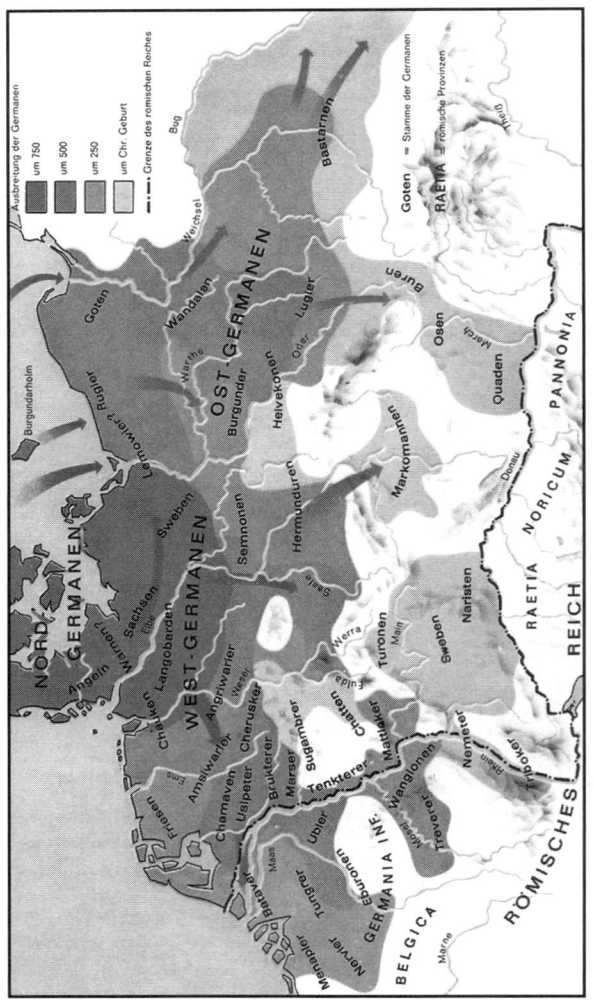

(dtv-Atlas zur Weltgeschichte, S. 108 に基づく)

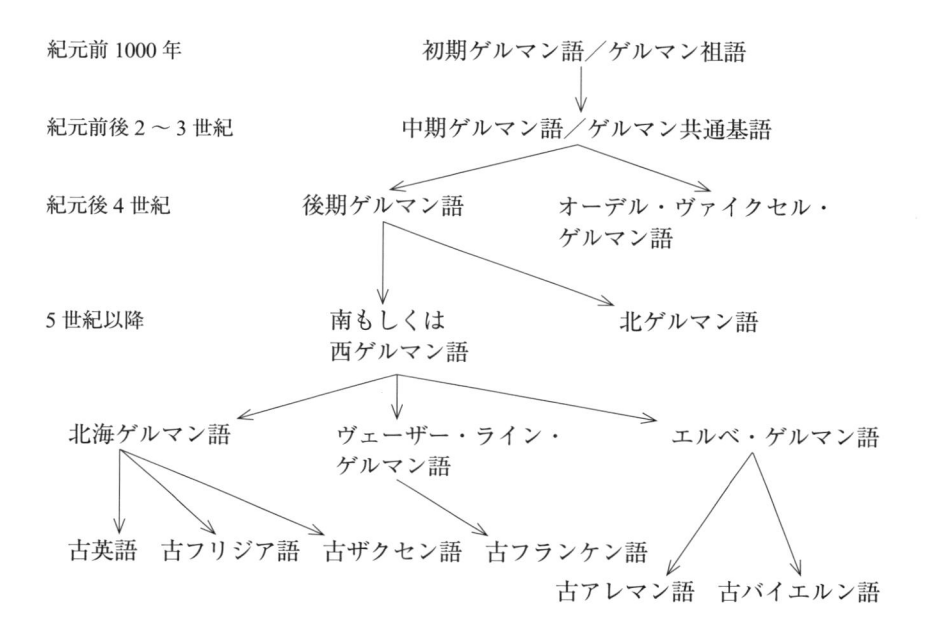

紀元前 1000 年		初期ゲルマン語／ゲルマン祖語	
紀元前後 2〜3 世紀		中期ゲルマン語／ゲルマン共通基語	
紀元後 4 世紀	後期ゲルマン語		オーデル・ヴァイクセル・ゲルマン語
5 世紀以降	南もしくは西ゲルマン語		北ゲルマン語

```
北海ゲルマン語     ヴェーザー・ライン・     エルベ・ゲルマン語
                     ゲルマン語

古英語 古フリジア語 古ザクセン語 古フランケン語
                                         古アレマン語 古バイエルン語
```

さらにゾンダーエッガー（Sonderegger 1979）は、マウラーのゲルマン語分類の試みを発展させ、ゲルマン諸言語をドイツ語との関係から次のように区分している。なお図中の×は死滅した言語であることを、また数字は以下の言語を示す。

①アイスランド語，②フェロー諸島語，③ノルウェー語，④デンマーク語，⑤スウェーデン語，⑥アングロサクソン語，英語，⑦フリジア語，⑧オランダ語，アフリカーンス語

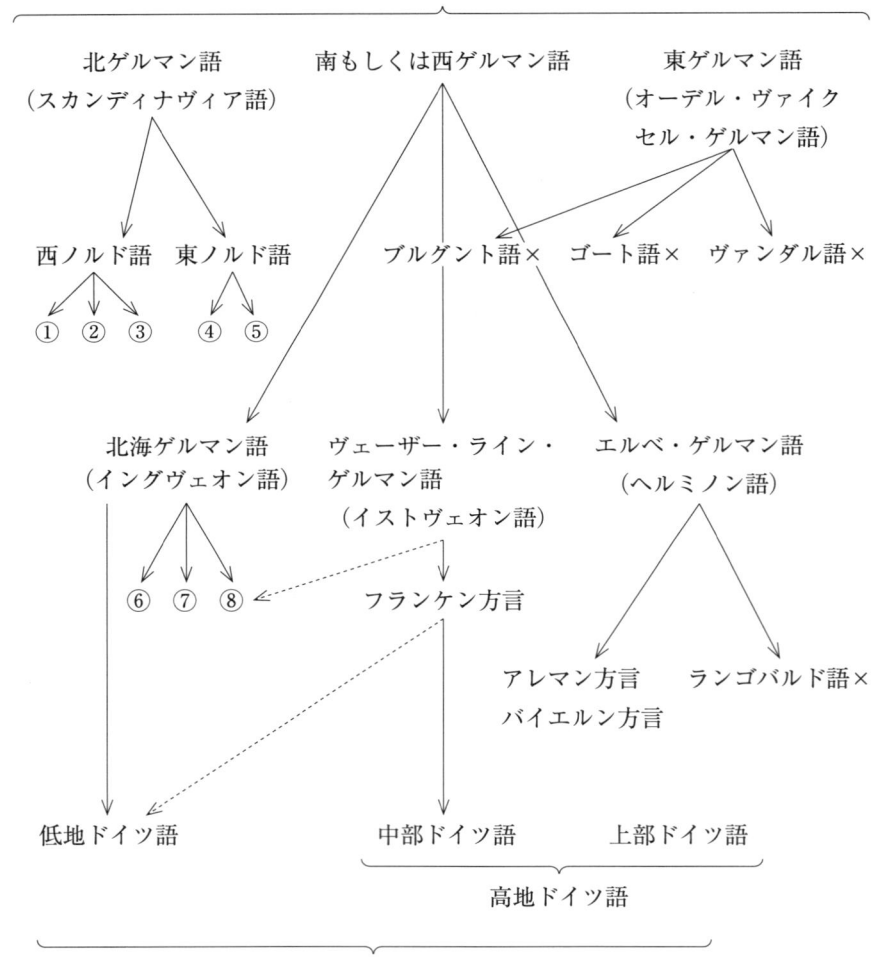

```
                              ゲルマン語
        ┌─────────────────────┼─────────────────────┐
   北ゲルマン語          南もしくは西ゲルマン語        東ゲルマン語
 (スカンディナヴィア語)                            (オーデル・ヴァイク
                                                セル・ゲルマン語)
      ↙    ↘                                     ↙      ↓       ↘
  西ノルド語  東ノルド語        ブルグント語×    ゴート語×    ヴァンダル語×
  ↙ ↓ ↘     ↙  ↘
  ① ② ③   ④  ⑤
                          ↙           ↓            ↘
                    北海ゲルマン語  ヴェーザー・ライン・  エルベ・ゲルマン語
                   (イングヴェオン語)  ゲルマン語      (ヘルミノン語)
                                  (イストヴェオン語)
                    ↙ ↓ ↘           ↓              ↙      ↘
                   ⑥ ⑦ ⑧ ←---- フランケン方言
                                                アレマン方言   ランゴバルド語×
                                                バイエルン方言
                    ↓              ↓              ↓
                 低地ドイツ語      中部ドイツ語     上部ドイツ語
                                      └──────┬──────┘
                                          高地ドイツ語
                 └─────────────────────┬─────────────────────┘
                                     ドイツ語
```

1. ドイツ語先史

　ゲルマン諸語は，相互に分化する以前の音韻上の共通点を保持するとともに，分化に伴い，それぞれ独自の音韻的特徴を得た。このうち南（もしくは西）ゲルマン語は，次のような北ゲルマン語との共通点と，南（もしくは西）ゲルマン語独特の音韻的特徴を有する。

南（もしくは西）ゲルマン語と北ゲルマン語の共通点：

1. *germ. / got.* ē → ā
   got. lêtan — *anord.* lâta, *as.* lâtan, *ahd.* lâzan（＞ *nhd.* lassen 残す）

2. *germ. / got.* þl-（語頭）→ fl-
   got. þliuhan — *anord.* flȳja, *as., ahd.* fliohan（＞ *nhd.* fliehen 逃げる）

3. *germ. / got.* s[z] → r
   got. ausô — *anord.* eyra, *as., ahd.* ôra（＞ *nhd.* Ohr 耳）

南（もしくは西）ゲルマン語の特徴：

1. j の前，あるいは w, r, l, m, n の前における重複子音化
   got. bidjan, *anord.* bidja — *as.* biddjan, *ahd.* bitten（＞ *nhd.* bitten 願う）
   got. akrs, *anord.* akr — *as.* akkar, *ahd.* ackar（＞ *nhd.* Acker 耕地）

2. ゲルマン語における二重半母音の二重母音化
   germ. *twajjô ＞ *got.* twaddjê, *anord.* tveggja — *as.* tweio, *ahd.* zweio
   　　　　　　　　　　　　　　　　　　　　　　　（＞ *nhd.* zweier 2〈属格〉）
   germ. *trewwo ＞ *got.* triggwana, *anord.* tryggvan — *as.* triuwi, *ahd.*（gi）triuwi
   　　　　　　　　　　　　　　　　　　　　　　　（＞ *nhd.* getreu 誠実な）

北海ゲルマン語の特徴：

　南（もしくは西）ゲルマン語の中でも，北海ゲルマン語は，独特な音韻変化によって他の南（もしくは西）ゲルマン諸語と区別される。この変化は，後述の第二次子音推移と並んで，低地ドイツ語と高地ドイツ語を区分する決定的な音韻的特徴と

もみなされる。またこの現象を経験しなかった古高ドイツ語と，東ゲルマン語（オーデル・ヴァイクセル・ゲルマン語）に属するゴート語の音韻形が極めて似ている点も注目される。

1. 無声摩擦音の前における鼻音の消滅
   got., ahd. fimf（＞ *nhd.* fünf 5）— *ae., as.* fif(*engl.* five)

2. 人称代名詞および疑問詞における r（＜ s）の消滅
   got. mis, *ahd.* mir（＞ *nhd.* mir 私に）— *ae.* mê, *as.* mî(*engl.* me)
   got. hʋas, *ahd.* wër（＞ *nhd.* wer 誰が）— *ae.* hwâ, *as.* hwê(*engl.* who)

3. 動詞の単一複数形
   got., ahd., ae., as. faran（＞ *nhd.* fahren 旅をする）
   got. faram　*ahd.* farumês(*wir* fahren)
   got. fariþ　*ahd.* faret　(*ihr* fahrt) — *ae., as.* farađ
   got. farand　*ahd.* farant(*sie* fahren)

(N. R. Wolf, 25-27)

　ドイツ語の先史は，まずインド・ヨーロッパ祖語から出発してゲルマン祖語へ，さらに南（もしくは西）ゲルマン語から三つのゲルマン諸語へと分化の歴史をたどった。しかし，現在私たちの知っている「ドイツ語」の歴史は，複数の言語から単一言語への「均一化」の過程であり，そのための持続的な試行の軌跡でもあると言うことができよう。

第二章
初期ドイツ語

現存する最古のドイツ語文字記録，ラテン語・ドイツ語語彙帳『アブロガンス』冒頭，紀元 750 年頃（ザンクトガレン修道院図書館所蔵写本 Cod. Sang. 911 から）

2. 初期ドイツ語

2.1 ドイツ語を取り巻く社会環境

　ゲルマン人の民族大移動は 4 世紀末に始まったが，この民族移動期の前後にゲルマン諸部族は離合集散を繰り返し，より小さい部族はより大きな部族に吸収され，また部族間のゆるやかな関係は，より強固な政治的，軍事的連合へと発展した。この部族連合から，政治権力の集中化によって部族王国が形成された。民族移動期はこのような部族共同体の形成が進んだ時期ではあるが，この時代に，ゲルマン人の居住地は次第に南方と西方へ移動する。東ゲルマン人は，遠く地中海域にまで進出したが，各部族は 8 世紀までに相次いで滅亡した。南（もしくは西）ゲルマン人のうちアングロサクソン族は，5 世紀半ばにブリテン島に渡った。南方へ移動したアレマン族は，ローマ人を駆逐し，5 世紀には，今日のシュヴァーベン地方からさらにレトロマンス語域の今日のスイス地方に定住した。また 6 世紀には，マルコマンニ族などを中心に形成されたバイエルン族がチロール地方を，ランゴバルド族が北イタリアをそれぞれ征服した。西方ではクロートヴィヒ（466-511）に率いられたフランク族が，476 年西ローマ帝国滅亡後のガロロマンス語域の南ガリアを支配下に置き，さらにライン川，モーゼル川をさかのぼり，アレマン族を破って上部ライン地方と北エルザス地方を支配下に入れた。これに対して，東方ではゲルマン人が去った地域にスラブ人が入植し，今日のハンガリー地方も，フン族などのアジア系民族が入植し，結局ゲルマン人の居住地域は全体的に民族移動以前よりも縮小した。ゲルマン人の言語も，その後，西の西フランケン方言と南のランゴバルド語はロマンス語に取って代わられ，南のレトロマンス語と西のガロロマンス語の一部がゲルマン語に取って代わられた。

　687 年のカロリング朝フランク王国の成立によって，ゲルマン諸部族領域のフランク族による支配とキリスト教化が一層推し進められ，カール大帝（在位 768-814）の治世にゲルマン諸部族領域に対するフランク王国の覇権が確立した。しかし，カール大帝の死後，国は急速に解体の道を辿る。カール大帝の息子ルートヴィヒ敬虔王（位 814-840）の 3 人の息子，ロタール，ルートヴィヒ，カール（禿頭王）の領土をめぐる争いは，843 年のヴェルダン条約によって和解するが，国土は

東・中・西フランクに三分された。ルートヴィヒ（在位 843-870）は，東フランク王国の国王となったが，その後中部フランク王国も手に入れ，その領土の西方の境界線は，そのまま中世ドイツ・フランス両国の境界線として，13 世紀後半まで存続することになる。

2.2 高地ドイツ語と低地ドイツ語

　ドイツ語は，まず，ヴェーザー・ライン・ゲルマン語とエルベ・ゲルマン語を中心としたゲルマン諸部族の言語として現れる。これらの言語間の相違は，特に，北方の北海沿岸地域と南方のドナウ・アルプス地域の間で著しかった。メロヴィング朝と，それに続くカロリング朝フランク王国による政治的統括，さらにその後の東フランク王国の成立によって，東フランク王国の諸部族間に徐々に共通の民族感情が醸成された。8 世紀後半には，ラテン語およびロマンス語と対立する民衆語としての「ドイツ語」の概念が形成されたが，しかしこれはフランク王国内のゲルマン諸部族の共通語を意味するものではなかった。また初期ドイツ語時代には，南部のゲルマン語圏を中心にその後のドイツ語の発展に重要な影響を及ぼす音韻変化が生じたが，この変化もいくつかのものを除くと，その多くは東フランク王国全域に浸透することはなかった。この音韻変化を経験した部族語とこれを経験しなかった部族語の間（特に南と北）には，重要な言語的相違が生まれることとなった。音韻変化形が南方から北方へ段階的に伝播し，最も北上したものでも北端に達することなく途中で立ち消えした第二次子音推移（または古高ドイツ語子音推移）は，今日においてもなお，高地ドイツ語と低地ドイツ語の名称で区分される方言圏を作り出した。「高地」ドイツ語および「低地」ドイツ語の名称は，文字通り方言の地理的な分布による★。ドイツ語史やドイツ語方言学においては，第二次子音推移が浸透し

★　Hochdeutsch, Niederdeutsch が，方言の地理的分布に基づく名称として初めて用いられたのは，15 世紀半ばであった。一方，Hochdeutsch が「標準ドイツ語」，「模範的ドイツ語」の社会言語的な意味で使用されるのも 15, 16 世紀である。15 世紀末には超地域的言語を目指した印刷ドイツ語やいくつかの官庁語が，16, 17 世紀には文法学者が模範としたルターのドイツ語，あるいは東中部ドイツ語などが Hochdeutsch と呼ばれた。

た中部および南部高地の方言群が「高地ドイツ語」，これが浸透しなかった北部低地の方言群が「低地ドイツ語」とそれぞれ区分されている。

2.2.1　第二次子音推移（古高ドイツ語子音推移）と方言

① 第二次（古高ドイツ語）子音推移

　高地ドイツ語と低地ドイツ語を分かち，高地ドイツ語を他のゲルマン語から区別することになる，この決定的な音韻変化を受けた子音は，ゲルマン語の無声閉鎖音 p, t, k と有声摩擦音 ƀ, đ, g である。

【1】無声閉鎖音　→　破擦音　　　無声閉鎖音　→　無声摩擦音

germ.		*ahd.*	*germ.*		*ahd.*
p	→	pf	p	→	ff(f)
t	→	(t)z	t	→	ȝȝ(ȝ)★★
k	→	kch★	k	→	hh(h)★★★

（1）無声閉鎖音 *germ.* p, t, k　→　破擦音 *ahd.* pf, (t)z, kch

		got.	*as.*		*ahd.*	*nhd.*
a)	語頭で	pund	pund	→	pfunt	Pfund（ポンド）
		taíhum	tëhan	→	zëhan	zehn（10）
		kaúrn	korn	→	chorn (*bair., alem.*)	Korn（穀物）
b)	重子音で	skapjan	skeppian	→	scepfen	schöpfen（汲む）
		satjan	settian	→	sezzen	setzen（座らせる）
		wakjan	wekkian	→	wecchan (*bair., alem.*)	wecken（起こす）

★　　　ch と表記されることもある。
★★　　今日のドイツ語の無声の s と同様の音。本書では，音韻表記など特定の場合を除き，zz(z) で表記する。
★★★　ch と表記されることもある。

2. 初期ドイツ語

図2 初期ドイツ語時代の方言区分

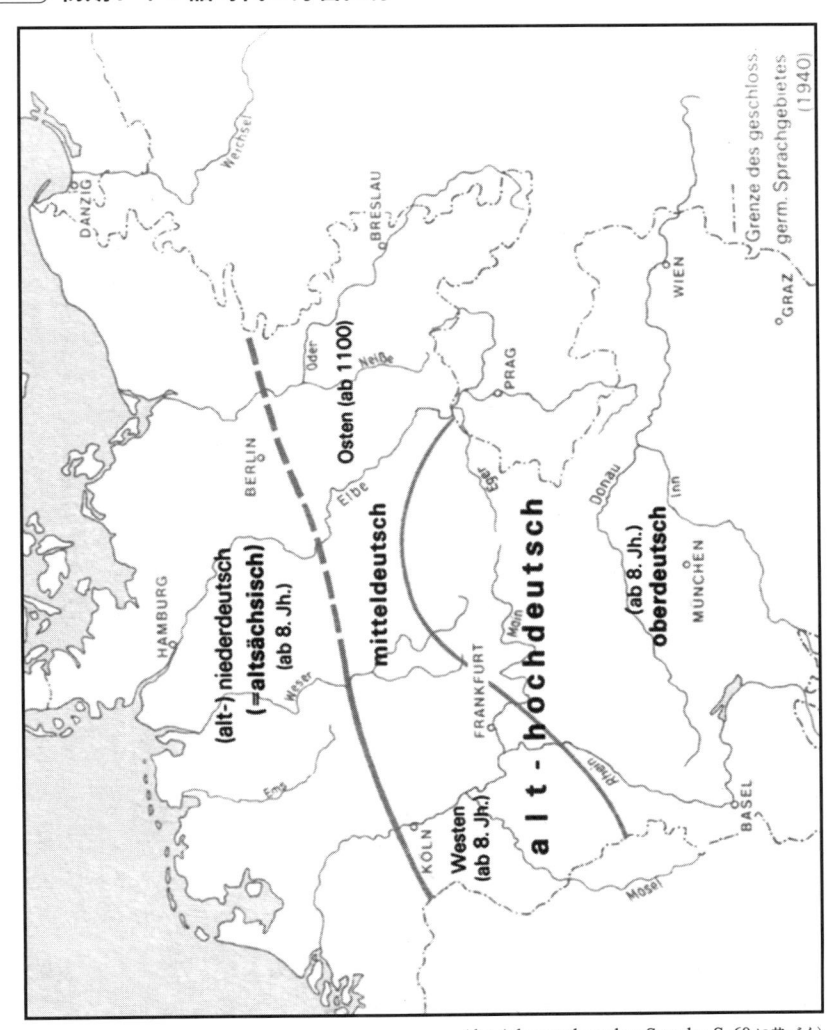

(dtv-Atlas zur deutschen Sprache, S. 60 に基づく)

c) l, r, m, n hilpan   hëlpan → hëlpfan   helfen★（助ける）
   の後で   haírtô   hërta   → hërza   Herz（心）
              wërk   → wërch   Werk（仕事）
                                   （bair., alem.）

(2) 無声閉鎖音 *germ.* p, t, k → 無声摩擦音 *ahd.* ff(f), ȝȝ(ȝ), hh(h)

              got.   *as.*   *ahd.*   *nhd.*
   a) 母音間の slêpan   slâpan   →   slâf(f)an   schlafen（眠る）
      語中で itan   ëtan   →   ëzzan   essen（食べる）
              brikan   brëkan   →   brëhhan   brechen（折る）
   b) 母音後の skip   skip   →   skif   Schiff（船）
      語末で ût   ût   →   ûz   aus（〜から外へ）
              ik   ik   →   ih   ich（私は）

【2】有声摩擦音 →   無声閉鎖音

   germ.   *ahd.*
   ƀ（＞ b）   →   p
   đ（＞ d）   →   t
   ǥ（＞ g）   →   k

この音韻変化はバイエルン方言，アレマン方言を中心とした南ドイツの方言群で見られるが，それぞれの変化と各方言との関係は複雑である。

(1) *germ.* ƀ（＞ *vorahd.* b）   →   *bair., alem.* p

   got.   *as., ostfränk.*   →   *bair., alem.*   *nhd.*
   baíran   bëran   →   përan（運ぶ）   （ge)bären（産む）
   sibja   sibbia   →   sippa   Sippe（氏族）

   この変化は，バイエルン，アレマン方言で見られるだけで，これ以上，北上することはなかった。逆に 11 世紀には，フランケン方言の b が南下し，重子音の pp（＜ bb）を除くバイエルン，アレマン方言の p に取って代わった。

★ l, r の後の pf は 9 世紀に f となった。

(2) *germ.* đ（＞ *vorahd.* d）　→　*bair., alem., ostfränk., rheinfränk.* t

got.	*as.*		*rheinfränk.*	*bair., alem., ostfränk.*	*nhd.*
daúhtar	dohtar	→	dohter	tohter	Tochter（娘）
bindan	bindan	→	bintan	bintan★	binden（結ぶ）
bidjan	biddian	→	bitten	bitten	bitten（頼む）

　đ（＞d）→tの子音推移は，比較的広い範囲で見られ，バイエルン，アレマン両方言の他，東フランケン方言でも子音の後と重子音でtへの推移が行われた。

(3) *germ.* g（＞ *vorahd.* g）　→　*bair., alem.* k

got.	*as.*		*bair., alem.*	*nhd.*
giban	gëban	→	këpan	geben（与える）
	hruggi	→	rucki	Rücken（背中）

　g（＞g）→kの子音推移は，バイエルン，アレマン方言のみで見られ，重子音において最も徹底して行われた。この推移も，10世紀にはフランケン方言のgに押されて，重子音のkk（＜gg）を除くkはgに取って代わられた。

【3】無声摩擦音　→　有声閉鎖音

germ.		*ahd.*
þ	→	d

got.	*as.*		*ahd.*	*nhd.*
þaúrnus	thorn	→	dorn	Dorn（とげ）
þreis	thrîa	→	drî	drei（3）

　この子音推移は，上記【2】-(2)のđ（＞d）→tの変化と構造上同じ体系に属する。þ→dの変化は8世紀にまずバイエルン方言に現れ，その後，アレマン方言，さらに東フランケン方言，ライン・フランケン方言に伝わり，10〜11世紀には中部

★　古高ドイツ語の -nt は，その後 -nd に変わった。

フランケン方言にまで広がった。その後，この推移はさらに北上を続け，中世には低地フランケン方言と低地ザクセン方言にまで達し，ドイツ語圏全域に広がった。

② 第二次(古高ドイツ語)子音推移の発展過程

上記の第二次子音推移に関する伝統的な記述に対して，以下のペンツゥル（Penzl 1964）による記述方法は，子音推移が発生するまでの音韻の発展過程を示している。第二次子音推移が徹底して行われ，集中的に展開した南部の古上部ドイツ語は，子音推移発生以前の前古上部ドイツ語で，次の閉塞音（閉鎖音，摩擦音）を持っていた。

【1】無声閉鎖音（硬音）　　/p/　　/t/　　/k/
　　　　　　　　　　　　　/pp/　/tt/　/kk/

【2】有声閉鎖音（軟音）　　/b/　　/d/　　/g/
　　　　　　　　　　　　　/bb/　/dd/　/gg/

【3】無声摩擦音　　　　　　/f/　　/þ/　　/x/　　/s/
　　　　　　　　　　　　　/ff/　/þþ/　/xx/　/ss/

これらの子音組織は閉鎖音と摩擦音との対立の上に成り立ち，またその単音と重音は，それぞれ意味区別を担う音素として対立を成していた。このうち無声音閉鎖音（硬音）は，次の図のような発展過程を経て無声摩擦音および破擦音に変化する。

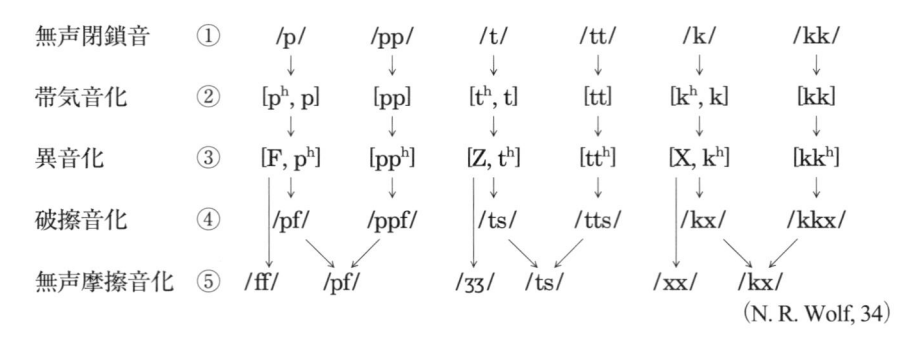

無声閉鎖音	①	/p/	/pp/	/t/	/tt/	/k/	/kk/
帯気音化	②	[pʰ, p]	[pp]	[tʰ, t]	[tt]	[kʰ, k]	[kk]
異音化	③	[F, pʰ]	[ppʰ]	[Z, tʰ]	[ttʰ]	[X, kʰ]	[kkʰ]
破擦音化	④	/pf/	/ppf/	/ts/	/tts/	/kx/	/kkx/
無声摩擦音化	⑤	/ff/	/pf/	/ȝȝ/	/ts/	/xx/	/kx/

（N. R. Wolf, 34）

この音韻推移は，母音の発音の際放出される息が強くなったことに伴い，単音の閉鎖音が母音の後で閉鎖を弱化させたことに端を発する。閉鎖音の帯気音化である。これにより音韻の最初の発展段階で，それぞれの単音音素は二つの異音，つまり音的環境によって異なって現れる音を持つこととなった。母音の後では帯気音に，他の位置では非帯気音となった（②）。異音はさらに発展して無声閉鎖音はあらゆる位置で帯気音化した異音となった（③）。母音の後の異音では閉鎖がさらに弱まり，異音 [F], [Z], [X] はそれぞれ /ff/, /ʒʒ/, /xx/ に音素化し（③→⑤），その結果，唇歯音と軟口蓋音ですでに存在していた摩擦音の重音音素と重なった（/ff/ と /xx/）。一方，単音音素のうちもうひとつの異音 [pʰ], [tʰ], [kʰ] と重音音素 [ppʰ], [ttʰ], [kkʰ] は破擦音となり（④），それぞれ /pf/, /ts/, /kx/ に音素化する（④→⑤）。この結果，as. ëtan — as. settian（> nhd. essen 食べる — nhd. setzen 座らせる）に見られるように，古い子音組織における /t/ — /tt/ という「単音音素と重音音素」の対立は，新しい子音組織では ahd. ëʒʒan — ahd. sezzen に見られるように /ʒʒ/ — /ts/ という「摩擦音と破擦音」の対立へ変化した。

　この音韻の変化によって，新しい子音組織から無声音の閉鎖音が消滅した。このことが，有声音（軟音）の閉鎖音 /b/, /d/, /g/，特にその重音音素 /bb/, /dd/, /gg/ が無声閉鎖音 /pp/, /tt/, /kk/ へと異音化，ひいては音素化することにつながった。ゲルマン語には存在した重複有声閉鎖音は，as. biddan → ahd. bitten（> nhd. bitten 頼む）や as. sibbia → ahd. sippa（> nhd. Sippe 一族）のように高地ドイツ語では重複無声閉鎖音へと変化している。

　有声音から無声音への推移は，両唇音 /b/ と軟口蓋音 /g/ の単音音素では部分的にしか見られなかったが，歯音 /d/ は広い範囲で /t/ へ推移した。このままなら新しい子音組織では /d/ 音が減少することになるが，これは実際には as. thrîa → ahd. drî（> nhd. drei 3）に見られるような /þ/ → /d/ の変化によって補われることとなる。

③ 第二次（古高ドイツ語）子音推移発生の原因と時期

　この現象の発生した原因，地域および時期については，今日なお，確かなことは

何も分かっていない。原因については，アレマン族，フランク族の他，ローマ帝国領内奥深く侵入して建国した東ゲルマン人など，活発な民族移動を行った部族の強烈な生命力にこの子音推移の要因を求める憶測や，これをアクセントの変化など，ドイツ語の内部に求める内因説や，ケルト人，ローマ人など異民族の言語の影響に求める外因説があるが，いずれにおいても確実な証拠が不足している。

　第二次子音推移が発生した地域については，この推移が完全に成された南部の諸部族（アレマン族，バイエルン族，ランゴバルド族），とりわけアレマン族の領域とする考えが強い（Mitzka 1951）。しかし，フランク族の圧倒的な政治支配にもかかわらず，南ドイツで発生した子音推移が何故，フランケン方言圏で浸透することができたのか。その答えとして，フランク王国の政治的，戦略的な方言併合政策があげられる。つまり，子音推移における南部ドイツ方言とフランケン方言相互の影響とともに，中部フランケン方言の子音推移が初期の段階では上層階級の言語層に見られ，下層階級の言語層には見られないというのがその根拠である（Lerchner 1971）。このような南部ドイツの方言に子音推移の起源を求める考えに対して，ドイツ語諸方言の他に東ゲルマン語においてもこの現象の痕跡が認められるとして，第二次子音推移をこれら諸言語の多元発生的な固有の展開とする見方もある（Höfler 1956）。この他に，この子音推移を南部ドイツ諸方言および中部フランケン方言における土着の言語現象とみなす考えも存在する（Schützeichel 1976）。

　第二次子音推移がいつ発生したのかについては，今日，最も難解な問題のひとつとなっている。以前はこの時期を確定するのに，フン族のアッティラ（在位434-453）の名前 Attila が有力な手がかりと考えられていた。この名前は，中高ドイツ語では，第二次子音推移（重子音 tt → tz）を経た Etzel の形で現れるため，この名前がドイツ語に取り入れられたのは第二次子音推移以前であり，その後にこの推移を受けたものと推測された。すなわち，第二次子音推移はアッティラより前，つまり5世紀半ばより前には発生していなかったと考えられた。しかし，子音推移がアッティラ以前に発生していたと考えることも可能であり，またこの名前が，いつ，どの方言で取り入れられたのかも分からないことから，今日ではこの説は，第二次子音推移発生の時期確定のための決定的な根拠とはなりえていない。

この他にも，南ドイツ諸方言に見られるいくつかの固有名詞と，その年代を手がかりに，この推移の発生時期を推定しようとの試みがなされた。例えば，アレマンの大公ブティリン（554没）の名前 Butilin が，ヴァイセンブルク修道院の699年の写本に butzelino あるいは buccelinus の形で見られること，あるいは6世紀から7世紀のものと見られるヴムリンゲンの槍の穂に見られる名前の接尾辞 -rih（< *got. reiks* 支配者）にも手がかりを求めたが，いずれも激しい論駁にあっている。
　　　　　　　　　　　　　（N. R. Wolf, 38–47; Wells, 453–463; Polenz 1978, 32–33）
　以上のように，第二次子音推移の発生時期については，この子音推移が文献の現れる以前の時代に生じ，何世紀にもわたって複合的に広まったことから，その時期を確定するのは非常に困難である。いずれにせよ第二次子音推移は，すでに800年頃には，無声閉鎖音を中心に，その主だった推移をほぼ完了したものと思われる。それまでの推移経過を，ゾンダーエッガー（Sonderegger 1979）は次のように段階的に区分している。
　5/6世紀 t → ʒʒ/tz，6/7世紀 p → ff/pf，7/8世紀 k → hh/kch，8世紀以降 ƀ, đ, ǥ → p, t, k。
　その後，推移を受けた単語単位で，政治・経済・文化に基づく伝播がおよそ1500年頃まで続くことになる。

④ 初期ドイツ語の方言

　第二次子音推移は南ドイツでは完全に浸透したが，北へ行くにつれて浸透の度合いは薄れ，最北部では一部散発的に見られるだけで，子音推移の影響を受けることはほとんどなかった。このような第二次子音推移に対する各地域の違いが，ドイツ語の方言圏を区別する重要な基準となっている。すなわち，ドイツ語の方言群は，子音推移に関与した中部および南部高地の「高地ドイツ語」と，これに関与することがほとんどなかった北部低地の「低地ドイツ語」に大別され，この二つの方言圏には，初期ドイツ語の時代から今日に至るまで本質的に大きな変動は見られない。
　低地ドイツ語と高地ドイツ語の方言地域は，子音推移の広まりを示す等語線によって区分される。この等語線は，最も北上した子音推移語形 ik/ich から ik/ich 線

図3 第二次子音推移の等語線

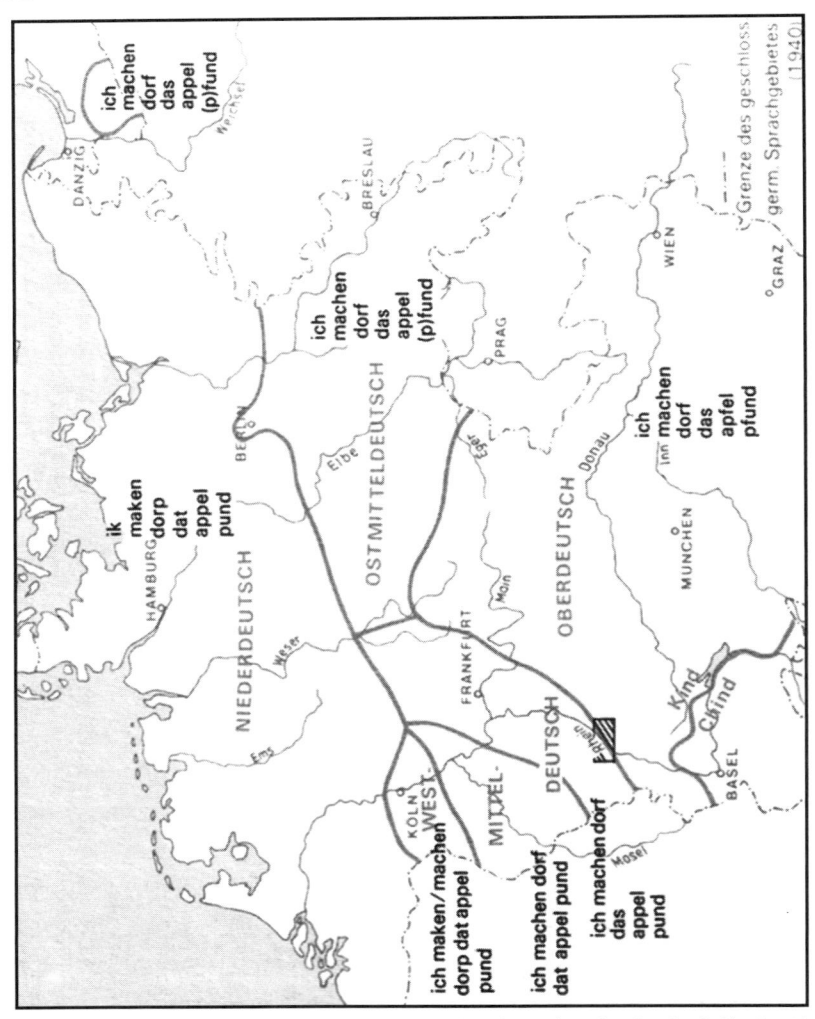

(dtv-Atlas zur deutschen Sprache, S. 64 に基づく)

と呼ばれ，今日ではクレーフェルトの西方に始まり，デュースブルクとデュッセルドルフの中間にあるユルディンゲンでライン川を横切り，最初は南東方向に進み，ロートハール山地からは北東方向に延び，ベルリンの東のヴェーザー川・シュプレー川運河のポーランド国境にまで及んでいる。この等語線は「ユルディンゲン線」とも呼ばれる。この ik/ich の等語線は，子音推移語形 maken/machen の等語線からは一部外れるものの，ほとんどの箇所で重なり合う。maken/machen 線と呼ばれる等語線は，今日ではアーヘンの南方オイペンに始まり，デュッセルドルフとケルンの中間にあるベンラートでライン川を横切り，まもなく ik/ich 線と重なる。この等語線は「ベンラート線」とも呼ばれる。

　このように，等語線で南北に分割された方言圏のうち，第二次子音推移を受けた高地ドイツ語は，この推移の浸透した度合いによってさらに二分される。この推移が最も浸透した最南部の「上部ドイツ語」と，これが部分的にのみ浸透した「中部ドイツ語」の両者を分ける子音推移語形は appel/apfel で，この等語線は，シュパイアーの南方ゲルマースハイムでライン川を横切ることから，「ゲルマースハイム線」とも呼ばれる。

　これら3方言圏に属する方言は，北から南にかけて，次のように示すことができる。

1. 低地ドイツ語
    (1) 低地フランケン方言　　　(2) 低地ザクセン方言
2. 高地ドイツ語
    1) 中部ドイツ語
        (1) 中部ドイツ・フランケン方言　(2) テューリンゲン方言
            a. ライン・フランケン方言
            b. 中部フランケン方言
    2) 上部ドイツ語
        (1) アレマン方言　　　　　(3) 上部ドイツ・フランケン方言
        (2) バイエルン方言　　　　　　a. 東フランケン方言
        　　　　　　　　　　　　　　　b. 南フランケン方言

2.2.2　母音の変化

　初期ドイツ語の時代に，高地ドイツ語と低地ドイツ語の間に決定的な相違をもたらした変化は，子音の変化（第二次子音推移）だけではない。低地ドイツ語と高地ドイツ語をそれぞれ特徴づける変化は，母音においても見ることができる。

① 二重母音の単母音化

【1】　*germ.* ai　→　*as.* ē ; *ahd.* ē（h, r, w の前で）
　　　　　　　→　*ahd.* ei（上記以外で）
　　got. air　→　*as., ahd.* êr（> *nhd.* eher より以前に）
　　got. stains　→　*as.* stên
　　　　　　　→　*ahd.* stein（> *nhd.* Stein 石）

　ai → ē の変化は北ドイツ方面で発生したと考えられ，その用例は，すでに 7 世紀に見ることができる。この変化は，低地ドイツ語では無条件で行われたのに対して，高地ドイツ語では，*germ.* ai は条件によって異なる二つの音韻に変化した。これによって，古高ドイツ語の強変化動詞・母音交替系列第 I は，二つの形の単数過去形を持つことになった。

　　ahd. dîhan　—　dêh（> *nhd.* gedeihen 栄える　—　gedieh）
　　ahd. grîfan　—　greif（> *nhd.* greifen つかむ　—　griff）

【2】　*germ.* au　→　*as.* ō ; *ahd.* ō（すべての歯音と h の前で）
　　　　　　　→　*ahd.* au（上記以外で：9 世紀に ou に移行）
　　got. hauhs　→　*as., ahd.* hôh（> *nhd.* hoch 高い）
　　got. augô　→　*as.* ôga
　　　　　　　→　*ahd.* ouga（> *nhd.* Auge 目）

　au → ō の変化は 8 世紀半ば以降，低地ドイツ語では無条件で行われた。しかし高地ドイツ語では，条件によって異なる二つの音韻に変化したことで，古高ドイツ語の強変化動詞・母音交替系列第 II に二つの形の単数過去形が生じた。

　　ahd. ziohan　—　zôh（> *nhd.* ziehen 引く　—　zog）

ahd. biogan　——　boug（＞ *nhd.* biegen 曲げる ―― bog）

② 単母音の二重母音化

　以下の変化は，ライン・フランケン方言で発生し，8〜9世紀には上部ドイツ語圏に広がったと考えられる。それに対して低地ドイツ語は，この影響を受けることがなかった。

【1】*germ.* ē　→　*ahd.* ea ＞ ia ＞ ie
　　　got. hêr, *as.* hêr　→　*ahd.* hiar, hier（＞ *nhd.* hier ここで）

【2】*germ.* ō　→　*ahd.* uo
　　　got. brôþar, *as.* brôdar　→　*ahd.* bruoder（＞ *nhd.* Bruder 兄弟）
　　　got. fôtus, *as.* fôt　→　*ahd.* fuoz（＞ *nhd.* Fuß 足）

③ i-ウムラウト

　次の音節のiやjの影響で先行する語幹音節の母音がi音に近づく現象は，ドイツ語に限らず，ゴート語を除くすべてのゲルマン語に見られる。8世紀半ばのドイツ語の表記に最初に現れた現象は，aからeへの変音である。これは第一次ウムラウトと呼ばれ，その後，特に中世高地ドイツ語（中高ドイツ語）の表記に現れる，第二次ウムラウトと区別される。

【1】第一次ウムラウト a　→　e
　　　ahd. gast　→　gesti（＞ *nhd.* Gast ―― Gäste 客〈複数〉）
　　　ahd. lang　→　lengiro（＞ *nhd.* lang ―― länger 長い〈比較級〉）

　語幹音節のaと次音節のiの間に次の子音がある場合，a→eのウムラウトは，少なくとも表記の中には見られない。

（1）-ht-　　　*ahd.* nahti　　（＞ *nhd.* Nächte 夜〈複数〉）
（2）-hs-　　　*ahd.* wahsit　　（＞ *nhd.* wächst 成長する〈3人称単数〉）
（3）子音 + w-　*ahd.* garwit　（準備する〈3人称単数〉＞ *nhd.* gerben 皮をなめす）

短母音aからi-ウムラウトによって生じたeが，他の変母音に先駆けて表記に現れたことについては，今日では一般に次のように説明される。

　音素の /a/ は3種類の異音を持っていた。

/a/ ｛ [ẹ]　i, j の前で *gasti ＞ ahd. gesti
　　　[ä]　ht, hs 等の子音 ＋ i, j の前で ahd. wahsit ＞ *wähsit （＞ mhd. wähset）
　　　[a]　それ以外で ahd. magad （＞ mhd. maget ＞ nhd. Magd 乙女）

　短母音aのi-ウムラウトとして生じた音素 /a/ の異音 [ẹ] は，音声学的に [a]–[ä]–[ẹ] の段階を経て発展し，この経過の中で音素 /e/ に組み入れられた。この音素 /e/ は，それまではゲルマン語以来の古い開音の e，厳密には ë と表記される異音のみを擁していた。以前の /a/ の異音 [ẹ] は音声学的にこの古来の開音 ë に近づいたが，これに融合することなく，いわばこれを質的に通過し，音素 /e/ の新しい異音として閉音 [ẹ] となった。

/e/ ｛ [ẹ]　i, j の前で *lambir ＞ ahd. lembir （＞ nhd. Lämmer 子羊〈複数〉）
　　　[ë]　a, o, e の前で *nemandi ＞ ahd. nëmant （＞ nhd. nehmen 取る〈3人称複数〉）

　したがって，初期ドイツ語において現れる（a ＞）e の音素化は，短母音aの変母音の音素化と考えるより，むしろ音素 /a/ の i-ウムラウトの結果が音素 /e/ と融合した事実を示すものと考えることができる。

　この他の変母音が文字に表記されるようになるのは，ウムラウトを起こした次音節の i, j が弱化，または消滅する中世ドイツ語からである。したがって，ここでもウムラウトは，遅くとも次音節に i, j が存在する段階で起こり，それぞれの変母音は，これが音素化するまでは元の母音の音素の異音として現れていたと考えられる。このことは変音可能な母音の音素は，一定の段階で，いずれもウムラウトを起こした異音と，ウムラウトしない異音の2種類の異音を持っていたことを示す。例えば，初期ドイツ語の短母音の音素と異音の関係は，次のようにあらわされる。

```
      /e/        /a/         /o/        /u/
      / \        / \         / \        / \
    [ẹ]  [ë]   [ä]  [a]   [ö]  [o]   [ü]  [u]
```

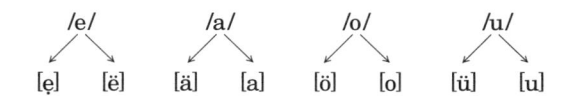

【2】第二次ウムラウトおよびその他のウムラウト

　11世紀の中世のドイツ語では，第一次ウムラウト a → e の表記が見られなかった -ht-, -hs- などの特定の子音の前でも，語幹音節の a の変母音が表記されるようになる。この現象は一般に第二次ウムラウトと呼ばれ，ここでの a の変母音は，e ではなく ä で表記される。

　a → ä
- (1) -ht-　　　*mhd.* nähte　　　(＞ *nhd.* Nächte)
- (2) -hs-　　　*mhd.* wähset　　　(＞ *nhd.* wächst)
- (3) 子音＋w-　*mhd.* gärwet　　　(準備する〈3人称単数〉)

　これと同様に，初期のドイツ語では，表記に現れなかった他の変母音も文字にあらわされるようになる。

- ā　→　æ /ɛ:/　*ahd.* nâmi　＞ *mhd.* næme（＞ *nhd.* nähme 取る〈接続法Ⅱ式〉）
- ō　→　œ /ö:/　*ahd.* hôhi　＞ *mhd.* hœhe（＞ *nhd.* Höhe 高さ）
- ū　→　iu /ü:/　*ahd.* hûsir　＞ *mhd.* hiuser（＞ *nhd.* Häuser 家〈複数〉）
- u　→　ü　　　*ahd.* turi　　＞ *mhd.* türe（＞ *nhd.* Tür ドア）
- uo　→　üe　　*ahd.* gruoni　＞ *mhd.* grüene（＞ *nhd.* grün 緑色の）

　中高ドイツ語では，ウムラウトを引き起こす原因となった次音節の i-音は，弱化もしくは消滅して見ることはできない。このことは，次音節の i-音の弱化もしくは消失が表記を必要としなかった異音の音素化とその表記を促したことを示す。つまり，初期ドイツ語では，それぞれの母音の音素が次音節の i, j の有無により，変母音–非変母音の選択可能な二つの異音を持つことができたのに対して，中世のドイツ語では，次音節 i-音の弱化もしくは消失により，ひとつの音素が対立関係にある二つの異音を持ち合わせることが困難となったことで，異音の対立関係は異音から独立した音素としてあらわされるようになった。このような異音の音素化に

よって，中世ドイツ語は，より豊かな音素を擁することになる。

	短母音			長母音			二重母音			
ahd.	/i/		/u/	/i:/		/u:/	/ie/	/io/	/ie/	/uo/
	/e/		/o/	/e:/		/o:/	/ei/			/ou/
		/a/			/a:/					

	短母音			長母音			二重母音		
mhd.	/i/ /ü/		/u/	/i:/ /ü:/ (iu)		/u:/	/ie/	/üe/	/uo/
	/e/ /ö/		/o/	/e:/ /ö:/ /ɛ:/ (œ) (æ)		/o:/	/ei/	/öu/	/ou/
		/a/			/a:/		（　）は表記法		

　この異音の音素化によって，ウムラウトは文法的語形変化や派生などの形態論的機能を持つこととなった。

　ドイツ語の i-ウムラウトの起源に関して，以前は，これが北ドイツで発生し南ドイツ方面へ段階的に伝播したものと考えられていたが，今日では，この現象の発生と展開は低地ドイツ語から，バイエルン方言，アレマン方言を擁する上部ドイツ語に至る全方言に共通していたと考えられ，その起源も初期ドイツ語の早い時期に求められている。

2.3　書きことばとしてのドイツ語

　ドイツ語の時代区分には，文献とそこにおける書きことばとしてのドイツ語が大きな役割を果たす。最古のドイツ語は古代高地ドイツ語（古高ドイツ語）と古代低地ドイツ語（古低ドイツ語）の二つに区分される。古高ドイツ語は一般的に，ドイツ最古の文献，バイエルンのフライシンク修道院における羅独語語彙帳『アブロガンス』が編まれた 8 世紀半ばに始まり，ザンクト・ガレン修道院の僧ノートカー（955–1022）による幾つかのドイツ語翻訳が現れる，11 世紀半ばに終わると考えら

れている．古低ドイツ語に関しては，これが主としてザクセン人の言語であったことから，この部族名をとって「古ザクセン語」とも呼ばれ，その時代は，文献の現れる9世紀初めから12世紀後半までとされている．さらに古高ドイツ語と古低ドイツ語に関しては，いずれも文献が現れる以前の段階が考えられ，これらはそれぞれ初期古高ドイツ語と，初期古低ドイツ語もしくは初期古ザクセン語と呼ばれる．ドイツ語の時代区分を表示すると次のようになる．本書では，現在のようなドイツ語の書きことば標準が事実上ほぼ形成された1800年頃以降のドイツ語を「現代ドイツ語」とし，「新高ドイツ語」から区分している．

高地ドイツ語	低地ドイツ語
初期古高ドイツ語（5/6世紀−750）	初期古低ドイツ語 5世紀−8世紀
古高ドイツ語（750−1050）	古低ドイツ語（800−1200）
中高ドイツ語（1050−1350）	中低ドイツ語（1200−1650）
初期新高ドイツ語（1350−1650）	
新高ドイツ語（1650−1800）	新低ドイツ語（1650−1800）
現代ドイツ語（1800−　）	

2.3.1 ドイツ語の文献と書きことば

　カロリング朝フランク王国のカール大帝以来，教会および行政の公用語であったラテン語と並んで，民衆語が，書きことばとして積極的に推奨された．これはひとつには大衆へのキリスト教布教の必要性からであったが，カール大帝の伝記を書いたアインハルト（770?−840）によると，カール大帝は，異教的なゲルマンの英雄歌謡収録に見られるように，民衆語と民族文化の保護・振興を考えていたとされる．

　しかし，この歌謡収集は，これをキリスト教布教の障害とみなしたカールの息子ルートヴィヒ敬虔王（在位814−840）により散逸する．ルートヴィヒはザクセン人

への布教のため，古ザクセン語による『ヘーリアント』(830?) を書かせ，またルートヴィヒの子ルートヴィヒ・ドイツ王（在位 843–870）にはヴァイセンブルクのオトフリートによる『総合福音書』(860?) が献呈されるなど，カロリング朝時代にドイツ語で書かれた文献で残存するものは，その多くがキリスト教や教会に関係したものである。

当時ドイツ語で書かれた主要な文献には，次のものがある。

1. 注釈書

    羅独語語彙帳『アブロガンス』(750?)

    『マールベルクの注釈』(8世紀半ば〈ラテン語で書かれたフランク族の法典『サリカ法典』につけ加えられたフランケン方言による注釈〉)

2. 翻訳書

    1) 行間（逐語）翻訳

        ザンクト・ガレン修道院『主の祈り』の翻訳（8世紀後半）

        シリア人タツィアーンのラテン語福音書の部分翻訳（830?）

    2) 自由翻訳

        セビリアの司祭聖イシドールの宗教論文の翻訳（8世紀末）

        ザンクト・ガレン修道院の僧ノートカーによる翻訳

        エーベルスベルクのヴィリラムによる『雅歌』の翻訳（1060?）

    3) ラテン語原典の改作

        ライヒェナウ修道院における『ゲオルクの詩』(880?)

3. 創作

    1) 福音書をテーマとしたもの

        『ヘーリアント』(830?)，古ザクセン語による『創世記』(830?)，オトフリートの『総合福音書』(865?)

    2) その他のキリスト教的テーマを扱ったもの

        『ムースピリ』(9世紀初め)，『ヴェッソブルンの祈祷書』(9世紀)

3) ゲルマンの神，英雄をテーマとしたもの
『ヒルデブラントの詩』（9世紀初め），『ルートヴィヒの詩』（9世紀末）
『メルゼブルクの呪文』（10世紀頃）
4. 証書
『シュトラースブルクの宣誓』（842）
ハーメルブルクおよびヴュルツブルクの境界線の記述（9/10世紀）

　もちろん，当時は統一的な書きことばや書記法は存在せず，文献の多くは，修道院や司教座聖堂所在地において，聖職者たちの手により当地の書きことばで筆写もしくは筆記された。書きことばは，その土地の話しことば方言とは必ずしも一致せず，例えばフルダはライン・フランケン方言域に属するが，フルダの修道院では東フランケン方言で筆記がなされた。また，ライヒェナウ修道院の所在地はアレマン方言域であるが，最初はフランケン方言が用いられ，次いで8世紀末にはアレマン方言が，840年以降はフルダ修道院で教育を受けた大修道院長の下，東フランケン方言が用いられた。

　書きことばは，どの修道院においても，極端にその地域特有の語を避けるような超地域語的傾向を示していたと考えられる。例えば，修道院間では広く聖職者や文書の交換がなされたが，この交流が各修道院の書きことばに一定の均一化をもたらしたものと思われる。古ザクセン語で書かれた『ヘーリアント』を例に取れば，ここにおける古ザクセン方言は，方言色が薄められ，フランケン方言など高地ドイツ語の特徴も含み，ある種の均一化傾向を示している。そのためこれがどこで，あるいはどの修道院で筆記されたのか不明であったが，最近の研究では，これがフルダ修道院での書記法の特徴を示していることから，フルダ修道院で書かれた可能性が指摘されている。また，書記法および翻訳技術において卓越したイシドール翻訳★は，カール大帝の宮廷とのつながりが推測されているが，その言語形式は中部フランケン，ライン・フランケン両方言と一部上部ドイツ方言も交えた，ある程度の超地域的言語であった。従来，超地域的文章語としての「カロリング朝宮廷語」の存

★　セビリヤの聖イシドール（560?-636）による神学小冊子の古高ドイツ語翻訳。

在について議論がなされてきたが，この「宮廷語」は統一的共通語の性格を持ったものではなく，超地域語を目指した共通語的傾向を示したもので，この傾向は，各地の書きことばとも共通するものであった。しかし，カロリング朝の政治的影響力とともに，この宮廷の言語も他の書きことばに大きな影響を与えたことも当然のことながら推測され，特にカロリング朝の宮廷語と思われるライン・フランケン方言が，他の方言に対して持っていた規範性は，すでに見た「第二次子音推移」および「母音の変化」の項でも確認されている。

　書きことばの言語区分と，文書が筆記された中心的な修道院および司教座聖堂の所在地は，次のように分類される。

1. 古低ドイツ語
　　　（1）古低フランケン方言　　　　（2）古ザクセン方言
　　　　　　　　　　　　　　　　　　　　a. ウェストファリア方言
　　　　　　　　　　　　　　　　　　　　　エッセン，ヴェルデン，ミュンスター，オスナブリュック，パーダーボルン，ミンデン
　　　　　　　　　　　　　　　　　　　　b. オストファリア方言
　　　　　　　　　　　　　　　　　　　　　ヒルデスハイム，ハルバーシュタット，メルゼブルク，マクデブルク，ガンダースハイム，クヴェトリンブルク
2. 古高ドイツ語
　　1）中部ドイツ語
　　　　（1）中部ドイツ・フランケン方言
　　　　　　a. ライン・フランケン方言　　　b. 中部フランケン方言
　　　　　　　フランクフルト，マインツ，　　　ケルン，アーヘン，トリーア，エヒタナッハ
　　　　　　　ロルシュ，ヴォルムス

2) 上部ドイツ語
  (1) アレマン方言
      ムルバッハ，ライヒェナウ，
      ザンクト・ガレン

  (2) バイエルン方言
      レーゲンスブルク，パッサウ，フ
      ライシンク，ヴェッソブルン，
      モンゼー，ザルツブルク，テーゲ
      ルンゼー，シュタッフェルゼー

  (3) 上部ドイツ・フランケン方言
      a. 東フランケン方言
         フルダ，バンベルク，ヴュ
         ルツブルク

      b. 南ライン・フランケン方言
         ヴァイセンブルク

(→ 67 頁の方言分布参照)

2.3.2 文法的形態と造語

1 名詞の曲用形

　初期ドイツ語における名詞の曲用形は，ゲルマン語と同様に，語幹末のテーマ母音または子音を基準として，母音変化と子音変化に分けられる。しかし初期ドイツ語の変化体系は，もはやゲルマン語ほど厳格ではなく，簡略化の傾向を示している。ここでは，wō-語幹はわずかな名詞に限られ，変化形態の特徴を失い，u-語幹は大多数がi-語幹の変化に移行するなど，他の語幹変化パターンへの移行も見られる。中高ドイツ語になると，アクセントのない音節で母音がすべてあいまいな e の音に変化することにより，語幹末のテーマ母音による名詞分類，曲用分類はその有効性を失う。以下に初期ドイツ語の各語幹と，名詞の性の相互関係および古高ドイツ語の曲用形を，中高ドイツ語と比較して示す。

【1】母音語幹
　　a-語幹，ja-語幹，wa-語幹：男・中性名詞
　　ō-語幹，jō-語幹：女性名詞

　　　　i-語幹：男・女性名詞
【2】　子音語幹
　　　　n-語幹：男・中・女性名詞
　　　　r-語幹：男・女性名詞
　　　　ir-/ar-語幹★：中性名詞
　　　　nt-語幹★★：男性名詞
　　　　語根名詞★★★：男・女性名詞

1）　母音語幹

	a-語幹		ja-語幹		wa-語幹	
	ahd.	*mhd.*	*ahd.*	*mhd.*	*ahd.*	*mhd.*
単数主格	tag	tac	hirti	hirte	sê(o)	sê
属格	tages	tages	hirtes	hirtes	sêwes	sêwes
与格	tage	tage	hirt(i)e	hirte	sêwe	sê(we)
対格	tag	tac	hirti	hirte	sê(o)	sê(we)
複数主格	taga(-â)	tage	hirta(-â, -e)	hirte	sêwa(-â)	sêwe
属格	tago	tage	hirt(i)o	hirte	sêwo	sêwe
与格	tagum	tagen	hirtum(-un)	hirten	sêwum(-un)	sêwen
対格	taga(-â)	tage	hirta(-â, -e)	hirte	sêwa(-â)	sêwe
	nhd. Tag		*nhd.* Hirt		*nhd.* See	
	（日）		（羊飼い）		（海）	
	［男性］		［男性］		*ahd.* では［男性］	

	ō-語幹		jō-語幹		i-語幹	
	ahd.	*mhd.*	*ahd.*	*mhd.*	*ahd.*	*mhd.*
単数主格	gëba	gëbe	sunt(i)a	sünde	kraft	kraft
属格	gëba	gëbe	sunt(i)a	sünde	krefti	krefte

★　　　ゲルマン語ではiz-/az-語幹。
★★　　この他古高ドイツ語のfiant（＞ *nhd.* Feind 敵）にも，この変化の名残が見られる。しかしゲルマン語のnt-語幹の多くは，古高ドイツ語のa-語幹に移行した。
★★★　語根名詞のほとんどは，古高ドイツ語のi-語幹に移行した。

与格	gëbu	gëbe	sunt(i)u	sünde	krefti	krefte
対格	gëba	gëbe	sunt(i)a	sünde	kraft	kraft
複数主格	gëbâ	gëbe	sunt(i)â	sünde	krefti	krefte
属格	gëbôno	gëben	sunt(e)ôno	sünden	kreft(i)o	krefte
与格	gëbôm(-ôn)	gëben	sunt(e)ôm	sünden	kreftim	kreften
対格	gëbâ	gëbe	sunt(i)â	sünde	krefti	krefte
	nhd. Gabe		*nhd.* Sünde		*nhd.* Kraft	
	（贈り物）		（罪）		（力）	
	［女性］		［女性］		［女性］	

2）子音語幹

	n-語幹		r-語幹		ir-/ar-語幹	
	ahd.	*mhd.*	*ahd.*	*mhd.*	*ahd.*	*mhd.*
単数主格	zunga	zunge	muoter	muoter	lamb	lamp
属格	zungûn	zungen	muoter	muoter	lambes	lambes
与格	zungûn	zungen	muoter	muoter	lambe	lambe
対格	zungûn	zungen	muoter	muoter	lamb	lamp
複数主格	zungûn	zungen	muoter(-â)	muoter(e)	lembir	lember
属格	zungôno	zungen	muotero	muoter(e)	lembiro	lember
与格	zungôm	zungen	muoterum	muoter(e)n	lembirum	lembern
対格	zungûn	zungen	muoter(-â)	muoter(e)	lembir	lember
	nhd. Zunge		*nhd.* Mutter		*nhd.* Lamm	
	（舌）		（母）		（子羊）	
	［女性］		［女性］		［中性］	

	nt-語幹		語根名詞	
	ahd.	*mhd.*	*ahd.*	*mhd.*
単数主格	friunt	vriunt	man	man
属格	friuntes	vriundes	man(nes)	man(nes)
与格	friunte	vriunde	man(ne)	man(ne)
対格	friunt	vriunt	man	man
複数主格	friunt	vriunt	man	man
属格	friunto	vriunde	manno	man(ne)

与格	friuntum	vriunden		mannum	man(nen)
対格	friunt	vriunt		man	man
	nhd. Freund			*nhd.* Mann	
	（友）			（男）	
	［男性］			［男性］	

② 形容詞の変化

　形容詞の語尾変化は，ゲルマン語時代と同様，強変化と弱変化に区別される。強変化では，すべての名詞の性の単数主格と中性単数対格に名詞的変化に基づく無変化が見られるが，これらの格も含め，すべての格で，形容詞に指示代名詞の格変化語尾が追加された。弱変化では，形容詞は名詞のn-語幹の格変化に則って変化する。付加語的に用いられた形容詞は，指示代名詞もしくは定冠詞の後では弱変化，それ以外の場合は強変化を示す傾向が見られる。以下に，古高ドイツ語の形容詞blint（＞ *nhd.* blind 盲目の）の曲用形を示す。

指示代名詞格変化・形容詞強変化

		男性		中性		女性	
単数主格	dër	blint / blintêr	daz	blint / blintaz	diu	blint / blintiu
属格	dës	blintes	dës	blintes	dëra	blintera
与格	dëmo	blintemo	dëmo	blintemo	dëru	blinteru
対格	dën	blintan	daz	blint / blintaz	dia	blinta
複数主格	dê / dia	blinte	diu	blintiu	dio	blinto
属格	dëro	blintero	dëro	blintero	dëro	blintero
与格	dêm /dên	blintêm (-ên)	dêm / dên	blintêm (-ên)	dêm / dên	blintêm (-ên)
対格	dê / dia	blinte	diu	blintiu	dio	blinto

名詞 n-語幹格変化・形容詞弱変化

	男性		中性		女性	
単数主格	hano	blinto	hërza	blinta	zunga	blinta
属格	hanen	blinten	hërzen	blinten	zungûn	blintûn
与格	hanen	blinten	hërzen	blinten	zungûn	blintûn
対格	hanon	blinton	hërza	blinta	zungûn	blintûn
複数主格	hanon	blinton	hërzun	blintun	zungûn	blintûn
属格	hanôno	blintôno	hërzôno	blintôno	zungôno	blintôno
与格	hanôm	blintôm	hërzôm	blintôm	zungôm	blintôm
対格	hanon	blinton	hërzun	blintun	zungûn	blintûn
	nhd. Hahn		*nhd.* Herz		*nhd.* Zunge	
	（雄鶏）		（心）		（舌）	

③ 定冠詞と不定冠詞

初期ドイツ語では，指示代名詞から新たに定冠詞が生まれた（格語尾変化については上記変化表の指示代名詞の欄を参照）。さらに，形容詞と同様の変化（強・弱変化）をする数詞の *ahd.* ein, *as.* ên（＞ *nhd.* eins）からも，用例数は多くないが，不定冠詞が生まれた。

④ 不定代名詞 man，関係代名詞，接続詞 dass

この時代，さらに新たな品詞が生まれた。名詞の *ahd., as.* man（＞ *nhd.* Mann 人間，男）は不定代名詞 man としても用いられる。指示代名詞は関係代名詞の機能を持ち，さらに指示代名詞の *ahd.* daz, *as.* that は，接続詞として dass- 文を導くなど，文の従属，すなわち副文の構造的・機能的発展も見られる。

⑤ 動詞の活用形

動詞の形態は，その多くがゲルマン語において簡略化されたが，初期ドイツ語ではこれを補うため，助動詞を用いた，いわば「書き換え表現」である動詞複合体が見られる。例えば，過去や完了をあらわすのに *ahd.* habên, *as.* hebbian（＞ *nhd.* haben）や *ahd.* wësan / sîn, *as.* wësan（＞ *nhd.* sein）が助動詞として用いられ，また，未

来をあらわすために *ahd., as.* sculan（＞ *nhd.* sollen），*ahd.* wellen，*as.* wellian（＞ *nhd.* wollen）などが用いられた。この他，イシドールの翻訳にはすでに状態受動文が見られるなど，古高ドイツ語では wësan / sîn や wërdan（＞ *nhd.* werden）を助動詞として用いた受動形が現れる。初期ドイツ語の動詞は，ゲルマン語と同様，過去形と過去分詞の作り方によって，強変化動詞と弱変化動詞の2種類に区別される。

【1】強変化動詞

過去形および過去分詞で幹母音交替する強変化動詞は，ゲルマン語同様，7種類の母音交替系列に分けられる。初期ドイツ語の強変化動詞 *ahd., as.* nëman（＞ *nhd.* nehmen 取る）の直接法における時制，数，人称に応じた変化は，以下のようになる。古低ドイツ語における複数形は，現在，過去とも各人称で共通の語尾変化をとる。

	人称	直説法現在 単数	直説法現在 複数	直説法過去 単数	直説法過去 複数
ahd.	1	nimu	nëmumês	nam	nâmum
	2	nimis	nëmet	nâmi	nâmut
	3	nimit	nëmant	nam	nâmun
as.	1	nimu	nëmad	nam	nâmum
	2	nimis	nëmad	nâmi	nâmum
	3	nimid	nëmad	nam	nâmum
nhd.	1	*ich* nehme	*wir* nehmen	*ich* nahm	*wir* nahmen
	2	*du* nimmst	*ihr* nehmt	*du* nahmst	*ihr* nahmt
	3	*er* nimmt	*sie* nehmen	*er* nahm	*sie* nahmen

【2】弱変化動詞

弱変化動詞は，古高ドイツ語では jan-, ōn-, ēn-動詞の3種類に，古低ドイツ語では ian-, on-動詞の2種類に分類される。弱変化動詞の特徴は，すでに見たように，過去形と過去分詞をあらわすのに幹母音の交替によるのではなく，tun（＜ *ahd.* tuon, *as.* dôn）の過去形に起源を持つ接尾辞をつけることにある（1. 2. 4-③-【2】参照）。

	不定詞		過去基本形	不定詞		過去基本形	不定詞		過去基本形
ahd.	nerien	—	nerita	salbôn	—	salbôta	habên	—	habêta
as.	nerian	—	nerida	salbon	—	salboda	hebbian	—	habda
nhd.	nähren	—	nährte	salben	—	salbte	haben	—	hatte
	(養う)			(聖香油を塗る)			(持つ)		

　初期ドイツ語における弱変化動詞の *ahd.* jan-動詞，*as.* ian-動詞は，短音節の動詞と，長音節もしくは多音節の動詞の2種類に分類される。このうち短音節の動詞の過去形では，原則として語幹末のつなぎ母音 i(j)-音は保持されたのに対して，長・多音節の動詞の過去形では i(j)-音は脱落した。この結果，長・多音節の動詞が幹母音に a-音を持つ場合，i-ウムラウトによって幹母音が e-音に変音した現在形と，i(j)-音の脱落によって幹母音の a-音が保たれた過去形という，弱変化動詞における幹母音の交替，いわゆる「逆ウムラウト」が生じた★。この現象は，今日のいわゆる混合変化動詞に見られる。

	不定詞		過去基本形	不定詞		過去基本形
ahd.	leggen	—	legita	denken	—	dâhta
as.	leggian	—	legda	thenkian	—	thâhta
	(＜ *got.* lagjan)			(＜ *got.* þagkjan)		
nhd.	legen	—	legte	denken	—	dachte
	(横たえる)			(考える)		

6　過去現在動詞

　形態上の強変化動詞・過去形（本来は完了形）を，意味上，現在形として用いるこの動詞の起源は極めて古く，インド・ヨーロッパ語にまで遡ることができる。例えば，*lat.* nōscere（＞ *nhd.* kennen lernen 見聞する）の完了形 nōvi（＞ *nhd.* ich habe kennen gelernt 私は見聞してしまった）は，「私は知っている」という現在の意味を有する。wissen（知っている）の1人称単数現在形 weiß も，インド・ヨーロッパ語の強

★　ヤーコプ・グリムは，これを過去形においてウムラウトが取り消されたと解釈し，「逆ウムラウト」と呼んだ。

変化動詞・完了形（例えば aind. véda 私は見てしまった）に対応し，その結果としての現在の意味「私は知っている」を獲得した。このような動詞は，ゲルマン語において過去形（インド・ヨーロッパ語の完了形に相当）のあらわす（結果としての）現在の意味が優勢になるに伴い，本来存在した現在形の形態が失われ，本来の過去形が現在形として用いられるようになり，過去形は新たに弱変化動詞に倣って作られた。初期ドイツ語では過去現在動詞はより整理された形で現れる。古低ドイツ語で11例，古高ドイツ語でも古低ドイツ語と一部異なる動詞で11例が見られる。現在形として用いられるようになった過去形について，母音交替系列別に見ると，以下のようになる。

母音交替系列第Ⅰ (*germ.* ī‐ai‐i‐i; *ahd.* ī‐ei‐i‐i) **の過去形に由来する例**

	不定詞	現在単数　現在複数	過去基本形
as.	witan	— wêt / witun	— wissa
ahd.	wizzan	— weiz / wizzun	— wissa (wista)
mhd.	wizzen	— weiz / wizzen	— wiste (weste)
nhd.	wissen （知っている）	— weiß / wissen	— wusste 〈単数・過去〉

母音交替系列第Ⅲ (*germ., ahd.* i‐a‐u‐u) **の過去形に由来する例**

	不定詞	現在単数　現在複数	過去基本形
as.	kunnan	— kan / kunnun	— konsta
ahd.	kunnan	— kan / kunnun	— konda
mhd.	kunnen (künnen)	— kan / kunnen (künnen)	— kunde
nhd.	können （できる）	— kann / können	— konnte 〈単数・過去〉

母音交替系列第Ⅴ（*germ.* e/i‐a‐ē‐e/i; *ahd.* e‐a‐ā‐e）の過去形に由来する例

	不定詞	現在単数 現在複数	過去基本形
as.	mugan	— mag / mugun	— mahta (mohta)
ahd.	magan (mugan)	— mag / magun (mugun)	— mahta (mohta)
mhd.	mugen (mügen)	— mac / mugen (mügen)	— mahte (mohte)
nhd.	mögen （可能である）	— mag / mögen	— mochte〈単数・過去〉

母音交替系列第Ⅵ（*germ.* a‐ō‐ō‐a; *ahd.* a‐uo‐uo‐a）の過去形に由来する例

	不定詞	現在単数 現在複数	過去基本形
as.	(môtan)	— môt / môtun	— môsta
ahd.	(muozam)	— muoz / muozun	— muosa (muosta)
mhd.	müezen	— muoz / müezen	— muose (muoste)
nhd.	müssen （ねばならない）	— muss / müssen	— musste〈単数・過去〉

7 造語法

　初期ドイツ語ではキリスト教，あるいは学問上の抽象概念をドイツ語であらわすために，*ahd.* wârheit, *as.* wârhêd（＞ *nhd.* Wahrheit 真理），*ahd.* finstarnissi（＞ *nhd.* Finsternis 闇），*ahd.* samanunga, *as.* sammunga（＞ *nhd.* Versammlung 集会），*ahd.* einôti, *as.* ênôdi（＞ *nhd.* Einöde 荒野，孤独），*ahd.* guotî, *as.* gôdi（＞ *nhd.* Güte 好意，卓越）などの，ゲルマン語時代から存在した接尾辞を活用した抽象名詞が創造された。

　この他に，動作の主体となる行為者をあらわす動作主名詞を派生させるため，ラテン語から借用した接尾辞の -âri（＜ *lat.* -arius）が，*ahd.* scepfâri（＞ *nhd.* Schöpfer 創造主）や *ahd.* toufâri, *as.* dôperi（＞ *nhd.* Täufer 洗礼を授ける人）などのように用いられた。接尾辞 -âri は，*ahd.* thrâhslâri, *as.* thrahslari（＞ *nhd.* Drechsler 旋盤工，ろくろ細工職人）などのように職業名もあらわす。

　接頭辞を用いた派生語は，すでにゲルマン語において見られるが，初期ドイツ語でも数多くの接頭辞が，様々な派生語を創造する重要な造語手段として用いられた。この時代の接頭辞による派生語は，その多くが動詞で，名詞はわずかに見られ

るにすぎない。動詞とともに用いられた接頭辞の多くは，本来独立した不変化詞であったが，動詞との関係が密着の度合いを増すにつれて，動詞と結合して複合語を形成した。これらの接頭辞は，動詞とより強固に結合したもの（*ahd.* bigrîfan 触れる，つかむ ＞ *nhd.* begreifen 把握する，*ahd.* firnëman ＞ *nhd.* vernehmen 聞き取る）と，ゆるやかに結びついたもの（*ahd.* hërafuoren ＞ *nhd.* herführen 導いてくる，*ahd.* nidarfallen ＞ *nhd.* niederfallen 落下する）とに分けることができる。前者は，*ahd., as.* bi-（＞ *nhd.* bei-），*ahd.* far-, fir-, *as.* far-, for-（＞ *nhd.* ver-），*ahd.* ga-, gi-, *as.* gi-（＞ *nhd.* ge-）などで，今日のドイツ語のいわゆる非分離前綴りに，後者は，*ahd.* aba-, *as.* af-（＞ *nhd.* ab-），*ahd., as.* ana-（＞ *nhd.* an-），*ahd., as.* umbi-（＞ *nhd.* um-）★などで，今日のいわゆる分離前綴りとなる。

2.3.3　ドイツ語の語彙にキリスト教が及ぼした影響

　キリスト教は，初期ドイツ語の語彙に大きな影響を与えた。特に書きことばに関しては，翻訳書はもちろん，キリスト教関係のドイツ語文献は手本としてのラテン語に負うところが非常に大きく，語彙は様々な形でラテン語の影響を受けた。この他，ラテン語ほど多くはないが，ギリシャ語，アイルランド語，さらにはアングロサクソン語もキリスト教・教会用語としてドイツ語に取り入れられた。特にギリシャ語からの借用語には古いものが多く，これらはトリーアのギリシャ系キリスト教徒を通じて，あるいはバイエルン方言に見られるギリシャ語起源の借用語のように，ゴート語経由でドイツ語に入って来た。

Kirche（教会）＜ *ahd.* kirihha, *as.* kirika ＜ *gr.* kyrikón
Bischof（司教）＜ *ahd.* biscof, *as.* biscop ＜ *gr.* epískopos
Pfingsten（聖霊降臨祭）＜ *ahd.* fona fimfchustim, *as.* te pinkoston ＜ *gr.* pentekostê hēméra（復活祭後の 50 日目）
Pfaffe（僧侶）＜ *ahd.* pfaffo ＜ *gr.* papās

★　umbi- は動詞とゆるやかに結びつくばかりではなく，動詞によっては，これと強固に結合することもできる。いわゆる分離・非分離前綴り。

これらの古いギリシャ語からの借用語が，古高ドイツ語で第二次子音推移を受けているのに対して，ラテン語からの比較的新しい借用語では，この子音推移の影響はほとんど見られない。

 Pilger（巡礼）＜ *ahd.* piligrîm ＜ *lat.* peregrīnus
 Chor（聖歌隊）＜ *ahd.* chôr ＜ *lat.* chorus
 predigen（説教する）＜ *ahd.* bredigôn, *as.* predikon ＜ *lat.* praedicāre
 Brief（手紙）＜ *ahd.* briaf, *as.* brêf ＜ *lat.* brevis（短い）
 schreiben（書く）＜ *ahd.* scrîban, *as.* scrîban ＜ *lat.* scrībere

アングロサクソン人の伝道者たちは，カロリング朝の厚い保護と支援の下，ドイツ各地でキリスト教の布教活動に従事したが，この伝道師らの言語もドイツ語に影響を与えた。アングロサクソン語の影響を受けたもので今日までドイツ語に残る単語が，Heiland（救世主 ＜ *ahd.* heilant, *as.* hêliand ＜ *ags.* hælend）である。この形は動詞の現在分詞で，*lat.* salvātor の意訳借用語である。ドイツ語の形は，アングロサクソン語の hælend に倣っている。また Heiliger Geist（聖霊 ＜ *ahd.* heilag geist, *as.* hëlag gëst ＜ *ags.* hâlig gâst）は，*lat.* spiritus sanctus の翻訳借用語で，南部ドイツの古い文献では，ゴート語の影響を受けた wîh âtum（＞ *nhd.* heiliger Atem）がこれに対応していた。しかし，南部ドイツでも次第に，アングロサクソン語の影響を受けた形に取って代わられるようになった。また，Ostern（復活祭 ＜ *ahd.* ôstarun ＜ *ags.* êastron）の由来については，これがゲルマンの春の女神の名前 Eostrae から取ったものであるとする考えをはじめ，いくつかの説が存在するが，正確なところは分かっていない。アングロサクソン語の êastron は，まず南・中部ドイツに浸透し，その後北部ドイツで根強く用いられた *as.* pâscha にも取って代わった。

（Wells, 61-66; Eggers I, 117-134）

 一方，アイルランド人布教団は主として南部ドイツで活動した。その中でも特に，コルンバン（615没）と，その弟子で613年にザンクト・ガレン修道院を設立したガルス，およびレーゲンスブルクのザンクト・エメラム修道院を670年に創設したエメラムの名前が知られている。それにもかかわらず，アイルランド語から

の借用語はほとんど見ることができない。このことは，アイルランドの布教団が，既に存在したドイツ語の単語をキリスト教・教会用語に積極的に利用し，そこに新しい宗教的意味を吹き込んだことによるものと考えられている。

　初期ドイツ語では，キリスト教に関する借用語がこのように数多く導入された。しかし，ベッツ（Betz 1965）によると，借用語は古高ドイツ語の総語彙の3％にすぎず，借用形成語が10％，借義語が20％を占めると推定される（N. R. Wolf, 105）。借用形成語と借義語は借用造語に属し，一方の借用語に対置される。ベッツによれば語彙借用は以下のように分類される。

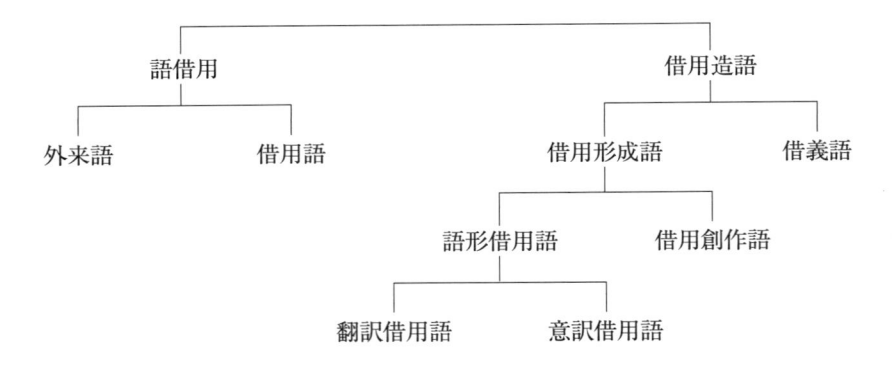

```
                    ┌──────────┴──────────┐
                  語借用                借用造語
              ┌─────┴─────┐         ┌─────┴─────┐
            外来語      借用語   借用形成語     借義語
                                ┌─────┴─────┐
                             語形借用語   借用創作語
                            ┌─────┴─────┐
                         翻訳借用語   意訳借用語
```

借義語：既に存在したドイツ語の単語に新たな外国語の意味を与えたもの。
　　　　Gott 神 ＜ *ahd.* got, *as.* god（神的な存在）＜ *lat.* deus
　　　　Buße 贖罪 ＜ *ahd.* buoza, *as.* bôta（補償金）＜ *lat.* paenitentia
　　　　Trost 慰め ＜ *ahd.* trôst（契約，同盟）＜ *lat.* cōnsōlātiō
　　　　Gnade 恩寵 ＜ *ahd.* ginâde, *as.* ginâtha（慈悲）＜ *lat.* grātia

借用創作語：形態的影響を受けることなく概念的内容に倣った自由なドイツ語訳。初期ドイツ語の借用創作語は極めて少なく，今日まで残ったものはほとんど見られない。

ahd. finduanga 経験 ＜ *lat.* experīmentum
ahd. wîhrouh 神にささげる薫香（逐語訳 geweihter Rauch 聖なる煙）
 ＜ *lat.* incēnsum
ahd. zwelifbote 使徒（逐語訳 zwölf Boten 12 人の使者）＜ *lat.* apostolus

翻訳借用語：構成要素に倣った厳密なドイツ語訳。
　　　Gemeinde 教区 ＜ *ahd.* gimeinida, *as.* gimêntha ＜ *lat.* commūniō
　　　Überfluß 余剰 ＜ *ahd.* ubarfleozzida ＜ *lat.* superfluitās
　　　Sänger 歌手 ＜ *ahd.* sangâri ＜ *lat.* cantor

意訳借用語：部分的には外国語に倣うところもあるが比較的自由なドイツ語訳。
　　　gehorsam 従順な ＜ *ahd.* gihôrsam（＜ *ahd.* hôrren 聞く）＜ *lat.* oboediēns
　　　（＜ *lat.* audiō 聞く）
　　　Bethaus 礼拝堂 ＜ *ahd.* bëtahûs ＜ *lat.* orātōrium（＜ *lat.* ōrātiō 祈祷）
　　　versagen 拒む ＜ *ahd.* farsagên ＜ *lat.* negāre（＜ *lat.* negō＝ne＋aio 言う）

修道院で翻訳作業に携わった聖職者たちの大きな労苦の産物である借用造語は，しかし短命に終わり，その後の中高ドイツ語に引き継がれたものは，全体の 3 分の 1 にすぎなかった。

2.3.4　民衆語としての「ドイツ」

　「ドイツ」（deutsch）という言葉は，まず最初に中世ラテン語の theodiscus の形で現れる。この最初の用例は，786 年アングロサクソンの司教会議に関する報告書に見られ，この中で司教ゲオルク・フォン・オスティアは，先回の大公会議の諸決議が「ラテン語およびテオディスク語で」（tam latine quam theodisce）読み上げられた旨を記述している。830 年ごろには，リジューの司教フレヒュルフが「テオティスク語族」（nationes Theotiscae）としてゴート族などの部族名をあげるなど，theodiscus は latinus（ラテンの）と対立する「民衆の」の意味で使用された。この言葉は，最初は「民衆語」すなわちラテン語に対する民衆の言語をあらわし，後には「民族」をあらわすようになった。

　中世ラテン語の theodiscus は，西フランケン方言の *þeudisk, *þeodisk（民族の，民族に属する）に由来すると考えられている。この西フランケン方言形は，*ahd.* diutisc, *as.* thiudisk と対応し，*germ.* *þeudō-, *got.* þiuda, *as.* thiuda, *ahd.* diot（民族）の形容詞形である。

　9世紀末には，この中世ラテン語形 theodiscus と並んで，古典ラテン語にすでに存在していた teutonicus が同じ意味で用いられるようになり，まもなく theodiscus に取って代わった。中世ラテン語形の theodiscus の用例は，11世紀半ば以降見ることができない。

　ドイツ語形 *ahd.* diutisc の用例が初めて見られるのはノートカーで，ノートカーは何度か「ドイツ語で」（in diutiscum）の表現を使用している。このドイツ語形は，上述の中世ラテン語から再翻訳されたものと推測される。ドイツ語での形が意味用法の上でも頻度の上でも広まるのは，『アンノの詩』(1080) によってであり，ここでは diutisch が「ドイツ語」（diutischin sprecchin），「ドイツ人」（diutschi man），「ドイツの人民」（diutischiu liute）のように，言語，人民，国土を包括した概念として用いられている。

　theodiscus がまずゲルマン語全体を指し，次いでフランケン方言を指したのか，それとも逆に，フランク王国内のロマンス語系言語 *walhisc（welsch）と対立する概念として，ロマンス語化されていないフランク族の言語を意味し，その後，拡大されてゲルマン語を意味するようになったのかについては議論の多いところである。一方，ノートカーの diutisc および teutonicus が意味するように，deutsch は，最初の「非ラテン語」，「民衆語」から，東フランク王国の領土を基盤にオットー大帝が962年に築いた帝国におけるゲルマン部族語としての「ドイツ語」へと意味を変えていくのである。　　　　　（Tschirch I, 164-167; W. Schmidt 2007, 88-90）

第三章
中世のドイツ語

ミンネゼンガー，ブリッガー・フォン・シュタイナッハの細密画，紀元1305－1340年頃（ハイデルベルク大学図書館所蔵写本コーデクス・マネッセから）

3. 中世のドイツ語 ── 中世高地ドイツ語と中世低地ドイツ語

3.1 ドイツ語を取り巻く社会環境

　東フランク王国におけるカロリング家の王朝が断絶した後，西フランク王国のカロリング王家に服従することを潔しとしないゲルマン諸部族の大公たちは，911年，土着のフランク部族大公コンラート一世を国王に選んだ。しかしこの王国はバイエルン，シュヴァーベン，ロートリンゲン，フランケン，ザクセンの部族大公領からなる緩やかな政治的連合体にすぎなかった。続くオットー朝の政策はこの部族大公らの地域的独立を抑え，国家的統一を維持することに主眼を置いた。オットー朝（911-1024）およびその後のザリエル朝（1024-1125）の神聖ローマ帝国皇帝は王権と教会勢力との結びつきを重視し，さらに教皇権との関係では皇帝権の普遍的権威を確立するため，教皇権の保護者としての立場を主張した。特にオットー三世（在位 983-1002）は「ローマ帝国の復興」を夢見て，教皇権に対する介入とイタリア支配を強めた。

　一方，クリュニー修道院に端を発した教会改革の運動は，「聖職者の妻帯」と「聖職売買」の悪習を一掃しようとする精神運動であったが，ドイツに波及するに及び，皇帝の聖職者叙任とその代償としての教会領からの収益徴収が一種の「聖職売買」とみなされ，外部権力の干渉排除の動きへと発展した。教皇グレゴリウス七世による教会改革のモットー「教会の自由」とはこの要求であった。1076年の教皇グレゴリウス七世による「世俗人の聖職叙任禁止」要請を拒否した皇帝ハインリヒ四世が，破門と廃位の最後通告を受け，教皇に許しを請うた，いわゆる「カノッサの屈辱」（1077年）を契機に，ドイツの聖俗諸侯を巻き込み約50年間続いた教皇と皇帝の「叙任権闘争」は，1122年ヴォルムスの協定によって終結するが，これによって皇帝の聖職任命権が否定され，皇帝権はその神権性を失い，教皇権と正面から対立する単なる世俗権力に変質した。このような皇帝権の弱体化は，大公や辺境伯など高級貴族層の支配権の独立と拡大をもたらし，領主たちは，元来は国王と皇帝の特権に属していた築城高権を無視して世襲領に公然と城郭を築き，自らの支配権の象徴とした。ホーエンシュタウフェン朝（1138-1254）のフリードリヒ一世バルバロッサ（在位 1152-1190）による帝国再建に向けての，最も中心的な課題

は，これら増大した諸侯権力をいかにして帝国体制の中に組み込んでいくかということにあった．

　ドイツ中世の封建社会を特徴づける階層に，「ミニステリアーレ」と呼ばれる騎士階層がある．ザリエル朝のミニステリアーレ養成政策によって形成されたこの階層は，非自由身分の従士であり，領主に対する隷属性が強かった．また奉仕の代償として給付された土地も非自由保有地であるため，自由身分の封臣に対する封土と異なり，世襲化によって自身の私領に転化される恐れもなかったことから，ミニステリアーレは，大公以下の上級貴族層によっても重要な軍事力として重用されることになった．ミニステリアーレ階層は次第にその地位を高め，従来の隷属性を払拭したばかりでなく，ホーエンシュタウフェン朝時代には，与えられた所領に世襲権を確立し，下級封建貴族としての騎士階層にまで台頭した．

　中世盛期の騎士文化・宮廷文学を担った騎士とは，上は皇帝，大公から，下は非自由身分のミニステリアーレまで様々な身分を含む社会集団であった．しかし，この集団は，特に1189年の第三次十字軍から1228年の第五次十字軍への従軍によって培われた，「キリスト教の兵士」としての共通の自覚から，共通の騎士道徳，騎士道の理想を求めるひとつの精神的共同体を形成した．

　12世紀になると，東方植民が本格的に行われた．オットー朝時代の東方政策は，東方の国境地域に辺境伯を設け，原住民からの貢租の徴収とキリスト教布教が主要な目的であったのに対して，12世紀のそれは植民活動が主体となった．東方国境の全域で，ドイツ人は故郷を超えて植民を広げ，言語，文化の面でもドイツ化を推し進めたが，これを指導したのは，前半期においては支配領域拡大を目指す諸侯であり，後半期ではドイツ騎士団およびリューベック，マクデブルクなどの都市であった．このような移住民の混交と言語の平準化によって，東方植民地域に新しい方言圏が成立することとなった．

　ドイツにおける都市の起源は，極めて古い時代に遡るが，本格的な都市の形成は中世になってからである．10世紀末から，ケルン，マインツ，トリーア，ヴォルムス，アウクスブルク，レーゲンスブルクなど，ドイツの諸都市は遠隔地商業の中心として経済的繁栄の下，発展していったが，やがて市民たちは都市領主から独立

して自治権と都市法を獲得する。アーヘン，ニュルンベルク，フランクフルトは王宮から，マクデブルク，ヴュルツブルク，ブレーメン，ハンブルクは司教座から都市へと発展し，またフルダ，ザンクト・ガレンは修道院の門前町として成立した。さらに12世紀以降，都市の経済的重要性に注目した諸侯たちによって，領内に新たにミュンヒェン，リューベック，ライプツィヒなどの都市が建設された。これらの都市は，その大きな経済力から政治的発言権をも徐々に強め，13世紀には都市の自由と独立を守るため，結束して都市同盟を結成した。バルト海・北海商業都市のハンザ同盟もそのひとつである。

3.2 中世盛期の高地ドイツ語

中世のドイツ語も初期ドイツ語と同様，第二次子音推移を経た高地ドイツ語である「中高ドイツ語」と，これに関与しなかった低地ドイツ語である「中低ドイツ語」の二つの方言群に区別される。このうち中高ドイツ語は，「中部ドイツ語」と「上部ドイツ語」に二分され，これらにはそれぞれ，次の方言が属する。

1. 中低ドイツ語
    (1) 西部低地ドイツ語　　　　　　(2) 東部低地ドイツ語
2. 中高ドイツ語
    1) 中部ドイツ語
        (1) 西中部ドイツ語　　　　　　(2) 東中部ドイツ語
            a. 中部フランケン方言　　　　a. テューリンゲン方言
                — リプアリア方言　　　　b. 上部ザクセン方言
                — モーゼル・フランケン方言　c. シュレジア方言
            b. ライン・フランケン方言
                — プファルツ方言
                — ヘッセン方言
    2) 上部ドイツ語
        (1) 南ライン・フランケン方言　　(3) 東フランケン方言
        (2) アレマン方言　　　　　　　(4) バイエルン方言

3. 中世のドイツ語

図4 中世ドイツ語時代の方言区分

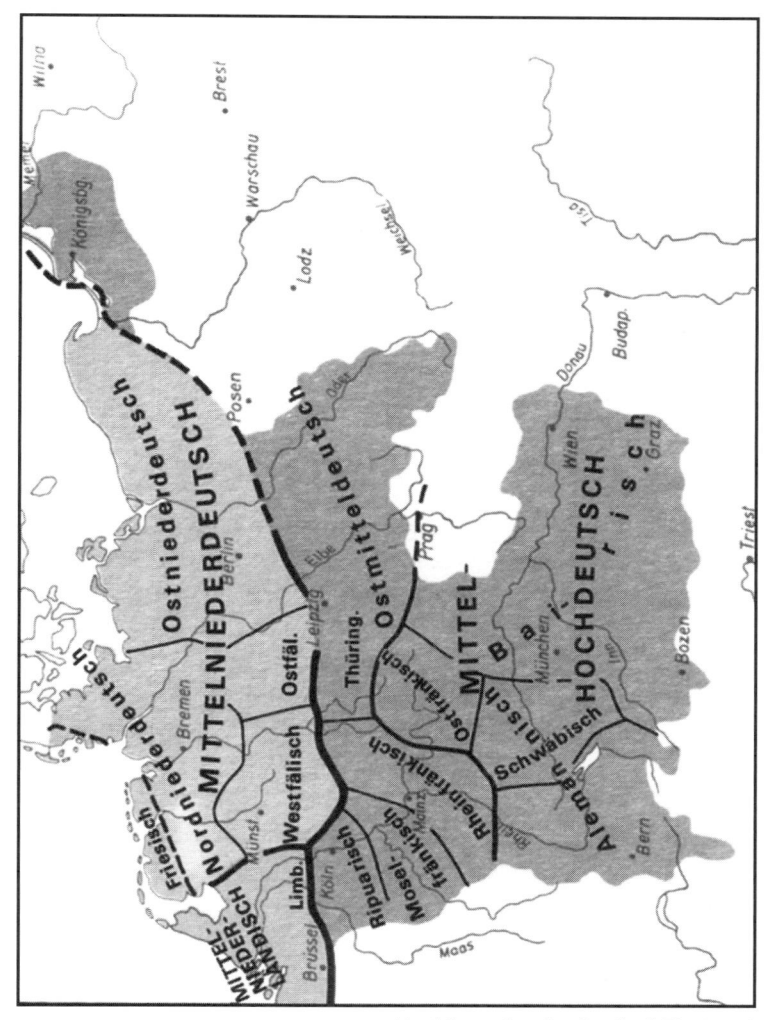

（dtv-Atlas zur deutschen Sprache, S. 76 に基づく）

中高ドイツ語は，一般的には，1050年から1350年までの高地ドイツ語を指す。この時代の高地ドイツ語は，さらに中世初期（1050–1170），中世盛期（1170–1250），中世末期（1250–1350）に下位区分される。これらの時代を通じて中高ドイツ語の言語文化の担い手は，聖職者から宮廷騎士階層に，そしてさらに都市の市民階層へと拡大した。また文学語としてのドイツ語は，中世初期の宗教詩・説教文学などでは単に聖職者による宣教と布教の手段にすぎなかったが，ドイツ文学史上，詩作・思想の最も興隆した時代のひとつに数えられる中世盛期では，騎士層を中心とする世俗人の手によって洗練され，超地域的な統一的文学語を目指した「宮廷詩人語」へと発展する。

3.2.1　中高ドイツ語の言語体系

3.2.1.1　母音の変化

1　母音の弱化

　アクセントのない語頭，語中，語末の音節における母音 a, i, o, u は，中高ドイツ語では，弱化して曖昧母音の e に変わった。

　　　ahd.　　　　*mhd.*
　　　taga　　→　　tage　（＞ *nhd.* Tage 日〈複数〉）
　　　gibirgi　→　　gebirge　（＞ *nhd.* Gebirge 山地）

　さらに，これらの母音は，以下の場合には完全消失した。

② 語中音消失

【1】幹母音に続く l, r の後で

ahd.		*mhd.*
gibârida	→	gebærde（> *nhd.* Gebärde 振舞）
spilôn	→	spiln（> *nhd.* spielen 競技する）

【2】同じ子音の間で

ahd.		*mhd.*
hêrirô	→	hërre（> *nhd.* Herr 主君，主人）
wartêta	→	wartte（> *nhd.* wartete 待った〈単数過去〉）

【3】母音および l, r, n, w の前に置かれた接頭辞 gi-（> *nhd.* ge-）の i-（> *nhd.* e-）

ahd.		*mhd.*
ginâda	→	g(e)nâde（> *nhd.* Gnade 恩恵）
giëzzan	→	gëzzen（> *nhd.* gegessen〈過去分詞〉< essen 食べる）

③ 語末音消失

【1】流音 l, r および鼻音 m, n の後で

ahd.		*mhd.*
grôziro	→	grœzer（> *nhd.* größer より大きい〈比較級〉）
spile	→	spil（> *nhd.* Spiel 気晴らし，競技〈単数与格〉）

【2】文中のアクセントのない位置における 2 音節目の語末で

mhd.		*mhd.*
hërre	→	hër（> *nhd.* Herr ～殿）
vrouwe	→	vrou（> *nhd.* Frau ～夫人，様）

3.2.1.2　子音の変化

　古高ドイツ語から中高ドイツ語への移行を特徴づける子音変化には，次のものがある。

① sk → sch

ahd.	*mhd.*
scôni	→ schœne （> *nhd.* schön 美しい）
waskan	→ waschen （> *nhd.* waschen 洗う）

　この変化は，南ドイツから北ドイツ方面へ伝わり，すでに 11 世紀にはドイツの広い範囲で見られるようになる。

② b, d, g → p, t, k （語末，もしくは無声の子音の前で）

ahd.	*mhd.*
tag	→ tac （> *nhd.* Tag 日；ただし tages〈単数属格〉）
houbit	→ houpt （> *nhd.* Haupt 頭）

③ 子音の脱落

【1】母音間の b, d, g の脱落

　この現象はすでに 12 世紀半ばに見られる。

　　　-abe- → -â-
　　ahd.　　*mhd.*
　　habên → hân （> *nhd.* haben 持っている）

　　　-egi- → -ei-
　　ahd.　　*mhd.*
　　gitregidi → getreide （> *nhd.* Getreide 穀物）

【2】母音間の h の脱落

　上部ドイツ語では長母音の後で，中部ドイツ語では先行の母音の長短に係わりなく h の脱落が見られる。h の脱落した形と h を伴った形は，その後長い間，並存した。

　　vâhen → vân （> *nhd.* fangen 捕まえる）
　　sëhen → sên （> *nhd.* sehen 見る）

3.2.1.3 文法的形態と造語，統語構造

文法的形態の簡略化の傾向は，すでに初期ドイツ語において顕著であるが，中高ドイツ語におけるアクセントのない語末音節の母音弱化（曖昧母音化）により，変化語尾の母音が均一化し，その結果，中高ドイツ語の形態構造は著しく簡単なものとなった。

① 名詞の曲用形

インド・ヨーロッパ語に由来する母音変化，子音変化の変化体系は，全面的に変革された。なぜならば，語尾の母音均一化により，語幹末のテーマ母音はもはや，曲用形の種類を区別する標識とはなりえなくなったからである。これにより名詞の曲用形は，単数属格に，der gast ＞ des gastes（＞ *nhd.* der Gast 客）のように語尾 -(e)s，ないしは diu kraft ＞ der krefte（＞ *nhd.* die Kraft 力）のように語尾 -e を持つか，あるいは diu zal ＞ der zal（＞ *nhd.* die Zahl 数）のように無語尾の「強変化」と，単数属格に der bote ＞ des boten（＞ *nhd.* der Bote 使者）や diu zunge ＞ der zungen（＞ *nhd.* die Zunge 舌）のように語尾 -(e)n を持つ「弱変化」の二つに区分されることになる。

また，本来 i-語幹，ir-/ar-語幹の標識であったウムラウトが，複数形形成のための形態的機能を担うようになり，しかも nagel（＜ *ahd.* nagal）（＞ *nhd.* Nagel 爪）に対する複数形 nagele/nägele のように，本来はウムラウトを持たない語にまでウムラウトが及び，複数形におけるウムラウトの有無も，名詞の曲用形を分類する標識となった。

一方，語尾の母音均一化により不明確になった形態上の格表示は，冠詞あるいは付加語形容詞の格変化語尾と名詞の組合せによって明示されるようになる。冠詞の変化は，古高ドイツ語との比較で示すと以下のとおりである。

	男性		中性		女性	
	mhd.	*ahd.*	*mhd.*	*ahd.*	*mhd.*	*ahd.*
単数主格	dër	dër	daz	daz	diu	diu
属格	dës	dës	dës	dës	dër(e)	dëra
与格	dëm(e)	dëmo	dëm(e)	dëmo	dër(e)	dëru
対格	dën	dën	daz	daz	die	dia

複数主格	die	dê, dia	diu	diu	die	dio
属格	dër(e)	dëro	dër(e)	dëro	dër(e)	dëro
与格	dën	dêm, dên	dën	dêm, dên	dën	dêm, dên
対格	die	dê, dia	diu	diu	die	dio

名詞の曲用形における強変化・弱変化と，性，古い語幹の相互関係は，以下のとおりである。

【1】 強変化名詞

	男性		中性	女性	
古い語幹	a-語幹	i-語幹	a-語幹	ô-語幹	i-語幹
単数主格	tac	gast	wort	gëbe	kraft
属格	tages	gastes	wortes	gëbe	krefte
与格	tage	gaste	worte	gëbe	krefte
対格	tac	gast	wort	gëbe	kraft
複数主格	tage	geste	wort	gëbe	krefte
属格	tage	geste	worte	gëben	krefte
与格	tagen	gesten	worten	gëben	kreften
対格	tage	geste	wort	gëbe	krefte
nhd. (単)	Tag	Gast	Wort	Gabe	Kraft
(複)	Tage	Gäste	Worte	Gaben	Kräfte
	(日)	(客)	(語)	(贈り物)	(力)

【2】 弱変化名詞

	男性	中性	女性
古い語幹	n-語幹	n-語幹	n-語幹
単数主格	bote	hërze	zunge
属格	boten	hërzen	zungen
与格	boten	hërzen	zungen
対格	boten	hërze	zungen

3. 中世のドイツ語

複数主格	boten	hërzen	zungen
属格	boten	hërzen	zungen
与格	boten	hërzen	zungen
対格	boten	hërzen	zungen
nhd.（単）	Bote	Herz	Zunge
（複）	Boten	Herzen	Zungen
	（使者）	（心）	（舌）

② 形容詞の変化

　形容詞の語尾変化の原則は，古高ドイツ語と同様に，すべての性の単数主格と中性単数対格で無変化形が並存する以外は，すべての格で指示代名詞の語尾を形容詞に付加する強変化と，n-語幹の名詞，すなわち弱変化名詞の語尾変化と同じパターンの弱変化に区別される。一般的には，名詞句が無冠詞や不定冠詞を伴う場合には形容詞は強変化，定冠詞や指示代名詞を伴う場合には弱変化という使い分けの傾向が見られるが，この区別は現代ドイツ語のような規範ではなく，例外も少なくない。強変化と弱変化の語尾のみを示すと，以下のとおりである。

	強変化			弱変化		
	男性	中性	女性	男性	中性	女性
単数主格	-0, -er	-0, -(e)z	-0, -iu		-(e)	
属格	-(e)s	-(e)s	-er(e)		-(e)n	
与格	-em(e), -(e)me	-em(e), -(e)me	-er(e), -(e)re		-(e)n	
対格	-(e)n	-0, -(e)z	-(e)	-(e)n	-(e)	-(e)n
複数主格	-(e)	-iu	-(e)		-(e)n	
属格	-er(e), -(e)re	-er(e), -(e)re	-er(e), -(e)re		-(e)n	
与格	-(e)n	-(e)n	-(e)n		-(e)n	
対格	-(e)	-iu	-(e)		-(e)n	

　　　　　(-0 は無変化形。弱変化は単数対格以外，すべての格で同様の語尾となる)

③ 所有代名詞

　初期ドイツ語と同様，人称代名詞の属格に由来する mîn（> *nhd.* mein），dîn（>

101

nhd. dein), unser（＞ *nhd.* unser), iuwer（＞ *nhd.* euer）と，再帰代名詞の属格に由来する 3 人称単数男性および中性の sîn（＞ *nhd.* sein）が，各人称の所有代名詞として名詞への付加語として用いられ，格変化語尾を伴うようにもなった。中高ドイツ語ではこれらに加えて，3 人称単数女性形と 3 人称複数形に，それぞれ対応する人称代名詞の属格 ir（＞ *nhd.* ihr）が代用された。したがって所有代名詞として用いられた ir は，一般的には 14 世紀まで，すべての格で格変化語尾をとることはなかった。

4　動詞の活用形

動詞は，初期ドイツ語と同様に，強変化動詞と弱変化動詞の二つに大別される。

【1】強変化動詞

強変化動詞は，ゲルマン語以来の 7 種類の母音交替系列に分類される。強変化動詞の直説法現在および過去人称変化は，次のようになる。

	人称		現在	過去
単数	1	*ich*	nime	nam
	2	*dû*	nimest	næme
	3	*ër*	nimet	nam
複数	1	*wir*	nëmen	nâmen
	2	*ir*	nëmet	nâmet
	3	*sî*	nëment	nâmen

不定詞 nëmen（＞ *nhd.* nehmen 取る）　過去分詞 genomen

【2】弱変化動詞

弱変化動詞では，古高ドイツ語における -jan(-ien), -ôn, -ên の各語尾がいずれも -(e)n に弱化し，中高ドイツ語では初期ドイツ語のように語尾によって弱変化動詞を分類することができなくなった。

ahd.		*mhd.*
nerien（jan- 動詞）	→	nern（＞ *nhd.* nähren 養う）
salbôn（ōn- 動詞）	→	salben（＞ *nhd.* salben 聖香油を塗る）

　　　　habên（ēn-動詞）　　→　　　haben（> *nhd.* haben 持っている）

　中高ドイツ語の弱変化動詞は，現在形と過去形で幹母音が異なるか否かによって2種類に分類される。古いjan-動詞のうち，長音節もしくは多音節の動詞は，語幹末のつなぎ母音 i（＜ j）-音により，本来の語幹母音が変音した現在形と，i（＜ j）-音の脱落により，本来の語幹母音が保持された過去形の間で異なる語幹母音となった（2.3.2-⑤-【2】参照）。この種類の動詞は，古高ドイツ語では，語幹母音に唯一ウムラウト表記可能なa-音を持つ動詞に限られたが，中高ドイツ語では，語幹母音に変音可能な母音を持つ動詞全体に拡大された。

　　　bewæren（*ahd.* biwâren）　　—　　bewârte　　—　　bewæret / bewârt
　　　（> *nhd.* bewähren）　　　　　　　bewährte　　　　　bewährt 実証する）
　　　hœren（*ahd.* hôren）　　—　　hôrte　　—　　gehœret / gehôrt
　　　（> *nhd.* hören）　　　　　　　　hörte　　　　　　gehört 聞く）
　　　küssen（*ahd.* kussen）　　—　　kuste　　—　　geküsset / gekust
　　　（> *nhd.* küssen）　　　　　　　küsste　　　　　　geküsst 口づけする）

これに対して，古いjan-動詞の単音節の動詞および古いôn-動詞，ên-動詞に属する動詞は，現在形，過去形とも同一の語幹母音を取った。

　　　nern（＜ *ahd.* nerien）　　—　　ner(e)te　　—　　gener(e)t
　　　（> *nhd.* nähren）　　　　　　　nährte　　　　　　genährt 養う）
　　　loben（＜ *ahd.* lobôn）　　—　　lobete　　—　　gelobet
　　　（> *nhd.* loben）　　　　　　　 lobte　　　　　　 gelobt 称賛する）
　　　lëben（＜ *ahd.* lëbên）　　—　　lëbete　　—　　gelëbet
　　　（> *nhd.* leben）　　　　　　　 lebte　　　　　　 gelebt 生きる）

【3】過去現在動詞

　過去現在動詞は，中高ドイツ語では話法の助動詞を中心に，初期ドイツ語より整理された形で現れる。不定詞 wizzen（> *nhd.* wissen 知っている）に対して過去分詞 gewist（> *nhd.* gewusst）のように，いくつかの動詞には弱変化した過去分詞が見られる一方，不定詞 gunnen（> *nhd.* gönnen 許可する）に対して過去分詞 gegunnen / gegunnet（> *nhd.* gegönnt）のように，強変化と弱変化の双方が見られる場合も存在す

る。過去現在動詞の現在形は，それぞれの母音交替系列に属する強変化動詞の過去形からつくられたが，2人称単数形の人称変化語尾は，du næme（＞ *nhd.* du nahmst）のような通常の過去形の人称変化語尾を用いず，du maht（＞ *nhd.* du magst）のようにインド・ヨーロッパ語の古い語尾に遡る -t をとり，この語尾は後に，他の動詞の現在人称変化に倣って -st となった。なお，過去現在動詞の母音交替系列については，2.3.2－⑥を参照されたい。

⑤ 造語法

中高ドイツ語では，アクセントのない位置での完全母音の弱化に伴い，不明確になった古い接尾辞を補うため，新たに，形態がより明確な接尾辞が添えられた造語法が見られる。例えば，中高ドイツ語の schœne は，接尾辞 -î を用いて派生させた古高ドイツ語の名詞 skônî（美）に遡る名詞形であり，さらに古高ドイツ語の形容詞 skôni（美しい）に遡る形容詞形でもある。ここで形態の明確な接尾辞 -heit を用いて名詞 schœnheit を派生させることで，名詞と形容詞がはっきり区別されるようになった。同様に，中高ドイツ語の gëbe は，古高ドイツ語の gëbo（贈り主）に遡る意味と古高ドイツ語の gëba（贈り物）に遡る意味をあわせ持つ。動作の主体となる行為者をあらわす接尾辞 -er を用いて，動詞 gëben から名詞 gëber（贈り主）を派生させることで，意味が形態の上でもはっきりと区別されるようになった。中高ドイツ語におけるフランス語からの借用は，造語のための接尾辞にも及び，例えば，フランス語からの借用接尾辞 -îe（＜ *afr.* -ie），-ieren（＜ *afr.* -ier），-lei（＜ *afr.* -ley）などがドイツ語の語幹と結びつき，jegerîe（＞ *nhd.* Jägerei 狩猟），zouberîe（＞ *nhd.* Zauberei 魔法），halbieren（＞ *nhd.* halbieren 二分する），stolzieren（＞ *nhd.* stolzieren 威張って歩く），manegerleie（＞ *nhd.* mancherlei 様々な）などのような新しい派生語が創り出された。

⑥ 助動詞と結び付いた動詞複合体

簡略化された動詞の形態を補う手段として助動詞を用いた，書き換え表現としての動詞複合体（迂言的動詞形式）は，すでに初期ドイツ語でも見られるが，この複

合体は中高ドイツ語において，態や時制をあらわす文法的手段として確立する。

　受動形は，初期ドイツ語のイシドールの翻訳（800年頃）において，ラテン語のドイツ語訳 *lat.* vocatur ＞ *ahd.* ist chinemnit（＞ *nhd.* ist genannt worden 〜と呼ばれていた）に見られる。中高ドイツ語では，この形が話し手に，出来事や事象に対する新たな視点を与えることから，好んで用いられるようになる。

　　von dem sî niemer *wirt geswachet* noch *gunêret*　　　　　　（Iwein, 1588ff.）★
　　（*nhd.* von dem sie niemals *erniedrigt* oder *verunehrt wird* 彼によって彼女は決して卑しめられ，辱められることはない）

さらにヴォルフラム・フォン・エッシェンバッハでは，今日と同様，過去分詞 worden を用いた受動の完了形が見られる。

　　daz Gahmuret *geprîset* vil *was worden* dâ ze Zazamanc　　　（Parzival, 57, 30f.）
　　（*nhd.* dass Gachmuret dort in Zazamank viel *gepriesen worden war* ガハムレトがその地ツァツァマンクで大いに称賛されたのは）

　完了をあらわす複合体が，sîn（＞ *nhd.* sein）もしくは haben / hân（＞ *nhd.* haben）と結びついた形で文法的に確立したのは，13世紀になってからである。中世盛期の詩人たちは，事象の結果（完了）を表記したり，過去形との時間的差異を明示するため，高度な詩的技法として，この複合体を好んで使用した。ここで用いられた sîn, haben / hân は，「存在する」，「所有する」の意味を失い，すでに完了の助動詞としての機能を有していたものと思われる。

　　Owê war *sint verswunden* alliu mîniu jâr!　　　　（Walther v. d. Vogelweide, 124, 1）
　　（*nhd.* Ach, wohin *sind* alle meine Jahre *verschwunden*! ああ，我がすべての歳月はどこへ消え

★　用例の出典は，ハルトマン・フォン・アウエ『イーヴァイン』(Iwein)。以下ヴォルフラム・フォン・エッシェンバッハ『パルツィファル』(Parzival)，ヴァルター・フォン・デア・フォーゲルヴァイデの叙情詩，『ニーベルンゲンの歌』(Nibelungenlied)，ハルトマン・フォン・アウエ『哀れなハインリヒ』(Der arme Heinrich)，ゴットフリート・フォン・シュトラースブルク『トリスタン』(Tristan)。数字は詩節と詩行，もしくは詩行のみをあらわす。

てしまったのか？）

dar nâch *hân* ich *geslâfen* und enweiz es niht.　　　（Walther v. d. Vogelweide, 124, 4）
（*nhd.* dann *habe* ich *geschlafen* und weiß es nicht. ならば私は眠っていたのだ，だからそれを知らないのだ）

未来をあらわす複合体は，中高ドイツ語では多くの場合，suln（＞ *nhd.* sollen），müezen（＞ *nhd.* müssen），wellen（＞ *nhd.* wollen）と不定詞の組合せで，話者の心的態度，あるいは始動相の動作相を示す。

ich *sol* iu sagen mêr waz iu mîn lieber hërre her enboten hât
　　　　　　　　　　　　　　　　　　　　　　　　　　（Nibelungenlied, 1198, 2f.）
（*nhd.* ich *werde* Euch weiter sagen, was Euch mein lieber Herr hierher entboten hat. 私はあなたに，私の主君があなたに伝え寄越したことをもっとお話ししたい）

want uns dâ sehen *müezen* vil minneclîchiu wîp　　　（Nibelungenlied, 506, 3）
（*nhd.* weil uns viele liebenswerte Damen *zu* sehen *bekommen*. なぜならそこで多くの美しい婦人方が私どもと会われることになりましょうから）

⑦ 文構造

中高ドイツ語では，従属文を複雑に組み合せた複合文が，より高度な詩的表現の手段として用いられた。

ich vürhte, *solde* ich werden alt, *daz* mich der werlte süeze zuhte under vüeze, *als* si vil manigen hât gezogen, *den* ouch ir süeze hât betrogen
　　　　　　　　　　　　　　　　　　　　　　　　　　（Der arme Heinrich, 700ff.）
（*nhd.* ich fürchte, *dass* mich die Süße der Welt überwältigen könnte, *wenn* ich alt würde, *wie* sie schon manchen überwältigt hat, *den* auch ihre Süße betrogen hat. 私は心配です，もし私が年を取っていけば，この世の甘美が私を足元へ引き摺り下ろすのではないかと。すでにこの甘美が欺いた大変多くの人々を引き摺り下ろしてきたように）

従属文を導く接続詞は，時間をあらわす接続詞を中心に，例えば sît では「～以来」の意味から「～のゆえに」や「～にもかかわらず」の意味が，sô では「～の時に」の意味から「～のように」,「その結果」,「もし～なら」などの意味が，als では「～の時に」の意味から「～のように」や「～のゆえに」などの意味が発展したように，外面的・空間的意味からさらに内面的・精神的意味が発展し，原因，結果，条件，比較などを表す接続詞としても用いられた。

　否定表現も，中高ドイツ語では複雑であった。否定接頭辞（接尾辞）en (ne) は，多くの場合，so*ne* darftû *niht* mê vrâgen (Iwein, 552)（*nhd.* so brauchst du nicht mehr zu fragen それゆえそなたはこれ以上尋ねる必要はない）に見られるように，否定の niht（＞ *nhd.* nicht）とともに用いられた。さらに，ひとつの文における複数の文成分を否定することで，総合的に文の否定的意味を強調するため，ひとつの文に複数の否定詞が用いられた例も多く見られる。

daz umbe ir reise und umbe ir vart *nie nieman nihtes* inne wart　　　　（Tristan, 9499f.）
(*nhd.* damit von ihre Reise und von ihrem Ritt *niemand etwas* bemerkte そのため彼らの旅と騎行については誰一人決して気づくことはなかった）

　一方，niht は本来は不定代名詞 nicht（＜ *ahd.* niwiht＝nichts）の副詞的対格として in keiner Weise（決して～でない）の意味で用いられたが，次第に否定の副詞に転じ，否定詞としてはすでに形骸化していた en (ne) に代わって，今日と同様に単独でも用いられた。

vrouwe, zürne *niht* daz der kampf von mir geschiht　　　　（Parzival, 694, 3f.）
(*nhd.* Herrin, zürne *nicht* darüber, dass ich den Kampf bestehe ご婦人，私が一騎討ちをすることになっても，お怒りにならないで下さい）

3.2.2　宮廷詩人語

　12世紀末から13世紀におけるホーエンシュタウフェン朝時代の宮廷騎士層を基盤とした叙事詩および抒情詩の出現により，ドイツ文学はかつてない興隆期を迎

え，ドイツ文学史上，18, 19 世紀のドイツ古典主義文学と並び称される最盛期を築くこととなる。当時のドイツの宮廷生活と文学の典型は，フランスの影響を強く受けており，1200 年前後に作られた『ニーベルンゲンの歌』のようなゲルマンの英雄伝説を素材とした文学は別として，この時代の宮廷文学は，その素材も形式もフランスの詩人を模範としていた。このうち宮廷叙事詩の様式と精神は，北フランスからドイツへと浸透し，また宮廷抒情詩・ミンネザングの芸術理念は，プロヴァンスから南ドイツへの経路を取った。

　フランスの宮廷文化の影響は，当然のことながら言語にも及んだ。12 世紀にドイツ語に取り入れられたフランス語からの借用語数は，約 300 語であったが，13 世紀には約 700 語にも達した。特に宮廷叙事詩は，フランス語から騎士文化および軍事，武具に関する語彙を中心に，数多くの借用語を取り入れた。しかしこれらの借用語のうち，今日のドイツ語にまで残存できた語彙は，30％から 40％にすぎない。　　　　　　　　　　　　　　　　　　　　　　　　　　（Wells, 130）

　Abenteuer 出来事，冒険＜ *mhd.* âventiure ＜ *afrz.* aventure
　falsch 偽りの＜ *mhd.* valsch 不誠実な＜ *afrz.* fals
　fehlen 欠けている＜ *mhd.* vælen ＜ *afrz.* faillir
　fein 上品な＜ *mhd.* fîn ＜ *afrz.* fin
　Palast 宮殿＜ *mhd.* palas ＜ *afrz.* palais
　Panzer 甲冑＜ *mhd.* panzier ＜ *afrz.* pancier
　Preis 称賛＜ *mhd.* prîs ＜ *afrz.* pris
　Stiefel 長靴＜ *mhd.* stival ＜ *afrz.* estival

フランス語を模範とした借用造語のうち，いくつかは宮廷文化の先進地域であったオランダを経由して借用されている。

　mhd. ritter（＞ *nhd.* Ritter 騎士）＜ *mnl.* riddere ＜ *afrz.* chevalier
　mhd. hövesch（＞ *nhd.* höfisch 宮廷風の）＜ *mnl.* hovesch ＜ *afrz.* courtois
　mhd. dörper 田舎者（＞ *nhd.* Tölpel 愚図）＜ *mnl.* dorper ＜ *afrz.* vilain

フランス語を中心とした外部からの借用語と並んで，既存のドイツ語が古い意味に代わって新たに宮廷風概念を獲得した例も見られる。

mhd. tugent（> *nhd.* Tugend 徳，礼節）：本来は Tauglichkeit（有能，役立つこと）の意味。
mhd. triuwe（> *nhd.* Treue 誠実）：本来は Vertragstreue（契約に対する信用性）の意で，さらにここから「相互の義務」を意味した。
mhd. minne（> *nhd.* Minne ミンネ，愛）：本来は「あることを考えること，思い出すこと」の意味。
mhd. mâze（≒ *nhd.* Mäßigkeit 節度，中庸）：本来は Maß（寸法，大きさ）の意味。
mhd. zuht（礼儀，礼儀正しい態度）：本来は Zucht（教育，躾）の意味。
mhd. riuwe（> *nhd.* Reue 後悔）：本来は「心の痛み，悲しみ」の意味。

(N. R. Wolf, 183)

このように中世盛期のドイツ宮廷文学は，新しい宮廷文化，宮廷生活に必要な表現を獲得することによって，語彙数を著しく増加させたが，その反面ゲルマン的英雄叙事詩などに見られた戦闘用語，武具などの古くからの語彙を宮廷文化にそぐわないものとして忌避する態度を取った。ハルトマン・フォン・アウエ（1160?-1215?）やゴットフリート・フォン・シュトラースブルク（1170?-1210?）の叙事詩では，『ニーベルンゲンの歌』で盛んに用いられた dëgen, helt, recke, wîgant（いずれも「勇士，戦士」），ellen（勇気），gêr（投槍），balt（大胆な），gemeit（天晴れな），küene（勇敢な），wal（戦場），wîc（戦闘）のような語彙は使用が控えられるか，あるいは全く用いられていない。

中世盛期のドイツの宮廷詩人たちは，数多くの洗練された宮廷風語彙と修辞法を用いたが，これにとどまらず自らの文学において，宮廷社会の洗練された形式美追求のため，方言を超えた言語表現を目指す努力も怠らなかった。中世盛期に統一的文学語を目指したとされるいわゆる「宮廷詩人語」について，その存否をめぐり長いこと激しい議論が展開された。カール・ラッハマン（Lachmann 1820）は，中高ドイツ語の詩人たちが用いた言語を，細部に若干の方言的性格は含むものの，全体としては普遍的な統一的言語であるとみなし，このテーゼから中高ドイツ語の文学

作品の写本を規格化・標準化された表記法で校訂した。このようなラッハマンの文献学的伝統を継承し，規格化された校本によって，中高ドイツ語が統一された正書法を有していたかのような誤った印象が持たれるが，実際には，写本によって表記法は実に多様であり，この時代に統一的な正書法が確立していたことを示す証左は見られない。ラッハマンと対立する立場を取ったのは，ヘルマン・パウル（Paul 1873）である。パウルは統一的文学語としての中高ドイツ語の存在を否定し，詩人たちはただ自分らの方言によってのみ詩作したと主張した。宮廷詩人語に関する今日までの研究では，新高ドイツ語の文章語と対応する意味での中高ドイツ語文章語もしくは共通語は存在しなかったとするヴァルター・ヘンツェン（Henzen 1954）の説が，依然として標準的テーゼとされている。（N. R. Wolf, 179）

　しかし，宮廷詩人層における文学的コミュニケーション手段を形成するために，方言の超越と地域的平準化を目指した詩人たちの苦労の所産として，あるいはより洗練された言語表現の選択という共通の試みの結果として，宮廷詩人らの言語に共通語的な傾向を見ることは可能である。この宮廷詩人語の言語上の特色については，数多くのフランス語からの借用語など，宮廷的語彙の獲得とそれに伴うゲルマン的古語の忌避のほかに，次のような特徴を見ることができる。12世紀末から13世紀初めにかけて活躍した，中世盛期のドイツ文学を代表する宮廷詩人，ハルトマン・フォン・アウエ，ヴォルフラム・フォン・エッシェンバッハ（1170?–1220?），ヴァルター・フォン・デア・フォーゲルヴァイデ（1170?–1230?）などは，方言色の濃い語彙使用を避ける努力を払った。特に，押韻語に関して各詩人は，異なる言語地域の音で読んでも韻が不純にならないよう配慮した。例えば，komen（＞ *nhd.* kommen 来る）の単数過去形は，アレマン方言では kam であるのに対して，バイエルン方言では kom となるので，もしアレマン方言の詩人が kam–nam（＜ nëmen ＞ *nhd.* nehmen 取る）の押韻を用いれば，バイエルン方言では kom–nam と変えられ，不純な韻になる。また hân（＞ *nhd.* haben 持つ）は，過去形に hât, hæte, hête, hiet などそれぞれの方言で異なる複数の形を有し，超地域的な押韻のためには不都合な語彙である。そのためアレマン方言のハルトマンは，自身の後期の作品ではこれらを押韻語として使用することを避けた。バイエルン方言および東フランケン方言の

ヴォルフラム，バイエルン方言圏出身のヴァルターも，これらの押韻語使用を敬遠した。

しかしその一方で，アレマン方言のゴットフリートは，アレマン方言形を押韻語としても躊躇なく利用した。また gân / gên（＞ *nhd.* gehen 行く），stân / stên（＞ *nhd.* stehen 立っている）による押韻に関しては，バイエルンおよび中部ドイツ方言 gên, stên に対するアレマン方言 gân, stân の優位性が確認されている。さらにアレマン方言の wîp（＞ *nhd.* Weib 女，婦人），lîp（＞ *nhd.* Leib 体）は，バイエルン方言では weib, leib であるが，文学語としては wîp, lîp に統一された。このように，宮廷詩人語には，アレマン方言が持っていたと見られるある種の規範性をうかがうことができる。これにはシュヴァーベンを中核としたホーエンシュタウフェン朝の政治的影響力がうかがえるとともに，当時すでに同時代の詩人たちから言語芸術の手本とみなされ敬意を抱かれていた，シュヴァーベン出身のハルトマン・フォン・アウエの影響も大きいと考えられる。

アレマン方言を中核としながらも，言語の平準化が試みられた，宮廷詩人語に代表される超地域語形成の動きについて，常に取り上げられるのが，ドイツ宮廷文学の先駆者でその後の宮廷詩人に大きな影響を与えた，ハインリヒ・フォン・フェルデケの『エネイート』（1185?）における押韻使用の問題である。低地ライン・リンブルク方言圏出身のフェルデケについては，その主要作品『エネイート』において，例えば低地ドイツ語では同一の押韻語を形成する，高地ドイツ語の t-音と z-音を押韻語としては厳格に区別したこと，つまり，リンブルク方言の tît（＞ *nhd.* Zeit 時間）–wît（＞ *nhd.* weit 広い）は，中高ドイツ語に直しても zît–wît となり韻を乱すことがないため押韻に使用したが，リンブルク方言の tît–wît（＞ *nhd.* weiß 白）は，中高ドイツ語では zît–wîz となって不純な韻を生むため，押韻語として用いることはなかったことから，フェルデケは，詩作に際して当時すでに成立の過程にあった上部ドイツの宮廷詩人語を考慮したと考えられている（Polenz 1978, 55–57）。しかし同時に，don–son（*mhd.* tuon–sun），vas–was（*mhd.* vahs–was），gelochte–verkochte（*mhd.* geloubte–verkoufte）のように，中高ドイツ語では不純な韻を踏む低地ドイツ語の押韻も少なからず見られることから，フェルデケの言語は，高地ドイツ

語を考慮しながらも，全体的には低地と高地の中間的位置にあった中部ドイツ語圏の一種の詩人語に依拠したものと思われる。この他，低地ドイツ語圏の詩人で13世紀全般に活躍したアルプレヒト・フォン・ハルバーシュタットが，自身の低地ドイツ語を避け高地ドイツ語を用いて詩作し，エバーナント・フォン・エアフルトが，その作品『イエスの幼年時代』（1200頃）において，自らの出身地のテューリンゲン方言によって詩作することを弁解していることから示されるように，この時代の各詩人からは，他の方言地域とその方言を強く意識した言語使用を見て取ることができる。このうち特に，ゴットフリートの洗練された修辞学的表現様式によって，高尚な宮廷的言語芸術にまで高められた宮廷詩人語については，ここに文学的共通語への傾向を認めることが可能である。しかし，ホーエンシュタウフェン朝の崩壊，そして騎士文化・文学の衰退とともに，この宮廷詩人語自体も衰退し，結局ここから共通語，統一語への継続的発展が見られることはなかった。

3.3 中世末期の高地ドイツ語

ホーエンシュタウフェン朝の崩壊とそれに続く大空位時代（1254-1273）は，領邦諸侯の領土支配権をますます増大させ，ついには様々な権利が集積した領邦主権を確立させることとなった。中世末期のドイツは，実に300を超える領邦および帝国都市，自由都市から成り立っていた。1273年にハプスブルク家のルードルフが皇帝に選ばれ，皇権の空白時代はようやく克服されたが，この選挙は再建された帝国の前途を予告していた。強力な皇帝の出現を望まない諸侯たちによって選ばれた無名の皇帝の力では，皇帝権の再建，さらには帝国の再建は不可能であった。この中にあって，ホーエンシュタウフェン朝時代に隆盛の頂点を極めた下級貴族の騎士階層は，没落の危機にさらされ，状況の改善と旧来の生活様式維持のため，騎士同盟を結び都市を攻撃した。かつて華やかな宮廷文化の担い手であった騎士も，今やその多くが盗賊騎士にまで落ちぶれ果てることとなってしまった。

3.3.1　スコラ哲学と神秘主義

　帝国の弱化と権力の分散，さらに社会の多極化にあって，中世末期におけるドイツ語の言語文化の担い手は幅広い階層の人々に委ねられるようになる。特に宗教文学は再びその輝きを取り戻し，この時代のドイツ語に大きな影響を与えた。このうち説教文学は，宮廷文学の絢爛さの中に完全に覆い隠されていたが，民衆の言語層の中に深く根を下しており，それがベルトホルト・フォン・レーゲンスブルク（1210?-1272）の登場によって一気に花開くこととなる。ベルトホルトはドイツ南部および西部を転々と巡り，大衆を前にしてドイツ語で説教をした。その説教集は，13世紀にラテン語で書かれ，恐らくはベルトホルト自身の手によって編集されたもののほか，ドイツ語で書かれたものも数多く残っている。これらの写本のうち主要なものは，いくつかのものを別にすれば，そのほとんどが15世紀に書かれたものである。これらの説教集からベルトホルトの説教文を正確に再現することは容易ではないが，ベルトホルトの言葉について，いくつかの特徴を観察することはできる。ベルトホルトは宮廷文学に見られる宮廷的語彙を数多く用いた。しかし，その語彙の意味は宮廷文学におけるものとは異なる。つまりベルトホルトの用いた語彙の多くは，宮廷的精神に接する以前の古い意味を保持しているが，これは宮廷文学と説教文学が対象とした社会階層の違いからして当然のことではある。「宮廷詩人語」（3.2.2）で見た以下の語彙について，ベルトホルトの意味を対比させてみる。

　　tugent（宮廷文学「徳，礼節」）：キリスト教徒としての優れた能力・適性。この他に「慈悲，謙譲」の意味もある。
　　triuwe（宮廷文学「誠実」）：制定された法を誠実に守ること。
　　mâze（宮廷文学「節度，中庸」）：（特に飲食において）度を超さないこと。
　　zuht（宮廷文学「礼儀，礼節」）：教育，躾。

　　　　　　　　　　　　　　　　　　　　　　　　　　（N. R. Wolf, 185-186）

　しかしこの時代に，ドイツ語の内容を洗練し，その後のドイツ語の発達に大きな

影響を与えたものは，何よりもドイツ・スコラ哲学における翻訳文学とドイツ神秘主義文学の神学的散文であった。中世思想の大半を占めるスコラ哲学は，そのモットー「理解を探求する信仰」が示すように，カトリック教会の教義を信仰を持って受け入れ，それを主としてアリストテレスの哲学を借りて理解し，解釈しようとした中世ヨーロッパのキリスト教的哲学で，13 世紀にアルベルトゥス・マグヌスやトマス・アクィナスなどによって絶頂期を迎えた。ドイツ・スコラ哲学に関するドイツ語訳の文献は，14 世紀になって数多く見られるようになるが，スコラ哲学者による翻訳活動は，実際にはすでに 13 世紀に始まっていたと考えられる。その際対象とした読者層は，主として低級聖職者や修道女，さらには法律家や官庁の役人の市民階級であり，したがってドイツ語訳テキストも，14 世紀後半のトマス・アクィナスによる『神学大全』(1266–1267) のドイツ語訳のようなラテン語によるスコラ哲学原典の本格的な翻訳以外，中心はむしろ，教育的効果や教義の大衆への普及を狙った，釈義，抄録の二次的資料であった。

　ドイツ・スコラ哲学の翻訳文学は独自の語を創造することはなく，新しい単語の導入はもっぱら借用造語，その中でも特に翻訳借用語に頼っていた。ここにおける造語法では，すでに古高ドイツ語でも用いられた接尾辞 -heit, -unge, -lîch などが使用され，これによって抽象概念を伴った多くの新しい語彙が形成された。

anschouwunge（見ること，見方＞ nhd. Anschauung 観察，見解）＜ lat. visiō
wësentheit（本質＞ nhd. Wesenheit）＜ lat. essentitas
wësenlich（本質的な＞ nhd. wesentlich）＜ lat. essentiālis
përsōnlich（個人の＞ nhd. persönlich）＜ lat. persōnālis
dinclich（物的な＞ nhd. dinglich）＜ lat. reālis

　ドイツ・スコラ哲学は，学術語を中心に抽象概念を伴った多くの新造語を形成したが，この言語と密接な関係を持つのが，やはりこの時代多くの神学的学術語を創造したドイツ神秘主義の言語である。神秘主義はスコラ哲学と内面的関連を持つが，それ自体哲学にはならなかったし，スコラ哲学とは多くの点で対照的である。スコラ哲学が信仰を理性的に論証する科学であるのに対して，神秘主義は感情と内

的経験を重んじる思想であり，ここには科学や現実を重んじる要素は見られない。神秘主義の中心問題は，神の存在を理性的に認識することではなく，全霊を傾注することによって神を純粋に直感することであり，究極的にはこれによって神と一体化することである。

　ドイツ・スコラ哲学とドイツ神秘主義の神学的学術語に関しては，これまでドイツ神秘主義がドイツ・スコラ哲学の翻訳文学における借用造語の造語法に倣って，神秘主義的思想をあらわす特殊語を創造し，さらに独自の借用語を形成したと考えられてきた。しかし，ドイツ神秘主義固有の造語とみなされてきた学術語が，その後の比較研究でドイツ・スコラ哲学における翻訳文学の中に少なからず見られることが指摘されるなど，今日では，両者は，前後もしくは上下の関係でなく，同時的，並行的関係にあったと考えられている。両者の何よりも大きな違いは，この神学的学術語が，ドイツ・スコラ哲学にあっては翻訳文学の中で，ドイツ神秘主義にあってはその多くがドイツ語原作の文学の中で用いられたことである。

　ドイツ神秘主義は二つの大きなグループに分類される。そのうちメヒトヒルト・フォン・マクデブルク（1207-1282）に代表されるベギン修道会*に所属する修道女の神秘主義者は，ラテン語の知識はもちろん，ドイツ語の知識も十分でなかったが，教養豊かな聖職者の手を借りることによって，自分たちに与えられた啓示や自分たちの神体験をドイツ語で書き記したとされる。メヒトヒルトは，ラテン語に由来すると思われる抽象概念をあらわす語彙を数多く使用している。

unbegrîfelich（理解できない > *nhd.* unbegreiflich） < *lat.* incomprehēnsibilis
unsprëchelich（口では言いあらわせない ≒ *nhd.* unaussprechlich） < *lat.* ineffābilis
unsëhelich（目に見えない ≒ *nhd.* unsichtbar） < *lat.* invīsibilis
einunge（統一，和合 > *nhd.* Einigung） < *lat.* ūniō
genugekeit（満足 ≒ *nhd.* Genugtuung） < *lat.* sufficientia

さらに，メヒトヒルトのドイツ語には ent-, uber-, ver-, vol- のような接頭辞を伴った

★　12世紀に南ベルギーに生まれたカトリック女子修道会。十字軍によって生じた寡婦などを集め，修道誓願を立てずに共同生活を営んだ。

語彙 entgân（逃げる＞ *nhd.* entgehen），uberwinden（克服する＞ *nhd.* überwinden），versinken（沈む＞ *nhd.* versinken），vollebringen（完成する＞ *nhd.* vollbringen）の他，kuschekeit（貞節＞ *nhd.* Keuschheit），minnesamkeit（愛，好意），beschowunge（観想≒Anschauung），begerunge（願望≒Begehren），bekantnisse（知恵≒Kenntnis），hindernisse（障害＞ *nhd.* Hindernis）のように接尾辞 -heit / -keit, -unge, -nisse を用いた造語も多く見られる。この他，アンチテーゼや撞着語法といった修辞的手法や himmelischer hof（天宮），hôher fürste（身分高き君主），hovesprache（宮廷言葉），minnebet（愛の褥），minnesiecht（愛を患った）のような表現法など，メヒトヒルトの詩形式，表現様式には，中世盛期の宮廷詩人の影響もうかがえる。

　ドイツ神秘主義のもうひとつのグループは，マイスター・エックハルト（1260–1329）やその弟子ヨハネス・タウラー（1300–1329），ハインリヒ・ゾイゼ（1295–1366）のドミニコ修道会のマギスターを中心とする学識豊かな神学者たちである。これらの神秘主義者らはラテン語とドイツ語の二言語を使いこなすことができたが，自らの神秘主義思想を表現する手段としては，主としてドイツ語を使用した。説教，および布教用パンフレットの主たる対象は修道女であり，そのため，神秘主義者らにとってドイツ語の使用は不可欠であった。ドミニコ修道会のマギスターたちも，借用造語などの造語法によって，独自の学術語を数多く創造し，ドイツ語の語彙を発展させた。その語彙の特徴は，深遠な内容の抽象語彙である。

　　gelâzen（神に身を委ねた＞ *nhd.* gelassen 平穏な），îndruc（印象＞ *nhd.* Eindruck），înval（突然の思いつき＞ *nhd.* Einfall），înfluz（影響＞ *nhd.* Einfluss），înkêr（内省＞ *nhd.* Einkehr），înliuhten（納得がいく＞ *nhd.* einleuchten），înbildunge（心に刻むこと，空想＞ *nhd.* Einbildung）

メヒトヒルト同様，エックハルトらも接頭辞 un-, 接尾辞 -los を用いて，否定概念を含んだ語彙を数多く用いている。

　　unendelich（無限の＞ *nhd.* unendlich），unmaezec（計り知れない＞ *nhd.* unmäßig），unwizzenheit（無知＞ *nhd.* Unwissenheit），endelôs（無限の＞ *nhd.* endlos）， wortelôs（言葉で言いあらわせない＞ nhd. wortlos）

　この他，様々な形の名詞化も神秘主義者らのドイツ語の特徴である。単に -heit などの接尾辞を付加した名詞化にとどまらず，不定詞の名詞化のほか，大胆な造語手段によって新たな抽象名詞を創造した。

ichheit（我，自我＞ nhd. Ichheit），selbesheit（自己＞ nhd. Selbstheit），nihtheit（無），daz bekennen（告白＞ nhd. das Bekennen），daz durchbrëchen（突破すること＞ nhd. das Durchbrechen），daz al（全），daz niht（無），daz sîn（存在＞ nhd. das Sein）

(Eggers I, 461-472; Tschirch II, 76-89; Polenz I, 194-196)

　ベギン会修道会およびドミニコ修道会の二つの神学的散文によって，ドイツ語はそれまでラテン語が担っていた言語内容の洗練，精神化という機能を自ら獲得し，豊かな表現力を持つことになる。特にマイスター・エックハルトを中心とした神秘主義文学は，その後のドイツ語の発展に大きな影響を与えた。エックハルトは当時最も人気のある説教者で，その著書のいくつかの命題は異端の判決を受けたものの，エックハルトの思想および言語は弟子たちによって後代にまで伝えられ，さらにマルティン・ルター（1483-1546）のドイツ語を介して，今日のドイツ語にまで影響を及ぼしている。

3.3.2　実用的散文のドイツ語

　中世末期には，神学的散文以外のドイツ語の散文も，各領邦や都市の市民生活において広く使用されるようになる。まず法律の分野では，オストファリア出身のアイケ・フォン・レプゴウによって書かれた中低ドイツ語の『ザクセン法鑑』（1220-1235）は，ほとんど全てのドイツ語方言によって書き改められ，この影響のもとに『ドイツ法鑑』（1265 ?），『シュヴァーベン法鑑』（1275?）などの散文による法律書が現れた。年代記に散文が用いられたのもこの時期である。アイケの作と考えられる『ザクセン世界年代記』（1230?）が散文による年代記の分野を開拓したが，その後，ルードルフ・フォン・エムスの『世界年代記』（1254?）などの韻文による年代

記が現れ，散文がこの分野に定着するのはようやく 14 世紀後半になってからである★。1235 年にはドイツ語による最初の国法『マインツ和平令』が，皇帝フリードリヒ二世によって布告された。これは成立の時期と場所が特定できる，ドイツ語による最古の公文書とみなされている。13 世紀にはこの他にも，フライブルク，チューリヒなどのアレマン地方，およびウィーン，ザルツブルクなどのバイエルン・オーストリア地方にドイツ語による公文書が数多く見られるようになる。記録公文書でのドイツ語使用は，1300 年頃までは上部ドイツ語に集中していたが，次第に北部ドイツ，東部ドイツにも広がりを見せ，1329 年にはマイセンでもドイツ語による公文書が確認されている。この発展の方向に沿う形で，皇帝ルートヴィヒ四世ことバイエルン大公ルートヴィヒ（在位 1314–1347）治世の皇帝庁は教会に関するものを除き，最終的にドイツ語を公用語に取り入れた。その後もドイツ語による公文書は広い範囲に浸透していったが，17 世紀まではラテン語による公文書と並行して用いられる状態が続いた。

3.4 中世低地ドイツ語

　低地ドイツ語は中世において最盛期を迎える。中世低地ドイツ語，すなわち中低ドイツ語は，一般には 1200 年から 1650 年までの低地ドイツ語を指す。古低ドイツ語が，主としてザクセン人の居住地に限定されて用いられたのに対して，中低ドイツ語圏はエルベ川以東のバルト海沿岸地域，さらには北部地域の東フリースラント地方にまで拡大した。その原因の一つとして，12 世紀以降活発になった低地ドイツ語地域出身の移住民による東方植民があげられる。低地ドイツ語地域はまずスラブ語地域の中に飛び地として広がり，やがてその地方全体を内包する広大な語圏に発達した。この低地ドイツ語地域からの移住民による東方植民の中継地として，重要な役割を果たしたのがリューベックである。リューベックは 1143 年にホルシ

★　この時代に書かれた年代記は，ザンクト・ガレンのクリスティアン・クッヒマイスターの『修道院年代記』，アンドレアス・フォン・レーゲンスブルクの『諸侯年代記』をはじめ，都市年代記などいずれも例外なく，散文によるものである。

ュタイン伯アドルフ二世によって建設されたが，その後火災によって灰燼に帰し，1158年ハインリヒ獅子公により再建され，後にハンザ同盟の盟主として繁栄することになる。

　東方植民のもうひとつの主役であるドイツ騎士団は，1228年ポーランド貴族の要請によりプロイセン地方に進出し，この地の居住民のキリスト教化にあたったが，その後プロイセン地方の軍事的征服を開始し，1280年以降大量のドイツ人移住農民を入植させ，バルト海東岸地方のリーフラント，エストラント，クーアラントをも合併し，バルト海沿岸に広大なドイツ騎士団領を建設した。しかし，騎士団員や移住農民は多くが高地ドイツ語の東中部ドイツ語圏出身であったため，この地域では東中部ドイツ語の書きことばが用いられた。

　他方，中低ドイツ語は，ハンザ同盟の成立と発展によって，語圏を拡大することになる。リューベックを中心とした都市建設は12世紀後半から始まり，ロストック，シュトラールズント，コルベルク，ダンツィヒ，メーメル，リーガなどの諸都市が続々とバルト海沿岸に建設され，ハンザ同盟の母体がつくられた。こうして広大な語圏を占めることとなった中低ドイツ語は，13世紀から14世紀において書かれた文献に基づいて，各種の方言に区分される。これらの方言は通常，主にザクセン人本来の居住地で話される西部低地ドイツ語と，東方植民により新たに拡大された地域で話される東部低地ドイツ語の2方言群に大別される。それぞれの方言地域における主要都市は以下のとおりである。

1. 中低ドイツ語
　1) 東部低地ドイツ語
　　(1) メクレンブルク・フォーア・ポンメルン方言
　　　　シュヴェリーン，ロストック
　　(2) マルク方言
　　　　ブランデンブルク
　　(3) 中部ポンメルン方言
　　　　シュテッティン
　　(4) 東部ポンメルン方言
　　　　コルベルク，ケスリン
　　(5) 低地プロイセン方言
　　　　ダンツィヒ，ケーニヒスベルク

2) 西部低地ドイツ語
　(1) 北部低地ドイツ方言
　　　a. 東フリジア・オルデンブルク方言　　b. エムスラント方言
　　　　　エムデン，アウリヒ，オルデンブ　　　　メッペン，リンゲン
　　　　　ルク
　　　c. シュレスヴィヒ方言　　　　　　　　d. ホルシュタイン方言
　　　　　フレンスブルク，フーズム　　　　　　ノイミュンスター，キール
　　　e. 北部低地ザクセン方言
　　　　　ブレーメン，ハンブルク，リューネブルク
　(2) ウェストファリア方言　　　　(3) オストファリア方言
　　　ミュンスター，ドルトムント，　　　ハノーファー，ヒルデスハイム，
　　　オスナブリュック，ビーレフェ　　　ブラウンシュヴァイク，ゲッティ
　　　ルト，パーダーボルン　　　　　　　ンゲン，ゴスラー，マクデブル
　　　　　　　　　　　　　　　　　　　　ク，ハレ

　建設当時から東方植民活動の中心として重要な立場にあったリューベックは，ハインリヒ獅子公失脚後，帝国直属都市の地位を獲得し，経済的，政治的に影響力を増大させ，13世紀には，本来はロンドンやロシアのノヴゴロドなど国外の交易地におけるドイツ人商人の互助組織であったハンザの主導権を握った。リューベックに率いられたハンザ諸都市は，14世紀には，デンマークを破ってバルト海・北海商業の覇権を握り，ハンザ同盟は，最盛期には200に達する加盟都市を擁する大組織となった。

　このようなハンザ同盟都市間の活発な商取引に必要な商業語，共通語として，中低ドイツ語にはすでにこの時代，統一された文章語が存在したと考えられる。この言語は，ハンザ同盟の指導的地位にあり，当時すでにある種の文章語的要素を持っていたリューベック方言が中核になったものと思われる。リューベックの住民は，ウェストファリア地方を中心とした低地ドイツ語圏全域からの移住民によって構成されており，方言差異を超えた統一的言語の形成が必要不可欠であった。この言語

が中核となった低地ドイツ語の商業語は，ハンザ同盟の発展とともに洗練され，規範化されて，統一的文章語としてハンザ同盟都市全体に広く普及したものと思われる。

　中低ドイツ語の文章語の成立と普及・発展にとってさらに重要な意味を持つものとして，ハンザ諸都市における都市法制定とその運用に関する当時の状況をあげることができる。都市法は都市の自治権を象徴するものであるが，新しい都市は都市法を指導的な都市から譲り受け，また法解釈についても，問題が生じた時には譲った側の都市の判断を求めるのが習慣であった。当時のリューベックはこの点でも中心的な地位にあった。そのため，リューベックの方言は各都市において規範化され，広い範囲における中低ドイツ語の文章語の標準化を促したものと考えられる。

　こうして 14 世紀から 15 世紀にかけて，文章語としての中低ドイツ語の中心は，それ以前の，『ザクセン法鑑』などの文献を生み出したザクセンのオストファリアから，新開地のリューベックへと移動し，中低ドイツ語の文章語は今や，東フリースラントからバルト海東岸の広大な地域と，さらにはイギリスのロンドン，ロシアのノヴゴロド，ノルウェーのベルゲンといったドイツ商人居住区においてまで用いられるようになった。

　15 世紀にその最盛期を迎えた中低ドイツ語の文章語も，16 世紀に入ると，ハンザ諸都市の経済的後退および自治権の衰退とともに，急速にその影響力を失い始める。低地ドイツ語圏の各都市官房は，積極的に高地ドイツ語を公的文書語として採用し始め，ハンブルクでは 1550 年から 1600 年にかけて，リューベックでも 1530 年から 1615 年にかけて高地ドイツ語が公に用いられた。こうして，17 世紀に入ると，低地ドイツ語は限られた領域を除き，文章語としての機能を失うことになる。

3.4.1　中低ドイツ語の言語体系

　中低ドイツ語の言語体系のうち，文法的形態に関しては，中高ドイツ語のそれとほぼ共通している。ここでは，中低ドイツ語に特徴的な「母音の変化」と「子音の変化」について見ることにする。

1 母音の変化

【1】長母音の短母音化

この音韻変化は，特にアクセントのないe-音の語中音消失によって生じた二重子音 dd, tt, tst の前で見られる。

  as.   *mnd.*
 grôtede → grotte (*mhd.* gruozte ＞ *nhd.* grüßte 挨拶した〈単数過去〉)
 gröteste → grötste (*mhd.* grœzte ＞ *nhd.* größte 最大の)

【2】円唇母音化

中低ドイツ語では13世紀以来，前後に唇音が来る音環境のもとでe-音とi-音が円唇音化する傾向が見られる。

 e → ö
  as.   *mnd.*
 twelif → twölf (*mhd.* zwelf ＞ *nhd.* zwölf 12)

【3】低舌母音化

高舌母音の i, u, ü は，r + k, g, s などの前で調音位置の低下により低舌音に変化した。この音韻現象はすでに11世紀に見られる。

 i → e
 u → o
  as.   *mnd.*
 kirica → kerke (*mhd.* kirche ＞ *nhd.* Kirche 教会)
 burg → borch (*mhd.* burc ＞ *nhd.* Burg 城)

2 子音の変化

古低ドイツ語は，第二次子音推移をまったく受けることはなかった。中低ドイツ語でもこの子音推移が生じることはなかったが，ただ，12, 13世紀頃まで北上を続けた þ → d の変化だけは受け入れられた（*as.* thorn, thrîa → *mnd.* dorn, drî）(2.2.1-①-【3】参照)。この他，中低ドイツ語への移行を特徴づける子音組織の変化には以下のものが見られる。

【1】語末音の変化

  as.   *mnd.*
  râd → rat (*mhd.* rât ＞ *nhd.* Rat 助言)
  dag → dach (*mhd.* tac ＞ *nhd.* Tag 日)
  lamb → lam (*mhd.* lamp ＞ *nhd.* Lamm 子羊)

【2】h の脱落

 古低ドイツ語の h は，子音の前の語頭および母音間の語中にある場合，中低ドイツ語では脱落した。

  as.   *mnd.*
  hring → rink (*mhd.* rinc ＞ *nhd.* Ring 指輪)
  hwê → wê (*mhd.* wer ＞ *nhd.* wer 誰が)
  fehu → vê (*mhd.* vihe ＞ *nhd.* Vieh 家畜)

【3】r の音位転換

  as.   *mnd.*
  brennian → bernen (*mhd.* brennen ＞ *nhd.* brennen 燃やす)
  brunno → born (*mhd.* burn ＝ brunne ＞ *nhd.* Born ＝ Brunnen 泉)

3.4.2 中低ドイツ語の語彙の影響

 中低ドイツ語は，リューベックの言語を中核にハンザ同盟の商業語として発達し，その強力な通商力を背景にバルト海および北海沿岸の地域の言語にも大きな影響を及ぼした。特にスカンディナヴィア諸語は，法律，商業の用語に限らず，日常的語彙に関しても膨大な数の借用語を中低ドイツ語から取り入れており，これらの諸語における中低ドイツ語の影響は，ドイツ語が他の言語に与えた影響のうち最大のものであった。

 dän., schwed. skøn ＜ *mnd.* schöne (＞ *nhd.* schön 美しい)
 dän. klejn / *schwed.* klen ＜ *mnd.* klêne (＞ *nhd.* klein 小さい)
 dän. borger / *schwed.* borgare ＜ *mnd.* börgere (＞ *nhd.* Bürger 市民)

dän. arbejde / *schwed.* arbeta ＜ *mnd.* arbêt（苦労）＞ *nhd.* Arbeit 仕事）

　中低ドイツ語は，この他にも低地ドイツの都市法の規範的言語として，大きな影響力を持っていた。さらに中低ドイツ語で書かれた多くの文学作品，例えば『狐ラインケ』（1490）のような詩文学，『ザクセン法鑑』を中心とする法律書，『ザクセン世界年代記』などの年代記，その他，宗教詩，大衆文学などが存在しており，このことから中低ドイツ語の文章語は，低地ドイツの共通語，統一語として継続的に発展する可能性を擁していたと考えられる。しかし実際には，ハンザ同盟諸都市の経済的衰退とともに，文章語としての言語的影響も陰を潜め，中低ドイツ語は，ハンザ同盟に代わって海洋貿易の覇権を得たフランドル地方の諸都市における中世オランダ語と，高地ドイツ語の間に埋没してしまった。したがって当時，高地ドイツ語に取り入れられた中低ドイツ語の語彙のうち，今日のドイツ語にまで残っているものは余り多くは見られない。

　中低ドイツ語の法律用語に由来するもの：
　　echt 本物の＜ *mnd.* echt ＜ *mnd.* ê(h)acht 法にかなった，正規の（*mhd.* êhaft）
　　Gerücht 噂＜ *mnd.* gerüchte 叫び＝罪人が法廷に引き出される際に発する助けを求める叫び（*mhd.* geruofte ＜ ruofen 叫ぶ）
　　Pranger 晒し台＜ *mnd.* pranger 首枷のついた晒し柱＜ prangen 圧迫する，挟む（*mhd.* pfrengen）

　中低ドイツ語の商業語に由来するもの：
　　Fracht 積荷，貨物運賃＜ *mnd.* vracht 船による運送料（*ahd.* frêht 賃金）
　　Makler 仲買人＜ *mnd.* mâkeler（＜ *mnd.* mâken ― *mhd.* machen 作る）
　　Stapel 商品の山，倉庫，造船台＜ *mnd.* stâpel 造船台，商品の倉庫（*mhd.* stapfel, staffel 階段，等級＞ *nhd.* Staffel 段，等級，チーム）
　　Ware 商品＜ *mnd.* wâre

　中低ドイツ語経由で外国語からドイツ語に取り入れられた商業語・海運用語：
　　Rolle ロール，滑車，役＜ *mnd.* rolle ＜ *mfrz.* rolle 羊皮紙の巻物

Boot ボート＜ *mnd.* bôt, *mnl.* boot ＜ *mengl.* bôt
Dock ドック＜ *mnd.* docke, *mnl.* docke ＜ *mengl.* dock
Lotse 水先案内人，パイロット＜ *mnd.* lôtsman, *mnl.* lootsman ＜ *mengl.* lodeman

3.5 中世オランダ語

　初期ドイツ語期の低地ドイツ語，すなわち古低ドイツ語に属した古低地フランケン方言は，13 世紀半ばには，中世オランダ語として，ドイツ語から独立した道を歩むこととなる。オランダ語の文章語，標準語の発展は，オランダの文化，政治，経済の歴史と密接に結びついている。4 世紀以降フランク王国，東フランク王国，オットー朝神聖ローマ帝国の領土であったネーデルラントは，11 世紀以降，依然として神聖ローマ帝国の支配化にあったフリースラント地方を除き，北部でホラント伯領，ヘルデルラント伯領，南部でフランドル伯領，ブラバント侯領，リンブルク侯領など独立した領邦を形成していった。このうちフランドルとブラバントは，ブルッヘ（ブリュージュ），ヘント（ガン），アントワープ（アンヴェール），ブリュッセルといった諸都市の繁栄を背景に，勢力を伸ばしていった。特に，現在のベルギー西部のフランドルは，13 世紀から 14 世紀にかけて，織物工業の発達によってヨーロッパの商業，さらには文化の中心地に成長した。しかし 15 世紀に入ると，フランドルの経済は衰退し始め，代わってブラバントとホラントが織物業の発達を背景に，繁栄の時代を迎えた。特に，貿易の拠点がフランドルのブルッヘからブラバントのアントワープに移ってからは，文化の中心も東のブラバントに移行し，16 世紀の中頃には，ブラバント方言がネーデルラント全域にわたって文章語として用いられるようになった。

　商業，文化の中心として繁栄したフランドル，ブラバントを基盤とする中世オランダ語の文章語は，諸都市の共通の商業語としてばかりでなく，市民階級における共通の文学語としても使用された。この言語によって，フランドル，ブラバントで優れた中世オランダ文学が生まれた。これには，13 世紀半ばの『狐レイナルド物語』のような叙事詩，ルターにも影響を与えた聖書翻訳『イエスの生涯』，さらに

は，後のネーデルラントおよびドイツの神秘主義文学に大きな影響を及ぼした，13世紀半ばの修道女ハデウィックの神秘詩，そして，その影響を受けた14世紀のヤン・ファン・ロイスブルクの散文詩に代表される宗教文学が含まれる。

　中世オランダ語は，この言語の担い手となる文化的中心地の移行にもかかわらず，継続的発展を遂げることができた。15世紀末以来のハプスブルク家，さらには，ハプスブルク家スペインによるネーデルラント支配，16世紀末のホラントを中心としたネーデルラント各州のこれに対する反乱，さらに北部のネーデルラント連合国と南部のスペイン領ネーデルラントの政治的分離，再びオランダ語に大きな影響を及ぼすこととなった。1585年のアントワープ陥落以降，北部のアムステルダムの文化的重要性はますます増大したが，ここの言語を基盤に，南部，特にブラバントからの避難民による優れた文化的影響によって，北部の文章語は急速に発達し，今日のオランダ語の文章語，標準語の基礎となった。16世紀から17世紀にかけて高地ドイツ語を文章語として採用することにより，文章語の発達を中断せざるをえなかった中低ドイツ語とは異なり，中世オランダ語は社会的，文化的および地域的基盤がより強固であり，上層階級や文化人も高地ドイツ語に関心を示すことはなかった。これによってオランダ語は，ドイツ語と並ぶ独自の言語にまで発達することができた。

　中世オランダ語がドイツ語に与えた影響は，今日なお，次のような航海，通商，治水技術などの借用語に見ることができる。

  Abstecher 寄り道＜ *mnl.* afsteker 小艇による小航行（＞ *nnl.* afsteken 船付属の小艇を爪竿で本船から突き放す）
  baggern 泥砂をパワーショベルで彫り上げる＜ *mnl.* baggheren
  Deich 堤防＜ *mnl.* dijc
  Jacht ヨット＜ *mnl.* jageschip 速度の早い船
  Stoff 生地＜ *mnl.* stoffe
  Werft 造船所＜ *mnl.* timmerwerf 船大工の仕事場
  Süden 南＜ *mnl.* suut 南へ

（Polenz 1978, 68−71）

3.6 イディッシュ語

　中世のドイツ語から出発しながらも，程無くドイツ語の発展とは異なる独自の道を歩んだもうひとつの言語に，イディッシュ語がある★。10世紀以来，フランス，イタリアおよび南東ヨーロッパから，ドイツのラインラント，さらにモーゼル川，ドナウ川の沿岸地域にまで移住してきたユダヤ人は，自らの日常のコミュニケーション言語として，独特の変形を伴ったドイツ語を使用した。このユダヤ人のドイツ語は，13世紀にユダヤ人居住区域がゲットーとして隔離され，ユダヤ人の生活が一定の地域に制限されたことも手伝い，言語として独自の発展を遂げることになる。初期のイディッシュ語文献記録は，1272年から現れる。イディッシュ語には，ユダヤ人が以前の居住地で習得したフランス語や，ユダヤ人本来の母語ヘブライアラム語の要素もうかがえるものの，初期の段階では，まだ音声的，形態的に当時の周囲のドイツ語方言との大きな違いは見られなかった。しかし，ユダヤ人のドイツ語には宗教的理由からヘブライ文字が用いられていたこと，ラテン語，フランス語を模範としたその後のドイツ語の発展過程にユダヤ人が関与しなかったことに加え，ユダヤ人のゲットーへの隔離，特に中世後期以降のユダヤ人迫害，そして多数のユダヤ人の東ヨーロッパへの移住など，ユダヤ人をめぐる一連の出来事は，ユダヤ人のドイツ語をドイツ語から決別させ，イディッシュ語というひとつの独立した言語を成立させる決定的要因となった。

　イディッシュ語は，ドイツ語の姉妹語，分枝語，あるいはドイツ語の特殊語と呼ばれる。この言語は，初期の段階では母音表示の欠けた不明瞭なヘブライ文字で書かれていたため，その基礎となったドイツ語方言を言語地理学的に推測することは

★ ユダヤ人のドイツ語は，中世では「ユダヤ人ドイツ語」(jidiš daič = jüdisches Deutsch) と呼ばれ，1597年以来，「ユダヤ人語」(jidiš = jüdisch) という名称も併存していたが，中世に「イデッシュ語」という名称が存在したわけではない。イデッシュ語という名称は，19世紀に英語の名称 Yiddish が広く用いられ，ドイツでも1913年からこの名称の綴りをドイツ語化して Jiddisch と表記して用いるようになったことに由来する。それ以前は，「ヘブライドイツ語」，「ユダヤ人ドイツ語」などと呼ばれていた。東ヨーロッパのイディッシュ語である東イディッシュ語は，この言語を使用するユダヤ人の間では name lošn（母語）と呼ばれた。

難しいが，恐らくはライン・フランケン方言，あるいは上部ドイツ語や東中部ドイツ語を多く反映したものであったと思われる。イディッシュ語は，ヘブライ語原典からの翻訳の際，かなり厳密に逐語訳がなされたことから，語彙ばかりでなく，統語上もヘブライアラム語の影響を受けた。ドイツから東ヨーロッパに移住したユダヤ人は，以前からこの地に住みスラブ語を話すユダヤ人と合流し，ここでも新たにシュテトゥルと呼ばれるユダヤ人居住地が生まれた。ドイツからのユダヤ人移住者は，自分らのドイツ語，すなわち初期のイディッシュ語を保持していたが，この新しい居住地でイディッシュ語は，さらにスラブ語の要素を取り入れることとなった。これが東イディッシュ語で，19世紀半ばから20世紀にかけて文学語としても興隆をきわめ，今日に至るイディッシュ語の基礎となった。一方，ドイツ国内に留まったユダヤ人の言語で，その後ドイツでは一般にユダヤドイツ語と呼ばれた西イディッシュ語も，その後独自の発展を遂げたが，18世紀末以降ドイツで広まったユダヤ人解放運動とユダヤ人のドイツの言語文化への同化の中で，イディッシュ語は，自らの解放とドイツへの同化を目指すユダヤ人自身から，被差別言語として敬遠され，急速に衰退した。西イディッシュ語に関しては今日まで不明な点が多く，その言語と文学の歴史的解明が待たれている。

　一方，東イディッシュ語は，19世紀になると文学語としての地位を獲得し，20世紀初めには文化的な頂点に達した。この時期に，イディッシュ語人口は東ヨーロッパの広範囲に及び，現在のベラルーシ共和国のミンスク，ピンスク，ウクライナ共和国のオデッサなどの都市では，イディッシュ語を話すユダヤ人が人口の多数を占めるに至った。第二次世界大戦以前には800万人以上の使用者人口を有したイディッシュ語も，19世紀後半以降，ロシアをはじめとする東欧各地からアメリカやパレスティナへのユダヤ人大量移民，第二次世界大戦におけるドイツ・ファシズムによるユダヤ人大虐殺によって，その人口および使用地域に大きな変化がもたらされた。ニューヨークを筆頭とするアメリカ合衆国の各都市，イスラエルおよびカナダ，南アメリカ，西ヨーロッパに移住したイディッシュ語使用者の間で，その母語イディッシュ語は，今まさに英語，あるいはイスラエルの公用語であるヘブライ語（イヴリート語）などといった，ユダヤ人の新しい母国の言語と交代しつつあ

る。

　イディッシュ語がドイツ語の発達と歴史的に対峙してきたこと，さらにイディッシュ語使用者とドイツ語使用者の過去数百年に及ぶ社会的関係から明らかなように，イディッシュ語がドイツ語に及ぼした言語的影響は一部の領域における，一部の語彙に限定される。例えば，betucht（裕福な），dufte（すごく素敵な），Gauner（詐欺師），Kassiber（密書），meschugge（気が狂った），mies（ひどく悪い），Pleite（破産），schachern（がめつく値切る，あくどい商いをする），Schlamassel（厄介な事態），schmusen（へらへらお世辞を言う）などのように，ドイツ語がイディッシュ語から受け入れた借用語は，そのほとんどがヘブライ語起源の語彙であり，そのうちの多くが，行商人，浮浪者，あるいは犯罪者などの隠語を介した俗語，もしくは軽蔑語である。

（Polenz 1978, 72）

第四章
初期新高ドイツ語

1541年版のルター訳聖書扉表紙

4. 初期新高ドイツ語

語史時代区分

　初期新高ドイツ語の概念は，1878年のヴィルヘルム・シェーラーの提唱に基づく。この時代区分は，以前のグリムによる高地ドイツ語の三分法，すなわち古高ドイツ語（およそ600年から1100年），中高ドイツ語（およそ1100年から1450年），新高ドイツ語（およそ1450年以降）に対して，中高ドイツ語と新高ドイツ語の間に，「新高ドイツ語への過渡期時代」として新たに設けられた。「初期新高ドイツ語」の設定については，今日まで多くの議論がなされてきた。アルノー・シロカウアー（Schirokauer 1957）は，初期新高ドイツ語時代を単なる「新高ドイツ語の前段階」としてでなく，積極的にひとつの独立した時代区分であると主張した。この意見に同調したのは，アドルフ・バッハ（Bach 1965）およびハンス・エッガース（Eggers III 1969）である。とりわけエッガースは，自身の4部からなるドイツ語史の第3部をすべて初期新高ドイツ語の記述に充てている。フーゴー・モーザー（Moser 1965）は，この時代区分が政治史や文化史の時代区分と一致しないという理由から，初期新高ドイツ語の時代区分は認められないとする。モーザーは，およそ1250年から1520年を「中世末期ドイツ語」とし，それ以降を新高ドイツ語の時代とみなした。ペーター・フォン・ポーレンツ（Polenz 1978）も，ドイツ語の時代区分は言語社会学的な基準に従うべきとし，15世紀半ばの印刷術の発明から18世紀までを「前期新高ドイツ語」の時代に区分する。しかしポーレンツは，1991年にはそれまでの時代区分を修正し，中世のドイツ語と現代のドイツ語の間に，高地ドイツ語に限らず低地ドイツ語も含め，14世紀半ばから1600年頃までの「初期市民時代のドイツ語」を挿入するよう提唱する。

　様々な議論がある中で，中高ドイツ語と新高ドイツ語の間に「初期新高ドイツ語」の独立した時代を設けることは，今日多くの研究者によって支持されている。この時代の期間については，異なる基準に基づいた様々な判断が存在する中，一般的には，シェーラーが提唱したおよそ1350年から1650年の間と考えられている。

(Wolff, 103)

政治体制

　この時代は，初期人文主義者にドイツで最初に活躍の場を与えた皇帝カール四世のプラハ入りから，ドイツを荒廃の極みにまで追いやった三十年戦争の1648年の終結の頃までとされる。ハプスブルク家ルードルフ以降も引き続き試みられた，皇帝権の強化と帝国再建のための改革も，王家がほとんど一代ごとに交代する状況の下では成果を収めることはできなかった。ルクセンブルク家のカール四世による帝国基本法「金印勅書」の交付も，その試みのひとつであった。ここでは二重選挙など皇帝選挙の混乱を防ぐため，七選帝侯（マインツ，ケルン，トリーアの大司教，ボヘミア王，プファルツ伯，ザクセン大公，ブランデンブルク辺境伯）による公開皇帝選挙が明文化されるなど，皇帝権強化のためのいくつかの変革が試みられた。しかし，この皇帝権の強化を狙ったカール四世の試みは，皮肉にも領邦諸侯による領邦支配権のますますの拡大・強化を促すこととなった。

　一方，ドイツに代わってイタリアに勢力を伸ばしたフランスによる，1309年から1377年にかけての教皇のバビロン捕囚など，一連の教皇をめぐる出来事は，教皇権を著しく失墜させた。このような歴史的背景に加えて，教皇権に左右された人間性の開放を目指すルネッサンス，人文主義の時代思潮が，その後の教会改革運動を誘発することとなる。この最初の動きは，ドイツで最初に人文主義を移入したプラハで起こった。カール四世によって1348年に創設された，ドイツ語圏最初の大学であるプラハ大学の総長フスは，ボヘミアの教会改革運動の中心的存在であったが，その教説が異端と判定され，1415年，火刑に処された。これを契機に，1419年から1436年にかけてボヘミアで大規模な反乱フス戦争が起こった。皇帝ジギスムントの下で起こったこの事件により，ルクセンブルク家の権勢は大きく後退し，カール四世の後の皇帝位はハプスブルク家に引き継がれることになる。マクシミリアン一世（在位1493-1519）とその子孫でスペイン王も兼ねたカール五世（在位1519-1556）の下で，ハプスブルク家は勢力を伸ばすが，ホーエンツォレルン家，ヴェッティーン家，ヴィッテルスバッハ家などの領邦諸侯も，これに対抗できるだ

けの力を蓄えていた。1517年秋，ヴェッティーン家領のヴィッテンベルク大学神学教授ルターは，贖宥状に関する「95ヶ条の提題」を発表し，宗教改革運動の口火を切った。1521年，カール五世によって召集されたヴォルムスの帝国議会でルターは，帝国追放刑を宣告されたが，これに反対する諸侯も多く，特にヴェッティーン家ザクセン選帝侯フリードリヒ賢侯（在位1486–1525）は，ルターを手厚く保護した。ルターは，侯の持城ヴァルトブルクで新約聖書を翻訳したが，これは1522年9月にヴィッテンベルクで出版され，その後1534年に完成した旧約聖書とともにドイツ人の共通の読み物となった。これに大きく貢献したのが，15世紀半ばにマインツのヨハネス・グーテンベルク（1400?–1468?）によって発明された活版印刷術である。この新しい技術はマインツからヨーロッパ各地に伝わり，ドイツ各地の主だった都市にはいくつかの印刷所が設けられた。さらに16世紀後半には，市民の読み書きニーズの高まりに応えて読み書きを教える学校が各地に設置され，基礎的な教養が広く市民に広まり始めることとなった。

ルターに始まった宗教運動は，社会的不満と結びついて次第に危険な様相を帯び始める。すでに軍事的，政治的，経済的な基盤を失っていた騎士階層が，最後の起死回生をかけて，1522年から1523年にわたり教会領を攻撃した騎士戦争，および南西ドイツを中心とした各地の農民たちが経済的，社会的，宗教的な代償を求めて起こした，1524年から1525年の農民戦争と呼ばれる大一揆は，いずれも領邦諸侯の勝利に終わり，宗教改革はもっぱら政治権力によってのみ推し進められることとなる。教会を支配した諸侯たちは新教勢力と旧教勢力に二分され，互いに反目しあっていたが，1608年とその翌年に新教徒同盟と旧教徒連盟が相次いで創設されるや，両者の対立は緊張の度を増した。1618年，プラハにおける両者の衝突に始まった争いが契機となって，以後30年続く戦争「三十年戦争」が勃発した。この戦争は，ドイツ国内の宗教戦争からヨーロッパ列強をも巻き込んだ国際戦争へと拡大し，戦場となったドイツに惨憺たる荒廃をもたらすこととなる。1648年に調印されたウェストファリア条約で，神聖ローマ帝国は，スイスとオランダの最終的独立と外国勢力によるドイツ領土の領有，さらに各領邦諸侯の完全な主権を承認した。

4. 初期新高ドイツ語

社会経済

　社会経済面から見る 15, 16 世紀は，中世的な農業中心の封建社会から，近世初期の初期資本主義農業身分社会への移行期である。14 世紀半ば以降減少していた人口は 15 世紀のうちには回復し，都市の発展に伴っておよそ 1000 万から 1500 万人へと増加した。15, 16 世紀は，「初期市民」社会と言うことができるが，その際すでに均質な市民階層が誕生していたわけではない。中世の都市には，ケルン，トリーア，マインツなどのように古くからの司教座都市，リューベック，フライブルクなどの領主特権に基づいて設立された都市，ミュンヒェン，ウィーン，ドレスデンなど領邦国家の首都都市の他，様々な小都市も設立されていた。「都市の空気は自由にする」という諺があるように，いずれの都市も新たな社会経済的な構造を発展させ，領主支配から自治を得ようとする傾向にあった点では共通している。

　都市の伝統的な上級階層は，貴族，法律家，教会主といった都市貴族から成り，この都市貴族のみが都市の支配権を独占し，中級階層とは一線を画していた。14 世紀，特にドイツ南部，西部の都市では都市政治への参画を巡って上級階層と中級階層の間での激しいせめぎ合いがあった。特に 15 世紀に台頭してきた都市中級階層には，ギルドを結成し，遠隔地貿易や金融などを通じて裕福になった商人や，ツンフトに組織された職人の親方の他，新たに公証人や都市書記官，教師などの世俗の知識人階層が加わっていた。これらの層と近い位置にあったのは，地位の低い聖職者，説教団，托鉢修道，民衆敬虔運動の教団などの聖職者らである。この中級階層は，徐々に市民権を獲得していった。市民権を持たない都市下級階層には，行商人，運送業者，雇われ職人，農民，日雇い労働者，下男，乞食，浮浪者，ジプシーなどが属した。ユダヤ人も経済的に裕福ではあっても特権を持たない階層に属し，皇帝のユダヤ人庇護の消滅やキリスト教徒からの迫害もあり，中世後期以降，宗教的にも社会的にもますます隔離されていった。ユダヤ人は，厳しい服飾規定，ゲットー地域のみでの居住，職業規制など，様々な規制の下に置かれ，従事できる職業も，キリスト教徒には禁じられていた金融業くらいであった。宗教的な差別は

経済的な差別によって強められ，圧迫やポグロム（ユダヤ人に対する組織的迫害）から逃れてポーランドなど東ヨーロッパへ移住する者も多く，このことが東欧でのユダヤ人の言語であるイディッシュ語の誕生へとつながることになる。

　都市の繁栄は，13世紀の北イタリアおよびフランドルに始まり，14, 15世紀，ドイツ西部，南西部へと続く。1500年頃，ドイツの人口の約10分の1を3000人から4000人規模の都市の人口が占めていた。都市の大半は小都市であり，2万から3万の人口を持つ大都市となると，リューベック，ダンツィヒ，ケルン，マクデブルク，ニュルンベルク，プラハ，シュトラースブルク，ウルム，ウィーンなどごくわずかであり，人口1万人から2万人の都市，ロストック，ブラウンシュヴァイク，フランクフルト，マインツ，アウクスブルクなどがそれに続いた（Polenz I, 108）。これらの大都市は，特に遠隔貿易で富をなし，領主支配から自治を獲得した帝国都市であった。

　書きことばの地域を超えた統一への動きには，初期資本主義の遠隔貿易が重要な役割を担っていた。農業生産を基本とした自己充足のための交換経済に代わり，リスクも伴う在庫・貨幣決済，地域を超えた国際的な市場での取引，原材料や製品の独占，フランクフルトやライプツィヒなどの大規模な見本市への取引集中などを通じ，都市に新たなスタイルの仕事と生活がもたらされ，その中で文字記録による事務作業が拡大していった。

　1345年から1358年にかけて成立した，北ドイツの都市同盟であるハンザ同盟には，リューベックを本拠地として，南はケルン，ゲッティンゲン，ハルバーシュタット，ブレスラウまで200以上の都市が属し，これらの都市は定期的に総会を開いた。これらの都市が作成した中世低地ドイツ語による法律テキストは，東ヨーロッパでも手本とされた。ハンザは，バルト海，北海沿岸諸国においては神聖ローマ帝国を代表し，独自の外交交渉や軍事行動を行うこともあったが，帝国と皇帝から支援されていたわけではなかった。15世紀にはデンマークの国家経済政策の下，窮地に追い込まれることもあったが，南ドイツやイタリアとの交易により16世紀前半までは衰えることがなかった。しかし新大陸の発見に伴い，貿易の中心が西ヨーロッパ，南ヨーロッパに移り，オランダが強力なライバルとなったことや，北欧

諸国の国家圧力によりバルト海，北海沿岸の多くの都市が国の管理を受けない協同組合的な運営原則を放棄しなければならなくなったことが，16世紀後半のハンザ同盟の衰退へとつながった。

　南ドイツの初期資本主義経済でも，都市の経済活動が国家の経済政策へと発展することはなかった。アウクスブルクのフッガー家は，原材料や製品の流通を支配し，金融業を通じて巨大な財力を有し，皇帝や教皇と並んでヨーロッパで政治的に最も影響力を持つ財政権力者であった。しかしこの財力も，国民経済を発展させるよりはむしろ，皇帝の宮廷権力や領邦国家の政治権力，教会の財源として，皇帝，諸侯，教会などの旧来からの権力を助長する方向に作用した。ドイツ内での経済活動は，特にハンザ同盟の衰退以降，南ドイツ，東中部ドイツにおいて盛んであり，このことが，宗教改革を契機に北ドイツで高地ドイツ語使用が拡大する要因にもなった。

　この時代，基礎的教養を身につけ文化の担い手となった商人や職人など，新たな市民層の手によって，またこれらの層を対象に，様々なジャンルの文学作品が現れた。風刺的諧謔文学，寓話や滑稽譚，謝肉祭劇や茶番劇，大衆向きの散文物語，宗教歌や職匠歌など多彩な作品の創作がこの時代の特徴である。

4.1 言語・メディアを取り巻く状況

4.1.1 文字を媒体とするコミュニケーションの拡大

　こうした中で，遠隔地交易の発展や文化・政治への市民の参加は，地域間の交流および社会階層間の交流を促し，その結果，文化のみならず言語にも大きな変化と発展をもたらした。メディア，言語の担い手となる社会層が大きな転機を迎えるのは1400年頃である。この時代に，現代につながる，製紙，書記記録，そして印刷の時代が訪れるのである。質的にも量的にも「書くこと」は飛躍的に拡張する。その重要な要因には，次のようなことがあげられる。1389年にウルマン・シュトローマーがニュルンベルクにドイツで最初の製紙工場を設立して以来，それまでの羊

皮紙に代わって廉価な紙が従来より多く，市民の手に入るようになったこと，老眼鏡が廉価で生産されるようになったこと，書籍を購入し読むことのできる経済力と教養を身につけた層が拡大したこと，写本を大がかりに分業する世俗の写本工房が発達したことなどである。このような文字記録文化の拡張に伴い，ラテン語のみならずドイツ語による，しかも個人個人の日常生活に，より密着したテキストジャンルが生まれてきた。文学においても，より多くの作品がドイツ語の散文で書かれ，より世俗的・日常的なものが好まれ，その種類も専門技術，精神修養，娯楽などの分野までより多岐にわたるようになった。文学や文字記録の受容形態においては，朗読と並んで個人個人による黙読という形態も徐々に増え始めた。中世に比べると，この時代には書記記録が用いられる領域が飛躍的に広まったと言えるが，そのような書くことへのニーズの高まりが，活版印刷の発明を促す要因となったとも言える。 (Polenz I, 114-119)

4.1.2　「書きことば」と「話しことば」

そもそも「書きことば」と「話しことば」は，基本的には別のコードであると考えるべきである。言語使用にかかわる複雑な要因を抽象化してひとつの言語全体を均質な体系として理想化し，話しことばを言語本来の自然なものとし，書きことばはその話しことばの写しである，とするような言語理論は，言語使用の実態を反映していない。書きことばは間接的なコミュニケーションの媒体であり，実際に自分で直接体験しないことについても，秩序立てた知識獲得を可能にするものである。そのため，話しことばならば，直接のコミュニケーションコンテクストが目に見えるため，言及しなくてもわかるような対象や前提条件なども，書きことばでは言語化しなければならない。すなわち，書きことばでは，眼前に実際のコミュニケーション状況がなくても伝達内容を相手に理解してもらえるよう配慮しなければならず，より緻密に表現することが必要になってくる。

また，15世紀になって広まってきた様々なテキストジャンルの多くは，必ずしも口頭での情報伝達を前提としているわけではない。すなわち黙読，ないしは理解

を確実にすることを目的とした朗読のために書かれており，話しことばにはモデルがないようなジャンルも少なくない。すでに15, 16世紀には，「書いたようにしゃべりなさい」という原則もうかがわれ，また一方で，「しゃべるように書きなさい」というモットーが知識人や文法家の間で批判されていたという事実は，すでに書きことばと話しことばとの間での乖離がより広がりつつあったことを示している。

4.1.3 都市での書記文化の担い手

14, 15世紀，都市で書記文化を担っていたもののひとつは書記官であった。書記官は法律教育を受け，文字記録のみではなく，その他，行政上の課題も担っていた。それ以外にも年代記記録者，手紙代筆家，翻訳家，作家，本のコレクター，紀行文作家，書き方の教師などとしても活躍し，文学の紹介，商業ノウハウなどの専門知識の仲介などにもあたっていた。エスリンゲンのニコラウス・フォン・ヴューレ，シュトラースブルクのセバスティアン・ブラント，コルマーのイェルク・ヴィクラムなどの作家もこのような書記官の職にあった。

都市での書記文化のもうひとつの担い手は商人である。遠隔貿易と貨幣経済の浸透に伴い，商品の取引が，直接見て現金で買う取引から，文書による注文と支払いの約束という形に移行したことがその大きな理由である。15世紀には，複式簿記，アラビア数字の使用，段落分け，形式を統一した書式など，文書形式がより厳密に標準化されるようになった。このような標準化は，まず都市官房の文書管理に影響を与え，ひいては領邦の官庁文書にも及んだ。　　　　　　　（Polenz I, 121–123）

4.1.4 ラテン語からドイツ語へ

書きことばとしてのドイツ語は，それまでの公的，学術的共通語であったラテン語に，徐々にではあるが取って代わるようになり，官庁の公文書や法律文書，商業文書など，公的，超地域的領域においてもドイツ語が用いられるようになった。記録文書でのドイツ語使用は，アレマン方言地域のドイツ南西部で最も早く，13世紀半ばから14世紀半ばにかけて見られた。このようなラテン語からドイツ語への

移行の理由は，新たな社会階層の書記官や読者のラテン語教育が十分でなかったことにあっただけではなく，そもそも都市を中心とする書記の対象が，これまでのラテン語の書記記録スタイルには前例がないテキストジャンルや，ラテン語の記録スタイルでは実用的でないようなテキストジャンルへと拡大したことにもあった。このような書記記録は，口頭での伝達を想定したテキストジャンルではなく，プロトコル，契約，服装規定，組合規則，警察規則，陳情書，帳簿，目録，見本市カタログ，輸出規定，商用手紙，広告，料理本，薬本，技術解説，手紙の書き方指南など，むしろ理解しやすい朗読や黙読，部分検索のためのものであった。もっともこの時代においては，まだ狭い地域内での記録であり，そこで使用されたドイツ語は，限定された地域内における直接の当事者間の理解や有効性が意図された言語であった。

　一般的にはこの時代は，文学史の中では翻訳や編集の時代，文学不振の時代と言われている。だがそれは，文学面，ひいては文字文化における大衆化へのひとつのプロセスであり，ドイツ語史を文学的に，高尚な文体レベルだけで辿った場合にのみ該当するものである。しかしこの時代のドイツ語は，書きことばにおいては，後の新高ドイツ語の文章語に直接つながる重要な発展を遂げる。　（Polenz I, 122-123）

4.1.5　朗読から黙読へ

　テキストの受容方法は，15世紀，聴衆の前での音読から個々人の黙読へと移行しはじめる。このことは，韻文で書かれた13世紀の中世文学や，13, 14世紀の聖人伝や世界年代記が，15世紀のテキストでは散文化されていることに典型的にうかがうことができる。韻文という拘束された形式に代わる散文という自由な形式は，古来からの一定リズムによる語り聞かせから，現代的な読書への移行，つまり個人的で感情や表現に富む語りへの大きな転換である。これに伴い，15世紀以降，長いテキストや作品を内容的に区切り，タイトルを施すという習慣が一般的になる。黙読の担い手として大きな役割を果たしたのは女性である。聖職，世俗を問わず，女性は中世後期以降重要な読者であった。聖職者として文字教育を受けた者

と，世俗で文字教育を受けていない者との境界を崩したのが女性であった．身分の高い女性の多くが，文学作品のメセナや読者であり，すでに 1235 年の『ザクセン法鑑』でも，書物は常に女性に相続すること，という規定が見られる．　（Polenz I, 123-125）

4.1.6　読み書き能力の養成

　13 世紀，托鉢修道会に始まった世俗人の教育は，14 世紀末以降，世俗の手による学校や大学の広がりを通じてさらに拡大する．最も普及していた自習用のラテン語辞書『ヴォカブラリウス・エクス・クオ』は，15 世紀には 280 の写本が残され，1505 年までに 48 版を重ねている．

　言語教育の場である学校は，中世後期には修道院など純粋に聖職者によるもののほか，都市が運営するラテン語学校などがあったが，これも実際の管理は教会に任されていた．大学で学ぶためにはラテン語の知識が必要とされたが，その中でドイツ語は，ラテン語授業のための補助手段にすぎなかった．しかし，15 世紀の初期市民社会の中での書記の広まりに伴って，教育の中心は，法律，行政，貿易，手工業などのための実践的な読み書きへと移行した．14, 15 世紀には実践的な読み書き能力の養成に応える様々な学校が誕生し，ここで用いられた「綴り方帳」と言われる読み書き手本帳は，後のドイツ語文法の先駆ということができる．

　12 世紀初めから 13 世紀にかけて，イタリアや他の西ヨーロッパでは大学が設立されるようになったが，ドイツ語圏では，1348 年プラハ大学，1365 年ウィーン大学，1386 年ハイデルベルク大学が領邦国王により設立され，次いで 1388 年ケルン大学，1389 年エアフルト大学が都市により設立された．1400 年頃からは，国王ではなく都市が主体となって大学を設立するようになり，奨学制度などによって中・低層の都市市民も大学で学ぶことができるようになった．1400 年以降に設立された大学には，1409 年ライプツィヒ大学，1419 年ロストック大学，1477 年マインツ大学，1477 年テュービンゲン大学，1502 年ヴィッテンベルク大学がある．大学での学問体系は中世と同様で，文法，弁証法，修辞学からなる基礎三科に続いて，代

数学，幾何学，天文学，音楽からなる高等四科で完結する基礎課程である自由学芸七科の上に，法学，医学，神学があった。

　医学や自然科学は 17 世紀まで，黒魔術や悪魔・魔女術の嫌疑がかけられかねないことから発達が遅れたが，初期新高ドイツ語時代，「技術文書」と呼ばれた数多くの専門書は，大学での専門分野の他，手工業や機械技術からなるいわゆる「非自由技芸」，占星術，予言，秘密技術として御法度であった悪魔術・魔女術などの魔術，医学，錬金術などの分野もその対象としていた。これら非人文科学系の技術専門分野におけるドイツ語は，後の科学技術におけるドイツ語の発展にとって大きな役割を担うこととなった。　　　　　　　　　　（Polenz Ⅰ, 125-126; 144-145）

4.2　ドイツ語書きことば統一へのプロセス

　言語は基本的に，小さな共同体ごとにそれぞれ特色を持っている。そのような言語共同体での言語は，お互いが意思疎通できるよう一定の取り決めに基づいて成り立っているものである。言語にまつわる聖書のエピソードで言われているように，決して神が完全な言語を与えたり，あらかじめ出来上がったりしていたものではない。このような地域ごとの小さな言語共同体から，国全体というひとつの大きな言語共同体になるまでのプロセスには時間がかかるものである。言語共同体が拡大していく決定的な要因のひとつは，人々の移動である。すなわち，自分が属する言語共同体以外の人間とのコミュニケーションが必要となり，そこの人間とのコミュニケーションを行うことにより，言語もより広域で通用するものになっていくのである。初期市民社会は初期資本主義社会でもあり，当時は，遠隔貿易など地域を越えての往き来も多くなっていった時代であった。

　ドイツ語の書きことば統一へのプロセスはどのようなものであったのだろうか。16 世紀までは，民衆語であるドイツ語は国民語としての地位は有していなかった。ドイツ語で記録された文書はあったものの，いわゆる科学や公記録の言語は未だラテン語が中心であった。ドイツ語統一を妨げた決定的な要因は，ドイツの政治形態

4. 初期新高ドイツ語

図5 15世紀の方言区分

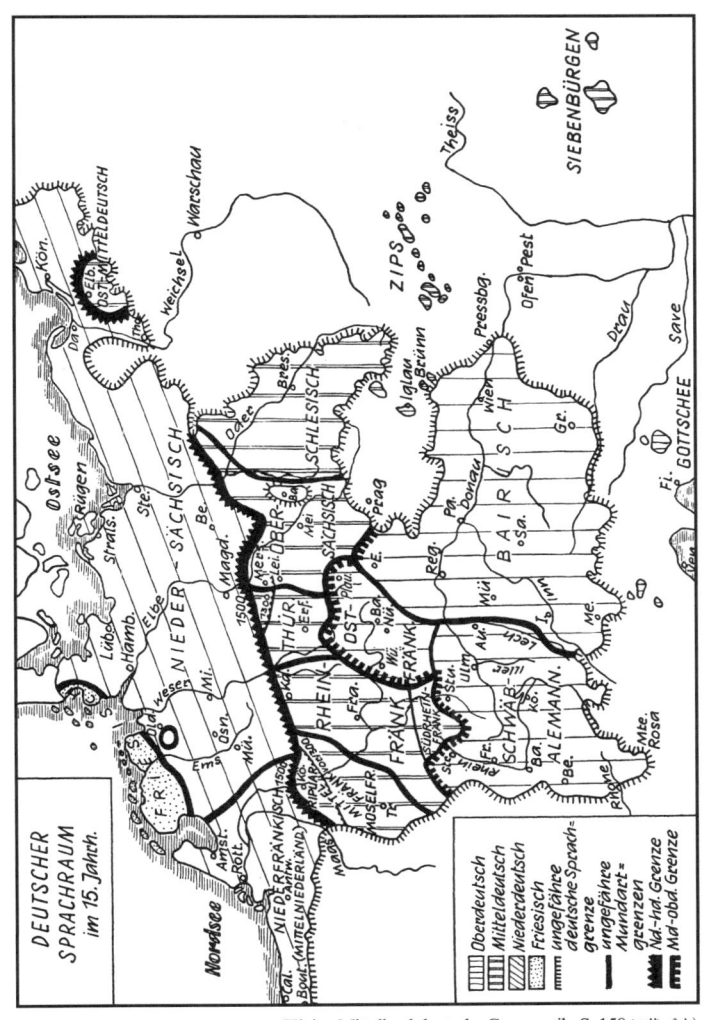

(Kleine Mittelhochdeutsche Grammatik, S. 158 に基づく)

であった。領邦国家の集まりであったドイツには，政治・経済上の中心が存在しておらず，そのようなドイツの政治的状況を反映して，初期新高ドイツ語時代のドイツ語の話しことばは，次のような多数の方言に分裂していた。

1. 低地ドイツ語
2. 高地ドイツ語
    1) 中部ドイツ語
        (1) 西中部ドイツ語　　　(2) 東中部ドイツ語
            a. ライン・フランケン方言　a. テューリンゲン方言　c. 高地プロイセン方言
            b. ヘッセン方言　　　　　　b. 上部ザクセン方言　　d. シュレジア方言
            c. 中部フランケン方言　　　　　　　　　　　　　　e. ボヘミア方言
    2) 上部ドイツ語
        a. シュヴァーベン方言　　c. 東フランケン方言
        b. アレマン方言　　　　　d. バイエルン・オーストリア方言

一方イギリスでは，すでに14世紀にはロンドンが政治経済の中心であり，ロンドンの英語（書きことば）が標準語として，15世紀以降，それ以外の地方にも広まっていった。フランスでも同様で，13世紀から政治の中心であった，パリのフランス語が標準語とされた。内政においても言語政策は重要な位置を占め，15世紀には言語使用に関して様々な規定が発布されるなど，公用語としてのパリのフランス語はフランス全土に対して拘束力を持っていった。イギリスやフランスのように，ひとつの都市に政治経済の中心がある「単一中枢型」の政治体制の下では，その中枢で使用される言語が規範となり1500年頃には言語規範がほぼ確立していたのに対して，ドイツのように，単一の中枢を持たない「複数中枢型」の政治体制では，同じ頃，まだ標準となるような言語規範はまったく確立されていなかった。

かつて話しことばにおいて多くの方言に分裂していたドイツ語は，現在でも方言が強い。政治的中枢を欠くドイツでは，話しことばにおいての統一が不可能であったことは想像に難くない。そのためドイツ語の統一は，あくまでも書きことば上での統一プロセスとして見る必要がある。また書きことばに関しては，数多くの言語

資料が残されているため，統一プロセスを資料に基づいて検証することができる。ドイツ語史研究の中では，有力な領邦国家の官庁ドイツ語文書，印刷ドイツ語，そしてルター訳聖書がドイツ語統一の重要な要因とみなされている。それらの相互関係はどのようになっていたのであろうか。まずはこれら諸要因を含め，当時の書きことばの書記方言（書記慣習）が地域ごとにどのような分布を示していたのかを見てみよう。

(Polenz I, 160-161)

4.2.1 書記方言地域分布

　書きことばにおける統一への動きは，16世紀の末にはすでに見られ，続く17世紀には，いくつかのヴァリエーションを残しつつもほぼ確立され，さらに18世紀半ばからは揺るぎないものとなった。書きことばとしての新高ドイツ語標準語の成立に関しては，今日では一般的に，その単一の揺籃の地は存在せず，その成立過程には多くの書記方言が関与したものと考えられている。そしてこの関与において特に積極的な役割を果たしたのが，東上部ドイツ語および東中部ドイツ語であった。このような統一への始まりは宗教改革の時代に遡る。1978年からボン大学で作られた初期新高ドイツ語コーパスは，書きことば統一のプロセスを実証的に検証することを目的としていた。1350年から1700年までのテキスト約1500件が，7の時代区分，22の地域区分，何種類かのテキストジャンルに応じて分類され，時代，地域，ジャンルに応じて書きことばがどう変遷しているかが分析された。その結果，まず隣接する地域の間で歩み寄りの動きが見られ，その中でも，流布する地域が広いヴァリエーションほど最終的な標準として残る傾向が強く，逆に流布する地域が狭いヴァリエーションほど消滅する傾向が強いことが確認された。しかしまた，流布する地域が広いヴァリエーションも，やがては特定の地域のものに限定されていく傾向がある。一方，皇帝庁のヴァリエーションは，都市の役所で用いられるヴァリエーションよりもステータスが高い。16世紀の半ばには，主導的ヴァリエーションとも呼べる，ひとつのヴァリエーションがかなり有力になる。それは東中部ドイツ語地域でのヴァリエーションである。また部分的には，その南西部に隣

接する東フランケン方言地域のヴァリエーションも有力であった。ルターのドイツ語訳聖書でも，この東中部ドイツ語がモデルとされている。書きことばとしてのドイツ語統一は，さまざまなヴァリエーションがひとつに絞られていくプロセスである。この時代において，南ドイツのカトリック地域の書きことばと，ルターがモデルとした東中部ドイツ語の書きことばとでは，語末の -e が表記されるか否かをはじめとして明らかな違いがあり，その言語分布の様子は，あたかもカトリック地域とプロテスタント地域との違いをあらわしているかのようでもあった。しかし，東中部ドイツ語で標準となっていた書記法や語形態は，1750 年頃には南ドイツのカトリック地域でも広まり，地域差や宗教信条による言語差の意識は完全に消滅した。もっとも語彙についての地域ごとの違いは存続し，例えばアレマン方言と東中部ドイツ語との間では，Knopf−Knoten（ボタン），Teppich−Decke（掛け布団），Lefze−Lippe（唇）などのような違いが，今でも残っている。

書記方言は以下のように区別されるが，これらは，話しことば方言とは異なるので注意が必要である。

1. 低地ドイツ語
2. 高地ドイツ語
    1) 中部ドイツ語
        (1) 西中部ドイツ語　　　(2) 東中部ドイツ語
    2) 上部ドイツ語
        (1) 西上部ドイツ語　　　(2) 東上部ドイツ語

(Polenz I, 159−160; 171)

4.2.1.1　低地ドイツ語

北ドイツでは，南ドイツと異なり，初期市民社会の商業活動を通じて広域での書記標準が形成されていったが，その決定的な要因はハンザ同盟による遠隔貿易であった。1370 年から 1530 年にかけて最高潮にあった中低ドイツ語は，最近の研究では「ハンザ語」とも呼ばれる。ハンザ同盟地域での書記方法が標準化されるプロセ

ス，すなわち表記異種の減少は，1370 年から 80 年頃に始まるが，これはちょうど中世後期の文書コミュニケーションの拡大時期，ハンザ同盟の経済勢力の拡張時期，そして各種記録文書におけるラテン語から民衆語への切替えの時期と重なる。行政，歴史，宗教関係のテキストにおいては，すでに 13 世紀以来，中低ドイツ語での記録がなされるようになっていたが，ハンザ同盟の場合は，ドイツ以外の都市も加わっていることもあり，ラテン語が長く用いられていた。

広域の文書コミュニケーション言語としての中低ドイツ語への切替えは，当時ドイツの都市では 2 番目に大きかったリューベックから広まった。リューベックは当時 2 万 5 千人の人口を持ち，13 世紀以来ハンザ同盟の経済，法律，政治の中心であった。リューベックの市官房記録文書や判例などにおける書記方法が，15, 16 世紀以降，リューベック以東で設立された都市やハンザ同盟の多くの都市の標準となっていた。北ヨーロッパでの共通語としての中低ドイツ語の影響力は，スカンディナヴィアやバルト諸国の言語の中に借用語や借用翻訳などの形で，現在でもうかがい知ることができる。しかしその後，遠隔貿易の中心がスペイン，オランダ，イギリスなどの国々に移ったこともあり，16 世紀半ば以降，ハンザ同盟は衰退し，さらには宗教改革でのルターのドイツ語訳聖書の広まりにより，書きことばにおいて低地ドイツ語は，高地ドイツ語に取って代わられることになる。

低地ドイツ語に典型的な書記法の特徴は，第二次子音推移が完全に欠落した dat （*nhd.* dass 〜ということ），up（*nhd.* auf 〜の上に），rike（*nhd.* Reich 国）などのような第二次子音推移以前の子音の表記が見られること，sinen（i＝[i:], *nhd.* seinen 彼の〈男性単数対格・複数与格形〉），up（*nhd.* auf）などのように新高ドイツ語に見られる二重母音化が欠如していること，enen（e＝[e:], *nhd.* einen ひとつの〈男性単数対格形〉）のように古い二重母音 ai が e と長母音で表記されること，sachtmodig（o＝[o:], *nhd.* sanftmütig 優しい）のように古い長母音 o が見られることなどである。低地ドイツ語方言も，地域による異種は比較的多いが，リューベックを中心としたハンザドイツ語表記標準は比較的首尾一貫しており，形態的には現在人称変化複数の語尾が一律 -en であること，1 人称と 2 人称の人称代名詞に与格と対格の区別が無く，mi（i＝[i:], *nhd.* mir / mich 私に / 私を），di（i＝[i:], *nhd.* dir / dich 君に / 君を），さらに uns

（私たちに，私たちを）に代わって us（u＝[uː]）が用いられることなどがあげられる。

(Polenz I, 160; 169−171)

4.2.1.2 西中部ドイツ語

　西中部ドイツ語書記方言は，プファルツ方言，ヘッセン方言を含めたライン・フランケン方言，モーゼル・フランケン方言，アーヘン，ケルン，ボン地域のリパアリア方言を含み，これらの地域の各種書記方言を網羅する上位概念である。この書記方言は，中世後期の書記方言分布においては保守的であったが，15世紀終わり頃より，いわゆる「上部ドイツ共通ドイツ語」の標準化プロセスの影響を強く受けるようになった。特にマインツ，フランクフルト，コーブレンツ，トリーアなど南部において，その傾向が著しかった。

　リパアリア方言に特徴的な表記法としては，以下の点があげられる。すなわち，meester（*nhd.* Meister 親方）のように古くからの二重母音 ei が ee と長母音で表記されること，globen（*nhd.* glauben 信じる）などのように二重母音化せず長母音で表記されること，wetwe（*nhd.* Witwe 寡婦）のように i が e と表記されること，dat（*nhd.* dass 〜ということ），water（*nhd.* Wasser 水）のように第二次子音推移を経ていない t が表記されること，同じく plegen（*nhd.* pflegen 世話をする），kopper（*nhd.* Koffer トランク），dorp（*nhd.* Dorf 村），appel（*nhd.* Apfel リンゴ）などのように第二次子音推移を経ていない p が表記されること，geven（*nhd.* geben 与える），gaff（*nhd.* gab 与えた〈geben の過去形〉）などのように b が f/v と表記されること，現在も Itzehoe（イツェホー）や Duisburg（デュースブルク）などの地名に見られるように，直前の母音が長いことを示すシグナルとして e, i, y が用いられることなどである。

　中世後期ドイツで最大の都市であったケルンでは，1250年頃から16世紀にかけて独自の書記慣習が発達した。この独自の書記慣習は，1500年頃以降，上部ドイツ共通ドイツ語書記法から取り入れられた汎用性の高い書記法に塗り替えられ，16世紀終わりにかけて新高ドイツ語規範と合致する方向で定着し，17世紀になって完全に浸透した。話しことばでは，16世紀終わりになってようやく標準化の傾向が見られるが，現在でもケルン独自の方言が残っている。ドイツ語史において，ケ

ルンが重要な位置を占める理由は，宗教改革の影響にもかかわらず，18世紀に至るまで東中部ドイツ語の書記標準よりもむしろ上部ドイツ語の書記標準の影響が強かったことである。このように，話しことばのケルン方言と，ケルンで印刷されるテキストの書記法の間には大きな隔たりがあり，スイスや北ドイツにおけるように，口語と文語の間で言文不一致の状態にあった。

　ハンザ同盟の衰退に伴い，北ドイツが経済的に衰退すると，上部ドイツ語の書記標準のプレスティージが相対的に上昇することとなった。ケルンでは，最初は上部ドイツ語特有の書記法や語彙を個々にリプアリア方言のテキストに取り込んでいたが，15世紀末以降，地域を越える文書は上部ドイツ語の書記標準で作成し，近隣地域内の文書はリプアリア方言で作成するという二極化が起り，この慣習は1570年代から17世紀まで続いた。上部ドイツ語地域で成功をおさめたケルンの印刷所には，宗教学関係の書物印刷でのペーター・クヴェンテルとアルント・フォン・アイヒがあげられるが，その成功の要因は，ターゲットとする読者，テキストジャンル，目的や取引関係などの実用的な要請に応じ，また様々な地域の書記慣習にしたがって書記方法を使い分けたことであった。　　　　　　（Polenz I, 167-169）

4.2.1.3　東中部ドイツ語

　東上部ドイツ語使用地域以北で用いられ，またそれと相互に影響を受けあいながら，汎用性において東上部ドイツ語と競合関係にあった書記方言は，一般に，東中部ドイツ語と呼ばれる。この書記方言はまた，狭義には「ヴェッティーン朝官房書記法」，16世紀以降は「マイセンドイツ語」とも呼ばれる★。ドイツ語標準化において手本とされたいわゆる「マイセンドイツ語」に対しては，王朝名を用いた「ヴェッティーン朝」，地理的名称を用いた「マイセン語」，方言名を用いた「上部ザクセン語」，「東中部ドイツ語」など，さまざまな形容がなされるが，これらはそれぞれ区別される必要がある。「ヴェッティーン朝官房書記法」とは，ヴェッティーン

★　ルターが「ザクセン語」と言う時，それはザクセン・ヴィッテンベルク侯爵領地方を治めていたヴェッティーン朝官房の書記慣習を意味し，当時はまだカトリックであったマイセン，ドレスデン侯爵宮廷の書記慣習を指すものではなかった。

朝官房文書でのかなり統一された書記方法で，現在のテューリンゲン，ザクセン，ザクセン・アンハルト州地域に相当する伯爵領を治めた選帝侯の宮廷で用いられた。この書記慣習が，16世紀から18世紀にかけて，マイセン語，ザクセン語，選帝侯ザクセン語，上部ザクセン語などと呼ばれるようになるが，これは，ライプツィヒ，ケムニッツ，ドレスデンなどの地域での話しことばであるザクセン方言とは別のものである。それに対して「東中部ドイツ語」という名称は，現在のドイツ語史研究で一般的に用いられ，「マイセンドイツ語」や「ヴェッティーン朝官房書記法」よりも広範な概念を示すものであり，テューリンゲン，上部ザクセン，シュレジアなどの地域方言，東西プロイセンの植民開拓で誕生したドイツ語孤島の方言を包括する一方，ヴェッティーン朝官房書記慣習，上部ドイツ共通ドイツ語書記慣習，ルタードイツ語，シュレジア地方バロック文学ドイツ語などの様々な書記方言から誕生した新高ドイツ語標準文章語も指す。

　ヴェッティーン朝官房書記慣習は，様々な異種の中からの選別によって誕生した書きことば上の産物である。上部ドイツ共通ドイツ語の書記慣習と同様に，話しことばとしての上部ザクセン方言に典型的な現象は，すでに15世紀のうちから，ヴェッティーン朝官房文書の中では避けられていた。上部ザクセン方言に特徴的な現象には，次のものがあげられる。すなわち，現在もそうであるが，pがb，kがg，tがdのように閉鎖音の無声音が有声音（濁音）として発音されること，fund（nhd. Pfund ポンド）のように語頭のpfがfと発音されること，appel（nhd. Apfel リンゴ）のように語中のpfがppと発音されること，bene（nhd. Beine 脚），och（nhd. auch 〜もまた）のように古くからの二重母音eiが長母音eとして，auが長母音oとして発音されること，schni（nhd. Schnee 雪），brut（nhd. Brot パン）のように長母音e, oがそれぞれ長母音i, uへと狭くなること，rachd（nhd. recht 正しい）のように母音eがaへと広くなること，derfer（nhd. Dörfer 村〈複数〉），mide（nhd. müde 疲れた）のようにウムラウトする母音で唇を丸めずに非円唇化すること，strosse（nhd. Straße 道路）のように母音aが後舌母音のoになること，などがあげられるが，このような方言の音をそのまま表記することは避けられていた。

　ヴェッティーン朝官房書記慣習と，そこで最も古くから手本とされた東上部ドイ

ツ語との関係を見ると，特に 15 世紀後半から，前者に対する後者の影響が大きくなり，一種の「東中部ドイツ語・東上部ドイツ語同盟」とさえいえるような状況が見られ，特に東上部ドイツ語における初期新高ドイツ語二重母音化の表記は，すでに 15 世紀には，東中部ドイツ語の書記法にも定着したと考えられている。

mhd. blîben → *omd.* bleiben （> *nhd.* bleiben 留まる）
mhd. mûl → *omd.* maul （> *nhd.* Maul 口）
mhd. vriunt [frü: nt] → *omd.* freundt （> *nhd.* Freund 友人）

一方，中部ドイツ語起源の初期新高ドイツ語単母音化の表記は，東中部ドイツ語でも広く浸透していた。ただし中高ドイツ語の ie に対しては，i と並んで ie とも表記された。

mhd. lieben → *omd.* liben （> *nhd.* lieben 愛する）
mhd. hier → *omd.* hier （> *nhd.* hier ここに）
mhd. buoch → *omd.* buch （> *nhd.* Buch 本）

このほか，以下のように，中部ドイツ語の方言色の強い語形の代わりに上部ドイツ語の語形が用いられた。

md. he, her → *obd.* er （> *nhd.* er 彼は）
md. wie → *obd.* wir （> *nhd.* wir 我々は）
md. sal → *obd.* sol （> *nhd.* soll 〜すべきである）
md. adir → *obd.* oder （> *nhd.* oder あるいは）

東中部ドイツ語では，中高ドイツ語の u, ü は鼻音の前では o になった。

mhd. sunne → *omd.* sonne （> *nhd.* Sonne 太陽）
mhd. künic → *omd.* konig （> *nhd.* König 王）

o 音と u 音にウムラウト表記が存在しないことも，東中部ドイツ語の特徴のひとつであったが，16 世紀末には上部ドイツ語の影響で，o と ö，u と ü の書記法上の区別がなされるようになった。

以上のように，東上部ドイツ語と東中部ドイツ語を中心とした書記方言は，一方

では地域内の話しことばの方言特徴を避けることで，他方では他の地域の書記法を導入することによって，超地域的な平準化を進展させていた。特にヴェッティーン朝官房では，15世紀後半から東上部ドイツ語を中心に他地域との文書交換が盛んで，その言語的特徴を自らの書記法に積極的に導入した。ルターのドイツ語も，宗教改革以前に東上部ドイツ語の要素をかなり取り入れた東中部ドイツ語の書きことばを基礎とした。ルター以前に新高ドイツ語書記標準を語ることはできない。というのも，ルターの聖書翻訳によって初めて，あるひとつの書記慣習がドイツ全土に広まったからである。すなわちこの東中部ドイツ語は，ルターによって17, 18世紀，プロテスタントの北ドイツに広まり，標準書記慣習として決定的なものとなったのである。

　16世紀から18世紀にかけて，東中部ドイツ語の書きことばはプレスティージが高かったが，それは主にルターと宗教改革に負うものであった。ルターのドイツ語聖書翻訳成功の背景には，言語的要因のほかにも，東中部ドイツ語地域が，南北・東側地域との交流を盛んに行える境界地域に位置したこと，また古くからのドイツ人居住地の伝統と，中世後期以降の東方植民開拓で発達した地域における行政・経済面での革新とが融合され，比較的進歩した地域であったことなどもあった。そこではすでにルター以前から，ハルツ山脈やエルツ山脈地方では鉱山開発や手工業などが発達し，見本市で知られる商業都市ライプツィヒをはじめとして，多くの都市が発展していた。　　　　　　　　　　　　　　　　(Polenz, I, 163–167)

4.2.1.4　西上部ドイツ語

　バーゼル，シュトラースブルク，チューリヒなどの印刷拠点都市を擁し，方言の上ではアレマン方言，シュヴァーベン方言が属する西上部ドイツ語は，書記標準化のプロセスにおいて最も保守的であった。us ([u:s] *nhd.* aus ～から出て)，uf ([u:f] *nhd.* auf ～の上に) など，方言では現在も長母音のままである新高ドイツ語の二重母音化に関しては，アウクスブルク，ウルムなどのシュヴァーベン方言地域で15世紀に二重母音として表記されるようになったものの，それより西のアルザス，南バーデン，スイス，フォーアアールベルクなどのアレマン方言地域では，16世紀の

終わりになってようやく二重母音として表記されるようになった。スイスでは，17, 18世紀に印刷業界が新高ドイツ語の書記標準を導入したが，方言は書きことばとは異なったままである。スイスでは，母語である方言と書きことばが別の言語であるという，口語・文語間での言文不一致の状態が現在にまで続いている。

(Polenz I, 163)

4.2.1.5 東上部ドイツ語

東上部ドイツ語は，『シュヴァーベン年鑑』やルートヴィヒ・バイエルン国王統治下バイエルンでの記録文書などにおいて，ドイツ語方言の中でも最も早い時期にラテン語からドイツ語への切替えがなされたことや，ハプスブルク王朝の都ウィーンや，レーゲンスブルク，ニュルンベルクで神聖ローマ帝国議会が開催されたことなどを通じ，最も古くから各地で手本とされた書記方言である。この書記方言が通用していた地域は，バイエルン・オーストリア方言地域，ヴュルツブルク，ニュルンベルク，バンベルクなどの都市を擁する東フランケン方言地域を中心として，ボヘミア（現在のチェコ）地方の西部・南部のドイツ人入植地域，メラビア（現在のスロヴァキア地域），ハンガリー，ユーゴスラヴィア，イタリアのドイツ人入植地域にまで及んだ。15, 16世紀に「ゲマイン・ドイチュ」と呼ばれたこの東上部ドイツ語は，「上部ドイツ共通ドイツ語」，あるいは帝国関連の諸機関で用いられていたことから「南ドイツ帝国ドイツ語」とも言われる。

東上部ドイツ語書記方言内での統一，汎用性拡大のプロセスにおいては，帝国関連の諸機関のみならず，ニュルンベルク，アウクスブルクなどの商業都市の官庁や印刷業も関わっていた。東上部ドイツ語は，その北東に位置する東中部ドイツ語書記方言へも大きな影響を及ぼしている。主に東中部ドイツ語書記方言に基づいて聖書翻訳を出版したルター自身も，書記規範標準化に向けての皇帝マクシミリアン一世（在位1493-1519）の功績を高く評価しているが，その皇帝の下，宰相を務めたニクラス・ツィーグラーは，官房文書において表記異種を体系的に簡素化し，不必要な子音重複を避けるなどの取り組みを行っていた。

上記のように，東上部ドイツ語書記方言標準化プロセスにおいて大きな役割を果

たした都市はアウクスブルクとニュルンベルクであった。アウクスブルクは，方言上はアレマン方言地域に属するが，書記方言においては，13世紀以降，アレマン書記方言とバイエルン書記方言の間での平準化が進み，15世紀後半にはアウクスブルクの印刷ドイツ語は帝国官庁文書の書記方法にかなり近くなっていた。フッガー家やヴェルザー家など，アウクスブルクの富豪商人などの影響力もあり，15世紀終わりから宗教改革時代まで，アウクスブルクの印刷業界の書記方言は，地域を越えての汎用性を有していた。アウクスブルクと並んで，遠隔貿易の中継点でもあり帝国議会の開催地ともなったニュルンベルクも，書記方言標準化に重要な役割を果たしている。ニュルンベルクは，商業都市として比較的早いうちから，東フランケン方言より北の地域にも対応していたのである。

　東上部ドイツ語書記方言においても，地域の方言に独特な現象が書記方言の中では避けられる傾向が，15世紀終わり以降から顕著になってくる。例えば，pauer (*nhd.* Bauer 農民) のようにバイエルン方言に典型的なbの無声化した表記p，同じくdの無声化した表記t，語頭でkが強く帯気した表記kch/kh/ch，ain (*nhd.* ein ひとつの) のようにeiに代わるaiの表記などは書記方言の中では避けられた。また，現在の標準ドイツ語では長母音化している中高ドイツ語二重母音 ie, uo, üe は，この地域の方言では現在でも長母音化されず二重母音のままであるが，すでに13世紀以降，レーゲンスブルクでの印刷ドイツ語の中では長母音 i, u, ue として表記され，長母音化されない二重母音の表記は避けられた。つまり，当該地域の話しことばをそのまま文字化したような表記方法は避けられていたのである。こうして初期新高ドイツ語単母音化および二重母音化は，東上部ドイツ語において最も早く首尾一貫して表記されるようになった。

単母音化	*mhd.* die [dië]	→	*obd.* dy [di:] （＞ *nhd.* die その〈定冠詞〉）
	mhd. bruoder	→	*obd.* bruder （＞ *nhd.* Bruder 兄弟）
二重母音化	*mhd.* mîn	→	*obd.* mein （＞ *nhd.* mein 私の）
	mhd. hûs	→	*obd.* haus （＞ *nhd.* Haus 家）
	mhd. hiute [hü:te]	→	*obd.* heute （＞ *nhd.* heute 今日）

(Polenz I, 161-163)

4.2.2 官庁語

　ヴィッテルスバッハ家の皇帝ルートヴィヒ四世、すなわちバイエルン大公ルートヴィヒ（在位 1314-1347）治世下の皇帝庁が、教会関係の文書を除く公用語にドイツ語を取り入れて以来、ラテン語に代わるドイツ語の公文書はその数を増していった。これらの公文書には、最初は書き手や受取人側の方言が色濃く見られたが、15世紀に入ると各地の各種公文書には、特に書記法を中心に、皇帝庁、領邦諸侯あるいは大都市の優勢な官庁語を模範とした一定の共通性が見られるようになる。ルクセンブルク家、ハプスブルク家、ヴィッテルスバッハ家、ヴェッティーン家、ホーエンツォレルン家などの強大な領邦では、公用語としての書きことばが、できるだけ多くの地域で読まれるよう、規範性、汎用性を追求した官庁語の地域共通語が形成されたのである。しかしドイツには、フランス、イギリスにおけるパリ、ロンドンのような標準語成立の中心となり得る圧倒的な政治的、経済的、文化的力を持った都市が存在しなかったため、その後の新高ドイツ語標準語成立に至る過程は、多元的で複雑にならざるをえなかった。新高ドイツ語標準語の成立に関する問題は、多くの研究者の関心を呼ぶところとなり、その発祥の地を求めて、今日まで数多くの研究がなされ、官庁語をルーツとする二つのテーゼと、東方植民での方言平準化をルーツとする一つのテーゼが出された。

　カール・ミュレンホフ（Müllenhoff 1863）は、新高ドイツ語の文章語および標準語は、カロリング朝宮廷語からホーエンシュタウフェン朝宮廷語を経て、プラハのルクセンブルク家の官庁語、さらにはウィーンのハプスブルク家の官庁語へと連続する、歴代皇帝庁官房の伝統に基づくと説いた。次いでコンラート・ブルダハ（Burdach 1893）は、このミュレンホフのテーゼに基づきながら、14世紀のカール四世のプラハ皇帝庁に新高ドイツ語文章語の源泉があるとし、ここの皇帝庁からヴェッティーン家の官庁語への連続性を証明しようとした。しかし皇帝庁を中心とする官庁語の書法慣習に連続性を求めたこれら二つの試みは、ルートヴィヒ・エーリヒ・シュミット（Schmitt 1966）などのその後の研究によって否定された。すなわち、皇帝官庁を言語発展の担い手とし、いわば社会的に上から下への発展方向を説

いたミュレンホフとブルダハのテーゼに対して，テオドア・フリンクス（Frings 1936）は，言語地理学的観点からの方言研究に基づき，新高ドイツ語文章語が話しことば方言を基礎に発展したとし，民衆を言語発展の担い手とする，下から上への発展方向を説いた。フリンクスは，東部開拓地において各方言地域からの移住者らの方言が混淆し平準化したとし，それを書記化したマイセン辺境伯領の東中部ドイツ語，つまりヴェッティーン家の官庁語を新高ドイツ語文章語の基礎とみなした。フリンクスによると，東部開拓地における各方言の混淆の結果，東中部ドイツ語圏で初期新高ドイツ語二重母音化と単母音化，人称代名詞与格と対格の区別が起こったとされる。フリンクスは，このような言語の平準化がヴェッティーン家の官庁語の基礎となり，その後ルターを通じて広められたと考えた。

　しかし，このフリンクスの説に対しては，今日までに多くの否定的材料が提出されている。このうち，初期新高ドイツ語期の最も重要な言語的改新である新高ドイツ語二重母音化について今日では，一足先に東上部ドイツ語に現れたこの現象は，東中部ドイツ語では話しことばのレベルで実現したのではなく，まず書記法として取り入れられ，それが話しことばに影響を及ぼしたとする見解が一般的である。この書記法を東上部ドイツ語から東中部ドイツ語へ伝えたのは，南から北への遠隔地交易の中核であり，また帝国議会の開催地として重要な地位を占めていた東部フランケンのニュルンベルクである。さらに，すでに見たように，マイセンを中心とした上部ザクセン方言の話しことばの特徴の多くが，ヴェッティーン家の官庁語の書記体系には取り入れられなかった事実も，新高ドイツ語文章語の発展の基礎を話しことば方言に求めた，フリンクスの説に対する否定的材料となっている。

（Wells, 145–149; Polenz I, 159–161）

4.2.3　印刷ドイツ語

　15世紀半ばにグーテンベルクによって発明された活版印刷術は，その後急速に，発祥の地マインツから，ドイツはもちろん西ヨーロッパ各地に広まり，1500年頃には，ヨーロッパのおよそ270の都市で約1200の印刷所が数えられた。この新技

術は，当時の西ヨーロッパの言語や文化に大きな影響を及ぼした。しかし初期の段階では，印刷物の多くはラテン語によるものであった。例えば，ドイツで印刷された書籍全体のラテン語書籍とドイツ語書籍との割合は，1500 年には，ドイツ語によるものが約 80 点で全体の 5% 未満で，残りの 95% 強はラテン語で印刷，1518 年においても，ドイツ語によるものは約 150 点で全体の 10% にすぎない。印刷物におけるラテン語優位の状態はその後も続き，1570 年においてもラテン語による印刷物は依然として全体の 70% を占め，ドイツ語の印刷物がラテン語によるものを上回るのはようやく 1681 年になってからのことである（Hartweg, 1419-1420; Polenz II, 54）。このように，活版印刷にはラテン語の知識が必要とされたため，印刷業者や校正者は大抵，官庁の役人，公証人，都市書記官，さらには医者，学校の教師あるいは司祭などの聖職者といった教養階層の出身者によって占められた。これらの印刷業者のうちの多くは，特定の場所に留まるのではなく，ドイツ各地を移動，あるいは複数の都市で印刷所を経営した。

　もっともこの印刷ドイツ語は，初期の段階では統一的な書記法を備えたものではなく，16 世紀にはまだ，ドイツ各地で多様な印刷ドイツ語の書記法が互いに競合していた。当時すでに確立していたラテン語の正書法と異なり，ドイツ語の書記規則はまだ統一されてはいなかった。したがって当時のドイツ語印刷物は，原典の方言，印刷地の方言に加えて，印刷業者および校正師の方言，さらには対象とする読者の方言などの様々な影響を受けていた。しかし印刷ドイツ語には，早期に超地域的，脱方言的傾向もうかがえる。スイスのバーゼルでは 1490 年から，チューリヒでも 1527 年から，印刷ドイツ語に東上部ドイツ語に由来する新高ドイツ語二重母音化（*mhd.* î, û, iu ＞ *nhd.* ei, au, eu）が表記されるようになり，比較的短期間に書記法として定着したのに対して，これらの都市の官庁語がこの音韻変化を表記するようになったのは，更に後のことである。これらの都市の方言では今日もなお，古い単母音が話されている。

　このように，様々な表記ヴァリエーションを含みながら，より優勢な地域の言語的特徴を導入した各地の印刷ドイツ語は，次第に多様な書記法を，統一的，規則的なものへと整理，発展させ，印刷所は各々独自の書記慣習を確立していく。それぞ

れの印刷所，印刷地は，より広範囲の販売を目指した商業的競争を展開したが，15世紀末には，アウクスブルク，バーゼル，シュトラースブルクを擁する西上部ドイツ語地域が，ドイツにおける印刷業の中心地としての地位を確立した。特にアウクスブルクはフッガー家の強大な経済力，商業力に支えられ，さらに皇帝庁の公文書の印刷を任されたことから，宗教改革以前の印刷業の中心都市となった。宗教改革以降，印刷業の中心は東中部ドイツ語地域へ移る。中でもヴィッテンベルクはルターの著作物の印刷，出版によって印刷都市としても大きな影響力を持った。その後も印刷業の中心は転々とし，1560年頃からは西中部ドイツ語地域のフランクフルトが，さらに1620年頃には東中部ドイツ語地域のライプツィヒが，印刷都市として優位に立った。 （Polenz I, 171-173; Wells 195-204）

4.2.4　印刷ビラ・小冊子

　政治的な時事世論の誕生と，新たな形態の公の場は密接に結びついている。中世の堅固な封建社会では，裁判，会議などは封建的・保守的にその形式が定められ，自由な議論の場ではなく，権力誇示のセレモニーであった。教会に関しても同様で，民衆が集まる場としてミサと説教があったが，これも権威的で教条主義的なものであった。宮廷でのコミュニケーション形態も，同等な者同士での相互コミュニケーションではなかった。しかし，ルネサンスを機に，禁欲的で反世俗的な中世的価値観への反動から，軽妙でウィットに富んだ相互性のあるコミュニケーションが発展してくる。1499年のジョバンニ・ポンタヌスや，1528年のバルダッサーレ・カスティグリオーネなどの宮廷官吏の著した社交本が，宮廷でのこの新たなコミュニケーション形態の台頭を端的に示している。初期市民社会での時事印刷物は，知識人のラテン語によるルネサンス運動に刺激され，都市における，より民衆に近い説教，法律上の係争，風刺文学などにおけるコミュニケーション形態にそのルーツを見ることができる。中世後期から，教皇の世俗政治への干渉に対する反発が各国で高まっていたが，これらの教皇批判は，宗教改革以前はまだ，封建社会の枠内とラテン語教育を受けた知識人たちの間にとどまっているにすぎなかった。

しかし，1378年から1417年の教皇分裂，1414年から1418年のコンスタンツ公会議以来，ダンテ，ペトラルカらによるイタリアルネサンスに端を発する「改革」という概念は，ドイツ初期人文主義知識人らの間で，教会政治・帝国政治において目指すべき概念，闘争のための概念となった。ローマ教皇に対する政治的な世論の走りとしては，フランシスコ派修道会のマルシリウス・フォン・パドゥアの1324年の著作や，ミュンヒェン宮廷に仕えたヴィルヘルム・フォン・オッカムの1338年の著作があげられる。宗教改革時代に大量に流布した「印刷ビラ・小冊子」は，このような公の場での政治的世論の広まりとともに誕生したものである。ドイツで記録に残っている最も古い印刷ビラ・小冊子は，皇帝マクシミリアン一世が1493年から1511年にかけて，教皇に対抗する自分の政治への支持者を集めるために印刷したものであった。また1500年頃，セバスティアン・ブラントによる道徳啓蒙的な印刷ビラ・小冊子によって，領邦宮廷や都市が世論形成上の中心となった。

　印刷ビラ・小冊子とは，1枚以上の紙片からなり，一般的には4から8枚の分量で，それ自体で独立完結しており，継続発行されたり，本の形に綴じられたりしていないものをいう。印刷ビラ・小冊子の目的は，人々の行動を左右しようとする扇動や人々の考えや信条を左右しようとするプロパガンダにある。また時事性，世論性，批判性，テーマの多様さなどが特徴的である。印刷ビラ・小冊子のルーツとなるテキストジャンルには，聖書パロディー，替え歌，祈祷や連祷の皮肉，政治的な十戒，教義問答，架空の会話や手紙などがあるが，これらの中には中世の流浪者吟遊詩，格言詩，通俗な嘲笑詩，謝肉祭習慣などに遡るものもある。初期の印刷ビラ・小冊子は，文字の読めない人々もまたその対象とし，その多くには挿絵が用いられていた。

　宗教改革時代，政治的な印刷ビラ・小冊子の普及に決定的な役割を果たしたのは，人文主義知識人らであった。ドイツの人文主義知識人らは，イタリアに比べると俗世には背を向ける傾向があったものの，改革神学においては激しい論争を繰り広げた。この論争の頂点は，旧態依然とした教皇政治を批判する「蒙昧者の手紙」である。ルターの登場も当初は，多くの人文主義知識人からは，改革神学論争の延長線上にある出来事と捉えられていた。理論的な論争から，印刷ビラ・小冊子を通

じて現実の行動に移ったのがウルリヒ・フォン・フッテンである。ドイツ最初の政治的世論形成者と言うことができるフッテンは，精神的にはコンラート・ケルティスやタキトゥスの思想に感化され，政治的にはローマ法への反対，ヴュルテンベルク国王の恣意的な政治への批判を掲げ，ルターの改革思想を熱狂的に支持した。知識人の間だけの論争から，巷での世論形成への転換は，印刷・ビラ小冊子に用いられた言語がラテン語からドイツ語に切り替えられた点にうかがえる。これは，明らかに大衆をターゲットとした言語選択である。

　印刷ビラ・小冊子には，後の新聞の先駆けとなるテキストジャンルも含まれる。1502年以降は「ノイエ・ツァイトゥンゲン」と呼ばれるこのテキストは，1枚ないしは数枚のページからなり，主要な都市に手紙連絡をとる，専門の書き手によって書かれたテキストが載せられ，公の場や行商を通じて販売された。発行は不定期で，コメントや扇動もなく，特定の出来事やその出来事のその後などについて伝えるものであった。また，15世紀からすでに，手書きで，限定された読者にのみ販売されたニュースやニュース集が見られ，国王，外交官，将軍，官吏，都市政府，教団，大学，ツンフト，商社などが，特定の政治的，商業的な目的のために購読していた。低地ドイツ語の tiding に由来するツァイトゥンク（Zeitung）ということばは，最初は個々のニュースを意味していた。ニュース記事の多くは，16世紀に大道浪曲師によって歌い広められ，また印刷ビラによって配信された。この印刷ビラには挿絵，読みやすいシュヴァバッハ活字，大きな見出しなど，字が読めない者にもわかる工夫がなされていた。　　　　（Polenz I, 130-140; 237-248; Wells, 226-228）

4.2.5　ルター訳ドイツ語聖書

　ルターの著作物，とりわけ聖書翻訳が当時の印刷業界と印刷ドイツ語に及ぼした影響力は計り知れなかった。またそれと同時に，活版印刷術の発達なしには，ルター訳聖書の，当時としては未曾有の売れ行きと普及も不可能であった。1518年，すなわちルターが「95ヶ条の提題」を掲げて宗教改革運動の口火を切った翌年における，ドイツ語による印刷物は，全部で150点であったが，そのうち44点がルタ

ーによって書かれたものであった。ルターの著作物はその後も増え続け，1518 年から 1524 年におけるドイツ語による印刷物 4205 点のうちの 1473 点と，全体の三分の一を占めるに至った。中でもルター訳聖書は，出版部数，版数ともに他を圧倒した。1522 年 9 月には，ヴィッテンベルクのメルヒオール・ロッター印刷所からルター訳新約聖書，いわゆる『9 月聖書』が出版されたが，初版のおよそ 3000〜5000 部は瞬く間に売り切れ，同年 12 月には再版が出るほどであった。1522 年から 1533 年までに，ルターの承諾を得て印刷された新約聖書の翻訳は 17 版を数え，さらに 1523 年には 2 種類の低地ドイツ語訳が，また 1524 年にはデンマーク語，1525 年にはオランダ語の翻訳も出版された。1534 年にはルターによる新約・旧約完訳聖書が出版され，その発行部数は，ルター訳聖書の独占販売権を得たヴィッテンベルクのハンス・ルフト印刷所だけでも，ルターの出版活動期間の 50 年間（1534–1584）に 10 万部を数えた。ルターの承認を得ない，いわゆる海賊版のルター訳聖書も多く現れた。アダム・ペトゥリは，早くも 1522 年にバーゼルでルターの『9 月聖書』を覆刻したが，この海賊版聖書自身が，さらに南部および西部地方の印刷所で 40 種も覆刻されることになった。結局，1522 年 9 月から 1546 年 2 月のルターの死までに印刷出版された 400 種以上のルター訳聖書のうち，ルターの承認を得たヴィッテンベルク版は 101 種にすぎず，およそ 300 種以上が他の出版所からの海賊版とみなされている。(Tschirch II, 110–111; Wells, 205–206)

　『9 月聖書』のルター版と海賊版とでは，書記法に多くの違いが見られる。例えば 1522 年の『9 月聖書』と，その海賊版であるペトゥリの 1522 年バーゼル版，およびシルヴァン・オトゥマーの 1524 年アウクスブルク版を比較してみると，ルター版では vnnd (*nhd.* und そして)，mitt (*nhd.* mit 〜とともに)，gewallt (*nhd.* Gewalt 力)，ynn (*nhd.* in 〜の中に) など頻繁に見られる子音重複も，ペトゥリ版やオトゥマー版では vnd, mit, gewalt, in と単一子音で表記されている。また，ルター版とペトゥリ版とでは，中世ドイツ語の î から初期新高ドイツ語二重母音化した ei と，古くからある ei とは区別されず，geyst (< *mhd.* geist > *nhd.* Geist 霊) も seyn (< *mhd.* sîn > *nhd.* sein 彼の) も，ともに ey と表記されているが，アウクスブルクのオトゥマー版では，初期新高ドイツ語二重母音は sein のように ei と表記され，古くからの ei

は gaist に見られるように ai の表記で区別されている。
　印刷ドイツ語における書記法上の相違は，同一地域内でも見られる。ヴィッテンベルクで印刷された 1522 年のロッター版と，ルターが生存中，校正刷に目を通した最後の版とされる，1545 年のルフト版との間には，書記法の大きな変更が見られる。ロッター版で同じ子音を重複表記した語形の多くは，ルフト版では，上記の二つの海賊版と同様，単一子音に変更されている。『9 月聖書』では，大文字書きは固有名詞，とりわけ宗教上の固有名詞と，重要な見出し語を明示するために用いられたが，ルフト版では Geist（霊），Lere（教え），Gerücht（噂）など，ほとんどの名詞と文頭において用いられている。(Tschirch II, 112–116)
　このような比較から，ルターのドイツ語は，書記法においては各地の印刷ドイツ語に直接影響を及ぼすことはなかったと推測される。書記法はむしろ印刷業者および校正師の手に委ねられることとなり，その結果，ルタードイツ語の書記法もその多くは，ヴィッテンベルクの改訂版も含め各地の海賊版で，それぞれの印刷ドイツ語に修正された。もちろんルターの側からは，海賊版とその言語形態や書記法に対する非難とともに，ルターやルターの承認を得たヴィッテンベルクの校正師によるドイツ語に従うようにとの注文が出された。しかし，その後のドイツ語，特に新高ドイツ語の文章語に取り入れられた書記法に関しては，むしろ海賊版におけるものがその多くを占めている。例えば，kome（〈私は〉来る），Man（男），Brun（泉），Stat（場所）などのように，ヴィッテンベルクのルフト版で用いられた語末の単一子音は，フランクフルトのファイアーアーベント版などの海賊版では，komme, Mann, Brunnen, Statt のように，今日の表記法で用いられるような同一子音の二重表記が用いられた。また，Lere（教え），on（〜なしに），Son（息子）などのように，ルフト版が h を長音記号として用いることをためらったのに対して，海賊版は Lehre, ohne, Sohn のように，h を今日と同様の長音記号として積極的に利用した。ルターの死後には，ヴィッテンベルクで発行される聖書自体も，ルターが目を通した最後の聖書である 1545 年ルフト版聖書と語形を異にしている。例えば，Geste（客〈複数〉）や gleubig（信心深い）のように，東中部ドイツ語で古くから用いられた e, eu は，Gäste や gläubig のように上部ドイツ語の ä, äu の表記法に変わり，長音記号の h

も，ヴィッテンベルク版聖書でも次第に多くの単語で用いられるようになり，jm, füren, Jare が jhm (*nhd.* ihm 彼に)，führen (通じる)，Jahre (年〈複数〉) と表記されるようになっていった。この他にも，ルフト版の 1545 年版聖書に見られる keuffen, Stro, Thurm, zwenzig などのような語形が，その後ヴェッティーン朝官房書記慣習の影響を受けて kaufen (買う)，Stroh (藁)，Turm (塔)，zwanzig (20) へと変更が加えられたような例も少なくない。ヴィッテンベルクの印刷ドイツ語に見られるこのような表記法平準化の動きは，各地の印刷ドイツ語でも見られることから，それぞれの多様な印刷ドイツ語は，紆余曲折を経ながらも次第に統一的なものへと発展していったものと思われる。すでに東上部ドイツ語，東中部ドイツ語を中心に表記法の平準化傾向を示していた書記方言と同様，各地の印刷ドイツ語も，新高ドイツ語標準文章語の形成過程に積極的に関与したと考えられる。

　このように，書記法の統一に関してはルターの影響は少ないが，語彙や文体においては，ルター聖書のドイツ語は，書きことばとして大きな影響力を有していたと想像される。ルターの『9月聖書』を 1523 年に複製出版したバーゼルの出版社アダム・ペトゥリは，例えばルターが用いる Lippe (唇) をアレマン方言で用いられる Lefze に置き換えることをせず，地元の方言と異なるルターの語彙約 200 語について，語彙集 (グロッサー) により説明する方法をとった。このことからはまた，16 世紀半ば頃は，書きことばでも地域ごとの語彙の相違が大きく，グロッサーや翻訳などを必要としていたこともうかがえる。

　書きことばの統一プロセスにおいて，ルターの聖書翻訳が大きな効果を及ぼした理由のひとつには，ルターの活躍の地ヴィッテンベルクが地理的に高地ドイツ語と低地ドイツ語の境界にあり，影響が両方向に波及したことがあげられ，またもうひとつには，活版印刷の発明により文書が早く広まり，地域を超えての世論が瞬時に形成されたことがあげられる。しかし何よりも大きな理由は，彼の翻訳した聖書が多くの人々に読まれたことである。ルターの教えが多くの人々に受け入れられたのは，ただ単に人々の信心深さによるだけではなく，彼が教会支配からの人間個人の解放を唱えたことにもよる。それは，いわば宗教を通じての個人主義の誕生であった。ドイツ語の統一にとってルターは大きな要因ではあるが，決してルターが統一

ドイツ語をひとりで作り出したわけではないことに注意しなければならない。たしかに、ルターの言語能力は天才的であり、ルターの聖書翻訳なくしてはドイツ語書きことばが広範囲において平準化されることはなかったかもしれない。しかし、ルターの聖書翻訳における信条、「聖書は神のことばであり、自分は神に仕える者である」が示すように、政治的な中枢が存在しなかったドイツでは、聖書という権威、神のことばという権威が、ドイツ内の言語境界を越えてドイツ語統一プロセスに決定的な役割を果たしたと言えよう。過去400年において、聖書ほど多く読まれた書物はない。プロテスタントでは、神のことばである聖書を自ら読めることが重視され、読み書きのための学校が設けられるようになり、徐々にではあるが人々の間に読み書き能力が広まっていった。

　東中部ドイツ語は、隣接して言語の上でも近い上部ザクセン語地域、テューリンゲン、ヘッセンなど、さらにはフランクフルト、シュトラースブルク、ニュルンベルクなどの交易都市などにまず広がって行き、低地ドイツ語地域においても、新たに東中部ドイツ語から発展した書きことばが用いられるようになった。これによって、低地ドイツ語地域もまた、統一ドイツ語地域に加わることとなった。またスイスでも、ドイツの書きことばに近づけられた。ドイツ語の標準文章語成立の過程は、初期新高ドイツ語時代の多様な社会・言語状況にあって、多元的なものとならざるを得なかった。異なる書記方言、あるいは印刷ドイツ語に見られる書記法平準化の過程は、書記法を中心とした外的な言語形態の汎用性を求める試みであった。文構造、文体および語彙など、内的な言語形態に関しても、生成過程にあった文章語の課題は、多様性の中で規範性と汎用性を確立することであった。

(Polenz I, 229-237; Wells, 204-213; 220-225)

4.3 初期新高ドイツ語の言語体系

4.3.1　音韻

4.3.1.1　母音の変化

　初期新高ドイツ語期には，中高ドイツ語から新高ドイツ語に移行する過程における重要な母音組織の変化が見られるが，これはそのまま新高ドイツ語の母音組織の特徴となった。

① 初期新高ドイツ語二重母音化と低舌母音化

　中高ドイツ語の長母音，î [i:], û [u:], iu [ü:] は，新高ドイツ語では二重母音 ei [ai], au [au], eu/äu [oi] へと変化する。この二重母音化は，まず 12 世紀に，南チロールとケルンテンの書記法に現れた。そして 13 世紀にはオーストリア，バイエルンの東上部ドイツ語圏に，さらに 14 世紀には東部フランケン地方および東中部ドイツ語圏にも浸透し，その後，低地ドイツ語やアレマン方言など一部の方言を除いて，ドイツ語圏の広い範囲に定着した。

　一方，古くからの二重母音 *mhd.* ei [ei], ou [ou], öu [öu] も，その後，舌の位置を下げる低舌母音化により，*nhd.* ei [ai], au [au], äu [oi] に変化した。この結果，新高ドイツ語では，起源の異なる新旧の二重母音が，ひとつに合流することとなった。

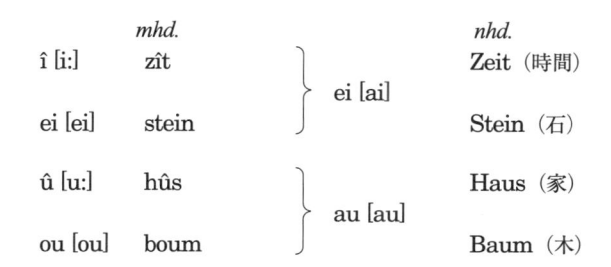

	mhd.		*nhd.*
î [i:]	zît	ei [ai]	Zeit（時間）
ei [ei]	stein		Stein（石）
û [u:]	hûs	au [au]	Haus（家）
ou [ou]	boum		Baum（木）

iu [ü:]	liute, hiuser	eu/äu [oi]	Leute（人々），Häuser（家〈複数〉）
öu [öu]	böume		Bäume（木〈複数〉）

◆2　初期新高ドイツ語単母音化と長母音化

　中高ドイツ語の二重母音 ie [ie], uo [uo], üe [üe] は，新高ドイツ語では，単母音の長音 ie [i:], u [u:], ü [ü:] へと変化する。この単母音化は，早くも 11 世紀から 12 世紀に西中部および東中部ドイツ語の書記法に現れた。この単母音の表記法は，初期新高ドイツ語期では i/ie/ih, u/uh, ů/ü/üe のような形が見られるが，長母音 [i:] に関しては，その後，e を長音記号とした ie の表記法が定着する。単母音化は一部の例外を除き，15 世紀から 16 世紀には上部ドイツ語の書記法にも見られるようになるが，多くの上部ドイツ語方言では，今日でもなお古い二重母音が保たれている。一方，母音で終わる開音節における中高ドイツ語の短母音は，新高ドイツ語で長母音化した。この音韻変化は，12 世紀から 13 世紀にまず西中部ドイツ語に，続いて東中部ドイツ語に現れ，14 世紀には上部ドイツ語にも広がったと思われる。しかし表記法にこの長母音が示されるのは，多くの場合，e か h あるいは同一母音の二重表記（*mhd.* siben > *nhd.* sieben 7, *mhd.* nemen > *nhd.* nehmen 取る，*mhd.* sal > *nhd.* Saal 広間）といった長音記号によってであり，この方法は特に，16 世紀後半から浸透していった。また逆に，前の母音が短母音であることを示す手段として，後続子音の重複表記（*mhd.* site > *nhd.* Sitte 習慣）が浸透したため，後続子音が一つの場合，前の母音は長母音であるとみなされるようになった。この結果，新高ドイツ語では，単母音化によって生じた [i:], [u:], [ü:] に，長母音化によって生じた [i:], [u:], [ü:] が合流することとなった。

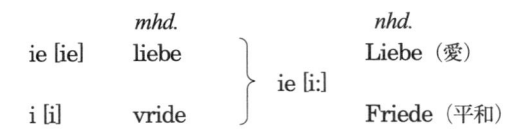

	mhd.		*nhd.*
ie [ie]	liebe	ie [i:]	Liebe（愛）
i [i]	vride		Friede（平和）

uo [uo]	bruoder	} u [uː]	Bruder（兄弟）
u [u]	jugent		Jugend（若者）
üe [üe]	güete	} ü [üː]	Güte（良いこと）
ü [ü]	über		über（〜の向こうに）

　以上の二重母音化，低舌母音化，単母音化，長母音化の4つの音韻変化による，中高ドイツ語から新高ドイツ語への母音体系の変遷過程については，次のようにあらわすことができる。これにより新高ドイツ語は，長短強弱のはっきりした音韻体系がその特徴となった。

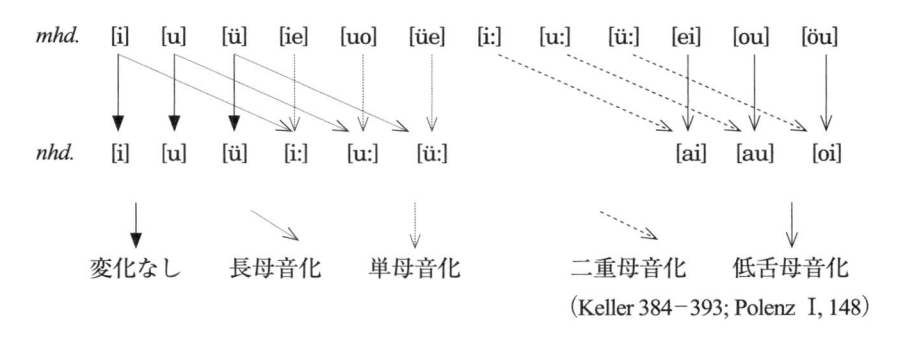

mhd.　[i]　[u]　[ü]　[ie]　[uo]　[üe]　[iː]　[uː]　[üː]　[ei]　[ou]　[öu]

nhd.　[i]　[u]　[ü]　[iː]　[uː]　[üː]　　　　　　　[ai]　[au]　[oi]

変化なし　長母音化　単母音化　　二重母音化　低舌母音化

（Keller 384–393; Polenz Ⅰ, 148）

③ e-音の簡素化

　中高ドイツ語から新高ドイツ語への母音組織の大きな変遷として，さらにe-音の変化をあげることができる。中高ドイツ語では，e-音は，[e], [ë], [ä], [eː], [ɛː] の5種類あったが，新高ドイツ語では，[ɛ], [eː], [ɛː] の3種類に減少した。これで形の上では，*mhd.* [e], [ë], [ä] が *nhd.* [ɛ] に合流したことになり，短母音 [ɛ] に関しては，「すべての短母音は広く，すべての長母音は狭く発音される（lernen [lɛrnən] 学ぶ─lehren [leːrən] 教える）」という新高ドイツ語の発音原則に沿うこととなった。これに対して，[eː] より広い長母音 [ɛː] のみは，表記 ä の長音をあらわすために人為的に

創り出された音素である。この [ɛ:] と，表記 e の長音をあらわす狭い長母音 [e:] の対立（Ehre [e:rə] 名誉— Ähre [ɛ:rə] 穂）は，母音の長さと狭さの相関関係を説いた上記の新高ドイツ語の発音原則と矛盾する。しかしこれは，「書かれたように発音しなさい」という文書優勢時代に，書きことばが話しことばに影響を及ぼした典型的な例と見ることができよう。現在のドイツ語では，方言によってはこの [ɛ:] と [e:] が区別されないところもある。この結果，中高ドイツ語のアクセントのある母音は初期新高ドイツ語では次のようになった。

	短母音			長母音			二重母音		
mhd.	/i/	/ü/	/u/	/i:/	/ü:/	/u:/	/ie/	/üe/	/uo/
	/e/	/ö/	/o/	/e:/	/ö:/	/o:/	/ei/	/öu/	/ou/
				/ɛ:/					
		/a/			/a:/				
fnhd.	/i/	/ü/	/u/	/i:/	/ü:/	/u:/			
	/ɛ/	/ö/	/ɔ/	/e:/	/ö:/	/o:/	/ai/	/au/	/oi/
				/ɛ:/					
		/a/			/a:/				

（W. Schmidt, 368; Polenz I, 152）

④ その他の母音変化

中高ドイツ語の母音は，初期新高ドイツ語で，音環境によって以下のように，他の母音に変化，もしくは消失した。

長母音の短母音化（特定の子音や二重子音の前で）：

mhd.　　　　*nhd.*
jâmer　　→　Jammer（苦しみ）
nâchbûre　→　Nachbar（隣人）

円唇母音化：

mhd.　　*nhd.*
lewe　→　Löwe（ライオン）

finf → fünf (5)
âne → ohne (〜なしに)

低舌母音化（u, ü が m, n の前で o, ö に）：

mhd.　　　*nhd.*
künec → König（王）
sunne → Sonne（太陽）

語中音消失および語末音消失：

mhd.　　　*nhd.*
belîben → bleiben（とどまる）
geloube → Glaube（信じること，信心）
meie → Mai（5月）

4.3.1.2　子音の変化

① s-音の変化

中高ドイツ語にはs-音として，sと，第二次子音推移によって*germ.* tから生じたȝの，二種類の子音があった。sは今日のドイツ語のsch [ʃ]に近く，ȝは今日の無声のs [s]と同様の音であった。このs-音は，初期新高ドイツ語では次のような変化を遂げる。

【1】s → sch [ʃ]

sch [ʃ]は中高ドイツ語でsk → schの子音変化によって生じたが，初期新高ドイツ語では，これに新たな子音変化によるsch [ʃ]が加わった。まず中高ドイツ語のsは，子音の前の語頭において，本来の歯擦音的傾向をさらに強め[ʃ]音に変化し，16世紀以降，広くschと表記されるようになった。

mhd.　　　*nhd.*
slâfen → schlafen（眠っている）
smërze → Schmerz（痛み）
snê → Schnee（雪）

```
swimmen   →   schwimmen（泳ぐ）
```

しかし，p と t の前では，*mhd.* sprechen ＞ *nhd.* sprechen（話す），*mhd.* stein ＞ *nhd.* Stein（石）のように，sch の表記は定着しなかった．

このほか，語中・語末の s と一部の z は，r の後で [ʃ] に変化した．この変化は，14, 15 世紀には高地ドイツ語の全領域で見られたが，このうちの一部が新高ドイツ語に定着した．

```
    mhd.          nhd.
    hêrsen   →   herrschen（支配する）
    hirz     →   Hirsch（鹿）
    kirse    →   Kirsche（サクランボ）
```

これに対して，erst（＜ *mhd.* êrst 第一の），Ferse（＜ *mhd.* versën かかと），Wurst（＜ *mhd.* wurst ソーセージ）などでは，古い s が見られる．

【2】s → s [z]

中高ドイツ語の s は，母音の前の語頭で，さらに語中の母音間あるいは l, r, m, n と母音の間で，*mhd.* sagen ＞ *nhd.* sagen（言う），*mhd.* lësen ＞ *nhd.* lesen（読む，拾い集める），*mhd.* amsel ＞ *nhd.* Amsel（ツグミ）のように有声の [z] になった．

【3】s/ʒ → s [s]

中高ドイツ語の s は，上記以外の位置で，また，中高ドイツ語の ʒ は，大抵の場合，無声の [s] になった．この場合の s-音は，中高ドイツ語で s, ss, z, zz と表記され（58 頁の脚注★★を参照），今日のドイツ語では，位置により s, ss, ß と使い分けられている．

```
    mhd.          nhd.
    daz      →   das（それ，その〈中性指示代名詞・定冠詞〉）
    wizzen   →   wissen（知っている）
    weiz     →   weiß（知っている〈1, 3 人称単数〉）
    gras     →   Gras（草）
    küssen   →   küssen（キスをする）
```

② tw- の変化

語頭の tw- は，上部ドイツ語圏を中心とした z [ts] と，東中部ドイツ語圏を中心とした k もしくは q [k] に変化した。その際，w [w] も [v] の音に変わった。

mhd.　　　　*nhd.*
twërc　→　Zwerg（こびと）
twër　→　quer（横の）

③ h の変化

中高ドイツ語では，語中の母音間における h は気息音 [h] として発音されていたが，初期新高ドイツ語では，この h は無音となり，*mhd.* sëhen [se-hen] ＞ *nhd.* sehen [seːn]（見る），*mhd.* nâhe [naː-he] ＞ *nhd.* nahe [naːe]（近い）のように長音記号として表記されるようになった。長音記号としての h は初期新高ドイツ語において，*mhd.* varn ＞ *nhd.* fahren（乗り物で行く），*mhd.* gên ＞ *nhd.* gehen（歩いていく）などのように本来 h をとらない単語にも用いられるようになった。この h が無声となった後に，語形を縮約させた，*mhd.* stahel ＞ *nhd.* Stahl（鋼鉄），*mhd.* zëhen ＞ *nhd.* zehn（10）のような単語も見られる。

さらに中高ドイツ語では，語末の h は軟口蓋摩擦音 ch [x, ç] となったが，初期新高ドイツ語では，*mhd.* sah [sax] ＞ *nhd.* sah [zaː]（見る〈過去形〉）と無声化した。

この他に中高ドイツ語の s の前の h は，初期新高ドイツ語で *mhd.* vuhs [fuxs] ＞ *nhd.* Fuchs [fuks]（狐）のように，軟口蓋摩擦音 [x] から閉鎖音 [k] に変わった。

今日のドイツ語では，th は Theater（劇，劇場），Thema（テーマ）のようにギリシャ語系の語に用いられるが，初期新高ドイツ語では，*mhd.* tor ＞ *fnhd.* thor（＞ *nhd.* Tor 門）に見られるように，本来のゲルマン語系の語でも，t の後に h を添加した th が広範に用いられた。この現象は 19 世紀末まで見られる。

④ 語末音 -t の添加

初期新高ドイツ語では，語末の n あるいは s の後に t (d) が添加される現象が見られるが，このうちいくつかのものは新高ドイツ語に定着した。

	mhd.		nhd.
	ieman	→	jemand（誰か）
	mân	→	Mond（月）
	obez	→	Obst（果物）
	selbes	→	selbst（自分自身）

このような t の添加は，mhd. eigenlîch ＞ nhd. eigentlich（本来は），mhd. mînhalben ＞ nhd. meinethalben（私のために）のような合成名詞や派生語でも見られる。

⑤ 同化

隣接する音と調音点が同じに，あるいはより近い音に変化する子音変化は，中高ドイツ語から初期新高ドイツ語への移行期，および初期新高ドイツ語期に広く浸透した。この現象は特に鼻音に多く見られる。

	mhd.		nhd.
	zimber	→	Zimmer（部屋）
	kümftic	→	künftig（未来の）
	ënphinden	→	empfinden（感じる）

4.3.2　形態

初期新高ドイツ語では，中高ドイツ語における文法的形態の簡略化，文法的語形変化の均一化という発展方向がさらに顕著なものとなる。

4.3.2.1　名詞の曲用形

中高ドイツ語に見られた二つの傾向，つまり格表示機能の後退と数表示機能の強化は，この時代になお一層進行した。中高ドイツ語で多く見られた男性および女性の弱変化名詞に関しても，初期新高ドイツ語では男性名詞の多くが強変化に，女性名詞のすべてが単数形で強変化に移行した。中高ドイツ語の男性弱変化名詞 garte（庭園）と女性弱変化名詞の zunge（舌）の曲用形を，中高ドイツ語，初期新高ドイツ語，新高ドイツ語で比較すると以下のとおりである。

	mhd.	fnhd.	nhd.	mhd.	fnhd.	nhd.
単数主格	garte	garten	Garten	zunge	zunge	Zunge
属格	garten	gartens	Gartens	zungen	zunge	Zunge
与格	garten	garten	Garten	zungen	zunge	Zunge
対格	garten	garten	Garten	zungen	zunge	Zunge
複数主格	garten	garten / gärten	Gärten	zungen	zungen	Zungen
属格	garten	garten / gärten	Gärten	zungen	zungen	Zungen
与格	garten	garten / gärten	Gärten	zungen	zungen	Zungen
対格	garten	garten / gärten	Gärten	zungen	zungen	Zungen

初期新高ドイツ語の名詞の曲用形は，もはや語幹末のテーマ母音ではなく，複数形の型に基づいて以下のように分類される。

	mhd.		fnhd.
一型	der burgære / die burgære	→	der burger / die burger
			（der Bürger / die Bürger 市民）
¨型	der apfel / die epfel	→	der apfel / die äpfel
			（der Apfel / die Äpfel りんご）
一 e 型	der wëc / die wëge	→	der weg / die wege
			（der Weg / die Wege 道）
¨ e 型	der gast / die geste	→	der gast / die gäste
			（der Gast / die Gäste 客）
一 er 型	daz kint / diu kint	→	das kind / die kinder
			（das Kind / die Kinder 子供）
一 en 型	daz bette / diu bette	→	das bette / die betten
			（das Bett / die Betten ベッド）

これに加えて17世紀末には，複数語尾 -s が，フランス語の影響（das Hotel-die Hotels ホテル）や，低地ドイツ語の影響（das Deck-die Decks 甲板）によって見られるようになり，さらにその後は英語の影響で，der Streik-die Streiks（ストライキ），das Taxi-die Taxis（タクシー）のようにドイツ語の新しい複数語尾として定着するようになる。
(Polenz I, 155-156)

4.3.2.2 形容詞

　付加語として用いられる形容詞の，格語尾変化における強変化と弱変化の使い分けは，初期新高ドイツ語時代には，まだ現代ドイツ語のようには整っていない。17世紀になってようやく，現代ドイツ語のように，定冠詞・定冠詞類があり格表示がはっきりしている場合には，形容詞は弱変化 (der arme Mann, dem alten Freund における -e, -en)，定冠詞・定冠詞類がない場合には，形容詞が強変化の変化語尾で格表示をする (armer Mann, altem Freund) というように，名詞句全体のどこか一箇所で格表示がはっきりなされているか否かによって，弱変化と強変化を使い分けるという体系に変わってくる。それ以前，14, 15世紀頃のドイツ語の形容詞の格語尾変化では，定冠詞によって明確に格表示がなされていても，mit dem erschroecklichem grossen Bauch (恐ろしく大きいお腹で)，des morgendes tages (明けた翌日に) のように，更に形容詞の強変化語尾によって格表示を二重に行うことも希ではなかった。その一方，jnn diesen funfzehen *vergangen* jaren (この15年の過ぎ去った年に)，in jren *eigen* worten (自分自身のことばで) のように，名詞の前に置かれる形容詞でも格変化語尾を持たない例もあった。　　　　　　　　　　　　　　　　　(Polenz I, 157–158)

4.3.2.3 動詞の活用形

　動詞の活用形に関しても，初期新高ドイツ語は，中高ドイツ語から新高ドイツ語につながる発展段階にあった。動詞の活用形も，初期新高ドイツ語では均一化の方向が顕著になるとともに，地域的な異形が並存し，これらが互いに競合していた。中高ドイツ語と初期新高ドイツ語における，強変化動詞の直説法現在および過去の代表的な人称変化を比較すると，以下のようになる。

nehmen (取る)		現在			過去		
		mhd.	*fnhd.*	*nhd.*	*mhd.*	*fnhd.*	*nhd.*
単数	1人称	nime	neme, nim	nehme	nam	nam	nahm
	2人称	nimest	nimest	nimmst	næme	namest	nahmst
	3人称	nimet	nimet	nimmt	nam	nam	nahm

複数	1人称	nëmen	nemen	nehmen	nâmen	namen	nahmen
	2人称	nëmet	nemet	nehmt	nâmet	namet	nahmt
	3人称	nëment	nemen	nehmen	nâmen	namen	nahmen
					a = [â]		

　強変化動詞の幹母音は，中高ドイツ語では単数と複数で区別されたが，初期新高ドイツ語ではこの数の区別を排する傾向が見られる。特に過去形では，finden（見つける）において ich fand－wir fanden（*mhd.* ich vand－wir vunden）のように，単数と複数の幹母音は統一されるようになってきた。また人称変化でも複数現在形は，東中部ドイツ語ですでに15世紀に，今日と同様の語尾，wir … -(e)n, ihr … -(e)t, sie … -(e)n を持った形で現れる。さらに強変化動詞の2人称単数過去形についても，中高ドイツ語では，接続法過去の1, 3人称単数形と同様の næme が用いられたが，初期新高ドイツ語では2人称単数現在形や弱変化の過去形との類推から，語尾 -(e)st が用いられ，幹母音も過去形として統一された（du namest）。

　中高ドイツ語の弱変化動詞は，現在形と過去形で異なる幹母音をとるか否かによって2種類に分類された。

hœren — hôrte — gehœret / gehôrt（*nhd.* hören — hörte — gehört 聞く）
nern — ner(e)te — gener(e)t（*nhd.* nähren — nährte — genährt 養う）

　これに対して初期新高ドイツ語では，14世紀から上部ドイツ語圏を中心に，現在形と過去形で異なる幹母音を現在形の幹母音に統一しようとする傾向が見られる。この現象は，15世紀半ばには中部ドイツ語圏にも浸透していく。しかし，この統一化の現象は緩やかに進行し，また動詞によっても異なったため，この時代の弱変化動詞の形態は二つの区分を保ちながら，setzen — satzte / setzte（*nhd.* setzen — setzte 置く），kennen — kannte / kennte（*nhd.* kennen — kannte 知っている）のように，過去形に二つの形が並存した。

　新高ドイツ語では，弱変化動詞の現在形と過去形の幹母音の均一化によって，弱変化動詞の2種類の区分はもはや見られない。しかし brennen（燃える），kennen（知っている），nennen（〜と呼ぶ）など若干の動詞は，今日なお，いわゆる「混合変

化動詞」として現在形と過去形で異なる幹母音を保持している。

(Polenz I, 156-157)

4.3.2.4 動詞複合体

　動詞の時制，態，法などの文法的範疇を，動詞本体のみではなく助動詞と組み合わせて表現する方法は，すでに中世ドイツ語諸方言で観察されるが，初期新高ドイツ語時代にはこの傾向が顕著になり，徐々に現代のそれに近くなってくる。もっとも，これらの現象が文法的にも意味的にも体系化されるのは17世紀になってからのことである。このような動詞複合体の多くは，動詞のアスペクト（完了，未完了）や動作相（行為・動作などの経過の特定の部分をあらわす始動相，継続相，完了相など）の表示から，時制を表示する機能へと推移している。具体的には，sein, haben, werden を助動詞とする過去や未来の表現である。

① 完了形

　この時代，特に発展した動詞複合体のひとつは，habe ... getan, bin ... gewesen など助動詞 sein もしくは haben と過去分詞が結びついた完了形である。古高ドイツ語，中高ドイツ語における接頭辞 ge- の完了アスペクトの意味が失われたことによって，ge- を過去分詞の前綴りとして規則的に用いることが可能となった。接頭辞 ge- は，完了の意味がはっきりしていた時代には，かなり自由にどの動詞にも付加して完了の意味をあらわすことができ，過去分詞にのみ付加されるわけではなかった。ge- が持っていた完了の意味は，助動詞と本動詞過去分詞からなる完了形に引き継がれ，この動詞複合体全体で，完了の意味をあらわすようになったのである。完了形の助動詞に関しては，中部ドイツ語方言では sein 使用と haben 使用の揺れが見られ（er hat gesessen－er ist gesessen 彼は座っていた），ルターでは，ist gessesen（座っていた），gestanden sey（立っていた）のように sein 使用が優勢であった。一方，上部ドイツ語方言では，現在完了形や過去完了形を明示するため，ich habe geschrieben gehabt（私は手紙を書いた），nachdem er gestorben gewesen war（彼が死んでしまった後で）のように，過去分詞にさらに sein, haben の過去分詞を重ねた二重完了形

も見られた。上部ドイツ語方言では，完了形は特に好んで用いられ，過去形に代わって現在完了形が使用されたことで，ついには口語において過去形が消失するに至った。この他，不定詞を伴う話法助動詞，使役助動詞 lassen，知覚動詞 sehen, hören に関して，完了形で過去分詞の代わりに不定詞形，いわゆる「代替不定詞」を用いる方法は，habe ich deine Kinder versamlen wollen（私はお前の子供たちを集めようとした）のように，すでに初期新高ドイツ語でも見られた。

(Polenz I, 188-190; Wells, 259-260; 262-265)

② 動作相

動作相の表示に関しては，中高ドイツ語と同様，行為の開始をあらわす始動相には，des wurdens werffent（そこで彼らは〈石を〉投げ始めた）に見られるように，werden と現在分詞もしくは不定詞が結びついた形が用いられた。ここでの werden は多くの場合，過去形であった。継続的な動作をあらわす継続相には，中高ドイツ語と同様，Jhesus wuste von anfang wol, welche nicht gleubend waren sein（イエスは誰が自分を信じていないか，最初からよく知っていた）に見られるように，動詞 sein と現在分詞が結びついた形が用いられた。

(Polenz I, 189; Wells, 258-259)

③ 未来形

werden の現在形と不定詞の結びついた複合体は，der wirt dich erben（彼がお前の後を継ぐことになるだろう）のように，いわゆる「未来形」として用いられるようになってきた。この「werden＋不定詞」は，15世紀になってから，それ以前に未来の出来事をあらわす際に用いられることのあった「werden＋現在分詞」(wird weinend 泣くだろう）に代わって，未来の出来事をあらわすのに用いられるようになった。一方，「werden＋現在分詞」は，16世紀までは「〜し始める」という始動相の意味を担う表現としても用いられていた。「werden＋現在分詞」から「werden＋不定詞」への移行に関しては，ひとつには現在分詞の発音で最後の t が発音されなくなったこと，もうひとつには，それまで未来の出来事をあらわす際に用いられていた助動詞 wollen, sollen の用法との類推から，werden も不定詞と結びつけて用い

られるようになったことが，その理由として考えられている。文法的にも意味的にも「werden + 不定詞」が未来形として定着するのは，16世紀中頃になってからである。「werden + 不定詞」が未来をあらわすという規則は，規範文法とその中で無理にラテン語の過去・現在・未来の3時制体系に適合させられた，ドイツ語の時制体系規範に由来する。ドイツ語は，動詞の形の上では現在と過去しか区別せず，未来の事柄は現在形で表現できる。したがって未来の事柄を表現するのに「werden + 不定詞」を用いるのは，むしろ教養人の堅いドイツ語の特徴である。現在，「werden + 不定詞」を用いた場合，Er fühlt, er wird krank sein（彼は体調が悪いように感じている）のように推量の意味で用いたり，Du wirst das nicht tun（おまえはそんなことをしてはいけないよ）のように要求・命令の意味で用いたりすることも少なくない。

(Polenz I, 189; Wells, 260-261)

4 受動形

助動詞に同じく werden を用い，過去分詞とともに用いられる動作受動は，中世ドイツ語諸方言では，ある別の状態になることをあらわす動作相をあらわしていた。まさに werden の「～になる」という本来の意味がはっきりしていたのである。この動詞複合体が，16, 17世紀に完了形（ist getan worden なされた），未来形（wird getan werden なされるだろう）という形で時制体系の中に組み込まれるに及び，werden が持つ「なる」という意味要素が失われ，文法的に受動態を担う助動詞としての位置づけが明確になったと考えられている。

werden もしくは sein と過去分詞が結びついた受動形も，初期新高ドイツ語期に広く浸透した。特に15世紀には，er ist funden worden（彼は発見された）に見られるように，完了形で受動の助動詞 werden の過去分詞形 worden が一般化した。しかし16世紀には，er ist widder funden（彼は再び見つけられた）のように worden が消失した形も現れる。

(Polenz I, 189)

5 その他の動詞複合体

完了，未来，受動をあらわす以外の動詞複合体も初期新高ドイツ語時代には存在

したが，それらは文法体系に組み込まれて現在に継承されるまでには至らなかった。そのひとつの例が，Er tut sich freuen（彼は喜んでいる）のような「tun＋不定詞」の複合体である。これは15, 16世紀，上部ドイツ語圏で特に韻文に多く用いられ，意味的には反復ないしは継続する行為をあらわしていた。しかし1700年頃には，民衆語，口語的な用法とされ，書きことばからは消えてしまった。もっとも南ドイツの話しことばでは，「tun＋不定詞」は現在でも用いられている。

(Polenz I, 189)

4.3.3 統語

　14, 15世紀のドイツ語においては，現在のドイツ語で見られる統語上の諸原則がほぼすべて観察され，それらがテキストの種類やコミュニケーションの必要に応じて利用され，現在のドイツ語の標準的な統語現象へと至る。すなわち，1）主文での定動詞第二位，副文での定動詞文末のように，動詞の位置固定により主文と副文の語順の上での区別が明確になる，2）「würde＋不定詞」，「haben＋過去分詞」，in Bewegung kommen / bringen（動き出す / 動かす）などのように，法や時制，アスペクトや動作相を，動詞本体における形態変化によってのみ表示するのではなく，助動詞や，一定の動詞，名詞，前置詞の結合などからなる動詞複合体によって表示する分析的な体系が整ってくる，3）文の枠構造がはっきりしてくる，4）コンテクストに応じて分肢の位置を変えることにより，情報伝達をより効果的に行うようになる，5）形容詞，前置詞句，属格名詞句などの付加によって拡張された名詞句が，文相当の叙述機能を持つようになる，などの現象である。

　これらの現象は，あくまで現在のドイツ語の書きことばにまで通じる潜在性を持つということで，必ずしもすべての現象があらゆるジャンルのテキストにおいて頻繁に利用されたという意味ではない。ドイツ語全体としてこのような潜在性があっても，社会的な条件，コミュニケーション状況など，様々な社会的要因により，用いられる度合いが異なっていたのである。近現代のドイツ語書きことばに関する統語上の変遷は，言語システムの変遷というよりは，コミュニケーション状況に応じ

た諸文体の，相互関係の推移とも言える。すなわち，あるテキストにおいて何を意図しているかによって，語彙の選択，文の複雑さなどが異なってくるのである。このことは中世と比べて，書きことばとしてのドイツ語を担う社会層が増えたこと，書きことばとしてのドイツ語を介したコミュニケーションが増えたこととも関係しているであろう。

　文の複雑さに関して見ると，副文や関係文，不定詞句，分詞句など従属した文や句を，ひとつの主文の下に組み込む傾向が顕著となってくる。このような複雑な文章は，テキストを介するコミュニケーションが，朗読を聞く形態から黙読する形態に移行してきたことによって助長された。テキストのジャンルによって複雑さの度合いとその推移は異なる。法律や記録など公の文書においては，すでに中世の頃から，副文の下に更に従属する副文が組み込まれるような，長くて複雑な文章が用いられている。ルターのドイツ語においては，公の場での説得を意図するような文書では，複雑な文体を避け，口頭で話しても理解されやすい文体を用いているが，手紙などではかなり複雑な文体も用いている。ただこの時代には，上位文と下位文の従属関係は，規範の明確な 19 世紀後半頃のドイツ語書きことばほどには厳密ではない。　　　　　　　　　　　　　　　　　　　　（Polenz I, 185-191; Wells, 270-276）

4.3.3.1　話しことばに近い統語現象

　話しことばに近い統語現象としてあげられるのは，以下のようなものである。1) Ich habe dich angerufen gestern abend（私は君に電話した，昨日の晩）の gestern abend のように，枠構造の枠を，文末で閉じるのではなく文中で閉じ，本来は文中に来る要素を枠外に出す「枠外配置」，2) Unmöglich, sein Benehmen（信じられない，あいつの振舞）のように，本来文中に入る要素を，文が終わった後に付け加える「文肢追加」，3) Siegfried, der aus Niederland stammt — er wurde von Hagen getötet（ネーデルラント出身のジークフリート，彼はハーゲンに殺された）のように，副文などが挿入されたりして主語が遠くなった場合，もう一度その主語を代名詞で受ける「主語受け直し」，4) Seine Bemerkung — ich habe sie immer wieder hören müssen — war beleidigend（彼の注意は—それを何度も繰り返し聞かなければならなかったが—侮辱的だっ

た）のように，別の主文を挿入して分肢などを補足的に説明する「挿入文」，5) Hilfst du mir, helfe ich dir （もし君が私を手伝ってくれたら，私も君を手伝うよ）のような「定動詞文頭の条件文」，6) Ich weiß: Du ärgerst dich （知っているよ，君が怒っていることを）のように，主文の形で続く「主文目的語文」などである。ここにあげられたもの以外にも，話しことばに近い統語現象は，現在のドイツ語でも見られる。19世紀後半にその頂点に達する教養市民的ドイツ語書きことば規範からすれば，これらの現象は正しいドイツ語とは言えないのであるが，このような現象は初期新高ドイツ語のテキストでは多く見られる。 (Polenz I, 186)

4.3.3.2 主文と副文の境界の曖昧さ

平叙文および従属文における動詞成分の語順に関しても，新高ドイツ語の配語法が成立しつつあり，平叙文における定動詞はこの時代にすでに，大抵は第二位に置かれた。しかし，Spricht zu jm einer seiner Jünger （彼に弟子のひとりが言う）に見られるように，定動詞が文頭に置かれたり，Desgleichen auch die Hohenpriester spotteten sein （そのように高位の神官も彼のことを嘲った）のように，第三位以下に置かれたりする例も見られた。 (Philipp, 94-95)

4.3.3.3 枠構造

この時代には，Ir werdet mich von jtzt an nicht sehen （おまえたちは私にこれからは会わないだろう）や，das jr mein Angesichte nicht mehr sehen werdet （おまえたちが私の顔をもはや見ないだろうということ）のような，枠構造も広く見られる。しかし初期新高ドイツ語では，枠構造はまだ文法的規則として確立はしておらず，ein stym wart gehort in der hoehe （ある声が聞かれた，高いところで）や ich hab gelauffen den weg （私はその道を走った）のように，完全に枠構造をなしていない用例も少なからず見られる。(Philipp, 96-97)

現在のドイツ語の文では，複合動詞を用いた場合，定動詞以外の部分が文末に来る枠構造をとる。枠構造は，かつての研究ではラテン語の影響とされたが，最近の研究ではこれと異なる見解が示されている。例えばルターの『テーブル談義』のテ

キストについて見ると，ドイツ語の dass 文では 7 割ほどが枠構造なのに対し，ラテン語の副文での枠構造はわずか 3 割弱であるという研究結果が出ている（Stolt 1964）。つまり枠構造は，ドイツ語自身の中に存在していた可能性があるということになる。その一方，文要素の枠外配置も頻繁に用いられていた。

　副文で定動詞を文末に置く語順は，初期新高ドイツ語時代に，副文の文法的シグナルとして定着していく。これは，従属接続詞の発達と，主文で定動詞を文頭から二番目に置く語順の定着とも絡み合って広まってゆく。主文と副文の語順による区別は，中高ドイツ語とは大きく異なる革新であり，徐々に定着してゆく継続的なプロセスである。15 世紀には，この傾向の多少の後退もあったが，それ以後着実に広まり，17 世紀以降，教養人のドイツ語文法において，語順による主文，副文の区別は絶対視されることとなる。書記方言地域でこの変化がもっとも進んでいたのは，東中部ドイツ語であった。

　語順による主文と副文の区別の厳密さは，書き手の社会的地位とも大きく関係していることが明らかになっている。高度な教育を受けた知識人の文書や，官庁の文書ほど枠構造が顕著であり，枠構造を維持しながら下位文の中に更に下位文が数段階下まで入るという，複雑な「箱文」も珍しくなかった。それに対し，話しことばに近いテキストほど，枠外配置により枠構造を中断する傾向をはっきりと示している（Ebert 1986）。

　枠外配置は，現在のドイツ語でも，話しことばではよく見られる現象である。コミュニケーションの相手にとっての理解しやすさという観点からすれば，あまりにも長く複雑な枠構造は聞き手には負担である。枠外配置はそのような認知上の負担を軽減するものであり，話しことばで多用されることは自然である。官庁文書のように，おおよそ話しことばからはかけ離れたところで，枠構造を多用した複雑な文書が広まったという事実は，書きことばが，一般民衆から書き手を区別し，書き手の置かれた特定の社会階層を示すステータスシンボルとして機能していたことを裏づけるものである。したがって，このような文体のみを，ドイツ語の唯一の発展傾向として理解してしまわないように注意しなければならない。あくまでも数多くある潜在的な可能性のうちのひとつが，一定の社会コミュニケーション状況の下，一

定のテキストジャンルにおいては際立っていたということであり，社会コミュニケーション状況が異なれば，当然そこにおけるドイツ語の文体も異なる。

（Polenz Ⅰ, 190-191）

4.3.3.4 文と文の結合 —— 論理的な明晰さへ

　初期新高ドイツ語では，従属の接続詞の発達と，これに関連した複合文の発展が見られる。中高ドイツ語のテキストでは，sô, dô, dâ, nu, unt, daz などの接続詞の意味は曖昧であるが，中高ドイツ語の韻文テキストを散文にしたテキストでは，これらの曖昧な接続詞・副詞が，原因，逆接，条件，目的などの意味がはっきりした接続詞や副詞によって置き換えられている。このような過程で，「理由」は weil, da, denn, darumb das が，「目的」は da(r)mit, umbe das, auf das が，「条件」は wenn がそれぞれ担うようになってくる。それに伴い，so は一義的に「帰結」を意味するようになってくる。時間をあらわす接続詞は，従来の do, da に対して，新たに als（〜した時に）が用いられるようになった。また同時性を示す接続詞も，従来の weil に対して während（〜の間に）が一般化した。wenn, wann も，時間を示す疑問副詞「いつ」とともに，条件「もし〜ならば」を示す接続詞としても用いられた。接続詞の dass は，16 世紀以来，指示代名詞，関係代名詞，定冠詞の das と，表記上も明確に区別されるようになった。ここに，初期新高ドイツ語時代から，現代ドイツ語に通じる，論理的意味の分化した接続詞の体系が整ってくる。

（Polenz Ⅰ, 187; Wells, 274-275）

4.3.3.5 関係文

　関係文による名詞修飾において，初期新高ドイツ語では中高ドイツ語と同様に，上位文の中に関係文のかかる先行詞が明示されていない，または関係文において，関係代名詞が欠けているという例が見られる。前者の例は，ルターの聖書ドイツ語訳 Maria aber war, die den Herrn gesalbt hat（ところでマリアであった，主に香油を塗ったのは）に見られる。現在のドイツ語文法からすれば，Maria war die(jenige), die den Herrn gesalbt hat, のようにならなければならない。このような例は現在でも，慣用

句 Ehre dem Ehre gebührt（名誉に値する者を敬うがよい）に残っているが，現在のドイツ語文法からすれば，Man möge denjenigen ehren, dem Ehre gebührt にならなければならない。このような構文は，これが現在のドイツ語でも慣用句に残っていること，民衆風の文体で書かれたゲーテの詩に見られることなどにうかがわれるように，民衆の話しことばでは普通だったと考えられる。一方，ラテン語学校に通った人々や，人文主義教育を受けた知識人たちの文書には，このような例はきわめて少ない。ラテン語の構文を手本とする知識人たちにとっては，ラテン語にモデルのないドイツ語の話しことば特有の現象は，粗野と映ったのであろう。

（Polenz Ⅰ, 187-188）

4.3.4　語彙の拡大と発展 ── 造語と専門用語

　初期新高ドイツ語期には，実用的なコミュニケーション手段としてラテン語に代わり用いられるようになったドイツ語の書きことばに対して，多くの市民が書き手，読み手として関与することになった。このことがドイツ語の造語能力と語彙を豊かにし，その結果，現在のドイツ語に見られるような名詞派生体系の基礎の大半がこの時代に築かれることになった，ということが研究により明らかになっている（Müller 1993, Habermann 1994）。特に，芸術家アルブレヒト・デューラーのドイツ語に，現在のドイツ語の造語方法の基本的な輪郭がすでにうかがわれるが，それは現在のドイツ語書きことばよりはむしろ話しことばに近い。現在のドイツ語と異なる点は，この時代には，接辞や造語方法などに多くの異種が見られること，また造語方法の生産性や意味機能が，現代のそれとはいくつかの点においてずれていることである。このことは，16世紀から現在のドイツ語にかけて，異種，ヴァリエーションが排除され，特定の造語方法に集約，整理されてきたことを意味する。

（Polenz Ⅰ, 193-194; 198-203）

4.3.4.1　造語 ──「造語言語」としてのドイツ語の発展

　初期新高ドイツ語の語彙領域での変化として，ドイツ語が潜在的に有していた造

語の可能性を活用することで，ロマンス系やスラブ系の言語，さらには英語と比べて，造語法の際立った言語へと発展し始めることをあげることができる。これは，後々のドイツ語の発展にとって大きな影響を与えることになる。現在のドイツ語は，他の言語ならば複数の語で表現するようなところでも，造語法を活用して一語で表現することが可能である。例えば，過去分詞 betrogen を名詞化して der Betrogene とすることで，日本語ならば「その騙された男」というように句で表現しなければならないところも，一語で表現してしまうことが可能である。また，例えばフランス語の tact に対応するドイツ語の Takt-gefühl（如才なさ），英語の visits，フランス語の visites に対応するドイツ語の Besuchs-reisen（見物旅行）などのように，事物・事柄を命名，表現する際，ドイツ語では他の言語と比べて，命名の動機や当該語彙の所属領域や上位概念がわかるように，合成語を用いる傾向が際立っている。また中高ドイツ語と比べても，初期新高ドイツ語以降のドイツ語では，造語，特に合成語の頻度が高い。このような造語体系によって，15, 16 世紀の，ドイツ語における専門，科学言語の基礎が整えられることとなったのである。

　初期新高ドイツ語時代の造語法に特徴的な点のひとつは，音韻上はっきりしなくなった接尾辞が，はっきりした接尾辞に取って代わられることである。これは中高ドイツ語から継続する傾向で，例えば sælde から Seligkeit（至福）への交代に見られるように，かつて形容詞から名詞を派生する際に用いられた名詞派生接尾辞 -e に代わって，形容詞から名詞を派生させる際に生産的な，接尾辞 -keit が用いられるようになる。これと関連して，Genauigkeit（正確さ）や Lesbarkeit（読みやすさ）における，-ig + keit, -bar + keit などのような接尾辞の複合や，befestigen（固定する）に見られるような接頭辞と接尾辞の複合が頻繁になってくる。これと同様に，造語動機を明らかにするという意味では，serienmäßig（大量生産の），gesetzmäßig（法則に適った）などの -mäßig（〜に従った，適った），vitaminarm（ビタミン不足の），kalorienreich（高カロリーの）などに見られる -arm, -reich などのように，本来は独立した構成要素が新たな接尾辞となったこと，an-, auf-, ein-, vor-, zu-, unter-, um- などの分離前綴りが頻繁に用いられるようになったことも注目に値する。

（Polenz I, 193–197; II, 290–297; III, 367–369）

1 名詞派生

　この時代，ドイツ語は従来の生産的な造語手段に加えて，新たな造語法も発展させた。現在のドイツ語では頻繁に目にする，形容詞から名詞を派生させる接尾辞 -heit / keit は，すでに中高ドイツ語時代，同様の機能を持つ古い接尾辞 -e, -(e)de (*mhd.* schoene＝*mhd.* schoenheit ＞ *nhd.* Schönheit 美) と競合関係にあった。初期新高ドイツ語期には -heit 形が優勢となったが，その後，古い接尾辞 -e が復活し，現代語の Höhe（高さ）や Größe（大きさ）などに見られる。しかしこのような例は少なく，現代語まで残っているこれらの語も，初期新高ドイツ語時代には hochheit (*nhd.* Höhe 高さ) や großheit (*nhd.* Größe 大きさ) のように，-heit/keit のヴァリエーションも並存していた。一方，接尾辞 -(e)de に至っては，現代語では Begierde（欲望），Zierde（装飾），Gelübde（誓約）程度しか残っていない。

　初期新高ドイツ語ではさらに，Geistlichkeit（聖職者）や Oberkeit (*nhd.* Obrigkeit 権力者，お上) のように，接尾辞 -heit, -keit によって，抽象名詞ばかりでなく人をあらわす具象名詞も造られた。動詞から名詞（女性名詞）を派生させる古くからの生産的な造語手段として用いられてきた接尾辞 -ung は，この時代も生産的であり，語幹の母音交替，または変化語尾部分を落とすことによって派生した名詞（男性名詞）と，例えば wachsung / Wuchs（成長＜ wachsen），genießung / Genuß（享受＜ genießen），pflegung / Pflege（世話＜ pflegen）などに見られるように，競合関係にあった。18 世紀まではこれらの両方の形が並存していたが，-ung 派生の造語の多くは同義の短い形の名詞に取って代わられ，この短い形が今日のドイツ語に定着している。

　動詞があらわす行為を行う人間や職業の名称を，当該の動詞から派生させる接尾辞 -er も，初期新高ドイツ語時代には盛んに用いられ，同じ機能を有していた接尾辞 -e と 17 世紀頃までは競合していたが，現在では -er が圧倒的に優勢であり，接尾辞 -e は，現代語では Bürge（保証人），Scherge（権力の手先），Erbe（遺産相続人）くらいにしか残っていない。

　集合名詞を派生させる際，古くは Gebirge（山脈）に見られるように，ge ... e が用いられていたが，初期新高ドイツ語時代には，bildtwerck（彫刻品）などのように

-werck が用いられるようになる。また 17 世紀以降には，この他にも，Schreibgut（筆記具），Verkehrswesen（交通制度），Spielzeug（おもちゃ）の中に見られるような -gut, -wesen, -zeug も，徐々に用いられるようになってきた。

(Polenz I, 196-197)

2 形容詞派生

　形容詞への派生については，初期新高ドイツ語以降，brauchbar（有用な＜ brauchen）や trinkbar（飲める＜ trinken）のように，ある対象がある行為に適していることをあらわす形容詞を作る，接尾辞 -bar が頻繁に用いられるようになってくる。この接尾辞は，16, 17 世紀に，フランス語の接尾辞 -able, -ible の影響を受け，特に動詞を形容詞化する造語手段として広く用いられた。接尾辞 -bar のこの用法は，Der Plan kann gemacht werden = Der Plan ist machbar（この計画は実行可能である）のパラフレーズに見られるように，現代ドイツ語では，話法の助動詞 können とともに用いられる受動文のヴァリエーションとして文法化され，生産的である。これによって -bar は，接尾辞 -lich, -sam，借用接尾辞 -abel/-ibel と 18 世紀まで競合し，この競合関係は，lesbar — leserlich（読みやすい）や unbesiegbar — unbesieglich（打ち負かせない）のように，今日のドイツ語にも見られる。接尾辞 -bar に対応する中高ドイツ語の接尾辞 -bære の，派生パターンと意味は多様であったが，15 世紀以降には，行為をあらわす動詞に付加するのが普通となり現代に至っている。一方，この多義的な用法の名残は，現代語の kostbar（貴重な），fruchtbar（実り多い），wunderbar（見事な），dankbar（感謝に満ちた）などに見ることができる。 (Polenz I, 197)

3 動詞派生

　初期新高ドイツ語以降，活用語尾と派生接尾辞を形の上ではっきり区別する傾向が顕著になるが，その典型的な例として，動詞派生の接尾辞 -igen の使用増加があげられる。例えば，「罪を犯す」を意味する初期新高ドイツ語の動詞 sünden は，名詞 Sünde から派生した動詞であるが，-en は動詞一般の活用語尾とも同形になる。そこで sündigen のように接尾辞 -igen を用いることで，特定の意味が付与されて派

生した動詞であるとわかるように，形の上で改めて区別された。この傾向は17世紀にかけて顕著であり，特に法律関係，官庁関係の文書や説教で多用された。

　フランス語の -ier から借用した接尾辞 -ieren は，すでに中高ドイツ語期に新たな動詞を創造する手段として用いられたが，15世紀から17世紀にかけて増加する。この時期には autorisieren（権限を与える）や kritisieren（批評する）のように，ラテン語を中心とした借用語に付加された派生動詞が多く見られる。接尾辞 -ieren は，hofieren（取り入る），halbieren（半分にする），buchstabieren（綴りをいう），stolzieren（威張って歩く），schattieren（陰影をつける）などのように，もともとはドイツ語起源の名詞にも付加されるほどの生産性を持つようになり，多くの新しい動詞が創造された。しかし，その多くは後に姿を消し，今日のドイツ語に残ったものはわずかである。

　動詞の派生では，bekräftigen（強調する，念を押す）などのような接周辞派生 be-… -igen と並んで，非分離前綴り ver-, ent- による派生が増加した。非分離前綴り全体においては，be-, zer- は大きな増減はなく，er- は減少傾向にあった。ge- は，過去分詞の前綴りとして用いられるようになったこともあり，ge- による派生は極端に減少した。現在のドイツ語では，動詞の前綴りによって意味を細かく区別するが，この傾向は初期新高ドイツ語時代に始まったと言える。分離前綴りによる派生も多く見られるようになったが，初期新高ドイツ語時代にはまだ，別々に綴られることが多かった。
　　　　　　　　　　　　　　　　　　　　　　　　　　　　（Polenz I, 197-198）

④ 合成語

　それぞれ独立した複数の構成要素が結びついて，ひとつの新しい意味をあらわす単語を形成する複合語もしくは合成語も，この時代，特に名詞を中心に発展する。中高ドイツ語では，*mhd.* hûsherre（＞ *nhd.* Hausherr 一家の主人）や *mhd.* burcmûre（＞ *nhd.* Burgmauer 城壁）などのように，変化語尾を取らない規定語が基礎語と結びついた形が一般的であったのに対し，初期新高ドイツ語期では，規定語の男性，中性名詞は wirtshûs（＞ *nhd.* Wirtshaus 宿屋）のように -s を，女性名詞は nunnenkleid（＞ *nhd.* Nonnenkleid 尼僧服）のように -(e)n をそれぞれ語尾にとり，基礎語と結びつく

形が多く見られるようになった。さらに規定語が女性名詞でも，fastnachtslarve（≒ Fastnachtsmaske 謝肉祭の仮面）や mitternachtsstunde（＞ *nhd.* Mitternachtsstunde 真夜中の時間）のように語尾に -s を取り始めると，この語尾は複合名詞の接合辞として広く用いられるようになる。　　　　　　　　　　　　　　　　　　　（Polenz I, 194）

4.3.4.2　専門用語・職人語

　これらの語彙形成に寄与した要因としては，中世以来の神秘主義とスコラ哲学の他，中世末期の都市初期市民社会における職業の専門化・分業化に伴う専門領域の分化があげられる。同業組合に組織された職人たち特有の集団語，すなわち専門語，職業語が成立するに伴い，専門用語が発達してくる。学問領域には，中世の学問体系における自由学芸七科，神学，法学，医学の他，さらに「機械術」ないしは「非自由技芸」，「依存技芸」と呼ばれる領域が存在したが，これらの多くはラテン語に依存することはなかった。この領域に属するのは，手工業，貿易，農業・家政，民間療法学，兵法，航海術，地理，宮廷技芸であった。また，公には禁止されていた錬金術，魔術，占術はこれらの領域に隣接する。

　中世末期の専門用語は，依然として職業集団の内輪言語であり，他の集団に技術や秘密が漏れたり他の集団と競合したりすることを怖れ，口頭で伝承されるか，あるいは狩猟用語のように語彙に全く違う意味をあてる秘密言語であった。すなわち，その集団以外の人々に理解されないことを狙った言語だったのである。しかし，初期新高ドイツ語期における教養の大衆化によって，それまでは口頭で表現されていた専門語，職業語の文書化が促されることとなった。これによって，これらの語彙は広い範囲で，ドイツ語の書きことばに取り入れられた。

　手工業自体は，すでに中世末期にかなり細分化され，その細分化されたそれぞれの専門分野に専門用語が存在した。この細分化された職業は，14 世紀以降，都市において必要とされ，15, 16 世紀に定着した姓名に反映され，Schmidt（鍛冶屋），Schneider（仕立て屋），Fischer（漁師），Weber（織工），Becker（パン屋），Fleischer（肉屋），Köhler（炭焼き人），Wagner（車職人），Rademacher（車輪職人），Brauer（醸造者），Drechsler（ろくろ木工師），Kopperschmidt（銅細工師），Messerschmidt（刃物鍛冶

屋），Färber（染物師）などのように現在に至っている。ドイツ語を理解し，ドイツ語テキストを介したコミュニケーションが可能な社会層は，ここに都市の職人などが加わることで大きく変化した。15, 16世紀には，鉱夫語，商人専門語，猟師語，海員語，兵士語，法曹語，ジプシー語などの専門語による最初の記録が現れる。以下，いくつかの専門語領域から，現在に至るまで引き継がれている語彙を紹介する。　　　　　　　　　　　　　　　　　　　　　　　　　（Polenz I, 198-200）

① 鉱夫語

aufschlussreich（露頭に富んだ → 啓発的な），Ausbeute（採掘高 → 収穫），Belegschaft（鉱夫全員 → 全従業員），fördern（鉱物を採掘する → 促進する），Fundgrube（豊かな鉱脈 → 宝庫），reichhaltig（鉱質の豊かな → 内容の充実した），Schicht（鉱層 → 社会的階層）

② 猟師語

Fallstrick（わな），nachhängen（猟犬を連れて跡をつける → 没頭する），nachstellen（獲物を待ち伏せする → つきまとう），naseweis（嗅覚の鋭い → 生意気な），vorlaut（早く吠えすぎる → でしゃばりの），unbändig（猟犬が綱に繋がれたがらない → 手におえない）

③ 低地ドイツ語の海員語

Abstecher（小ボートを本船から離しての小航海 → 寄り道），Ballast（船の平衡を保つ底荷 → 余計な負担），Kurs（船の針路 → コース，進路），Wrack（廃船 → 廃人，くずもの）

④ 兵士語

Ausflucht（窮地からのひそかな脱出 → 言い逃れ），Gelegenheit（偵察すべき敵陣 → 機会），Lärm（警報 → 騒音），Vorteil（戦利品の分配の先取り部分 → 利益）

⑤ 法曹語

anfechten（判決に異議を唱える → 反駁する），behaupten（訴訟の責任者であることを証明する → 主張する），echt（法に適った → 本物の），überzeugen（証人を立てることで認めさせる → 確信させる），verantworten（法廷で弁護する → 責任を負う）

(Polenz I, 201–204)

16, 17世紀には，「技術史」，「技芸史」，「技術本」と呼ばれた専門用語集が出版され，知識の伝達・流布が試みられたが，職人の多くが文字を読めなかったことと，依然として口頭での秘密伝承の習慣が根強かったことで，実用には至らなかった。アルブレヒト・デューラーは，1525年に『コンパスと長定規を使った線・面・立体の測定指導書』を著し，画家や手工業職人に対して，伝統的な建築用語や手工業技術についての理論的な基礎知識と熟慮された専門用語を通じて，自らがラテン語の翻訳や経験から得た知識を伝達しようと努めたが，手工業職人に読まれることはほとんどなかった。しかしこれは，専門用語の形成や後のラテン語翻訳においては大きな役割を果たした。一方，1518年および1522年出版のアダム・リーゼのドイツ語算術本は広く流布していた。初期新高ドイツ語時代，すなわち17世紀，啓蒙主義時代に自然科学が学術的に確立される以前に，すでにドイツ語専門用語は，特定のグループや口頭伝承に限られるものの，実践においては相当高いレベルまで発展していたと推測される。ゴットフリート・ヴィルヘルム・ライプニッツは，1678年の著書『ドイツ語の行使と改善に関する私論』の中で，鉱業，狩猟，航海におけるドイツ語専門用語を賞賛している。

初期市民社会における自然科学および技術探求の始まりは，ドイツ語の教会と神学からの解放のみならず，学術的な人文主義文献学や修辞学におけるラテン語からの解放でもある。ここには手工業，教会建築，航海術，兵法，要塞建築，金貨鋳造，錬金術など，中世後期からの伝統が働いている。こうした技術は大工，遍歴職人，外科医，宮廷技術職人らによってもたらされた。自然科学や技術に関しては当時，いわば二つの文化があったと考えてよいだろう。すなわち，ひとつは神学と結びついた宇宙論，もうひとつは実用的な指南文学である。書籍の流通においても，

学術書を扱う出版社と，市や行商で実用的な指南書を売る書籍行商の両方があった。医学や自然科学の印刷物では，すでに 1520 年から 1528 年頃までに，ドイツ語とラテン語の出版物の数が拮抗していたが，出版社が書籍市で扱う書物では，1681 年になってようやくドイツ語のものがラテン語のものを上回る。近代科学以前の自然科学におけるドイツ語のスタイルを代表する人物のひとりとして，医師パラケルズスをあげることができるが，パラケルズスのテキストには，ラテン語とドイツ語，学術的な抽象さと口語的な比喩や慣用句が混在している。この時代，専門辞書・教本などが出版されるようになるが，中でもラテン語からドイツ語への翻訳で，多くの借用翻訳や借用造語，合成語による造語などを駆使したペトゥルス・ダシポディウスの 1536 年の『羅独辞典』は，多くの世代にわたって利用されていた。このような専門用語辞典や教本での造語方法が，後々の科学におけるドイツ語の発展の素地を築いたと言えるであろう。　　　　（Polenz I, 201−203; II, 54−58）

4.3.4.3　ルタードイツ語

　ルターのドイツ語も，当然のことながら，この時代のドイツ語語彙に大きな影響を与えた。ルター訳聖書は，1533 年頃には平均 10 世帯に 1 冊が，1546 年頃には 2.5 世帯に 1 冊があったと推測されるほど広く普及した。当時としては破格のこの普及率は，ルターの聖書が民衆に分かりやすい翻訳文体を創り出したことによる。ルターは，1466 年メンテリーンによりシュトラースブルクで出版された東上部ドイツ語による聖書，いわゆるメンテリーン聖書から，自身の新約聖書初版の出版直前，1522 年 9 月に低地ドイツのハルバーシュタットで出版された，オストファリア方言による聖書に至るまで，高地ドイツ語版 14 種と低地ドイツ語版 4 種の合計 18 種類の聖書のドイツ語を，自身の聖書翻訳における語彙使用の際の参考にした。ルターは自ら，「私はドイツ語の中で，決まった特別な方言を使うのではなく，高地の人も低地の人も，ともに私の言うことが分かるように共通ドイツ語を使う。私はザクセン侯官庁に則り語る」と述べているように，低地ドイツ語および中部ドイツ語の語彙を多く使用した。ルターの用いた低地・中部ドイツ語の語彙のうち，上部ドイツ語形を抑えて新高ドイツ語に定着したものは次にあげるように，宗教上の

用語以外にも多くのものが見られる。

fett（脂肪の多い）	―	feist（醜く太った＜ mhd. veist 豊かな，脂肪の多い）
krank（病気の＜ mhd. kranc 弱い，小さい）	―	siech（長患いの＜ mhd. siech 病気の）
prahlen（自慢する）	―	(ver)geuden（自慢げに浪費する＜ mhd. giuden 自慢する）
Peitsche（鞭）	―	Geißel（鞭〈上部ドイツ語方言〉）
Hügel（丘）	―	Bühel（丘〈上部ドイツ語方言〉）
Topf（深鍋）	―	Hafen（鍋〈上部ドイツ語方言〉）
Ziege（やぎ）	―	Geiß（やぎ〈上部ドイツ語方言〉）

このほか，Ekel（吐き気），Kahn（小船），schimmern（ほのかに光る），schlummern（まどろむ），schüchtern（おずおずとした），Splitter（小さな破片），täuschen（騙す）などのように，元来，低地ドイツ語もしくは中部ドイツ語の方言に属する語彙が，ルターの影響で上部ドイツ語の広い範囲でも取り入れられ，新高ドイツ語に定着した。(Keller, 434)

　語彙の選択に関してルターは，ベルトホルト・フォン・レーゲンスブルクやマイスター・エックハルト，ヨハネス・タウラー，ハインリヒ・ゾイゼらの説教文におけるドイツ語語彙を自身のドイツ語の中に取り入れたが，ルターと宗教改革を通じて，anschaulich（目に見えるような，具象的な），Einbildung（空想），Eindruck（印象），Einfall（思いつき），Einfluss（影響），unbegreiflich（不可解な），verzücken（うっとりさせる），wesentlich（本質的な）などのように，神秘主義者たちの宗教的，精神的な用語が一般にも広く普及することとなった。また，既存の語彙に対してもルターは，従来の概念に代えて，同時代の文化や精神に相応しい新しい意味内容を与えた。例えば Arbeit は，古い，身体的で否定的意味の「苦しみ」に代わって，初期市民社会的，倫理的，肯定的概念の「活動，業績」の意味を得た。Beruf は，古くは Berufung「（神による）任命，（聖職者への）使命」の宗教的意味を有したが，ルターはこの語彙に，世俗的な意味内容「職業」を与えた。このほか，Buße（悔い改め＜ mhd. buoze 除去，治療），fromm（信心深い＜ mhd. vrum 有用な，有能な），Glaube（信仰

＜ *mhd.* geloube 確信，信頼），Sünde（宗教上の罪，原罪＜ *mhd.* sünde 罪，過失），Vergebung（神による罪の許し＜ *mhd.* vergëbunge 容赦，許し）などの語彙には，新たに宗教的な意味が加えられた。

　既存の単語を合成することによっても，ルターは新しくより新鮮な概念の語彙を創造した。そのうち Denkzettel（厳しい戒め），Ebenbild（生き写し），Feuereifer（非常な熱意），friedfertig（性格が温和な），Götzendienst（偶像崇拝），kleingläubig（信仰心の薄い），Langmut（寛容），Lästermaul（悪口を言う人），lichterloh（炎々と燃える），Machtwort（鶴の一声），Morgenland（東洋），wetterwendisch（気まぐれな）など，多くのものが新高ドイツ語において定着した。

　聖書に由来する，Wer andern eine Grube gräbt, fällt selbst hinein（他人に対して穴を掘る者は自らが落ちる＝人を呪わば穴二つ），Unrecht Gut gedeihet nicht（不正の宝は益無し＝悪銭身につかず），Hochmut kommt vor dem Fall（高慢は転落の前にやってくる＝おごる平家は久しからず），Das Werk lobt den Meister（仕事が名人を誉める＝真価は働きによって決まる），mit fremdem Kalbe pflügen（他人の子牛で耕す＝他人のふんどしで相撲をとる），ein Dorn im Auge（目の中の刺＝邪魔者），Perlen vor die Säue werfen（豚に真珠を投げ与える＝猫に小判），Stein des Anstoßes（つまずきの石＝しゃくの種）などの多くの成句が，ルターの翻訳を通じて一般に広く浸透した。さらに Turm zu Babel（バベルの塔＝言語のるつぼ，実現不可能な計画），Salomonisches Urteil（ソロモンの判決＝名裁き），Hiobspost（ヨブの知らせ＝凶報），der verlorene Sohn（放蕩息子），Judas Kuß（ユダの口づけ＝偽りの好意），Nächstenliebe（隣人愛）などの表現は，ルター訳聖書の普及によって聖書の中の特定の単語，語句が比喩的な表現として広く引用され，今日のドイツ語に定着している例である。

(Polenz I, 229-237; Wells, 220-226)

4.3.4.4　外来語

　初期新高ドイツ語期には，ドイツ語は書きことばとして地位を高めつつあったが，同時に様々な外国語の影響も広範囲にわたって受けた。

4. 初期新高ドイツ語

① 人文主義ラテン語

教皇権と皇帝権の抑圧からの人間性の解放を主眼とし，古代ギリシャ・ローマ文化にその範を求めた人文主義の思想潮流によって，ドイツ語に対するラテン語の影響力はさらに強くなった。語彙の領域でも法律や学術の諸分野を中心に，数多くのラテン語や，ラテン語経由のギリシャ語がドイツ語に取り入れられた。

Apotheke（薬局），Autor（著者），Bibel（聖書＜ *mlat.* biblia 書物＜ *gr.* býblos パピルス＝フェニキアのパピルス積出港の名前から），Bibliothek（図書館），Diät（治療食，食事療法＜ *lat.* diaeta 規則正しい生活様式），diskutieren（討論する），Dokument（証拠書類，記録），Examen（試験），Fakultät（学部＜ *mlat.* facultas 学問分野），Familie（家族），Ferien（休暇），Gymnasium（ギムナジウム），Horizont（地平線），komisch（滑稽な），Literatur（文学，文献＜ *lat.* litterātūra アルファベット，文法），Nation（国民，国家），Operation（手術），Ozean（海洋），Philosophie（哲学），Qualität（質），Quantität（量），Religion（宗教＜ *lat.* religio 敬神），Thema（テーマ），Tradition（伝統＜ *lat.* trāditio 引渡し，教え），Universität（大学＜ *spätmhd.* universitêt 全学生・教員の共同体＜ *spätlat.* ūniversitās 組織，団体），Zentrum（中心）

(Keller 443-445; Polenz I, 218)

② イタリア語

この時代には，イタリア語からの借用語も多く見られる。特に，ヴェネチアなど当時の有力な商業都市との交流から商業・経済用語が，またハプスブルク家皇帝マクシミリアン一世とカール五世らにより，フランス国王を相手に繰り返されたイタリアを舞台とした戦争から軍事用語が，さらに 16, 17 世紀には，イタリア宮廷文化の影響を受けたウィーンおよびミュンヒェンの宮廷を通じ，音楽用語や文学用語がドイツ語に取り入れられた。

Alarm（警報＜ *ital.* all'arme 武器を取れ），Alt（女性低音のアルト），Bank（銀行＜ *ital.* banco 両替台 = Bank〈ベンチ〉のゲルマン語形からの借用語），Bass（男性低音のバス），Kanal（運河，水路），Kartoffel（ジャガイモ＜ *frnhd.* Tartoffel ＜ *ital.* tartufolo 茸のトリ

ュフ：形が似ていることから南米原産のジャガイモにつけられる），**Kasse**（金庫，レジ），**Konto**（口座＜ *ital.* conto 勘定），**Konzert**（コンサート），**Million**（百万＜ *ital.* milióne 多数，何千もの数），**netto**（正味で，手取りで＜ *ital.* netto 純粋な，きれいな），**Porzellan**（陶磁器＜ *ital.* porcellana 宝貝），**Post**（郵便，郵便局），**Prozent**（パーセント＜ *ital.* per cento 百に対して），**Risiko**（リスク，危険），**Soldat**（兵士），**Spaß**（楽しみ，冗談），**Tenor**（男性高音のテノール），**Zitrone**（レモン）

(Keller, 446-447; Polenz I, 221-222)

③ フランス語

　フランス語は，中世盛期のドイツ語に大きな影響を与えたが，16世紀後半からはさらに多くのフランス語がドイツ語に取り入れられ，17, 18世紀には，フランス語のドイツ語への影響は頂点に達する。15, 16世紀にドイツ語に入ってきたフランス語の語彙で，今日のドイツ語に定着したものには次のようなものがある。

Appetit（食欲），**Armee**（軍隊），**doppelt**（二重の，二倍の＜ *frz.* double），**Fasson**（型，デザイン，ファッション），**Kamerad**（仲間，戦友），**Klavier**（ピアノ＜ *frz.* clavier オルガンの鍵盤），**Koffer**（トランク＜ *frz.* cofre 長持），**Kommandeur**（指揮官），**kontrolieren**（監視する，制御する），**Konversation**（会話＜ *frz.* conversation 交際），**nett**（親切な＜ *frz.* net 明確な，純粋な），**Paket**（小包），**Pension**（年金，ペンション），**renovieren**（改築する），**Respekt**（尊敬），**Soße**（ソース），**Tasse**（カップ，茶碗）

(Keller, 445-446; Polenz I, 220-221)

④ スペイン語

　初期新高ドイツ語期は，15, 16世紀にスペインを中心に展開された大航海の時代，地理的発見の時代と重なる。ドイツ語にも新大陸アメリカに由来するスペイン語が入ってきた。

Hängematte（ハンモック＜ *span.* hamaca〈カリブ海のハイチ起源。その形と言葉の響きからドイツ語形には hängen（吊る）と Matte（マット）の合成語があてられた〉），

4. 初期新高ドイツ語

Kakao（ココア＜ *span.* cacao メキシコ起源），Kannibale（人食い人種＜ *span.* canibal 〈カリブ人たちは自らを caribe, cariba, caniba「勇敢な，賢い」と称していた。コロンブスはこれをカリブの人食い人種を表す名称に用いた〉），Mais（とうもろこし＜ *span.* maiz ハイチ起源），Schokolade（チョコレート＜ *span.* chocolate 〈メキシコ中央部起源。そこでの chocolatl は「カカオ飲料」の意〉），Tabak（タバコ＜ *span.* tabaco カリブ人起源と考えられている），Tomate（トマト＜ *frz.* tomate ＜ *span.* tomate メキシコ中央部起源）

(Keller, 447–448; Polenz Ⅰ, 222)

第五章 新高ドイツ語

ヨハン・クリストフ・アーデルンク著『高地ドイツ語方言の文法的・批判的辞典』扉表紙。写真は1793年版。

5. 新高ドイツ語

語史時代区分

　初期新高ドイツ語に続くドイツ語の時代区分に関しても，シェーラーの提唱以来，様々な議論が展開されている。しかし，今日一般的には，1650 年から現在に至るドイツ語を，「新高ドイツ語」として大きくひとつの時代にまとめる見解が広い支持を得ている。この 17 世紀半ばは，ドイツおよびドイツ語の歴史におけるひとつの大きな転換点にあたる。政治史の領域では，1648 年のウェストファリア条約によるドイツの完全な領邦国家体制の確立と，ブランデンブルク・プロイセンの台頭が，その後のドイツ史に決定的な影響を与えた。またドイツ語史では，この時期にユストゥス・ゲオルク・ショッテル（1612-1676）などの文法学者らによって，今日で言うところの「標準ドイツ語」という概念が形成された。すなわちドイツ全域に通用する洗練された統一ドイツ語という文法学者らの理想は，「標準ドイツ語」と表現され，これによってそれまで，そして部分的にはその後も正しいドイツ語の規範とみなされた，マイセン書記方言と，超地域的な標準ドイツ語とが明確に区別されることになった。新しいドイツ語の時代は，文法学者らが標準ドイツ語の基準とその規範を求めようと試みる時代であるが，この試みが象徴するように，国語としてのドイツ語に対する意識的なメタ思考は，文法書と国語辞書の編纂をもたらし，後々のドイツ語とドイツ語に対する意識を決定づける。

　一方，低地ドイツ語圏では，各都市官庁がいずれも 17 世紀半ばまでに，公的文書の言語として高地ドイツ語を採用し，また低地ドイツ語訳聖書も，1621 年，ゴスラーにおける出版を最後に高地ドイツ語に移行したことで，15 世紀の最盛期には，東フリジアからバルト海東岸の広大な地域のみならず，イギリスのロンドン，ロシアのノヴゴロド，ノルウェーのベルゲンなどのドイツ商人居住区においてまで用いられた中低ドイツ語文章語も，17 世紀半ばにはその機能を失った。その結果，低地ドイツ語はその後のドイツ語史の中で，方言あるいは地域的日常語としての存在にとどまることとなる。

　この 1650 年から現在に至る，約 360 年にもわたる新高ドイツ語時代は，さらに

細かく時代区分されるが，この方法は研究者によりそれぞれ異なる。本書では，文法学者たちが，自らが理想とする「標準ドイツ語」の規範を追い求めた，17，18世紀のドイツ語を「新高ドイツ語」とし，国家・政治が政策として，国語としてのドイツ語の規範統一を促進し始める19世紀以降の「現代ドイツ語」と区分する。

政治体制

　新高ドイツ語時代のドイツは，1618年から1648年にわたる三十年戦争後の混乱と荒廃の時代に始まる。この戦争によって，ドイツの人口は戦前の1800万から700万に激減し，また経済発展も200年後退したと言われるほど深刻な打撃を受けた。ドイツがこの戦争によって受けた被害は，第二次世界大戦以前のドイツ史の中で最大であったと言われる。ウェストファリア条約により領邦国家化したドイツには，もはや中心となる勢力は存在しなかった。しかし，この混乱の中で後のドイツ史の主導権を握る勢力が台頭してきた。すなわち，ブランデンブルク・プロイセン（プロイセン）である。プロイセンは，経済的には後進国で貧しい地域であったが，それだけにカルヴァン・ピューリタン派的な労働倫理の下，フランスとオランダをモデルに中央集権的政治体制を敷き，神聖ローマ帝国の権力の及ばないところで，1701年，自らに王冠を戴冠させ，家父長制的な倹約，厳格な社会規律の下，軍事，行政，司法の各方面にわたって，18世紀としては最も近代的な政治体制を確立した。国家に忠誠を誓う官僚組織と法治国家体制の整備によって，腐敗や浪費を抑えたところに，プロイセンの政治体制の特徴がある。「大選帝侯」フリードリヒ・ヴィルヘルム（在位1640-1688）によって国家の基礎が築かれたプロイセンは，その後，王国となり，フリードリヒ・ヴィルヘルム一世（在位1713-1740），フリードリヒ二世（大王）（在位1740-1786）と続く，優れた国王らの下で，ヨーロッパ列強のひとつと認められるまでに著しい発展を遂げることになる。

　絶対王政国家プロイセンは，1740年に即位したフリードリヒ二世（大王）の時代に発展の頂点を極めた。大王はフランス文化に心酔し，また学問にも理解を持

ち，ベルリン科学アカデミーの再興，ポツダムのサンスーシー宮殿の造営，さらに『反マキアヴェリ論』などの著作など，文化人としての能力も発揮したが，その偉大さはそれ以上に，政治的，軍事的な指導力に示された。大王は，マリア・テレジア（1717-1780）の関わったハプスブルク家の相続問題につけ込んでシュレジアを獲得し，領土拡大に成功するとともに，国内においては農業の振興と重商主義政策の推進によって国力を蓄え，さらにユンカー貴族を支柱とした強力な軍隊の充実に努めた。

1789年のフランス革命を機に，ドイツにも大きな変革の波が押し寄せた。革命後のフランスに対する，プロイセン，オーストリアを中心とするドイツの干渉は，フランス革命軍の反撃とナポレオン（1769-1821）によるドイツ支配を招いた。1806年にはナポレオン主導でライン同盟が結成され，皇帝フランツ二世（在位1792-1806）は退位を宣言し，これによって神聖ローマ帝国は，844年の帝国の歴史に名実ともに終止符を打った。しかし，ナポレオン支配の屈辱の中で，久しくその意味を失っていた「ドイツ」という言葉が，ドイツ国民意識の目覚めと愛国心の高揚によって，力強く誇りを持って語られるようになる。

1814年にナポレオンは敗退しエルバ島に流され，ドイツは解放された。しかし，戦後処理のためオーストリア宰相メッテルニヒ（1773-1859）が主宰したウィーン会議は，フランス革命以前のヨーロッパにおける秩序と政治体制の再建復帰を目指した保守反動的なものであった。また，この会議のもうひとつの重要議題であったドイツ領邦諸国の組織的統一に関しても，各国の利害の衝突から難航した。8ヶ月後の1815年5月に妥協をみたドイツ連邦も，強力で自由なドイツ統一国家を夢見た愛国者たちの願望とはほど遠い，緩やかな国家連合にすぎなかった。しかし，フランス革命とナポレオン戦争によって，知識人や学生などの間で高まった「自由と平等，民族の独立と統一」の要求は，政治的反動体制の中にあっても深く浸透し，ドイツ全域に広がっていった。だが，自由，平等，民族の統一を求め，絶対王制に挑んだ市民らによる1848年のドイツ三月革命の失敗は，リベラルな政治ユートピアとしてのナショナリズム運動の挫折を意味し，市民階層は政治権力の座から排除されることとなった。その結果，ドイツ国家の統一は上からの統一となり，ドイツ

は非民主的で権威主義的な君主制国家体制となった。ドイツ史上初めて政治がドイツ語に関心を示すようになった，統一ドイツ帝国の国語政策や言語政策もまた，政治体制同様に権威的で一方的なものであった。市民階層が政治参画を果たす民主的なドイツの誕生は，第二次世界大戦後にならなければ実現しない。

社会経済

　壊滅的な打撃を与えた三十年戦争によって，人文主義的ルネッサンスの現代謳歌の自信は失われ，これに代わって「バロック」が，精神的，文化的活動を象徴する様式となった。バロックは，「いびつな真珠」を意味するポルトガル語もしくはスペイン語に由来し，比喩的な絵画と誇張的，多義的な装飾，神秘的官能，さらには華美な音調や色彩など，古典的調和を欠いた様式を意味する。

　三十年戦争，そしてそれに続く絶対王政での勝者は，宮廷貴族と新興のいわゆる教養市民階層であり，中・低階層の民衆を取り巻く状況は厳しかった。それぞれの領邦国家ごとの絶対王政の下では，グローバルな経済発展は期待できず，実際，領主の経済政策は特権階層を優遇する規制だらけの重商主義経済であった。新大陸からの銀の輸入はインフレをもたらし，ドイツの鉱業に大きな打撃を与え，さらに農業においても農民戦争と三十年戦争による人口減少で生産力が低下し，経済不況は17世紀末まで続いた。そのため，貧困を逃れて移住する者も少なくなかった。貧困以外にも，宗教上の理由による移民もあった。東ヨーロッパや海外に，ドイツ文化とドイツ語を維持しながら，場合によっては現在にまで残る外国ドイツ人の大多数は，この時代に由来するものである。例えば，ハンガリーから黒海，ロシアにかけて，現在もいわゆる「言語孤島」として残るドイツ人共同体のひとつ，ドナウシュヴァーベン人をあげることができるが，このドナウシュヴァーベン人は，オーストリアがトルコ戦争の終わった1689年から18世紀末まで，トルコから取り戻した地域の開拓のために移住を呼びかけ，南西ドイツから約10万人が移民したという歴史を持つ。すでに13世紀以来行われていた，ドイツ人やユダヤ人の東欧への

移民は，17世紀以降，重商主義農業政策の下でさらに続いた。17世紀末からは，主に南西ドイツ，特にプファルツとヘッセンから北アメリカのイギリス植民地に，その多くが移民し，1790年には30万人近くに達し，北アメリカの白人人口の8.7％を占めるほどであった（Polenz II, 10）。当時ペンシルヴァニアでは，人口の3分の2がドイツ系で，ドイツ語は現在に至るまで維持されている。しかし，新大陸でドイツ人移民らによってドイツ語が維持されたのは希で，大多数は比較的早く英語に同化した。それに対し，東欧に移民したドイツ人たちにおいては，ドイツ語は周囲の民衆語に同化してしまうことはほとんどなく，維持され続け，言語孤島として残った。ドイツから東欧へ移住したユダヤ人移民についても同様で，なまりのあるドイツ語ではあるが，そのドイツ語が放棄されることはなく，東欧ユダヤ人共同体の中で，自らの宗教文化と周囲の文化との間で影響を受けながら，ドイツでのドイツ語発展からは切り離されて，いわゆる「イディッシュ語」として独自に発展した。

　ドイツ人の外国への移民の一方で，外国からドイツへの移民もあった。その代表的なものが，フランスの新教徒であるユグノーである。1685年に，太陽王ルイ十四世（在位1648-1715）によって，ナントの勅令が廃止され，ユグノー弾圧が激しくなった後，ヘッセン，ヴュルテンベルク，プロイセンなどの国々へ，多くのユグノーが迫害を逃れて亡命してきた。特にプロイセンは，多くのユグノーを亡命者として受け入れた。ユグノーのドイツ全土への移民3万人のうち，プロイセンには2万人が移住し，そのうちベルリンには，7千人以上が移住したと言われる（Polenz II, 10）。ユグノーは職人，技術者，農業経営者，企業家，医師，建築家，芸術家，知識人，フランス語教師として活躍し，当時後進の農業地帯であった，プロイセンのブランデンブルク地方の中のベルリンに，都会の気質をもたらした。19世紀ロマン主義時代における，影を売ってしまった男の物語『ペーター・シュレミールの不思議な物語』（1814）の作者であるアーデルベルト・シャミッソー（1781-1838），水の妖精の物語『ウンディーネ』（1811）の作者であるフリードリヒ・ドゥ・ラ・モット-フケー（1777-1843）は，ともにベルリンのユグノーの子孫である。プロイセン王国は，この他，領土の経済的発展のため，あるいは北ドイツの湿地帯開

発のため，オランダ人技術者を多く呼び寄せたことから，プロイセンの城下町であるポツダムには今でもオランダ人街が残っている。フリードリヒ大王の時代以降は，かなり多くのユダヤ人が，フランスや東欧からプロイセンの諸都市へと移住して来ている。

　領邦国家ドイツにおいて，16, 17世紀は，ヴェッティーン朝ザクセン王国の経済的，文化的な繁栄が際立っていた。ザクセン王国のエルツ山脈での銀や錫，マンスフェルト地域での銅などの初期資本主義形態による鉱業，それに続く金属，製紙，繊維などの手工業，出版業，ライプツィヒ見本市の発展など，ザクセンは16世紀から18世紀にかけてドイツにおける初期工業化と都市化の最先端にあった。ドレスデンを居城とするザクセン，特に上部ザクセン地方はマイセンとも呼ばれ，その社会的な名声やイメージも手伝い，プロテスタント教養市民階層が用いる書きことばとしての「マイセンドイツ語」は，16世紀から17世紀にかけて，ルターのドイツ語と並んで手本とされるべきドイツ語に，最も頻繁にその名を連ねていた。マイセン地方に居城を置くザクセン王国が，経済的，文化的に繁栄を極めたからこそ，そのドイツ語に，文化的繁栄，進歩の象徴と自負として「マイセン」の名が冠されていたのである。

　一方，18世紀後半から台頭してきたプロイセンの首都ベルリンは，政治的にも文化的にも魅力ある都市に発展していった。人間の理性を拠り所とする啓蒙思想を政治の中で実践に移すという考え方，合理的な倫理と国家観を持つ官僚組織，教養市民階層，商業市民階層などの台頭によって，プロイセンでは，ドイツに古くからある身分制秩序は早くから崩れていった。フリードリヒ大王自身が自らを「国家の第一の下僕」であるとして，自らの権力の正当性を，神に求める（王権神授説）のではなく，理性，公の利益，社会からの要請に見出し，いわゆる「上からの改革」，つまり自らの権力を守るために自らが改革を断行したことは，フランス革命のようなラジカルな暴動に対する予防策であったとも言えよう。プロイセンの憲法ともいえる1794年の「一般プロイセン国法」は，この改革の成果である。それまで他の領邦国家などの法律で一般的に用いられていた，ラテン語によってではなく，ドイツ語によって，しかも1条項1文でわかりやすく書かれたこの法律は，当時とし

ては画期的であった。「法の下の平等」としてのユダヤ人解放も，ドイツ領邦国家の中では最も早い 1807 年から 1828 年の間に実現された。そのため，19 世紀初めには多くのユダヤ人がプロイセンのドイツ文化に同化し，そこに，ユダヤ人を抜きにしては考えられないほどの，大きな足跡を残すこととなった。もっとも，プロイセンのイメージやその後の歴史は，「国家への忠誠は国家への盲目的従順，教養市民階層は国有化された知識人」とも言われたように，絶対王政下での市民階層の大地主ユンカー化，対フランス戦争ならびに強引なドイツ統一，ビスマルク体制，帝国ナショナリズムなど，必ずしもポジティヴなものばかりではない。しかしこの絶対王政時代に，将来のプロイセンの発展の基礎が築かれたことは事実である。

5.1 言語・メディアを取り巻く状況

絶対王政の下での学校・教育制度は，社会秩序の維持と，その社会秩序の中での階層の分化ならびに固定を目的としていた。宮廷と宮廷に参内できる特権階層にとっては，細部にわたって言語行動を規定する宮廷雄弁術が，宮廷でのコミュニケーションにおける規範であり，それが宮廷とは縁のない一般大衆から一線を画すものとなっていた。しかしその一方で，18 世紀前半以降，教養市民階層における啓蒙主義，敬虔主義，感傷主義などの思想潮流に根ざした社会の近代化，社会に対する意識の変化などは，様々な結社や百科全書，雑誌，手紙ブームなどにうかがうことができる。また，新聞，精神修養書，家父長指南書などの新しいメディア，テキストジャンルは，一般民衆の中に文字を読める人口がそれほど多くはなかったものの，朗読を聞いて理解される形で，一般民衆の読み書き・教養教育への基礎を築いた。1770 年頃のいわゆる「読書革命」では，主に中流階層が読み書きの担い手として加わり，いわゆる「民衆啓蒙」を通じて宮廷とは別の公の政治的な議論の場が形成される始まりとなる。

5.1.1 市民階層の文化的台頭

ドイツで 18 世紀初頭に主流であった啓蒙主義哲学は，クリスティアン・ヴォル

フによって理性が唯一の指針に据えられることで，多様な価値観を偏見なく認識する思想体系へと築きあげられ，その結果，自然科学の誕生，文学および科学におけるドイツ語の発展に寄与することとなった。個人の相違を越えた合理的な規範としての啓蒙主義に対し，1740年頃からドイツで広まり始め文学上影響力の大きかった，教養潮流である「感傷主義」は，この啓蒙主義に対するアンチテーゼというよりは，合理主義に偏りがちな啓蒙主義を補うものであった。感傷主義は人間的な感情を重んじ，市民階層の支持を得た一般的な教養潮流となり，道徳的な行動や，ひいては社会改革，絶対王政的支配制度を精神的に克服する原動力となった。感傷主義では，シュペーナー，フランケ，ツィンツェンドルフが率いるヘレンフート同胞教会などのドイツ敬虔主義の伝統と並んで，リチャードソン，スターン，道徳週刊誌など，イギリスが手本とされ，社会的な近代化に通じる世俗化，非宗教化の傾向が強かった。このことは，教会によるそれまでの道徳観念の独占が，周囲の状況に対し問題意識の芽生えた市民階層によって崩されていくことを意味する。

市民階層と啓蒙された貴族の間での，宮廷という公の場を離れた私的な知的交流は，文通，日記，回想録，価値観を同じくする者の下への訪問，友情関係，結社設立などにうかがわれる。ワイマールに設立された言語協会「結実協会」や，ザクセン・ワイマール公国アナ・アマーリア公爵夫人の主催した円卓の会などは，そのような知的交流の場の典型的な例である。そのような交流の中で，細部にわたるまで厳密に規定された行動規範である「宮廷雄弁術」に対して，対話形式のコミュニケーション形態である「手紙」が広まった。自然で無理なく洗練され，個性に富む文体を重んじる手紙に関しては，1751年のクリスティアン・フュルヒテゴット・ゲラートの指南書や1782年カール・フィリップ・モーリッツの指南書などが出版され人気を博した。

(Polenz II, 29–34)

5.1.2 書籍出版状況

ドイツにおける書籍出版点数は，フランクフルトとライプツィヒの書籍見本市のカタログから推測することができる。その数は三十年戦争によって激減し，七年戦

争以後ようやく，17世紀初め頃の水準に回復する。出版された書籍の言語は，1570年にはまだ全体の70％以上がラテン語で，1680年でもまだ50％以上を占めていた。しかし，ラテン語による出版物は，18世紀のうちに減少の一途を辿り，1770年には約14％となる。印刷地域の中心は，それまでの西部，南部に代わって，16世紀以来ヴィッテンベルク，ライプツィヒを中心とした東中部ドイツ語地域に移り，18世紀にはライプツィヒがフランクフルトに代わる出版業の中心地となった。

　出版された書籍のジャンルでは，神学・宗教関係のものが，1700年には40％以上を占めていたが，1800年には13％にまで減少する。プロテスタント地域では，聖書，問答集，教会歌集，カトリック地域では祈祷書などがその中心であったが，それらと並んで「精神修養書」の出版が増え始め，1740年には，出版物全体に占める割合が19％にも達した。このジャンルからうかがえる当時の民衆の読書形態は，かろうじて字が読める，または聞いて理解できる民衆が，同じものを何度も繰り返し読むものであったと推測される。

　16世紀以降，宗教関係の書籍よりも広まりつつあったジャンルは，フランス，イタリア，イギリスなどをモデルとして，おもにプロテスタント地域で発行された「家父長指南書」であった。これは，家計家政や農業についての伝統的な知識や，身分制社会の中での社会経済的，倫理的な振舞を教えるものであった。家父長指南書の他に，「暦」や「年鑑」なども数多く存在した。ふんだんな文字装飾や挿絵，アレゴリー，それぞれの章の冒頭に置かれるエンブレムと呼ばれるイラストなどは，反復，半口頭，視覚的な読書文化が背景にあったことを示している。

（Polenz II, 20-22）

5.1.3　新聞

　17世紀初め，メディアを取り巻く状況においての大きな変化は，「新聞」に見られた。16世紀に不定期に発行されていた『ノイエ・ツァイトゥンゲン』と並んで，『アヴィーゼン』，『レラツィオーネン』，『ノヴェレン』といった名称で，新聞が週

ごとに定期的に発行されるようになったのである。ドイツで定期発行され，現在まで保存されている最も古い新聞は，1609 年からヴォルフェンビュッテルで発行された『アヴィーゾ，レラツィオーネン，またはツァイトゥンク』であり，ドイツで最初の日刊紙は，1660 年以降ライプツィヒで刊行された『アインコメンデ・ツァイトゥンク』である。新聞の発行件数はドイツ語圏全体で，1620 年には 14 であったものが，1648 年の 48，17 世紀末の 60 から 90 を経て，1750 年頃には 100 から 120，1789 年以降は約 200 と増加していった。発行件数増加の背景には，出版社が新聞を定期的に発行することで，安定した収入を得ようとしていたことがある。

　新聞を読む，または聞いて理解する読者の数は，17 世紀には全人口の 20% から 40% ほどであったと推定され，特に大都市でその割合は大きかった。字が読めない階層でも一般的な教養に対する関心があり，そのような人たちにとって新聞は，学校，牧師宅，同業者組合会館，喫茶店，居酒屋，仕事場，見張小屋，床屋，マルクト，街角など人々が集まる様々な場で，主に朗読を通して内容を知り，それについて意見を交わすという，コミュニケーションの媒体としての役割を果たした。新聞の威力はすでに当時から認められ，支配者側からは危険視される一方，改革教育者のクリスティアン・ヴァイゼや作家・言語研究者のカスパー・シュティーラーなどからは，普遍的，啓蒙的で民衆の教養向上に役立つ手段として評価されていた。またドイツ語の発展にとっても，専門用語，借用語，外来語などの新たな源泉となった。

　新聞が取り上げた内容は，政治（戦争），自然，社会（宮廷の話題），通商交通，教会，法律，文化など多岐にわたり，比較的アクチュアルなものが多かった。情報収集は，地域を越えた専門の新聞エージェントによってなされたため，広範囲にわたって新聞の文体は比較的一律であり，このことは統一的な語彙や表記方法を全国的に広めることに貢献した。もっとも，その内容のほとんどは，検閲を逃れるため，外国の出来事に関する情報が中心で，コメントはなかった。ことあるごとに厳しくなる検閲のため，ジャンルが多彩で近代的な新聞は，ドイツでは 19 世紀後半にならないと発展しない。

(Polenz II, 16-20; 39-41)

5.1.4　道徳雑誌

　メディア史の中で，17世紀前半の新聞に続いて，言語の担い手の社会的拡大に寄与したものとして，18世紀には一般教養に資する週刊誌をあげることができる。特に1720年から1760年にかけて出版され，教養市民階層をその読者とした「道徳週刊誌」は，情報を提供し，教え諭し，楽しませることを目的とし，ドイツ教養市民階層における啓蒙主義の浸透に貢献した。教養市民階層の黙読という読書慣習を前提とした構成で，物語，寓話，アレゴリー，手紙，対話，教訓詩，図書紹介などテキストジャンルは多様であった。市民階層の知識，倫理，生活様式に作用しようとする道徳週刊誌には，19世紀に市民階層で一般的に広まることとなる，家族や公の場での男女の役割分担についての独特な価値観の原型をうかがうことができる。

　このような道徳週刊誌の代表的なものには，イギリスの『タトラー』，『スペクテーター』，『ガーディアン』などをモデルとして，1713年から1714年にハンブルクで事実上，翻訳週刊誌の形で発行された『理性者』，1721年から1723年にかけてチューリヒでボードマーとブライティンガーによって発行された『画家のディスコース』，1725年から1726年にかけてライプツィヒとハレでゴットシェートが発行した『分別ある批判者たち』などがあげられる。これらはいずれも商業都市や大学都市で発行され，その編集者や寄稿者らは，作家，学者，教師，聖職者，学生，官吏，下級貴族出身の知識人などであった。しかし1760年代にはこのジャンルも終焉を迎え，それに代わって政治雑誌や文学雑誌が，いわゆる「読書革命」の中で誕生することとなる。

(Polenz Ⅱ, 32-33)

5.1.5　政治雑誌

　民衆啓蒙の政治的側面は国家・社会批判であるが，それは間接的にしかなされ得ず，18世紀最後の四半期は旅行記という形をとった。すなわち，ドイツ諸国の惨状が旅行記に記されていたのである。もう少し直接的な批判は，18世紀後半に新たなタイプの「政治雑誌」を通じてなされた。政治雑誌はイギリスやフランスのそ

れを手本とし，特定の読者層を想定し，社会的に重要と思われる特定のテーマを取り上げていた。

　政治雑誌の代表的なものとしては，例えば，ワイマールで 1773 年から 1789 年にかけてヴィーラントが発行した『ドイツ・メルクーア』があげられる。また，ゲッティンゲンで 1775 年から 1782 年にかけて発行された『おもに歴史的・政治的内容をもつ往復書簡』，および 1783 年から 1794 年にかけて発行された『国家告発』の編集者である歴史家シュレーツァーは，イギリスに範をとった批判的世論の先駆者として知られている。この雑誌で批判的に取り上げられることは，in den Schlözer kommen と言われ，「世論の批判に曝される」ことを意味した。　　（Polenz II, 38−39）

5.1.6　言語教育

　絶対王政下の身分制社会においては，初等国語教育は一般民衆にとって，問答集の丸暗記を意味し，文字を書くこともむしろひとつの儀式のようなもので，自らがオリジナルな文章を書くための手段ではなかった。これは，それまで下層階層の人々はむしろ公の場においては黙っていることを教育されたことによる。国による義務教育制度は，1619 年ワイマール，1642 年ゴータ，1716 年から 1717 年にはプロイセンなど，主にプロテスタント領邦国家で導入されるようになるものの，多くの領邦国家において学校制度が実際に効力を発するようになるのは，19 世紀になってからである。

　農村部での読み書き能力の普及には，教会による読み書き学校の他，裕福な農民や商工業者によって運営され，実用的な読み書きニーズに対応するために補助的な役割を果たした学校などが貢献した。農村部出身でも相続権のない子息には，読み書き能力と教養を身につけることで，牧師や家庭教師として教養市民階層に昇る道が開けていた。実際に，カンペなどこの時代の文法家の多くは農村部出身であった。女性の教育については，特別な例を除き無視されるかまたは否定的に見られ，女性には，家庭や社会での道徳が備わってさえいればそれ以外の教養は必要ないとされた。しかし，ヴォルフやトマジウスなどの啓蒙思想を通して，ようやく女性教

育に対して寛大な姿勢が見られ始めた。　　　　　　　　（Polenz II, 24-27）

5.1.7　読書革命

　18世紀の後半30年間は，当時ドイツで「読書中毒」，「読書熱」，「冊子氾濫」と呼ばれた，いわゆる「読書革命」に特徴づけられる。この言語文化の拡大は，思想面では啓蒙主義の広まりと関係しているが，その発端は出版業界の構造転換であった。すなわち，1764年のフランクフルト書籍見本市を境に，中部・北部ドイツの書籍商らが出版，印刷，書籍取次業をそれぞれ分業させ，物々交換に代わって現金支払いによる購入に切り替えたことによる。

　ドイツでの書籍出版は，18世紀後半に顕著な伸びを示し，18世紀の書籍出版全体の3分の2が，この時期に集中している。各ジャンルの占める割合も変化し，1740年と1800年とを比較すると，神学・宗教関係書は38％から14％に後退し，逆に実用的指南書ジャンルは3％から14％に，大衆文学は6％から22％へと上昇した。また，ラテン語の出版物の割合は28％から4％へと激減した。書籍業は，南ドイツとオーストリアでは，教会と帝国による厳しい検閲のためあまり発達しなかったが，中部・北部ドイツでは拡大し，18世紀末にはライプツィヒとベルリンが出版の中心となった。常設の書籍店以外に，農村部では書籍行商，雑貨商，牧師，教師，大学生などを通じて本が流通していった。これらの流通形態は，一般大衆の新たな読書ニーズを掘り起こすことに一役買っていた。

　出版の伸びと並行して，1770年から1800年にかけては「団体設立ブーム」が起り，生まれや財産に基づく終身的な身分制諸団体とは異なり，入退会や解散が自由な市民団体が多く設立された。その中には，「読書サークル」，「読書キャビネット」などと呼ばれた読書協会もあり，そこには貸し出し図書が備えられ，人々が啓蒙的な読書文化に接する場となっていた。　　　　　　　　　（Polenz II, 34-37）

5.1.8　小説三昧

　ドイツのいわゆる読書中毒に見られる典型的な特徴は，いわゆる「小説三昧」で

あった。初期工業化に伴い，中流階層読者にも書籍大量消費への道が開かれたが，ここでは体験的・娯楽的要素がますます優勢となった。1770年から1800年の間に，ドイツ書籍市場の文学部門に占める小説の割合は，4%から約75%にまで増加した。この背景には，政治面では活躍の場が限られていた市民階層，ことに女性が文学という領域に不満解消や空想世界を見出したことが考えられる。当時の女性たちは，職業上の目的に適っているかという視点よりも，日常からかけ離れた美的体験，内面体験を求める視点で，小説を読むようになったのである。娯楽小説の過剰なまでの生産は，紋切型，非現実的，センチメンタルな大衆文学の最初の流行をもたらした。この流行は，読者を非政治的にすることに少なからず影響を及ぼしたと見られている。

　読書革命は「作家」という職業にも構造変革をもたらした。それまでは自らの生活を心配する必要のない身分，またはそのような地位にある者が執筆活動をしていたのに対し，この時代には，執筆活動を本業とする作家が現れるようになった。しかし，そのような作家たちも，十分な生活費を確保するためには，秘書，家庭教師，校正師，図書館司書，翻訳家，ジャーナリストなどを兼ねたり，連載小説などを手掛けたりしなければならなかった。1770年頃を転機として，作家は，宮廷などのパトロンには依存しなくなった代わりに，出版社の原稿料，市場動向，読者の間での人気に左右されるようになったのである。　　　　（Polenz Ⅱ, 41-43）

5.1.9　民衆啓蒙

　読書革命は，もう一方で，科学知識を一般に浸透させようとする民衆啓蒙にも貢献した。ここでは，人々を迷信から解放し，農業や手工業などにおける労働効率や規律を改善するため，日常生活における実用的な知識やノウハウが紹介されたのである。民衆啓蒙にとって代表的なものとしては，ヨハン・ゲオルク・シュロッサーによる1771年の『農村民衆のための躾問答集』，ルードルフ・ツァハリアス・ベッカーによる1785年の『農民啓蒙についての試み』と1786年の『農民のための必須お助け本』，ヨハン・フェルディナント・ロートによる1788年の『すべての

階層の人々，特に学のない人々に役立つ事典』などがあげられる。また，ちょうど同じ時期，プロテスタントのモラルと実用的な合目的思考を広める青少年向けの世俗文学の第一波が「青少年向け図書出版」として登場してきた。このような民衆啓蒙テキストにおいては，地域や同業者組合によってまちまちな職人専門用語に代わり，自然科学の専門用語が広まりつつあり，ここに 19 世紀の技術専門用語の体系化が準備されたのであった。
(Polenz II, 37-38)

5.2 国語としてのドイツ語へのメタ思考

　絶対王政時代は，言語の専門家や愛好家がドイツ語という言語そのものについて考察し，ラテン語やフランス語などの言語に並ぶ洗練された言語にしようとする，メタ思考と活動が盛んになった時期であった。しかし，政治権力を持つ階層がフランス語を用い，ドイツ語の洗練には関心を持っていない状況の中，日常の話しことばにすぎないドイツ語を，フランス語などのように宮廷や文学など様々な領域で表現力を持つレベルにまで洗練することは，決して容易な作業ではなかった。

　洗練された言語とは，文化的な威光を放ち，「正しく，純粋」で高尚な言語であった。つまり自然に発達した結果としての言語ではなく，文献学的な正確さに基づいて人為的に規範・成文化された書きことばを意味した。このようなドイツ語洗練への取り組みの目標は，地域を越えて十分に理解できる言語を創り上げるという実用面以上に，正しく純粋な言語，という教養エリートのステータスシンボルとしての側面も強かった。それまでの公的言語であるラテン語やフランス語などに取って代われるよう，規範文法や大辞典により権威づけられ，プレスティージのある言語としてイデオロギーと実践を通じて洗練され，ドイツ語は「国語」としての地歩を固めていく。

　言語の「正しさ」という概念は，それまで地域ごとに並存していたさまざまな異種（方言）が，ある有力異種を「正しい」形として頂点に序列化されることを意味する。ドイツ語洗練化において，初期新高ドイツ語時代に見られた異種の多様性に対する寛容さは，言語協会，言語愛好家・研究家，詩人，翻訳家，学校改革者らの

活動を通じて狭められていった。その際，異種の位置づけの判断においては，超地域的か地域限定か，書きことばか話しことばか，教養的か日常的か，高尚か卑俗か，専門的か一般的か，合理的か感情的か，詳細であるか簡略であるか，などといった点が基準とされた。
(Polenz II, 135-137)

5.2.1 文化愛国主義

ラテン語，イタリア語，フランス語など，ドイツにおける多言語使用の状況は，17世紀初め，知識人による意識的なドイツ語洗練のための活動を引き起こすきっかけとなった。このドイツ語洗練への取り組みに対しては，17世紀には「言語作業」，18世紀には「言語浄化」，19世紀以降現在までは「言語ケア」という呼び方がなされている。ドイツ語の「純粋さ」と言うとき，それは外来語を排除することのみを意味したのではなく，地域，社会階層，古さ，正書法，意味，発音などに関して様々な表現が混在する中で，それらをまず整理することが必要であり，文学や科学の言語として社会的な認知を得られるようドイツ語を整え，磨くことをも意味した。

この取り組みは，19世紀後半のように排他的ナショナリズムを動機とするものではなく，言語を中心にドイツ語文化に対する愛着と忠誠心を養成しようとした「文化愛国主義」に由来するものである。文化愛国主義は，近世初期における西ヨーロッパ共通の動きであり，それは国民国家形成過程の中で，ラテン語による文化独占に対して，それぞれの民衆語に自らのアイデンティティーを見いだそうとする動きであった。特にドイツにおいては，政治的に国民国家統一の可能性が薄かったため，文化，つまり言語における統一のみが可能であった。

外国語の氾濫および多言語併用の状況に対する抵抗運動とも言える，このドイツ語洗練のための活動は，大きく二種類に分けられる。ひとつは，上流階層や教養知識人の個人や団体による「ドイツ語浄化」への取り組み，もうひとつは，文法学者や言語学者によるドイツ語の由緒や正しい語法のための辞書編纂と，規範文法の確立を目指した「ドイツ語規範化」への取り組みである。
(Polenz II, 107-111)

5.2.2 言語浄化

　一般的には「言語純粋主義」という名称で総称される，ドイツ語浄化への取り組みの思想的基盤は，「ドイツ語は有用な言語であり，ヘブライ語，ギリシャ語，ラテン語といった神聖な言語と対等で，かつ古い歴史を有する」とする愛国的な言語イデオロギーであった。特に，他の神聖な言語との同等さについては，多くの文法家らが，ドイツ語をイタリア語やフランス語と同等な主要言語としてラテン語に対峙させ，中でもグヴァインツは，ドイツ語の造語力の豊かさにその理由を見い出していた。グヴァインツは，ドイツ語の古さについて，ドイツ語がヘブライ語から直接派生した言語であるという，アヴェンティヌスの理論をまことしやかに持ち出すほどであった。ドイツ語のステータスを高めようとするこれらの論拠は，ショッテルやツェーゼンなどにおいては，そもそもドイツ語が他の言語に対して勝っている，という優越意識にまで誇張されることもあった。

　この活動がまず着手したことは，ドイツ語教育の整備であった。ラートケは，学校は祖国に対して愛国的義務を負っているという信念のもと，初等学校の授業ですべての児童に正しいドイツ語の読み書きを教え，母語の地位を高めるよう唱えた。1618年，アンハルト侯ルートヴィヒによってケーテンに招聘され，初等学校の設立とそこでのドイツ語教育の普及に努めたラートケの，大きな功績のひとつは，ドイツ語文法の整備・充実である。特に，ラートケによって新たに導入されたドイツ語文法用語は，その後の文法学者らによっても引き継がれ，Bedeutung（語の意味），biegen（語形変化させる），Nebensatz（副文），Sprachlehre（文法），Wortfügung（統語論），Zusammensetzung（合成語）など，いくつかのものは，今日のドイツ語文法用語として定着している。

　1617年には，ワイマールにおいて，ドイツ語浄化を目標に掲げたドイツ最初の言語協会が，イタリアの言語協会をモデルとして，アンハルト侯ルートヴィヒの指導の下に設立された。「結実協会」，後に「棕櫚（しゅろ）の会」とも呼ばれたこの協会には，オーピッツ，ショッテルの他，文法学者クリスティアン・グヴァインツ，言語学者ゲオルク・フィリップ・ハルスデルファー（1607–1658），諷刺作家ヨ

ハン・ミヒャエル・モシェロシュ（1601-1669），格言詩人フリードリヒ・フライヘル・フォン・ローガウ（1604-1655），叙情詩人アンドレアス・グリューフィウス（1616-1664），作家フィリップ・フォン・ツェーゼンなど，当時のドイツで最も著名な学者，詩人，作家たちが所属した。

　この他にも，1633年にシュトラースブルクで「樅木誠実協会」がイェサイアス・ロンプラー・フォン・レーヴェンハルトによって設立されたのをはじめ，1642年ハンブルクで「ドイツ気質協会」がツェーゼンによって，1644年ニュルンベルクで「ペーグニッツの牧人協会」（後に「ペーグニッツ花協会」）がハルスデルファーによって，さらに1658年ハンブルク近郊ヴェーデルで「エルベ白鳥協会」がヨハン・リストによってそれぞれ設立されたが，いずれも結実協会の会員を設立者とし，同協会を模範としたものであった。これらの言語協会は，ドイツ語の保護と浄化，さらには統一ドイツ語の育成を目標としたものの，その活動自体は，当時およびその後のドイツ語の発展に大きな影響を与えるには至らなかった。

　これらバロック時代の言語協会が，積極的に取り組んだ活動のひとつは，翻訳であった。この翻訳活動は，会員たちに対する文学作品執筆のための言語訓練として，積極的に奨励され，会員たちはフランス語を中心とする外国語を手本に，ドイツ語にも文学的な言語表現を導入しようと努めた。言語協会の多くがその規約に掲げた，ドイツ語浄化のひとつである「外来語浄化」は，この翻訳活動を通じて，外国語および外来語のドイツ語化として実現された。このようなドイツ語化によって新たに造られた語彙のいくつかは，外来語形とともに今日のドイツ語にまで生き残り，ドイツ語の語彙を豊かにすることとなった。ここに，バロック時代の言語協会が標準ドイツ語に与えた数少ない影響のひとつを見ることができる。

　言語協会の主要な指導者であるショッテル，ハルスデルファー，ツェーゼンが外国語もしくは外来語の「ドイツ語化」によって新たに創造した語彙のうち，今日のドイツ語には，それぞれ次のようなものが根づいている。

ショッテル：

Beistrich（コンマ＜Komma），Doppelpunkt（コロン＜Kolon），Fragezeichen（疑問符＜*lat.* sîgnum interrogâtiônis），Zahlwort（数詞＜Numerale），Zeitwort（動詞＜Verbum）

ハルスデルファー：

Aufzug（演劇の幕＜Akt），beobachten（観察する＜observieren），Briefwechsel（文通＜Korrespondenz），Fernglas（双眼鏡・望遠鏡＜Teleskop），Geschmack（好み＜Gusto），Irrgarten（迷宮＜Labyrinth）

ツェーゼン：

Anschrift（宛名＜Adresse），Augenblick（瞬間＜Moment），Bücherei（図書館＜Bibliothek），Entwurf（構想＜Projekt），Grundstein（礎石＜Fundament），Leidenschaft（情熱＜Passion），Oberfläche（表面＜*lat.* superficiês），Rechtschreibung（正書法＜Orthographie），Tagebuch（日記＜Journal），Trauerspiel（悲劇＜Tragödie），Verfasser（著者＜Autor），Vertrag（契約＜Kontrakt）

　バロック時代に続くドイツ啓蒙主義の祖，ライプニッツのドイツ語浄化・洗練に対する基本姿勢は，バロックの言語協会のそれとは異なり，その関心は学問の習得を志す市民階層に向けられた。ライプニッツは，極端な外来語浄化に反対し，ドイツ語の「豊かさ」，「純粋さ」，「輝かしさ」をドイツ語洗練の目標とし，洗練された上品な文体と，適切で分かりやすいドイツ語を追求した。そのために必要ならば，方言や古語の使用はもちろん，外国語の受け入れも可能であると提言した。ライプニッツのこのような柔軟な基本姿勢は，ドイツ啓蒙主義のドイツ語浄化・洗練の規範となり，その後のクリスティアン・ヴォルフ（1679-1754）やヨアヒム・ハインリヒ・カンペ（1746-1818）らによって具体化されることになる。

　啓蒙主義哲学者のヴォルフは，ライプニッツの哲学を継承し平易に体系化したが，ドイツ語洗練においてもライプニッツの意思を引き継ぎ，特に，ドイツ語の学術語や教養語の形成にとっての基礎を築き，より広い読者層を対象に，多くの分野

に共通する学術語，教養語の創造を目指した。このためヴォルフは，外国語の専門用語を模範とし，これに対応するドイツ語を新たに考案するという従来の造語法を避け，読者の知識にすでに存在する従来のドイツ語に，新たな意味内容を付与するという方法を用いた。ヴォルフの造語の多くは今日のドイツ語に継承されている。

Abstand（間隔＜放棄），Bedeutung（意味，意義＜解釈），Begriff（概念＜範囲），Versuch（試み＜努力，企て），Verständnis（理解＜思考力，合意），Wissenschaft（学問，科学＜知識）

この他ヴォルフは，Aufmerksamkeit（注意），Bewusstsein（意識），Brennpunkt（焦点），Schwerpunkt（重点，中心点），Spielraum（活動の余地）などのように，新たな思考範疇や概念をあらわす語彙も創造した。しかし，circul（円＝Kreis），potentia（能力＝Vermögen）などいくつかの語彙では，ドイツ語形があるにもかかわらず，これに対応する外来語が学術語として通用するようになったものもあったが，このうち今日のドイツ語に定着したものは Genus（種属＝Gattung），Peripherie（周，周囲＝Umkreis）などで，その数は多くはない。

一連のドイツ語浄化への取り組みは，カンペにおいて頂点に達する。カンペは，ドイツ国民のあらゆる階層に学問と教育を普及させ大衆を啓蒙するためには，すべての人が理解できる母語ドイツ語を手段とすることが不可欠であるとし，学術語も含め，外来語のドイツ語化を積極的に試みた。この試みは，特に，カンペの二つの辞典，すなわち『強制的に母語にされた外国語を解説しドイツ語化する辞典』(1801, 1813)，および5巻からなる『ドイツ語辞典』(1807-1811) において大きな成果を残した。カンペによってドイツ語化されたと思われる語彙のいくつかは，外来語形とともに今日のドイツ語にも引き継がれている。

altertümlich（古代の＜antik），betonen（強調する＜akzentuieren），einschließlich（～を含めて＜inklusive），Einzahl（単数＜Singular），Erdgeschoss（1階＜Parterre），Ergebnis（結果＜Resultat），Feingefühl（繊細な神経＜Delikatesse），fortschrittlich（進歩的な＜progressiv），Mehrzahl（複数＜Plural），Minderheit（少数

＜ Minorität），tatsächlich（実際の＜ faktisch），Voraussage（予言＜ Prophezeiung）

しかし，カンペによるドイツ語化の試みの大部分は，ドイツ語に浸透することはなく，むしろ同時代の人々には嘲笑の的とさえなった。しかし，ナポレオンによるドイツ支配以降の，ドイツ国内における外国人憎悪の風潮の中で，カンペは自身の意図とは別に，民族主義的な外来語浄化運動，外来語排斥運動の模範的存在とみなされることになる。

（Tschirch Ⅱ, 281-292; Polenz Ⅱ, 107-108; 110-127; 356-361; Wells, 238-242; 302-320）

5.2.3　規範文法

それまでのドイツの言語文化におけるラテン語やフランス語の主導権を打ち破る，ドイツ語洗練のためのもうひとつの取り組みは，正統，純粋，統一的なドイツ語文章語の規範文法を確立することだった。オーピッツやショッテルからヨハン・クリストフ・ゴットシェート（1700-1766）やヨハン・クリストフ・アーデルンク（1732-1806）に至る 17, 18 世紀の文法学者，言語学者たちによる文化愛国主義的なドイツ語規範化への取り組みは，統一されたドイツ語文章語の成立に大きな役割を果たす一方，その文法観や言語観は，その後の教育政策を通じ，今日のドイツ語文法にも痕跡を残している。

標準ドイツ語形成に必要な政治・経済・文化的中心が欠けていたドイツでは，まず，超地域的，統一的文章語の規範を「どこ」に求めるかが重要な問題であった。規範としてよく取り沙汰されたのは，東中部ドイツ語のいわゆる「マイセンドイツ語」であった。その根拠は，マイセンドイツ語がルターのドイツ語の基礎にあるというもので，これは 18 世紀，アーデルンクも支持していた。もっともこのマイセンドイツ語は，地理上のマイセン地方の話しことばである「マイセン方言」（上部ザクセン方言）を指しているのではなく，ヴェッティーン朝官房文書での書記慣習を指していることに注意しなければならない。しかし，マイセンドイツ語の規範としての優位性は，すでに 17 世紀には陰りを見せ始め，18 世紀半ばには，プロイセンが指導的地位を確立したことなどにより，そのプレスティージは後退した。しか

し，新興のベルリンが，その後の標準ドイツ語の規範となるには至らなかった。

　文法学者らは，それぞれ自らが模範とした言語慣習を整理し，規範として体系化することを試みた。16世紀，実質的にドイツ最古の文法学者とみなされるヨハネス・クラーユス（1535-1592）が，1578年にラテン語で出版した『ドイツ語文法』は，1720年までに11版を数えるほどの定番文法書であったが，これは，もっぱらルターのドイツ語を模範としていた。クラーユスの文法は，その後の文法学者たちにも影響を及ぼし，例えばショッテルも，自身の文体論の基礎をクラーユスに置いている。17世紀に入ると，ドイツ語洗練・ドイツ語教育を目的として，1624年にオーピッツの『ドイツ詩学の書』，1641年にショッテルの『ドイツ語法』および1663年に『ドイツ語詳論』，1690年にベーディカーの『ドイツ語の諸原理』などがドイツ語で出版されるようになった。さらに18世紀にも，1748年にゴットシェートの『ドイツ語法』，1782年にアーデルンクの『ドイツ語詳細学的体系』が刊行された。これらの文法書はいずれも，マイセンドイツ語などの特定地域のドイツ語のみに規範を求めようとはせず，皇帝庁官房や帝国議会の書記慣習，優れた作家や教養階層の言語慣習に規範を求めながら，ドイツ語の正しい語法の確立を試みた。

　このような規範整理の中で，書記法においては，音をできるだけ忠実に再現する「音声学的表記原則」に代わって，語源や語形の一貫性を重視する「語源的表記原則」が優勢になった。

mhd. phert — pherdes　　＞　*nhd.* Pferd — Pferdes（馬〈単数・主格—属格〉）

mhd. leit — leiden　　　＞　*nhd.* Leid — leiden（苦しみ—苦しむ〈名詞—動詞〉）

mhd. ich gap — wir gâben　＞　*nhd.* ich gab — wir gaben（与えた〈過去・単数—複数〉）

mhd. gast — geste　　　＞　*nhd.* Gast — Gäste（客〈単数—複数〉）

（Keller, 482-483）

また，長母音を表示する手段として，*mhd.* kële ＞ *nhd.* Kehle（喉），*mhd.* sêle ＞ *nhd.* Seele（魂）のように，hおよび母音重複が用いられるようになり，さらに*mhd.* vil ＞ *nhd.* viel（多くの）のようにi-音の長音を示すために，iの後にeが付加されるようになった。

形態面においては，上部ドイツ語特有の語末音 -e の消失をめぐる対立があった。この語末音消失は，ルター時代の東中部ドイツ語にも影響を及ぼし，ルターにおいてさえも語末音消失が部分的に見られた。この語末音 -e をめぐる問題は，その後多くの文法学者，言語学者の活発な議論の対象となった。オーピッツは，Has (*nhd.* Hase ウサギ)，Nam (*nhd.* Name 名前) のような語末音 -e の消失には反対した。ゴットシェートは，語末音 -e を伴う名詞を女性名詞に限定し，男性名詞については Aff (*nhd.* Affe サル)，Bub (*nhd.* Bube 男の子)，Herr（主人），Knab (*nhd.* Knabe 少年)，Pfaff (*nhd.* Pfaffe 僧) のように上部ドイツ語形を採用した。これに対してアーデルンクは，語末音 -e を口調上の問題として，Affe, Bube, Knabe, Gatte（夫君）などには語末音 -e を残す一方，Bett（ベッド），Graf（伯爵），Herr，Mensch（人間），Stück（部分）などからは語末音 -e を除去した。アーデルンクが規定したこのような名詞形の多くは今日まで引き継がれている。上部ドイツ語の語末音 -e 消失が，このように人為的に阻止されたことは，その後 e-音が名詞複数形語尾として発展することへとつながる。

(Keller, 486–487; Polenz Ⅱ, 136–150; 177–179; 242–246; 254–257; Wells, 228–242; 324–326; 334–349)

5.2.4　ドイツ語辞典編纂

　ドイツ語文法の規範化・成文化と並んで，文化愛国主義上の動機に基づくドイツ語洗練へのもうひとつの取り組みは，「ドイツ語辞典編纂」である。辞書は，中世の語彙集にその原型を見ることができるが，15 世紀ドイツ全体に広まった学生用の羅独辞書『ヴォカブラリウス・エクス・クオ』から，初期新高ドイツ語時代の 1561 年に出版された傑作辞書ヨシュア・マーラーの『ドイツ語。新独羅辞典』に至るまで，辞書というとそれは羅独辞典を意味し，ドイツ語のためにドイツ語で説明した辞書は存在しなかった。

　これに対して，17 世紀から 18 世紀にかけての辞書編纂は，より体系的で継続的に，ドイツ語の言語文化の発展にとって影響の大きい営みとなっていく。文化愛国

主義のもとでの辞書編纂にとって，最も重要な課題は，主要言語としてのドイツ語の豊かさを示す点にあった。ヘーニッシュからフリッシュまでは，いかにドイツ語の基礎語彙が豊富であるかを，語幹となる語彙とそこから派生された語彙で示すため，「語幹辞典」の編纂に従事した。その後，啓蒙主義の時代に課題とされたのは，語の明晰さを示すため意味の区別を明らかにすることであった。フリッシュからアーデルンク，カンペまでは，文学を中心としながらもドイツ語全体を網羅するような語彙を記録することを目指し，「語彙網羅辞典」を中心とする編纂活動を行った。

(Polenz II, 181–183)

5.2.4.1 語幹辞典 —— 文化愛国主義の下での辞書編纂

　辞書に関する議論は，ワイマールの結実協会において，会の創設者アンハルト侯ルートヴィヒが 1612 年フィレンツェで出版されたイタリア語アカデミー辞書に刺激されたことに始まった。この議論には，グヴァインツ，ハルスデルファー，ショッテルなどの文法家が関わり，ドイツ語には外国語の説明のための辞書があるのみで，ドイツ語のためのドイツ語辞書がないことが指摘された。しかし，文化愛国主義の潮流の中では，語彙の説明や記録よりも，ドイツ語の古さや起源，ドイツ語表現の創造性を示すことができる「語幹辞書」が相応しいとされ，ドイツ語が，当時ステータスの高かったラテン語，イタリア語，フランス語に勝るとも劣らない卓越した言語であることを示すことが目標とされた。ここでいう「語幹」とは，太古からのドイツ語に由来するものを指し，単音節であることがその要件であった。

　この系統の辞書には，1616 年ゲオルク・ヘーニッシュの『ドイツの言語と知恵。ドイツ語の言語と知識の辞典』，1691 年カスパー・シュティーラーの『ドイツ語系統樹と成長。全 2 巻』，1700 年および 1702 年マティアス・クラーマーの『絢爛大型独伊辞典。全 2 巻』，1734 年クリストフ・エルンスト・シュタインバッハの『ドイツ語網羅辞典。全 2 巻』があげられるが，いずれの辞書も語幹ごとに語彙を配置している。ヘーニッシュの辞書は未完であるが，ドイツ語のイディオムや慣用句を収録した点に，実用性に向けての進歩が見られる。シュティーラーの辞書は，結実協会での辞書議論におけるショッテルの理論的基礎を実践に移したもので，文例や

慣用句が載せられている点は進歩的であるが，意味説明は伝統的にラテン語でなされている。クラーマーの辞書は，シュティーラーの辞書をより充実させることを目指し，法律，行政，科学の領域からも多くの語彙や慣用句を収録しており，意味記述においてもドイツ語辞書で初めて，具体的意味から抽象的意味への順で配列するなどの体系化がみられる。シュタインバッハの辞書では，数多くの用例を文学作品から収録している点や，文体特徴として，方言，古語，類推による造語，日常語，俗語の五つのカテゴリーを区別して説明している点が注目に値する。

(Polenz Ⅱ, 182-186)

5.2.4.2 語彙網羅辞典 ── 啓蒙主義の下での辞書編纂

啓蒙主義の下での辞書編纂は，ドイツではベーディカーやライプニッツの理論に大きく刺激された。辞書編纂の目標は，科学，抽象的な思考，感情や価値観など，生活のあらゆる領域における要請に対し，ドイツ語がラテン語やフランス語以上に適した言語となるようドイツ語を洗練することであり，そのために歴史的な語彙も含め，あらゆる事象領域，あらゆる社会階層から包括的に現在の語彙を記録し，言語共同体が有する語彙に関する知識を，辞書にできるだけ精密に細分化して説明することが課題とされた。ライプニッツの辞書論では，ドイツ語によるドイツ語のための辞書として，日常語彙のための辞書，専門用語のための辞書，語源や語の歴史のための辞書の三つが提唱されていた。その中で，この時代に実現されたのは日常語彙のための辞書であった。

ここでは，規範的な正しさよりもことばの明晰さがより重視され，辞書記述の中心は体系的な意味説明にあった。従来のように同義語や反意語，用例によって意味を暗示するのではなく，概念や意味的メルクマールを定義しながら，実際のコンテクストの中で意味が特定される以前の，それぞれの語に固有の，コンテクストからは切り離されたより抽象的で一般的な意味を説明することが要とされた。方言，古語，雅語，新語，専門語，外来語なども区別され，さらに使用上の警告や注意なども添えられた。アーデルンク以降は，歴史的な側面にも焦点があてられるようになり，時間経過に伴う意味の変化という側面も記述項目として加わってきた。辞書を

使うということは，ことばを使う際の感性を研ぎ澄ます訓練でもあった。

　啓蒙主義の辞書には，1741年ヨハン・レオンハルト・フリッシュの『独羅辞典。全2巻』，1793年から1801年にかけてのヨハン・クリストフ・アーデルンクの『高地ドイツ語方言の文法的・批判的辞典。全4巻』（初版は全5巻で1774年から1786年），1807年から1813年にかけてのヨアヒム・ハインリヒ・カンペの『ドイツ語辞典。全5巻』があげられる。フリッシュの辞書ではまだ，語幹辞書の伝統に則って語彙が配列されているが，語彙の体系的な分類を試み，古い文献や，方言，専門用語からの語彙を収録し，古語や俗語を区別し，語源や語用法について批判的な考察を加えている点で，啓蒙主義の辞書の先駆けに位置づけられる。アーデルンクの辞書は，語幹配列に代わって，初めてアルファベット配列を採用しており，あらゆる面から見て現代の国語辞書の原型と言える画期的な辞書である。5万5000の見出し語を網羅し，定義に基づく体系的な意味説明を与え，高尚，上品，普通，下俗，卑俗などの語彙使用の社会的な区別や，文体ニュアンス，方言，古語，用いられる専門領域などを明記し，さらに文学作品からの用例を添えた。多義語の意味配列でも，古いものから新しいものへ，知覚上具体的なものから抽象的・比喩的なものへと，体系的に配列されている。もっとも語源考察については，当時の語源学の水準上，誤ったものも少なくない。外来語のドイツ語化で知られるカンペは，一般辞書においてアーデルンクを超えることを目指し，収録語彙に関しては14万を超える見出し語でアーデルンクを凌いだものの，用例出典ジャンルの不統一，語彙の地域色の強さ，意味説明における体系性・首尾一貫性や客観性という点では，不十分さが目立った。

　　　　　　　　　　　　　　　　　　　　　（Polenz II, 186-194; Wells, 354-365）

5.3　ドイツ語の発展傾向

　バロックから啓蒙主義にかけての絶対王政の時代は，様々なドイツ語文法書の刊行に見られるように，ドイツ語に対するメタ思考が明確になされるようになり，ラテン語やフランス語に対抗し得るような洗練された文体，書きことばとして統一さ

れたドイツ語が形成される時期である。この統一ドイツ語へのプロセスは，決して言語内で自発的，自然発生的に進行したものではなく，印刷所，校正師，文法家らが言語に外から関与することで進行したプロセスである。

5.3.1　音韻・正書法

　14世紀から16世紀に関しては，「音韻」という見出しで音韻がどう文字化されるかを見たが，この時代には，外国語音韻の影響を別にすれば，中高ドイツ語から初期新高ドイツ語にかけて見られたような音韻変化は存在しない。したがってこの時代に関しては，実際に存在する方言の音韻とは別に，書きことばとしてのドイツ語の表記がいかにして統一的な姿になっていくかをたどる。

　文字表記方法は，当時は一般に「書きかた」，国語教育の中では「綴りかた」と呼ばれ，学者の間では「オルトグラフィア」と呼ばれていた。このオルトグラフィアは，1571年以降ドイツ語化して「正書法」(Rechtschreibung)とも呼ばれるようになり，文法学者ショッテルによってドイツ語文法用語として定着するようになった。ドイツ語の文字表記については，多少の揺れや個人的な例外はあるものの，印刷されたテキストに関しては，1800年頃には現在の表記方法の原型が出来上がっていた。以下，外国語音韻からの影響に続き，この時代のドイツ語文字表記の発展傾向を，子音重複，文字化原則，表記異種の減少，長母音表記，名詞大文字書き，句読点に関する表記方法についてそれぞれ概観する。

（Polenz II, 242-243; Wells, 349-362）

5.3.1.1　外国語音韻の影響

　ドイツ語の音韻，さらには形態にも影響を及ぼした言語はフランス語であった。フランス語からの借用語の多くには，Balkon（バルコニー [bal'kõː], [bal'koŋ], [bal'koːn]）やRestaurant（レストラン [resto'rãː], [resto'raŋ], [resto'rant]）などのように，ドイツ語の音韻体系には存在しないフランス語の鼻母音が残されている。これは，その語彙がフランス語に由来することを強調するための意図的な処置であったが，その結果，

ドイツ語の音韻体系に外来語の鼻母音が加わることになった。しかしこのような鼻母音は，いわゆる教養語において用いられるにとどまり，日常語では「母音＋軟口蓋鼻音」もしくは「母音＋鼻音の結合」に置き換えられた。

ドイツ語のr-音は，舌音の [r]，口蓋垂の [R]，摩擦音の [ʁ] の三種類に区別される。現在，地域別には，北部および中部ドイツでは口蓋垂の [R] もしくは摩擦音の [ʁ] が，南部，特に南東部の東上部ドイツ語圏では舌音の [r] が優勢である。しかし，ここに至る r-音の歴史的なプロセスについては不明瞭なところが多く，フランス語からの影響ではなく，ドイツ語内部で起こった現象である可能性も高い。口蓋垂 [R] は，テオドア・ジープス（1862-1941）の『ドイツ舞台発音』1957年改訂版で，ようやく舌音 [r] と同等の規範と認められたが，r-音に関しては，今日では摩擦音の [ʁ] が優勢となっている。

(Polenz II, 88-90)

5.3.1.2　子音重複

vnndt（*nhd.* und そして）や Gedancke（*nhd.* Gedanke 考え）などに見られるような子音文字の重複は，バロック時代に典型的な過剰装飾とされる。特に [ts] の音に対応する表記には z, tz, tcz, tzc, czz, czc, zcz などの異種が存在した。また，Ambt（*nhd.* Amt 役所）や frembde（*nhd.* fremd 見知らぬ）などの b の綴りに見られるように，発音上は，確かに正確な音の反映とは言えるものの，これもバロック的な表記法の例と見なされた。詩人のハルスデルファーなどは，かなり自由奔放に子音文字を重複して用いた。しかし，子音文字が過剰に重複して用いられたのは，初期新高ドイツ語のかなり自由な表記法が残っていた17世紀のみであった。

現在のドイツ語では，子音重複はその前にある母音が短母音であることを示すシグナルとして働いているが，これは，不必要な子音文字重複の衰退に伴って，子音文字重複を短母音シグナルとして用いることが可能となった結果である。現在では，Nase（鼻）と nasse（濡れた〈格変化語尾 -e〉），waten（水の中を歩く）と Watten（綿〈複数形〉）の間の対立に見られるように，子音が重複されているか否かで語の発音と意味が異なってくる。

(Polenz II, 243-244)

5.3.1.3 文字化の原則

　表音文字アルファベットで音を文字にする場合，二つの原則が考えられる。ひとつは「音声学的表記原則」であり，もうひとつは「語源的表記原則」である。前者は，実際の音に忠実に文字を対応させる表記方法であるのに対し，後者は，音と文字の厳密な対応関係は崩れても語の語源がわかるような表記方法である。ドイツ語のように格変化や派生などで形態上の変化が激しい言語においては，親戚関係にある語との語源的なつながりがわかる表記方法の方が都合のよい場合がある。例えばGast の複数形は Gäste であるが，もし厳密な音声学的表記にするならば複数形はGeste となる。しかしウムラウトを用いた方が，視覚上，両方の語のつながりはわかりやすい。実際に話されるドイツ語では，方言による発音上の差がかなり激しいため，ドイツ語圏全体で，音を忠実に文字にするという原則を適用することは不可能であった。その結果，個々の語に関してそれぞれ表記方法を決定する「個別語原則」にならざるを得なかった。その際，一般に広く流布している表記方法やステータスの高い表記方法が採用された。この個別語原則は現代にまで引き継がれ，一定の表記原則に即してすべての語を表記することを不可能にする要因となっている。例えば，長母音の表記には，Ofen（窯）のように「単一母音のまま」，Boot（ボート）のように「母音重複」，そして Bohnen（マメ）のように「後続に h」，という三つの可能性が存在する。仮に厳密な音声学的表記原則に基づき，例えば「長母音は母音重複で綴る」とするならば，Ofen は Oofen，Bohnen は Boonen となり，長い間見慣れた字面からはまったくかけ離れたものとなってしまう。

(Polenz II, 244)

5.3.1.4 表記異種の減少

　バロック時代から啓蒙時代にかけての 17, 18 世紀のドイツ語表記法で，最も顕著な傾向のひとつが，表記異種の減少である。初期新高ドイツ語では，ひとつの音に対してかなり多くの表記方法が並存したが，この時代には，一定の表記方法に固定されていく。例えば，中高ドイツ語の iu, öu で綴られた音 [ü:], [öu] は，初期新高

ドイツ語における二重母音化により [oi] という音になった。この音には，初期新高ドイツ語の表記では ew, euw, äu, öe, eü, euw, äw, öw, öuw などの異種が存在したが，1700 年頃には現在のドイツ語のように，ほぼ eu, äu のみに限定された。この異種減少の進度は，ルターの聖書ドイツ語翻訳をきっかけとして，東中部ドイツと北ドイツが最も速かった。それ以外の地域では，1600 年頃はまだ地域独特の保守的な表記方法が優勢であったが，1700 年頃には相当の地域で，東中部ドイツで通用している表記方法にならうようになった。

　このような表記異種の限定は，テキストジャンルに関係なく，印刷物の表記方法全般にわたって見られる現象であることから，これらの変化は印刷所，活字師，校正師らによって担われたプロセスであると考えられる。1700 年頃には，印刷所内，都市内，あるいは地域内でそれぞれ首尾一貫した表記法の統一が達成されていた。文法書などにおける表記法規範は，その当時，印刷物において実際に達成されていた統一的な表記方法を規範化したものであって，その逆ではないことに注意しなければならない。

(Polenz II, 243-246)

5.3.1.5　長母音表記

　初期新高ドイツ語での，中高ドイツ語二重母音の長母音化，開音節短母音の長母音化により，新高ドイツ語は母音の長短のはっきりした音韻構造となり，それに伴い，長母音の明確な表記が必要となった。17 世紀は，現在の長母音表記にとって決定的な時代であった。東中部ドイツ語による聖書の表記分析から，長母音表記は 16 世紀に一旦後退するものの，17 世紀に再び増加し，一貫して長母音を表記するようになったという調査結果が出ている（Besch 1984）。それによれば，長母音 i は後続の e によって，それ以外の長母音は後続の h によって表記されるようになった。この二つの表記が長母音表記全体に占める割合は，ある調査によれば，1522 年には 76.78％なのに対し，1694 年には 90.6％，1736 年には 94.16％，1797 年には 95.17％と飛躍的に増加し，これは，ほぼ現代ドイツ語の長母音表記に匹敵する割合である。これら二つの方法によらない場合は，母音重複によって長母音表記がなされていた。

(Polenz II, 246)

5.3.1.6　名詞大文字書き

　名詞の大文字書きは，中世以降，この時代までに広まってきてはいたものの，ただちに広い支持を得ていたわけではなかった。大文字書きの書記法に対しては，ベーディカーなどは支持したのに対して，ショッテルやシュティーラーは強く反対し，ハルスデルファーなどは大文字書きと小文字書きの両方の書法に理解を示した。このような対立と混乱は，18世紀にゴットシェートやアーデルンクによって，大文字書きが拘束力を持つ規範として認知された後も，19世紀半ばまでおさまることはなかった。

　そもそも，大文字書き・小文字書きの論拠は，見た目の美しさ，理解しやすさ，文化愛国主義，伝統重視などにあり，決して文法的なものではなかった。文法家らがこれらの議論を引き起こしたのではなく，むしろ印刷物で通用している標準を規範として文法家たちが記述し，その標準の拡大に貢献したというのが実際であった。

　名詞大文字書きは，かつてはオランダ語やデンマーク語でもなされていたが，現在のヨーロッパではドイツ語においてのみである。ドイツ語が大文字書きに固執するのは，ドイツの印刷物ではゴシック文字がドイツ的な文字として好まれた，ということと全く無関係ではないであろう。というのは，ゴシック文字は n と u, in と im などの間の見分けが難しい。ラテン文字アンティクヴァと比べると文字の見分けが困難なため，名詞が大文字で書かれたということが考えられる。また現在のドイツ語の論文や新聞などでは，複雑で長い名詞化文体が多く用いられるため，そのような複雑な構文を分析・理解する際，名詞が大文字書きされている方が視覚的にも助けになることが考えられる。　　　　　　　　　　（Polenz II, 246-248）

5.3.1.7　句読点

　ルターの時代，句読点には，修辞学の伝統からペリオドゥス，コロン，コンマがあったが，これは現在のドイツ語における文，文肢，文末の句読点とは関係なく，これらとは異なる原則で用いられていた。初期新高ドイツ語時代やバロック時代の

テキストで用いられていた句読点は，斜線ヴィルゲルであるが，これも現在のドイツ語のコンマと同一ではない。初期新高ドイツ語時代のヴィルゲルは，息継ぎ，句の切れ目，朗読テンポの境目，イントネーションの境目などを示し，聞き手側の理解しやすさ，話し手側の及ぼす効果などを考えて施されたもので，現在のドイツ語のように文法構造に応じて付されたものではなかった。

　文法構造に応じた句読点原則への移行は，テキストコミュニケーションが，朗読されたものを理解する形態から，黙読する形態へと移行したことを象徴していると言えるであろう。文法書では，フライアーが初めて詳細に句読点の用い方について説明している。フライアーやゴットシェートは「話しことばリズム原則」を推奨したが，ベーディカーは初めて統語的な「文法原則」を提案し，それをアーデルンクが引き継ぎ，より体系的に整理した。アーデルンクは句読点法に関して，19世紀の文法家らのモデルとなっている。句読点の文法原則は19世紀から20世紀にかけて，学校教育の中で規範として定着する。　　　　　　　（Polenz II, 248-251）

5.3.2　形態

　名詞の曲用，動詞の活用など形態面での変化は，14世紀から16世紀と同様の傾向を示す。名詞本体の曲用では，格変化よりも単数か複数かの区別の方がより優勢になり，複数形の派生方法によって名詞が区別されることになる。動詞活用においては，人称・数・法の区別よりも時制の区別が比重を増してくる。全般的に見て，助動詞や話法の助動詞を用いた動詞複合体による時制，法，態の表示が広まるが，特に法に関しては，動詞そのものの活用によって表示するよりも，むしろ助動詞とともに動詞複合体として分析的に表示する傾向が一層顕著となる。形容詞の格語尾変化では，現在のドイツ語のように強変化と弱変化の区別が明確になり，また名詞句全体の中で，一箇所のみで明確な格表示をする「単一箇所格表示の原則」が成立する。また形容詞の格語尾変化は，格表示以外にも，中性名詞と男性名詞の主格においては性の区別も担うようになる。それぞれの格に関しては，属格が，動詞の属格目的語として用いられるケースが減少し，現在のドイツ語のように名詞付加語と

しての用法に限定されてくる。そして更に，この付加語としての用法も，前置詞 von に取って代わられることが多くなる。

5.3.2.1 名詞

① 複数形語尾 -s

ドイツ語に名詞の複数形語尾 -s が導入されたのは，17, 18 世紀のフランス語の影響である。この時代にフランス語からドイツ語に導入された借用語の多くは複数形語尾 -s をとったが，例えば Ingenieurs から Ingenieure（技師）へ，Memoires から Memoiren（回想録）へのように，後になって他の複数形語尾に変わったものも少なくない。同時代の低地ドイツ語およびオランダ語も，ドイツ語の Jungen（少年）に対して Jungs，Mädel（女の子）に対して Mädels などのように複数形語尾 -s を用いたこともあり，この複数形語尾は，18 世紀末には文学作品の中でも見られるようになる。しかし，複数形語尾 -s がドイツ語の複数形語尾のひとつとして汎用的に用いられるようになるのは，19 世紀になってからであり，英語およびこの複数形語尾を早くから多用したプロイセンの影響が大きい。

やがてこの複数形語尾 -s は，Gourmets（< Gourmet 食通 < *frz.* gourmet）や Hobbys（< Hobby 趣味 < *engl.* hobby）のように，フランス語や英語からの外来語のみならず，Boas（< Boa 大蛇 < *lat.* boa），Kimonos（< Kimono 日本の着物 < *jap.* kimono），Safaris（< Safari サファリ < *swahili.* safari < *arab.* safar 旅行）などに見られるように，様々な外国語からの借用語の複数形語尾としても用いられるようになった。この他にも複数形語尾 -s は，今日では，Muttis（< Mutti ママ）のように語末音に母音を持つ名詞，Kulis（< Kuli < Kugelschreiber ボールペン）のような短縮名詞，PKWs（< PKW < Personenkraftwagen 乗用車）のような頭文字造語などの新造語における複数形語尾として，語形変化体系に不可欠な要素となっている。

（Polenz Ⅱ, 91-92, 257）

② 語尾 -e の行方

dem Manne（男〈与格〉）や zu Hause（家で）などに見られた男性・中性単数与格の名詞語尾 -e や複数形語尾 -e は，特に南ドイツの方言では消滅し，中世末期の文書では表記されないことも多かった。男性・中性単数与格の名詞語尾 -e は，話しことばの中では消滅する一方，東中部ドイツを中心に書きことばでは復活し，「ルターの e」とも呼ばれて表記上は残されるようになった。この傾向は 17, 18 世紀にさらに進み，方言差はあるものの多くのテキストで復活し，特に上部ザクセン方言地域のテキストでは 90％以上の割合で -e が表記されていた。なぜ，自然な流れに逆行するような形で，男性・中性単数与格の語尾 -e が復活したかに関しては，ひとつには，ラテン語に通じている知識人の間で，格変化語尾のあることが正統でプレスティージが高いと考えられていたこと，もうひとつには，韻文においてはリズムや脚韻上，語尾 -e が多用されていたが，韻文文学こそが言語芸術の中でプレスティージが高いと見なされていたことが考えられる。

複数形語尾としての -e については，話しことばの方言では上部ドイツ語方言を中心に消滅しており，表記上の消滅も，14 世紀以降上部ドイツ語圏から広がり，16 世紀には東中部ドイツ語へも波及した。しかし，17 世紀半ばと 18 世紀半ばの 2 回にわたって，複数語尾 -e の表記上の消滅に歯止めがかかる。このおかげで複数形語尾 -e は，現代ドイツ語の名詞全体の約 89％において用いられる最も頻繁な複数形語尾となっている。東中部ドイツ語の表記から広まったこの複数語尾 -e の復活により，ドイツ語は名詞体系において，複数形の形態上の区別が明確な言語となった。

一方，上部ドイツ語方言では，複数形語尾 -e が消滅したことにより，新たな複数形表示方法が有力になった。つまり語尾 -er, -en と語幹母音ウムラウトである。このため 17, 18 世紀の上部ドイツ語方言では，書きことばでも，Bein — Beiner (*nhd.* Beine 脚）や Stück — Stücker (*nhd.* Stücke 一片）のように，語尾 -er を用いる複数形が多く，Schilde / Schilder（楯／看板）や Lichte / Lichter（蝋燭／電灯）のように，複数形語尾 -er と -e が競合関係にある場合も多かった。この競合関係が現在にまで残っている場合は，複数形の形によって意味が区別されている。同様に Ärme (nhd. Arme 腕) や Wägen (nhd. die Wagen 車) のように語幹母音ウムラウトによる複数形も多く見られた。

　複数形語尾ということに関しては，この他，複数形語尾 -en が特に女性名詞の複数形として広まり，現在では女性名詞全体の約 73％ を占める。これに伴い，いわゆる女性弱変化名詞とされる名詞の単数形において，本来は備わっていた -en が削除され，それに代わって -e が付与されるプロセスが 1800 年頃までには完結した。古い形の名残として，女性弱変化名詞の単数主格以外に付けられた -en が女性名詞単数属格と与格に現れるという現象が，Erden（地球），Frauen（女性），Kirchen（教会），Mitten（真ん中），Seiten（側面）などの名詞に見られ，部分的には現代でも見られるが，詩的ないしは古風な用法とされている。　　　　　　（Polenz II, 254–257）

③ 人称代名詞の格変化語尾

　この時代，人称代名詞の格変化は多様な形を示している。初期新高ドイツ語時代には，すでに様々な形が競合していたが，この傾向は 17, 18 世紀になって強まり，複雑さを増す。それは多くの代名詞が，さらに -en, -er, -es, -e, -o などの拡張語尾が加えられ拡張されたり，冠詞としても用いられたりしたことによる。現在のドイツ語では，人称代名詞で複数の与格が -en によって拡張され ihnen となり，関係代名詞と指示代名詞がすべての性の単数属格と複数属格および与格において -en によって拡張され dessen, deren, denen となり，不定疑問詞 wer が属格において -en によって拡張され wessen となるのみであるが，この時代はこれだけにとどまらない。derer Gelehrten (der Gelehrten 学者〈複数属格〉)，denen Leuten (den Leuten 人々〈複数与格〉)，dero Ankunft (der Ankunft 到着〈属格・与格〉) などのように，現代ドイツ語では不必要なところでも拡張されている。男性・中性単数与格の ihm も，ihme のように語尾 -e をつけて用いられることがあった。これらの拡張の起源はそれぞれのケースで異なり，不明な場合も少なくないが，拡張語尾 -o は，官庁文書では desto（より一層），dahero (nhd. daher それ故)，bishero (nhd. bisher これまで)，seithero (nhd. seither それ以来)，nunmehro (nhd. nun mehr もはや)，itzo (nhd. jetzt 現在) などのような副詞に，また，目上の相手に対して敬意を表する場合の Ihro Gnaden（閣下），

dero ergebenster Diener（敬具）などのような形で頻繁に用いられていた。

（Polenz II, 257-258）

5.3.2.2 形容詞

　形容詞の格語尾変化体系は，名詞句の発展と深く関係している。14世紀から16世紀にかけて，文中で動詞句と名詞句が形態上，明確に区別されるようになったことから，17世紀から18世紀にかけては名詞句がはっきりそれとわかる構造を示すようになり，その規模が拡大し頻繁に用いられるようになった。これにより形容詞は，名詞を修飾する付加語的用法において際立った形を示すようになった。すなわち，名詞句の中で用いられる付加語的用法では格変化語尾を伴い，動詞句にかかる副詞的用法では格変化語尾を伴わない，また動詞句の一部をなす述語的用法でも語尾を伴わない，という区別が明確になったのである。述語的用法での形容詞の語尾変化が消滅したことで，形容詞の格語尾変化は，名詞句の中で形容詞が付加語として用いられる場合にのみ見られる現象となった。

　単一箇所格表示の原則により，形容詞の格変化語尾の形態は，当該の名詞句に定冠詞など格を明確に表示する語があるか否かにより，それがある場合は「弱変化」，ない場合は「強変化」するようになった。弱変化は -en ないしは -e の語尾を用いるが，-e は男性主格，中性主・対格，女性主・対格にのみに用いられ，それ以外はすべて -en となる。強変化は，形容詞語尾がほぼ事実上，定冠詞の格語尾を引き継ぐものである。

　形容詞は，新たに名詞の性を区別する語尾変化も担うようになり，男性主格と中性主格において，ein, kein, mein などの不定冠詞類で名詞の性が区別できない場合，形容詞の語尾が性の区別を明示する。例えば，das neue Buch（その新しい本）と der neue Wagen（その新しい自動車）ならば，定冠詞で名詞の性が区別されるが，不定冠詞を用いた ein Buch と ein Wagen のようにどちらも同じ場合には，形容詞を用いればその語尾変化で，それぞれ ein neues Buch, ein neuer Wagen となり，性が区別できる。

　このような現在のドイツ語の形容詞語尾変化の原則は，すでに初期新高ドイツ語

時代にも見られるが，まだ標準的な用法とはなっておらず，揺れも大きかった。この揺れは，まだ17世紀にも見られ，部分的には18世紀にも見られる。例えばein freundlich Compliment（好意的な賞賛）やIhr redlich Herz（あなた方の正直な心）のように，中性主格・対格では変化語尾を伴わない場合も多かった。また一方では，bei schönem hellen Wetter（素晴らしい，明るい天気の日に）やaus einfältigen treuem Herzen（素朴な，忠実な心から）などのように，単一箇所格表示の原則が誤って適用された場合も見られた。もっともこのようなケースは現在のドイツ語でも見られ，mit großem unerwarteten Glück（大きな予期しなかった幸運で）のように，形容詞が複数並んだ場合，先頭の形容詞のみを強変化させ，その後は弱変化というような例がよくある。　　　　　　　　　　　　　　　　　　　　　　　（Polenz II, 258-259）

5.3.2.3 動詞

　動詞に関しては，初期新高ドイツ語時代の変化傾向がそのまま引き継がれ，その活用においては，人称，数，法の区別よりも時制の区別が，形態的には顕著になっていく。過去形では，過去単数形と過去複数形との間で見られた母音の相違は，どちらか一方の形に集約されていく。動詞の現在人称変化においては，直説法複数で-en, -et, -ent から -en, -et, -en に移行し，gehet が geht になるように，曖昧な音である e が人称変化語尾から脱落する傾向が強まる。接続法に関しては，時制区別がなくなり法の表示のみに用いられるようになり，「接続法現在」，「接続法過去」という区別から，現代ドイツ語におけるように「接続法I式」，「接続法II式」と呼ぶ方が相応しい体系になる。法の表示自体は，話法の助動詞を用いて分析的に表現する傾向が一層強まる。また過去分詞では，前綴り ge- が過去分詞の形態の一部として定着する。さらに強変化動詞の多くが，語彙として用いられなくなったり，弱変化動詞に移行したりするなどして激減する。これにより，動詞語彙の95％以上が弱変化動詞となった。　　　　　　　　　　　　　　　　　　　　　（Polenz II, 259-261）

① 強変化動詞の過去形母音の行方

　finden（見る）の，過去形単数の fand と過去形複数の funden のように，中高ドイ

ツ語で単数過去と複数過去の母音が違う場合，そのどちらかに統一される「母音交替平準化」の傾向が，初期新高ドイツ語時代から進行していた。しかし，17, 18世紀における進行状況を見ると，すべての地域ですべての動詞において一方の母音に統一された状態に達していたわけではなかった。文法家らもこの点に関して規範を提示してはいるが，すべての文法家の意見が一致していたわけではなかった。特に東中部ドイツ語と上部ドイツ語の間では，17, 18世紀にはまだ相違も多く，例えば東中部ドイツ語では，fand, fanden や trank, tranken（＜ trinken 飲む〈過去形〉）のように，過去形母音として過去形単数の母音 a が用いられたのに対して，上部ドイツ語方言では，fund, funden や trunk, trunken のように過去形複数の母音 u が好んで用いられた。これ以外でも，上部ドイツ語では一部の強変化動詞の直説法現在単数1人称で古い語幹母音の変化がまだ残り，東中部ドイツ語では ich sterbe（＜ sterben 死ぬ）のように語幹母音が e となるところで，ich stirb や ich nimm（＜ nehmen 取る）のように古い形 i が用いられたり，中高ドイツ語で現在形単数の語幹母音が iu になる強変化動詞において，東中部ドイツ語では fliegt（＜ fliegen 飛ぶ）のように語幹母音が ie となるところに，fleugt や fleusst（＜ fließen 流れる）のように eu が用いられたりしていた。

過去形の母音に関しては，過去形の母音が不定形のそれよりも広い母音となる逆ウムラウトも，17, 18世紀には satzte, gesatzt（＜ setzen 座らせる〈過去形，過去分詞〉）や lahrte, gelahrt（＜ lehren 教える〈過去形，過去分詞〉）などに見られるように，現在のドイツ語よりは，まだ多く見られた。　　　　　　　　　　　　　　　（Polenz Ⅱ, 260）

② 現在人称変化語尾

直説法現在複数の人称変化語尾は，現在のドイツ語では -en, -t, -en であるが，これは15世紀以来東中部ドイツ語で用いられた形との間での妥協の産物である。というのも，西中部ドイツ語や西上部ドイツ語では，17世紀には複数の語尾はすべての人称において -en ないしは -ent に簡略化されていたからである。多くの文法家が変化語尾部分の完全な表記を主張したにもかかわらず，動詞の人称変化や過去形・過去分詞における語中の弱い -e- の音の表記は，redte（＜ redete 話す〈過去〉）や

geredt（< geredet しゃべる〈過去分詞〉）などのように，18 世紀に至るまで表記されていないケースも多かった。その一方で，höret（聞く〈3 人称単数〉）や sagest（言う〈2 人称単数〉）などのように，語中の弱い -e- が表記されているケースも 19 世紀に入るまで少なくなかった。後者のケースについてゴットシェートは，言語の自然な発展に介入し，弱変化動詞では語中音消滅，強変化動詞では語中音表記という規範化を試みた。この点においてアーデルンクは，文体や響きに応じて付加したりしなかったりする立場を取っていた。　　　　　　　　　　　　　　　　（Polenz II, 260–261）

③ 接続法の行方

　初期新高ドイツ語時代から続く接続法の用法の変遷傾向については，1700 年頃には，かなりその輪郭がはっきりしてくる。文法家ではベーディカーとゴットシェートが，初めて接続法の用法規則を記述したが，その多くは接続詞に導かれる副文との関係においてであった。例えばベーディカーは，目的をあらわす副文では接続法は必須であるとしており，実際に当時のテキスト分析からもこのことは確かめられる（Guchmann 1981）。

　間接話法については，接続法 I 式が間接話法の担い手として地位を固めていたが，接続法 II 式も頻繁に用いられた。その際の接続法 II 式は，弱変化動詞の主語が複数のため，接続法 I 式では形の上で明確に接続法と判断できないような場合に用いられることが多くなった。完了形の接続法 II 式では，初期新高ドイツ語時代に用いられ直説法との区別が曖昧であった het, hett, hette に代わり，首尾一貫して hätte が用いられるようになった。1800 年頃，接続法は，文学，科学，娯楽に関する新聞記事において，現代ドイツ語におけるよりもかなり頻繁に用いられていた。その際，接続法 I 式は接続法 II 式との相互関係において捉えられ，間接話法において，接続法 I 式は内容の正しさを保証せず，接続法 II 式は内容を否定する，という理解で対比的に用いられていた。また，Gott erleuchte euch（神があなたに光を与えられますよう）のような願望文，er sey Laie oder Priester（その者が非聖職者であれ牧師であれ）のような譲歩文，daß das Auge ihre Form erkenne（目がその姿を見分けるよう）のような目的文において，接続法 I 式は現在よりも頻繁に用いられていた。

接続法における時制一致は，古高ドイツ語時代から存在し，現在形の主文には接続法現在の副文が，過去形の主文には接続法過去の副文がそれぞれ続くというものであったが，グリンメルスハウゼンにおいてはこのような一致は崩れ，接続法Ⅰ式は，時制とは関係なくある内容を第三者から聞いたものとして伝える間接話法のために用いられていた。規範文法の中では，ゴットシェートがラテン語文法をモデルとして，接続法における時制の一致を重視したが，この現象は当時のテキストではもはや衰退傾向にあった。いずれにしても，時制とは関係なく純粋に法を表す接続法の用法と，時制との関連で用いられる接続法の用法の双方が18世紀末まで混在していた。

(Polenz Ⅱ, 261)

④ 文否定

中高ドイツ語では，文否定は定動詞に否定接辞 en- ないしは -ne をつけ，さらに文中の否定辞 niht で二重に否定していたが，定動詞への否定接辞 en-/-ne は徐々に用いられなくなり，1500年頃はまだ文否定全体の1割を占めていた「二重否定」も，18世紀半ば頃には否定辞 nicht のみを用いた否定に取って代わられた。またゴットシェートなどの規範文法でも，単独否定が教養ある表現であるとされ，das hat keiner nicht gewollt（そのようなことは誰も望まなかった）のような二重否定は，話しことばでは用いられたものの，書きことばでは，16, 17世紀にはかなり後退した。

(Polenz Ⅱ, 267)

⑤ 動詞の結合価

動詞の格支配を決定する結合価は，文中でどのような名詞句や文要素が登場するかを決定するものであるが，ドイツ語では他のゲルマン系の言語に比べると，より重要な位置を占めている。この結合価において，des nimmt mich wunder（それに私は驚く）のように，中高ドイツ語ではよく見られる，主格主語がなく動詞の人称変化は3人称単数の形をとるといった「非人称動詞」が大幅に後退し，主格が，動詞結合価に必須の文主語として独占的な地位を占めるようになった。主格主語をとらない mich dürstet（喉が渇く）や mir träumt（夢を見る）などの表現は，それぞれ ich dürste, ich träume という主格主語を含む結合価も示すようになり，mich friert（寒い）/ schwitzt（汗がでる）なども ich friere, ich schwitze という結合価へと変化した。主格主語のない能動文は，現在のドイツ語では，mir graut vor …（ぞっとする）や mir wird übel（気分が悪くなる）などわずかしか見られない。　　　　　　　　（Polenz II, 265）

6　動詞目的語としての属格の後退

　動詞の結合価におけるもうひとつの顕著な変化は，例えば sich⁴ etwas² erinnern（思い出す）が sich⁴ an … erinnern に，etwas² begehren（所望する）が etwas⁴ begehren に変化したように，動詞目的語としての属格が後退し，それに代わって前置詞目的語や対格が用いられるようになってきたことである。もっとも，対格に変わった例はそれほど多くはなく，大半は前置詞目的語となった。現在のドイツ語でも，sich⁴ an … erinnern や sich⁴ auf … freuen（楽しみにする）など，対格再帰代名詞をとる再帰動詞の目的語はほぼ間違いなく前置詞目的語であるが，これらの動詞の多くは，古くは属格目的語支配であった。属格の後退傾向は 16 世紀，テキストジャンル別では，法律文書，年代記，宗教関係文書よりも，個人的，娯楽的，大衆的なテキストにおいてはるかに進み，地域別には東中部ドイツ語と東上部ドイツ語で最も進んでいた。この変化に対する文法家たちの態度には，ショッテルやベーディカーに見られるように，古い用法を規範としておきながら，実際，自らは新しいものを用いるという矛盾があった。ゴットシェートやアーデルンクなどはどちらも認めるという寛容な立場で，アーデルンクは辞書記述の中で，属格を「古風な用法」または「高尚な用法」としていることが多かった。gebrauchen（使用する）や vergessen（忘れる）など，アーデルンクが，属格以外の目的語使用を「時代に典型的な現象」としていた動詞は，現代ドイツ語ではもはや属格とともに用いられることはなく，属格以外の目的語をとる用法で定着している。　　　　　　　　　　　（Polenz II, 266）

5.3.2.4 動詞複合体

① 動詞複合体の規模

　動詞述語部分が複数の動詞からなる動詞複合体は，17 世紀には三つないしは四つの動詞からなることも希ではなかった。これは，受動文が時制システムの中に組み込まれ，さらに時制（現在 / 未来 / 過去），法（直説法 / 接続法），行為や出来事の時間的段階を示す動作相（完遂 / 未完遂）の区別が動詞複合体によって表現されるようになったことと結びついている。1470 年から 1530 年と 1670 年から 1730 年の時代を動詞複合体の規模について比較調査した研究（Schieb 1976）では，動詞要素がひとつである文の割合が大きく減少し，逆に動詞要素が二つ以上の文の割合が増加していることがはっきりと示されている。

　動詞複合体の中でも，「～している」という継続相をあらわす ist sagend のような「sein + 現在分詞」や，ist zu sagende のような「sein + 語尾 -de を伴う zu 不定詞」は，18 世紀には完全に姿を消す。その一方，ich gehe ... spazieren（散歩に行っている）のように「gehen / kommen / laufen / führen ... 不定詞」や，ich komme gelaufen（走りながら来る）のように「kommen + 過去分詞」（～して / しながら来る）などの複合体が新たに用いられるようになった。　　　　　　　　　　　　　　（Polenz Ⅱ, 262）

② 時制

　時制をあらわす動詞複合体では，1700 年頃には，いわゆる未来の助動詞として werden が定着し，1500 年頃に低地ドイツ語やケルン周辺地域の方言でよく用いられていた sollen, wollen, müssen などの助動詞は，未来の助動詞として用いられることはなくなった。werden と wollen の競合についてゴットシェートは，wollen の場合は不確実な未来で，werden の場合は確実な未来であるという意味区別を見出そうとした。一般的に未来形は，多用される傾向にあり，特に現在形がベースとなったテキストで用いられることが多かった。もっとも 1700 年頃には，「werden + 不定詞」は，未来をあらわす時制の意味よりも，まだ確実になっていない現実をあらわす話法の意味の方が優勢になってきた。完了形に関しても，それが用いられる頻

度が増え，現在形をベースとするテキストで用いられる点が目立つ。過去完了形の使用も，同様に増加してきた。上部ドイツ語方言地域では過去形が用いられず，完了形が過去をあらわし，過去完了は habe gelesen gehabt のように「haben + … + 過去分詞 + gehabt」のパターンとなり，今日でも話しことばの中で普通に用いられている。

(Polenz Ⅱ, 262-263)

③ 話法の助動詞

動詞の文法範疇のひとつである「法」の表示においては，動詞本体の活用で表示する「統合的方法」から，話法助動詞を用いて動詞複合体で表示する「分析的方法」への移行傾向がより顕著になった。1700年頃には，特に würde の使用頻度が高くなり，話法助動詞複合体の体系も現代語のそれとほぼ同じ状態に達したと見られる。また話法助動詞の意味に関しても，「意思」では mögen / möchte が wollen よりも多くなり，「可能性」においては mögen が後退し，können が優勢になった。信憑性の度合いに関する表現には wollen, sollen, mögen が頻繁に用いられるようになり，dürfte もわずかであるが加わってきた。

(Polenz Ⅱ, 263)

④ zu 不定詞を伴う動詞

始動，使役などの動作相や，意思，予定，希望などの意味を zu 不定詞と結びつけてあらわす動詞は，1500年から1700年にかけて，著しく増加した。この期間には，begehren（所望する），gedenken（考えている），ersuchen（求める），sich freuen（喜ぶ），wissen（知っている），geruhen（～して下さる），verstehen（理解する），scheinen（～に見える），vermeinen（思いこむ）などの動詞が zu 不定詞句とともに用いられるようになっている。形容詞や名詞からなる述語表現でも，willens / gewillt sein（～するつもりである），bereit sein（～する用意がある），geneigt sein（～する気持ちがある），begierig sein（～することを所望している），Lust haben（～する気がある）などが zu 不定詞句と結びついて用いられるようになった。

ことに始動相や継続相などの動作相表現にとっても，zu 不定詞句は重要な位置を占めるようになってくる。例えば，「～し始める」という意味をあらわす始動相

では，wird tuend（〜するようになる）のような「werden＋現在分詞」はほぼ姿を消し，anfangen, anheben, beginnen（〜し始める）のような動詞が zu 不定詞とともに使われるようになった。「〜するつもりである」という意味をあらわす意図的始動相では，動詞では trachten（努力する），beschließen（決心する），sich unterstehen（敢えて〜する），sich unterwinden（決意する），sich neigen（傾注する），sich vornehmen（決意する）などが，形容詞では gesinnt sein（考えている），nicht säumig sein（ぐずぐずしない）などが，名詞では die Absicht haben（意図している），den Vorsatz haben（決意している），Gelegenheit nehmen（機会を逃さない）などが zu 不定詞とともに用いられるようになった。

「〜させる」という意味をあらわす使役動詞では，lassen, lehren, heischen, bitten などは zu のない不定詞とともに用いられたが，不定詞に zu が加えられることもしばしばあった。相手への行為を促す動詞で，zu 不定詞とともに用いられるようになった新たな動詞には，raten（助言する），einladen（促す），zwingen（強いる），aufmuntern（励ます），auftragen（依頼する），überlassen（任せる）などがあげられる。

(Polenz II, 264)

5 機能動詞複合体

zum Abschluss bringen / kommen（終える / 終わる）などのように，動詞派生の名詞に動詞本来の語彙的な意味を担わせ，動詞は完了や受動，動作相などの文法的な機能を担う，いわゆる「機能動詞複合体」は，17, 18 世紀に，一般向け科学テキストなどにおいて明らかに増加した。Meldung machen（報告する）のように，動詞部分が機能動詞のような文法機能を担わない，単に名詞を用いた熟語的表現も含めると，名詞を用いた述語表現はかなり増加した。17, 18 世紀に見られる機能動詞複合体は，in Betracht kommen（考察対象となる）や zum Sieden bringen（沸騰させる）のように今日でも用いられているものもあれば，in eine Kranckheit fallen（病気になる）や in vergessen stellen（忘れる）などのように現在では用いられていないものもある。機能動詞の意味カテゴリーに即して，17, 18 世紀のテキストと 19, 20 世紀のテキストを比べた研究によると，zu Schaden kommen（被害を受ける）のような「始動相」

や Bestätigung finden（確認される）のような「受動表現」は増加し，in Arbeit stehen（仕事をしている）のような「継続相」，aus der Ordnung bringen（崩す）のような「使役始動相」，in Bewegung halten（動かしたままにする）のような「使役継続相」は減少している。　　　　　　　　　　　　　　　　　　　　　　（Polenz Ⅱ, 264-265）

5.3.3　統語

　語順に関しては，ドイツ語の文構造の変化というよりは，様々に存在する可能性の中で，ある特定の方法がある特定のテキストジャンルにおいては好んで用いられるようになったという，ヴァリエーションの優劣の問題と捉えるべきである。ドイツ語書きことばに典型的とされる枠構造なども，この時代は特に官庁の公用文書などで好んで用いられ，また枠構造の中に枠構造が幾重にも重なっている「箱文」も頻繁に見られた。一方，それとは異なるテキストジャンルにおいては，官庁文書とは全く違った文体が支配的であったことも無視してはならない。民衆啓蒙的な新聞など，短い単文が優勢で，副文は必要最小限にしか用いられていないテキストも見られる。以下に述べる傾向は，官庁文書やステータスが高いとされる文書に特徴的な現象であり，箱文，複雑，長い，くどい，などドイツ語に対してよくなされるネガティヴな評価の典型となったものでもある。

5.3.3.1　主文・副文での定動詞の位置

　叙述文の主文において，定動詞が文頭から二番目の位置に置かれる，いわゆる「定動詞第二位」が，初期新高ドイツ語時代以降定着し，この語順からの逸脱は希であった。一方，副文では，定動詞の文末配置が16世紀から18世紀にかけて定着し，絶対的になり，文要素の枠外配置はあまり見られなくなった。ドイツ語は他の文や文肢に掛かる依存文を多用するため，定動詞文末配置は，文法書がそれを規範として成文化するはるか以前に，依存文であることを明示する手段となっていた。

　副文における動詞複合体の中での語順も，16世紀から17世紀にかけて定着し，

定動詞が最後尾に来るようになり，定動詞が文末に来ないことは希になってきた。動詞複合体が三つ以上の動詞からなる場合，現代ドイツ語では gezeigt werden wird（示されるだろう）のような語順が標準的である。このように定動詞が最後尾に配置されるパターンは，18世紀前半には，それ以前によく見られた wird gezeigt werden に対して優勢になった。完了形においても同様で，現在のドイツ語で標準的な erfunden worden war（発明された）のような語順は，18世紀後半には，war erfunden worden のような語順に対してかなり優勢になった。副文における動詞複合体で定動詞が最後尾に来ていないケースは，今日では，hätte wissen können（来ることができただろうに）や wird schicken lassen können（送らせることができるだろう）などごくわずかなケースに限られている。

　副文で定動詞の位置が固定される一方で，17世紀から19世紀にかけては，例えば weil die Blätter ... abgefallen（葉が落ちたので）のように，副文内で完了の助動詞となる sein, haben の定動詞が省略される現象が見られた。これは，副文が独立していない依存した文であることを強調するシグナルでもある。語順と定動詞省略という二重の副文シグナルは，16世紀から18世紀にかけて，官庁文書などでは比較的頻繁に見られた。しかし，19世紀以降は複雑な副文構造自体が後退したこともあり，今日では用いられない。　　　　　　　　　　（Polenz Ⅱ, 267-268）

5.3.3.2　述部の枠構造

　ドイツ語特有の現象とされる枠構造は，この時代に頂点に達する。しかしそれは，テキストジャンルによって頻度の異なる現象であり，ドイツ語全体における統語構造の変化ではない。また枠構造の中断である枠外配置も見られた。重要な点は，枠外配置の頻度がテキストジャンルによってどう異なり，人々の意識の中でどのように捉えられていたと推測されるかである。

　1470年から1530年の間と1670年から1730年の間の，二つの時代を比べた調査によれば，枠外配置を行わない完全な枠構造は確実に増加していることが明らかになっている。1500年以前では，完全な枠構造は，東中部ドイツ語，西上部ドイツ語および低地ドイツ語地域において，ドイツ全体で見た平均以上の頻度で観察さ

れ，1700 年頃になると，東上部ドイツ語地域でも多数を占めるようになる。枠内に囲まれている文肢の数も，文肢一つのケースが減少する一方で，文肢二つ以上のケースは増加している。1609 年の新聞『レラツィオーン』のテキストでは，次のように，枠内が非常に長い枠構造の文が観察される。

> sonderlich <u>habe</u> ein junger Man von 24. Jaren in kurtzer zeit in 30. Personen / wie auch sein eigen Weib ein wunder schöne Fraw / in betrachtung daß er kurtz sein leben enden werde / nur damit sie keinen andern freyete / <u>entleibet</u>.
>
> （Polenz II, 269）
>
> （珍事なことに，24 歳の若い男が短時間のうちに 30 人の人間を，自分自身の妻，美しい妻も同様に，自分がまもなく死ぬつもりで，ただ妻が他の男と結婚しないように，殺した）

ショッテル，シュティーラー，ゴットシェートなどの文法家らも完全な枠構造を推奨しているが，複数の長い副文をひとつの枠内に収めるような極端な枠構造に対しては，警告も発している。

　枠構造の対極にある枠外配置は，官庁文書に類する文書でも見られた。枠外に配置される文要素は，目的語や前置詞句の他，関係文，不定詞句などの副文，そして比較表現で als や wie に導かれる比較対象部分など，一定の傾向が見られた。テキストジャンルに関しては，官庁文書や学術論文などの公的文書から遠ざかるほど枠外配置が多くなり，枠が幾重にも重なる構造を回避する傾向にあった。道徳雑誌やシュトゥルム・ウント・ドランクの文体も枠外配置や付け加えの形で枠構造を中断することが多かった。　　　　　　　　　　　　　　（Polenz II, 268-270）

5.3.3.3　名詞化文体

　17, 18 世紀のドイツ語書きことばの文体は，主文に依存する副文からなる依存副文文体であったが，名詞句が文相当に拡張される現象も見られた。いわゆる冠飾句といわれる「拡張形容詞分詞付加語」がこれに相当する。これは das in Deutschland gültige Gesetz（ドイツで効力を有する法律）のように，形容詞がそれと結びつく文要素を伴って名詞を修飾し，冠詞と名詞の間の修飾語部分が長くなる現象を指すが，

形容詞の他にも，der von der Bank verlangte Betrag（銀行から要求された金額）や das neulich in Kraft getretene Gesetz（最近発効した法律）などのように，過去分詞や現在分詞が，それと結びつく要素を伴って，付加語となる場合もこれに含まれる。これは日本語の修飾構造と同じ構造であるが，ドイツ語では書きことば特有の現象であり，話しことばではほとんど用いられない。17, 18世紀の官庁文書では，修飾部分がかなりの長さに達する拡張形容詞付加語が用いられることも希ではなく，典型的なバロック的官庁文体とみなされている。例えば次の文では，「die … Zölle（関税）」という冠詞と名詞によって形成される枠の間に，かなり長い，相互に依存関係にある句が挿入されている。これは名詞句における枠構造であり，複雑さにおいては副文に副文が依存する箱文と大差はない。

> die hin und wieder im Reich erst-gedachten Commercien und gemeinen Nutzen zu Nachtheil, mit Gelegenheit des Kriegs, wider die Rechte, Freyheiten und ohne Bewilligung eines Römischen Kaysers und der Churfürsten neuerlich eigenes Gefallens eingeführt- und erhöhten Zölle (Reichs-Abschied 1670)
>
> （Polenz Ⅱ, 271）
>
> （しばしば帝国において優遇された経済と一般の利益に不利になり，戦争の危惧により正義，自由に反してローマ皇帝および選帝侯の許可なしに新たに独善により導入され引き上げられた関税）

このような名詞的文体は，17, 18世紀以降，官庁文書などの書きことばで顕著となるが，ここには「複雑なほどレベルが高い」といった社会言語学的な動機がうかがわれる。形式的にふんだんな修飾を施し，実質的なコミュニケーション効率よりも絢爛豪華さや権力の誇示の機能を担ったバロックの文体の理想像は，特定の文体が持つプレスティージ効果を意図したものと言えよう。かつて，ラテン語ができることで民衆との社会的な区別をつけようとしたのと同様，ドイツ語が浸透するなかで，ドイツ語での「高尚な」文体によって民衆と区別をつけることを目的とした，社会的ステータスとしての書きことばの位置づけが，ここにはうかがえるであろう。

（Polenz Ⅱ, S. 270-274）

5.3.3.4　論理的明晰さ —— 接続詞の意味的分化

　1500年から1700年にかけてのドイツ語書きことばでは，テキスト内の文と文の間での論理的明晰さが発展する。これは，ひとつの主文に多くの副文が依存する複雑な文構造にあって，それぞれの副文が主文や他の副文と論理的にどう関係しているのかを明確にする必要があったことによる。その中核を担ったのが，接続詞に代表される文接続辞である。

　接続詞の意味分化は，当時はまだ今日の状態にまでは至らず，多義的に用いられているものも少なくなかった。例えば，「もし～ならば」という条件を表す接続詞obは，ゲーテにおいてもまだ見られたが，今日ではそれに代わってwennが用いられている。また18世紀のobは，現在のドイツ語のobwohl（～にもかかわらず）に相当する譲歩の意味でも用いられた。また，比較対象をあらわす語は，現在のドイツ語ではalsを用いるが，18世紀にはまだdennが用いられ，これは雅語として19世紀まで残った。比較対象を示す語としては，Peter ist größer wie ich（ペーターは私よりも背が高い）という表現に見られるようにwieも用いられた。このwieの用法は，当時の規範文法や現在のドイツ語文法では誤りとされるが，クロップシュトックやレッシングはしばしば用いていた。現在でも，方言によってはwieの方を好んで使用する地域もある。また，「～するために」という目的をあらわす接続詞について見てみると，16世紀にはまだdamit (daß), daß, auf daßの三つの形が並存していたが，17世紀には，auf daßが主に宗教関係の文学で用いられたことから古めかしい言い回しとされ，実用文や科学論文ではdaßないしはdamitが使われるようになった。しかしdaßは，それ以外にも，文を名詞のように用いるための接続詞として用いられたことから，18世紀にはdamitが優勢になり，um ... zu 不定詞と並んで，目的をあらわす語として一般に浸透した。このように接続詞の意味分化は，18世紀の終わりまでには比較的明確になり，現在のドイツ語で用いられている意味でも用いられるようになっていった。

　そもそも接続詞は，バロック時代の官庁文書においては極端なまでに多用された。例えば「～のように」の意味に対してgestalt, was gestalt, in gestalt, dergestaltな

どが，また「〜にもかかわらず」の意味に対して obwohl, obgleich, obzwar, wenngleich, wenn auch, wiewohl など様々なものがあり，ゴットシェートがそのような接続詞の過剰な使用を戒めているほどである。　　　　　　　　（Polenz II, 274-277）

5.3.3.5 関係代名詞

　高尚な教養あるドイツ語書きことばとして，定関係代名詞 welcher には，17 世紀以降特別な地位が与えられた。welcher 自体は 15 世紀に高地ドイツ語，特に東中部ドイツ語でも用いられるようになったが，その使用は，関係文が付加語として用いられる「制限的用法」に限定されていた。16 世紀には官庁文書や知識人に典型的な用法とされていたが，17 世紀以降，知識人のドイツ語で流行となり，定関係代名詞 der, das, die に対して，高尚な文体のための関係代名詞であるとされた。現在のドイツ語でも welcher は，Die Delegation, die die Stadt repräsentiert（市を代表する使節団）のように関係代名詞と冠詞で同じ音が続いてしまうような場合に，関係代名詞（ここでは die）に代わって用いられることがある。

　関係代名詞のいわゆる「継続的用法」と呼ばれるものも，16, 17 世紀のドイツ語には典型的であった。継続的用法は，文の叙述が事実上終わっているのに，文全体ないしは文要素のどれかを関係詞で取り出し，それをテーマとして叙述を副文の形で継続するものである。当時の継続的用法は，darin, darüber, derowegen, darumb, dahero, deshalb など d- で始まる指示詞を関係副詞として用い，定動詞を文末に置く副文の形をとった。例えば [...] konnten ihren Fragtpfenig nicht zahlen. Deszwegen sie Charon fragte（自分の荷物代が払えなかった。それ故，その者らにシャロンは尋ねた）に見られるように，指示詞の前で文が終わり，表記上は独立した文となっているにもかかわらず，定動詞が文末に来るのである。この例文のように，前文との依存関係が不明確なケースが，17 世紀には頻繁に見られた。現在のドイツ語では，指示詞 da- または des- を用いればそれは副詞であり，その指示詞で始まる文は主文となる。w- 接続詞を用いればそれは関係詞であり，その関係詞で始まる文は副文となる。しかし副文の依存関係は必ずしも明確ではなく，主文としても差し支えないところである。　　　　　　　　　　　　　　　　　　　　　（Polenz II, 277-279）

5.3.4　語彙

5.3.4.1　造語

① 合成語

　副文が複雑に相互依存するような文体が見られる一方で，19, 20 世紀の文体に特徴的とされるコンパクトな名詞的文体も，すでに 17, 18 世紀には登場してきた。これは造語手段の体系が現在のドイツ語とほぼ同じように整ってきたことと関係がある。その背景には，外来語のドイツ語化，専門分野や科学論文における専門用語の体系化があった。こうしてドイツ語は造語力の極めて強い言語となり，名詞の造語力を駆使して外界の事物を命名していくことになるが，その際，「命名の動機が意味的に透明」である点が特徴的である。例えば，フランス語や英語と比較すると，「言語学者」が英仏語では linguist, linguiste であるのに対し，ドイツ語では Sprachforscher のように，それぞれ意味の明らかな語を合成することで，名づけられている対象の内実がわかる名称となっている。ドイツ語の語彙においては，この傾向が非常に強いことが特徴である。特に多くの専門分野において，このような造語法による用語の命名が好んでなされた。この傾向には，外来語のドイツ語化の動きが大きく貢献している。合成語は，見ただけでは意味的にどう構成されているのかがわからない外来語を，ドイツ語で説明するためのものでもあったのである。文法用語に関してもゴットシェーデは，『言語技術』の中で造語リストを作成して難解な外来語の説明を試み，例えば Articulus を Geschlechtswort（性別語），Adjectivum を Beywort（添え語）と呼び，ドイツ人が理解しやすい名称を用いている。

　これらの造語構造においては，合成語の前半部分が，後半部分の属する領域を限定し，「（前半部分）に関しての / における（後半部分）」とパラフレーズすることが可能である。例えば，Sprachforscher（言語学者）ならば「言語に関しての研究者」のように解釈することができる。このような造語は「該当領域限定合成語」と呼ばれ，増加する造語の中でも大部分を占めている。このような合成語は，コミュニケ

ーション状況やテキストの流れの中において，その場限りで用いられるものであり，特定の意味を持つ語彙として，辞書に新たに収録される類の語ではない。Museumsbesucher が Die Leute, die das Museum besuchen（博物館を訪れる人々）とパラフレーズできるように，むしろ動詞文を名詞句化する統語ヴァリエーションとして機能するものである。合成語については 16 世紀前半，統語ヴァリエーションとしての一過性のものが多くなったため，むしろ分かち書きが増加した。分かち書きにすることで，特定の意味を持った語彙ではなく，その場限りの統語現象のひとつとして区別していたのだった。しかし 16 世紀後半以降，特に 17 世紀には，合成語としての一体性とその構成部分の透明性の追求という相反する配慮から，分かち書きが後退するのと平行して，Rechts＝anwalt（弁護士）のように構成要素の間の二重ハイフンや，HauptSprache（主要語）のように後半部分の名詞を大文字書きした上での一語綴りが，印刷物においてなされるようになった。

　付加語としての属格名詞を修飾される名詞の前に置く場合，初期新高ドイツ語では，属格になる名詞は現在のドイツ語のように人間に限られていなかったため，der stat prediger（市の説教師），der vesper zit（夕べのミサの時間）などの表記においては，その前半部分が，分かち書きされた合成語の一部なのか，あるいは属格名詞付加語なのかが曖昧であった。しかし新高ドイツ語で，属格名詞付加語が後置され，合成語が一語で綴られて，より頻繁に名詞句に冠詞が付されるようになるに伴い，その区別が明確になってきた。また名詞の前に置かれる形容詞でも，1600 年頃には，語尾変化を伴うものとそうでないものとが混在し，Lederne Eymer（革製手桶）のようなものがある一方で，zway Seydin Klayder（二枚の絹製ドレス）などのような例も見られ，その前置された形容詞が，形容詞付加語として機能しているのか，それとも合成語の一部なのかが曖昧であった。現在のドイツ語ではこのような場合，例えば Kleingarten（クラインガルテン）のように，合成語の場合には語尾変化を伴わず一語で綴られ，形容詞付加語の場合には eiserne Kette（鉄製の鎖）のように語尾変化を伴うところである。

　17 世紀から 18 世紀初頭にかけては，合成語の増加に伴い，Vor- und Nachteil（長所と短所）のように並列する語の中で共通部分をハイフンで代用省略することが頻

繁になり，Gewohn- und Angelegenheiten（慣習と懸案事項）や nütz- und ergetzlich（有益でおもしろい）などのように，現在のドイツ語では用いられないようなケースも多く見られた。　　　　　　　　　　　　　　　　　　　　（Polenz II, 282-285）

② 名詞派生

　派生造語では，造語に頻繁に用いられる要素が一種の接尾辞として文法化されるようになり，17, 18 世紀には独立した語から接尾辞への移行過程が見られた。集合名詞派生に用いられる -werk, -gut, -wesen などのように，独立しても用いられるが，接尾辞への移行の途上にある語や接辞は，「半接辞」ないしは「疑似接辞」と呼ばれる。

　集合名詞を派生させる接辞においては，Berg（山）に対する Gebirge（山脈）のような Ge-　… -e は，17, 18 世紀にはもはや生産的ではなくなり，アーデルンクの辞書への収録もわずかである。Flickwerk（つぎはぎ細工，やっつけ仕事）などのように，動詞に付加して集合名詞をあらわす -werk の用法も，17 世紀にはもはや生産的ではなかったが，Blattwerk（葉，葉飾り）や Fachwerk（木組建築）などのように，植物の成長や職人仕事で作られるものをあらわす語においては生産的であった。Bauwesen（土木建築）や Schulwesen（学校制度）などのように，現代ドイツ語では頻繁に用いられる -wesen は，アーデルンクの辞書での収録はまだわずかであった。Saatgut（種）や Ideengut（思想の所産）など，現在のドイツ語ではよく用いられる -gut は，1800 年頃はまだ希であった。

　動詞から名詞を派生させる接尾辞 -ung は，現代ドイツ語の名詞化文体において大きな役割を果たしているが，これは 17 世紀において頻繁に用いられるようになったものである。18 世紀には，特に法律関係のテキストで用いられることが多かったが，この頃用いられた -ung による派生名詞には，現在では用いられなくなったものも少なくない。現在では，Vorgreifung や Annehmung に代わって Vorgriff（先取り），Annahme（受領）などが用いられるなど，古くからある語幹母音の交替や接尾辞 -e の添加などにより，短い形の名詞形を再び用いたり，不定形を中性名詞として用いる場合が多くなっているからである。

職業名などで女性形を派生させる接尾辞 -in は，1800 年頃には現在と同じ程度に用いられるようになっていた。この時代の用法で現在のドイツ語と大きく異なる点は，例えば，Hofrätin（宮廷顧問官夫人）や Kanzlerin（事務総長夫人）などのように，肩書きを女性形にしてその肩書きを持つ男性の配偶者を指したり，Gottschedin（ゴットシェート夫人）のように，名字を女性形にして女性配偶者を指したりすることであった。　　　　　　　　　　　　　　　　　　　　　　　（Polenz II, 287-288）

③ 形容詞派生

形容詞においては，名詞のような合成語はそれほど多くないが，バロックから古典時代にかけての文学テキストでは，感情をあらわすために形容詞と分詞が合成されるケースが多く見られた。合成語には，allgewaltig（強大に），hochbegünstigt（極めて優遇されて），tiefbewegt（深く感動して），vielersehnt（切に望んで）など程度や段階を強調したもの，stillheiter（静かに陽気に），stummlebendig（無言で闊達に），zartkräftig（優しく力強く）など相反する意味を持つ語を合成したもの，lilienkeusch（ユリのように清く），spiegelrein（鏡のように澄んで），gallenbitter（胆汁のように苦く）など「～のような」という比喩の比較対象を加えたもの，händereichend（手を差し出しながら），hertzrührend（心を動かして），nachtgewohnt（夜に慣れて）など分詞の基にある動詞の目的語をあらわしたもの，blütenumduftet（花の香りに囲まれて），tonbeseelt（音色で心が満たされて），ruhmtrunken（名声に浸って），freudelaut（歓喜の大声で）など原因や手段をあらわしたもの，などのパターンが見られた。特に，絶対王政時代に典型的な形容詞造語は，wohllöblich（誉れ高き）や wohledel（高貴なる）などのように，権力者に対しての敬意や序列の区別を示すステレオタイプ的な造語であり，19世紀の手紙の書き方指南書にまで一種のプロトコルとして規範化されていた。

形容詞の造語で目立つのは，半接尾辞による造語である。-reich（～に富む），-voll（～に満ちて），-stark（～ほど強く），-haltig（～を含む），-schwanger（～に満たされて），-arm（～に乏しい），-schwach（～に弱く），-los（～なしの），-frei（～から解放されて），-leer（～のない）などの半接尾辞がすでに観察され，意味的には，ある対象や質，特性の有無，多少，強弱をあらわした。ある特性の存在や材質をあらわすた

めには，golden（黄金の），metallisch（金属の），bärtig（髭のある）などに見られるように -(e)n, -isch, -ig のような古くからの接尾辞も用いられたが，-haltig などは，特性の存在や材質のみならず，その程度や強弱をもあらわすことができるという長所がある。-reich, -voll, -los などを用いた語は，カンペの辞書でも数多く収録され，多くは現在でも用いられている。このような半接尾辞による派生状況は，1800 年頃には，現在のドイツ語の状況とほぼ同じになっている。一方，1800 年以降の現代ドイツ語になってから新たに加わった半接尾辞は少なく，-froh（～で喜んで），-intensiv（～の集中した），-betont（～を強調した），-kräftig（～の強さの）などがあげられる。

　古くからある形容詞派生の接尾辞 -lich, -ig, -isch は，中高ドイツ語から現在のドイツ語にかけて形容詞の大多数を占め，変動は少ない。-sam, -en, -ern などの少数派の接尾辞も，全体に占める割合は少ないが変動はない。-haft と -bar は現在に至るまで増加傾向にある。初期新高ドイツ語では多く見られた -iglich, -samlich, -barlich, -haftig(lich) などの複合接尾辞は，1600 年から 1700 年頃にかけて後退し，1800 年頃には古風な言い回し，ある人間に特有な性格の描写，皮肉な言い回しとしてしか用いられなくなった。17, 18 世紀には，接尾辞相互の間で，streitlich / streitig (*nhd.* streitig 係争中の)，wunderlich / wunderbar (*nhd.* wunderbar すばらしい)，vergnüglich / vergnügsam (*nhd.* vergnüglich 楽しい) などに見られるように競合関係も存在した。しかし多くの場合は，kostbar（貴重な）/ köstlich（美味な，愉快な），sonderlich（特別な）/ sonderbar（奇妙な），ehrlich（正直な）/ ehrbar（尊敬すべき）などの対比例に見られるように，意味的な区別がなされて現在まで並存している。18 世紀には，自然の特徴をあらわすために，neblicht（霧のかかった），schatticht（影のある），steinicht（石だらけの）などに見られるような -icht という語尾が用いられることがあったが，これは初期新高ドイツ語時代からのもので，特にアレマン方言や中部ドイツ語などに多かった。現在では -ig に取って代わられている。

　一定の文法的意味派生パターンを担う接尾辞としては，ある対象がある行為に適していることを示す接尾辞 -bar があげられる。17, 18 世紀頃からこの接尾辞の文法的規則性がはっきりしてくる。現在のドイツ語では，例えば Das Wasser ist trinkbar

(この水は飲める)のように,「ある対象が〜されるのに適している」ということを表現する際,「〜される」に相当する動詞に接尾辞 -bar を付加した派生語は, sein とともに述語形容詞として用いられている。このような形容詞は, 規則的に動詞から派生することができ, 現代ドイツ語にかけて劇的に増加し, 辞書には収録されていないものも多いが, 生産性の非常に高い接尾辞である。-bar はラテン語の接尾辞 -abilis/ibilis や, 17 世紀以降のフランス語からの借用接尾辞 -able/ible に類して用いられるようになった。-abel/ibel が最も頻繁に用いられたのは 1700 年と 1840 年頃で, 当時は tolerabel と tolerierbar (許容しうる) のように -abel/ibel と -bar の競合関係が存在したが, 借用接尾辞は現在では -bar にほとんど駆逐されてしまっている。また, undenklich (考えられない), unangreiflich (攻撃できない), wundersam (不思議な), bewegsam (動かせる) などのような -lich, -ig, -sam による派生語も, -bar による派生語に取って代わられ, その結果, 現在でも -bar と同じ意味で用いられる -lich, -ig による派生語は, begreiflich (理解できる), bedauerlich (残念な), zulässig (許せる) など, ごくわずかに残るのみである。

ein sprachliches Problem (言語上の問題) は, ein Problem, das die Sprache betrifft のように書き換えられ, 特定のテーマ領域や対象分野に関する事柄であることをあらわす。このように「〜に関する」,「〜の」に相当する意味の形容詞を名詞から派生させる接尾辞には, -isch, -lich, -mäßig, -al/ell, -os/ös などが用いられる。1800 年頃はまだ -mäßig の用例は見られないが, 現代では対象領域をテーマ化する際に「〜に関しては」の意味でも頻繁に用いられる。ここにあげた接尾辞によって派生された形容詞は, 副詞的用法で, formal …, aber semantisch … (形の上では〜, しかし意味の上では〜) や produktionstechnisch leicht, aber kostenmäßig schwer (生産技術の上では簡単だが, コストの面では難しい) などのように, テキストの流れの中で, テーマ領域を対比させる際の冒頭に置かれることも多い。　　　　　(Polenz II, 288-293)

④ 動詞派生

動詞の派生に関しては, 初期新高ドイツ語時代以来, 接尾辞による派生が著しく後退し, 接頭辞 (前綴り) による派生がより重要になってきた。接頭辞による派

はすでに中高ドイツ語時代から，動詞の持つ多義性を明確に区別するために用いられていたが，これは，それぞれの前綴りが有する特定の意味づけの機能が広く意識されるようになってきたことを示すものである。その中で特に顕著なものは前綴りbe- である。例えば bewässsern（灌がいする）や besolden（給料を支払う）のような派生動詞は，対格目的語の人間や事物に，動詞語幹の基にある名詞（Wasser, Sold）を装備したり加えたりすることを意味し，「装備動詞」とも言われる。この派生方法は，現代の言語批判の中では「非人間的」，「管理された世界の象徴」などとして批判されることがあるが，現代になって突然現れた現象ではなく，すでに 17 世紀以降徐々に発展してきたものである。このような派生の潜在的な可能性は，中高ドイツ語や古高ドイツ語でもすでに見られるが，そのような潜在的可能性が十分に活用されるようになった背景には，動詞の格支配において一般的に属格目的語が減り対格目的語が増加したこと，動詞派生で接尾辞 -en が用いられなくなってきたこと，それに対して bekreuzigen（十字を切る）や beenden（終える）などのように形の上でも明瞭な be- ... -igen, be- ... -en などの派生辞が用いられるようになってきたことなどがある。動詞の語幹部分に名詞の意味がすでに含まれていることにより，構文上も目的語の数が少なくて済み，コンパクトな文構造でおさまるようになる。

　動詞派生の接尾辞としては，-igen が 17 世紀までその生産性を保つものの，接頭辞 be- は，16 世紀頃からより頻繁に用いられるようになってくる。しかし現在のドイツ語においては，-ieren により，asphaltieren（アスファルト舗装する）や betonieren（コンクリートで固める）などのように，派生における元の名詞があらわす素材（Asphalt, Beton）を対象に施す，という意味で用いられる例が増加しているため，同様の意味の動詞派生を担う接頭辞 be- が占める割合は相対的に減少してきている。be- 動詞が用いられる領域としては，アーデルンクの辞書記述の中では，bemisten（堆肥をまく）や bepfählen（杭を打つ）などのように農業・土木関係，bevormunden（後見する）や bemorgengaben（新郎から新婦へ朝の贈物を施す）などのように社会・法制度関係が圧倒的に多い。それに対して現代では，begasen（ガス駆除する）や beschichten（コーティングを施す）などのように工業関係が相対的に多くなっている。

17世紀以降増加した動詞派生としては，schälen（皮をむく）や enterben（遺産相続から外す）のように，「ある対象にある対象を装備する」という意味をあらわす装備動詞とは対極にあり，「ある対象からある対象を取り除く」という意味の，いわゆる「取り外し動詞」があげられる。schälen のように接尾辞を伴わず動詞語尾 -en に終わる接尾辞ゼロ派生は，新高ドイツ語ではもはや生産的ではなく，それに代わって ent-, aus-, ab- などの前綴りを用いた派生が増加した。また narren（馬鹿のように振る舞う）や bewirten（宿主のようにもてなす）のように，動詞語幹の基にある名詞と「同じように振る舞う」という意味の「比較動詞」や，bezaubern（魔法をかける）や verheeren（大軍で押し寄せて被害を及ぼす）のように，動詞語幹の基にある名詞を「手段として作用させる」という意味の「手段動詞」も増加した。

(Polenz Ⅱ, 293-297)

5.3.4.2 語彙の拡大に寄与したもの

この時代の先頭に立ち，さらに次の時代にまで大きな影響を持ち続けたのはシュレジア生まれで，指導的立場にあった二人の文学者，オーピッツとヤーコプ・ベーメ（1575-1624）であった。オーピッツが1624年に発表した小冊子『ドイツ詩学の書』で示した，明澄と調和，優雅と品位を求めた詩文形式と詩句のアクセントについての規範は，その後の韻律法に決定的な影響を与えることとなった。オーピッツは，ドイツ語の詩句構成においては，音節を長音か短音かで捉えるのではなく，アクセント，つまり音の重さで認識すべきであるとし，自然な話しことばにおいてアクセントのある音節は詩句においてもアクセントのある音節であるとする，自然なアクセントを基礎とした韻律法を確立した。オーピッツの文学理論とその実践は，その後一世紀以上にわたって，ドイツ語洗練化のための指針とみなされることになる。

バロック時代には，神と現世，禁欲と享楽，彼岸と此岸，魂と肉体など，すべてのものの間に深い亀裂が生じ，あらゆるものが深刻な対立状態の中にあったが，この時代とその思想を最もよくあらわしたのが，靴工で後に商人となった神秘思想家のベーメである。ベーメは十数年の間に，『アウローラ，立ち昇る曙光』（1612），

『天上と地上の神秘について』(1620) など，40 に近い膨大な作品を生み出したが，その死後，三十年戦争の戦火の中でその多くは散逸し，ベーメの教えもしばらくは表面に出ることはなかった。ベーメの思想がドイツ人に直接影響を及ぼすようになるのは，その死後 150 年近く経ってからのことである。ベーメの Ungrund (無底) をひとつのシンボルとする神秘思想は，ドイツではフリードリヒ・ヴィルヘルム・ヨーゼフ・シェリンク (1775-1854)，ゲオルク・ヴィルヘルム・フリードリヒ・ヘーゲル (1770-1831)，アルトゥーア・ショーペンハウアー (1788-1860) などの哲学，およびノヴァーリスことフリードリヒ・フォン・ハルデンベルク (1772-1801) などの思想に取り入れられた。ベーメは自身の深い思想を具象的に表現すべく，言語の選択と創造に苦心した。ベーメの言語の難解さは，合理的抽象的思考の訓練を受けていない者のドイツ語の難しさにあると言われる。Abgrund (奈落)，Angstqual (不安な性質―不安な苦しみ)，Gelassenheit (神にすべてを委ねた状態―すべてを捨て去る状態―平静) など，ベーメの言語の特徴は何より，平易な土着のことばに生命と自然な響きを与えたことであった。この言語に対する態度は，その後の敬虔主義やフリードリヒ・ゴットリープ・クロップシュトック (1724-1803)，さらにロマン主義を通じてより大きな生命力を獲得し，ドイツ語を豊かにすることになる。

　18 世紀に入ると，神に代わり理性に人間の生き方や生活態度の指針を求め，理性の眼を通して社会の不合理性を批判する啓蒙主義が起こった。この思想は，フランスでは 18 世紀末のフランス革命に行き着くまでの発展を見たが，ブルジョアジーの成長が著しく遅れたドイツでは，社会の近代化を求めての革命思想となるには至らず，ドイツの啓蒙主義はイマヌエル・カント (1724-1804) に見られるように，現実社会から切り離された観念の世界で，抽象的に個人の独立と自由を追い求めることになる。すでに中世末期にはドイツ神秘主義の台頭を見たが，この個人格を尊重し各個人が直接神と交わるという宗教的思想は，その後も時代を貫いて生き続けてきた。このドイツ神秘主義は，18 世紀の啓蒙時代には敬虔主義という形をとって現れる。神との交わりを個人的体験，つまり神に憧れる人間の胸の中に求めるというこの思想は，合理的な啓蒙思想とは一見，対蹠的に見えるが，個人格の独

立と自由を認めるという点では共通であった。啓蒙主義と敬虔主義の18世紀は，市民階級を文学と結びつけ，ドイツ語の洗練と発展・充実に大きな成果をもたらしたが，何より二つの思想の合理性と非合理性，理性と感性を調和することによって，来るべき古典主義文学に道を開いた時代でもあった。

5.3.4.3 外来語

　16世紀半ばから17世紀半ばにかけてドイツでは，ラテン語，イタリア語，スペイン語，フランス語など多くの外国語が流行した。これは，遠隔地貿易や傭兵，さらには留学によって，多くのドイツ人が外国に長期滞在し，外国語と接する機会が増大したこと，ドイツ国内でも，特に17世紀初めの出版界の活況と数多くの外国文学，翻訳文学の出版により大量外国語が導入されたことに起因する。このようないわば多言語並存の傾向も，17世紀後半にはフランス語の圧倒的な流行によって一変する。ルイ十四世治下の17世紀半ば以降から，フランス語は政治的，文化的優位を背景に，全ヨーロッパ宮廷における国際語的存在とみなされるようになった。ドイツでも，早くからフランス文化やフランス語との係わりが深かった新教徒側の諸国においてはもちろん，スペイン語，イタリア語の影響を強く受けたウィーンを中心とする南部ドイツにおいても，フランス語は，外交，宮廷社会の社交的，学問的言語としての地位を確立した。かくして17世紀後半から18世紀前半にかけてドイツでは，ラテン語，フランス語，ドイツ語の三言語が併用されることとなった。この状態は一般的には，学術語としてのラテン語，社交・外交語としてのフランス語，文学語としてのドイツ語と特徴づけられる。

　18世紀に入るとフランス語の影響は，ユグノーによるドイツの言語・文化への影響も加わってさらに広く深く浸透していく。この結果，ドイツの上層階級や教養階級では，学術語としてのラテン語が新たな国際語のフランス語に取って代わられ，ここでの言語使用は完全なフランス語・ドイツ語の二言語併用の状態となった。もちろん，このようなフランス語の圧倒的な侵入に対するドイツ側の抵抗も見られた。カント以前の最大の哲学者であり，外交官としても活躍したライプニッツは，その著作のほとんどをフランス語かラテン語で書いたが，ドイツ語の洗練につ

いても深い関心を示し，例外的にドイツ語で記した1683年の著書『ドイツ人の理性と言語を改善するためのドイツ人への提言』など2編の論文で，国語の地位を高める示唆に富んだ提案をしている。しかしこれらの論文はいずれも，著者の生存中には公にされることはなかった。また，ライプニッツがドイツ語洗練のためにロンドン王立アカデミーを手本にその設立を要望していたベルリン科学アカデミーは，1700年に設置されたが，ドイツ語の純粋性と自立性の維持を唱えたアカデミー設立の主旨は，結局は実現されなかった。1744年にはここでもフランス語が公式言語として用いられ，その後1812年まで，アカデミーはフランス語とフランス人から解放されることはなかったのである。さらに法学者であり哲学者でもあるクリスティアン・トマジウス（1655-1728）は，1687年にライプツィヒ大学で一連の講義をドイツ語で行うとドイツ語で予告し，大きなセンセーションを巻き起こした。この試みもライプツィヒでは挫折せざるをえなかったが，後にハレ大学がトマジウスにドイツ語洗練の実践の場を提供することになり，1711年にはハレ大学のほとんどの教授が講義をドイツ語で行ったとされる。トマジウスの一番の関心事は，ドイツにおける文化，科学の進歩の障害と考えられたラテン語の優位を排除することであった。その一方で，「ア・ラ・モード」（最新流行）のフランス語に対しては，これを排除，規制しようとはしなかった。ドイツの知識人たちは，ラテン語から離れ，一様に国際語としてのフランス語に傾倒していったのであった。このことは書籍出版にも影響を与えた。1681年に初めてドイツ語に書籍出版第1位の座を譲ったラテン語の書籍は，その後減少の一途をたどり，1799年には20分の1にまで減少した。これに対してフランス語による出版物は，例えば新聞雑誌のような定期刊行物に関してみると，1731年から増加し始め，1686年から1789年の間でフランス語で発行される新聞雑誌の約10分の1がドイツで発行されていたという調査結果がある（Mass 1985）。　　　　　　　　（Polenz II, 54-56; 62-67; 77-84; 123-126）

① フランス語

　フランス語のドイツ語に対する圧倒的な影響は，17, 18世紀を頂点に19世紀初めまで続く。ドイツ語における借用語数の変動を調査した統計によると，15世紀

には，この時代にドイツ語に導入された全借用語の1割未満にすぎなかったフランス語からの借用語が，16世紀には約1割，17世紀には約4割に増大し，18世紀には半分以上に達した。しかしこれも，19世紀には半分を下回り，20世紀には2割程度にまで減少した。この時代にドイツ語に導入されたフランス語からの借用語は，その後の浄化運動によって姿を消したものもあったが，その多くは今日まで残りドイツ語に定着した。特に18世紀の隆盛期に借用されたフランス語は，その7割強が今日のドイツ語に残存している。

名詞だけに限って見ても，社交・文化・生活の領域では，**Adresse**（住所，宛名），**Balkon**（バルコニー），**Büro**（事務室），**Dusche**（シャワー），**Journal**（ジャーナル，雑誌），**Kompliment**（お世辞），**Lektüre**（読書，読み物），**Milieu**（環境＜*frz.* milieu 真中），**Mode**（流行，モード＜*frz.* mode 方法，習慣），**Möbel**（家具），**Niveau**（水準），**Nuance**（ニュアンス），**Restaurant**（レストラン），**Resümee**（要旨，レジュメ），**Saison**（シーズン，季節），**Toilette**（トイレ，化粧室＜*mfrz.* toilette 髪，身体の手入れ用品を広げるための亜麻布）など，芸術の領域では，**Amateur**（アマチュア），**Debüt**（デビュー），**Marionette**（マリオネット，操り人形），**Orchester**（オーケストラ，オーケストラボックス），**Porträt**（肖像），**Repertoire**（レパートリー），**Theater**（劇場，演劇）など，衣服・装飾の領域では **Bluse**（ブラウス），**Frisur**（髪型＜*frz.* frisure カールした髪の毛），**Kostüm**（衣装），**Krawatte**（ネクタイ），**Negligé**（ネグリジェ），**Parfüm**（香水），**Weste**（チョッキ，ベスト）など，飲食の領域では **Biskuit**（ビスケット），**Bonbon**（ボンボン，キャンデー），**Bouillon**（ブイヨン，肉汁），**Creme**（クリーム），**Limonade**（レモネード），**Marmelade**（マーマレード）など，商工業・経済・技術の領域では，**Chauffeur**（職業運転手＜*frz.* chauffeur ボイラーマン），**Defizit**（赤字），**Depot**（倉庫，金庫），**Etat**（予算＜*frz.* état 状態，身分），**Fabrik**（工場＜*frz.* fabrique 製造所），**Finanz**（金融，財界），**Industrie**（工業，産業），**Marke**（商標，印），**Tarif**（料金，賃金，料金表）など，外交・政治の領域では **Attentat**（暗殺計画），**Bürokratie**（官僚主義），**Diplomatie**（外交），**Elite**（エリート，精鋭），**Minister**（大臣），**Reform**（改革，改良），**Regime**（政治体制），**Republik**（共和制，共和国），**Revolution**（革命）など，軍事の領域では **Bombardement**（砲撃），**Etappe**（後方補給基地，段階），**Front**（前

線，正面），Manöver（作戦行動，策動），Marine（海軍，海運），Marschall（元帥），Militär（軍隊），Patrouille（パトロール）などが，そのごく一例としてあげられる。呼称・親族関係の名称においては，Frau — Dame（貴婦人，レディー），Frau — Madame（〜夫人），Herr — Monsieur（〜氏），Mutter — Mama（母），Vater — Papa（父），Muhme — Tante（叔母，伯母），Oheim — Onkel（叔父，伯父），Base — Cousine（従姉妹），Vetter — Cousin（従兄弟）のように，以前からのドイツ語の語彙と，新たに導入されたこれに対応するフランス語の語彙が並存する。

（Keller, 602–603; Tschirch II, 268–273; Polenz I, 209–211; II, 77–78; 81–84）

② ラテン語・ギリシア語

この他に17, 18世紀のドイツ語は，科学や音楽の分野を中心にラテン語，ギリシャ語およびイタリア語からも借用語を取り入れ，語彙を豊かにした。ラテン語からの借用語では，Atom（原子，アトム），Diplom（免許状，学位記），Dissertation（学位論文），Dozent（講師）などの学術用語が，ギリシャ語からの借用語では，Archäologie（考古学），Chemie（化学< gr. chēmēía 錬金術），Despot（専制君主），Hegemonie（覇権），Skepsis（懐疑，不信< gr. sképsi 考察，調査），System（システム，体系，制度）などの学術用語が，そのごく一例としてあげられる。

③ イタリア語

イタリア語からの借用語では，Aquarell（水彩画），Ballett（バレエ），Bronze（ブロンズ），Duett（二重奏，デュエット），Finale（フィナーレ），Kantate（カンタータ），Oper（オペラ），Operette（オペレッタ），Primadonna（プリマドンナ），Quartett（四重奏・唱），Skizze（スケッチ），Solo（ソロ），Sonate（ソナタ），Sopran（ソプラノ），Tempo（テンポ，速度），Torso（トルソ，未完品），Violine（バイオリン）などのように，芸術，特に音楽領域での語彙が目立つ。　　　　　　　　　　（Keller, 603–604）

第六章
現代ドイツ語

コンラート・ドゥーデン著『ドイツ語正書法網羅辞典』(1880) 初版表紙。写真は 1980 年の復刻版。

6. 現代ドイツ語

語史時代区分

　ドイツ語が少なくとも印刷物において，正書法の上で現在のドイツ語とほぼ同じ状態に達するのは1800年前後頃とされる。現在では用いられなくなった綴り方法はあるものの，印刷されたテキストを見る限り，現在のドイツ語とほとんど変わらない。この時期以降のドイツ語，つまり19世紀，20世紀のドイツ語を，ここでは「現代ドイツ語」として，現在，変化しつつあるその現代ドイツ語の動向とそれを取り巻く環境を概観し，このドイツ語史の結びとしたい。その際，これまでの章立てに沿う形で，ドイツ語を取り巻く社会状況，メディア状況を概観した上で，ドイツ語がどのような動向にあるのかについて論じる。しかし，次のような問題点を認識した上での記述であることを明確にしておかなければならない。つまり，社会や言語を取り巻くメディア環境が常に変化しつつあり，ドイツ語自体も変化している中でのドイツ語史記述は可能なのか，という点である。現代ドイツ語の動向と一口に言っても，言語変化とは比較的長いスパンの中で見えてくるものである。そもそも，現代ドイツ語の言語体系，地理的方言や社会的方言などの言語ヴァリエーションなど，現在生きているドイツ語の全体像を把握しなければ，言語変化の動向を論じることは時期尚早かもしれない。また，理論と実証の両面において目まぐるしく進歩する，現代の言語研究の成果を無視することはできない。広範な領域にわたり，しかも，そのそれぞれの研究領域で深化する言語研究を目の当たりにしながら現代ドイツ語について概観することは，どうしても暫定的なものにならざるを得ないことをお断りしておかなければならない。

　この時代のドイツ語は，ゲーテやシラーなどに代表されるドイツ古典主義文学，それに続くロマン主義文学，リアリズム文学などの文学作品を通じて，私たちに馴染みのあるドイツ語でもある。200年近くの時を隔てたドイツ語ではあるが，学校で習う現在のドイツ語の文法知識があれば，読んで理解することが可能なドイツ語である。だが，今日のドイツ語に比べれば属格支配の動詞が多かったり，現在ではあまり耳にしない言い回しがあったり，現在では用いられなくなった単語もあり，

テキストを読んだ場合，「古い」，「どこか変だ」と思わせられることも少なくないだろう。その原因のひとつは，使われる語彙やその意味変遷に求められるだろう。特に，社会的な関係，人間関係，コミュニケーションを描写する表現は時代とともに変化し，今日の私たちには理解が容易ではないだろう。19, 20世紀のドイツ語を現代ドイツ語として扱う際，語彙面において現在との差異が著しいことは，社会での価値観や考え方が現在とは違っていたことの反映として捉えるべきであり，ドイツ語の仕組み自体が現在と全く違っていたことを意味するわけではないことに注意したい。

政治体制

現代ドイツ語を歴史的に論じるにあたって，過去との比較においても重要な点は，ドイツ語を取り巻く政治・社会環境，言語・メディアを取り巻く状況の把握である。というのも，この双方の点において，現代ドイツ語はこれまでに概観してきた時代と決定的に異なった時代にあるからである。ドイツ語の動向も，この異なる条件に決定的に左右されているように思われる。ドイツ語を取り巻く政治・社会環境については，第二次世界大戦後，ドイツにおいて初めて民主的な政治体制が成立したことが，ドイツ語の動向にとっても決定的である。戦後40年間，ドイツ連邦共和国としてドイツの西側は民主的政治体制であり，1990年以降はドイツ全体が同じ民主的政治体制となった。領邦国家体制（1648-1871），ドイツ帝国（1871-1918），ワイマール共和国（1918-1933），ナチス支配（1933-1945）の時代を通じて，これだけ長い間ドイツで戦争がなかった時代はない。また貴族など出生による特権階級ではなく，自らの能力によって発言力を得るようになった市民が，政治に参画し，民主的な政治体制を自らの政治行動で維持できるようになったのも第二次世界大戦以降である。そして，1968年の学生運動は，ドイツ社会全体の価値観や行動規範に大きな影響を及ぼした。これによって，ドイツは真の民主的政治に脱皮したとも言われる。ドイツ帝国時代の偏狭な帝国ナショナリズムは，周辺民族はも

とより国内のカトリック勢力や少数民族などに対しても抑圧的であり，それは国語政策や，周辺国ないしは国内少数民族に対する言語政策にも影を落としていた。ワイマール共和国時代，「黄金の 20 年代」と言われる比較的安定した時代があったものの，民主主義が根づいていない共和国にあっては，間もなくナチス独裁を許してしまうことになり，言語政策も含め人権の抑圧は暴力を伴うものであった。1970 年代以降に根づいてくる草の根民主主義は，地域主義であり，それまでの時代に強引に進められた画一化からの解放とも言えるであろう。

　政治・社会上のもうひとつの大きな転換は，ヨーロッパ統合である。1995 年のヨーロッパ連合 EU の成立により，加盟国内では人の移動が自由になった。政策の各論においては加盟国の間で不協和音も少なくないが，人と物の行き来が自由になったことは事実であり，もはや国境にはかつてのような検問はなくなった。欧州連合内の大学間で行われている域内学生交流制度「エラスムス」などが，言語コミュニケーション上の敷居を低くすることに貢献していることは間違いないであろう。各国の言語と文化が，国境の向こうの遠いものから，誰でもが実際に触れることのできる身近なものになったのである。

社会経済

　19, 20 世紀は，他のどの時代と比べても，最も社会変動の激しかった時期である。1830 年代に，鉄道建設をその推進力として産業革命が進展し，ドイツ帝国時代，いわゆる「第一次経済奇跡」を迎える。1862 年に 2.4 %であった世界工業生産に占めるドイツの割合は，1913 年にはイギリスを抜き，トップのアメリカ合衆国に次いで第 2 位となった。世界貿易に占める割合でもドイツは成長の一途にあり，1913 年には，第 1 位のイギリスとの差を相当縮めた（Wehler Ⅲ, 611）。輸出内容も原料，半完成品から完成品へと，高度工業化に伴う変化を示していた。1914 年前には，アメリカ合衆国，イギリスと並んで，ドイツが世界をリードする工業国となっていた。

ドイツ帝国時代の経済成長を支えた産業は，産業革命当初の鉄道，石炭，鉄鋼ではなく，機械，化学，電気であった。機械生産では，ダイムラー社，ベンツ社，オーペル社などに代表されるように，特に燃焼エンジンと自動車生産の発達がめざましかった。世界での機械生産に占めるドイツの割合は，1913年には30%近くに達し，ライバル国アメリカ，イギリスでもドイツ製の機械は十分な競争力を持つようになった。科学技術の発展では，大学での基礎研究と理論化や工科大学での技術の実用化の成果もあり，次々と新しい技術，製品が生み出され，特に化学工業の分野では，BASF，ヘキスト，バイエルなどの企業が，色素や色素合成などの分野で世界市場を独占するほどであった。電気産業分野は1871年以降，最も発展が著しく，エジソン特許を製品化するドイツエジソン社が1883年に設立され，1887年にはAEGと名称を改め，業界の老舗であるジーメンス社と並ぶ大企業となった。このように電気産業が発達した背景には，都市化の急速な進展がある。家庭向けの照明のほか，自治体による公営発電所，電気供給，電気モーターを用いた路面電車や地下鉄などの公共交通機関をはじめとする都市基盤設備の整備と，電気産業が結びついていたのである。世界市場でも第一次世界大戦前すでに，ドイツの電気産業は他の国とは圧倒的な差でトップにあった。

　工業化の著しい発展の一方で，社会体制は非常に保守的で，成長産業には貢献の少ない土地貴族などの特権階級が社会の中では発言権を有していた。強権的な宰相および強固な官僚組織の下，市民社会が成熟せず政治的に影響力を持てなかったことが，フランスやイギリスなどと大きく異なる。そもそも，産業革命，市場経済発展に伴う身分社会から階級社会への移行という社会変化，そして国民国家の統一，という三つのプロセスが同じ時期に重なっている点はドイツ特有である。そして，その際の社会的な歪みが，単一民族ナショナリズムの下，それ以外の価値観を拠り所とするカトリック教徒，社会主義者，ユダヤ人らの責任に帰されたのである。リベラルさや頑強な市民社会の伝統が欠如していたために，これらの行動がより過激になるポテンシャルがあった。この社会体制は，基本的にはワイマール共和国時代にも引き継がれ，社会主義の台頭を恐れる社会全体の保守的な風潮が，結局はナチスの躍進を許すこととなるのである。

第二次世界大戦後は，第一次世界大戦後の報復的な戦後処理とは異なり，ドイツの民主化を徹底させる占領国の政策もあり，古い政治システムとは完全に決別し，それまでのような階級社会から平等な市民社会への移行が可能となった。しかし，終戦直後の保守的なアデナウアー体制の下では，旧来の価値観や政治風土の名残もあり，戦争責任問題の究明についても「奇跡の経済復興」の中で終止符を打ちたいという風潮が強かった。そのような社会全体の保守化の中で，1968年の学生運動は大きな転機となる。その原因や経過はともあれ，1968年以降，市民が政治に積極的に関与していく社会風土が浸透するようになる。社会での意識や行動においても，権威主義や合理性のない形式主義への嫌悪，個人主義の徹底などのメンタリティーが当時のドイツ社会を特徴づけている。

（Wehler Ⅲ, 613-618; 1250-1252; 1290-1295）

6.1　言語・メディアを取り巻く状況

　公の場での情報媒体は，新聞・雑誌という伝統的な文字メディアに続いて，20世紀前半，ラジオという音声メディアが，さらに戦後はテレビという映像音声メディアが，そして1990年以降は全世界規模の映像，音声，文字のマルチメディアであるインターネットが次々と加わった。これらの多様なメディアの中で言語がどう位置づけられるかについては，一致した意見があるわけではなく，目下模索中であろう。特に，インターネット・マルチメディアが言語にもたらすインパクトは大きい。それは現在，私たちが身をもって経験しているとおりである。インターネット・マルチメディアは，コミュニケーションの及ぶ範囲について言えばグローバルであり，メディア言語の担い手という観点から言えば，ブログ，電子メールなどに代表されるように個々人がその担い手である。その一方で，インターネット・マルチメディアは，多くのウェブサイトにうかがわれるように公の場の情報源でもある。このようにインターネットコミュニケーションの中では，言語の担い手として，個人と公人とが混在している。また，インターネットや電子メールによるコミュニケーションは，言語に頼らない映像や音楽コミュニケーションが可能な一方

で，音声，文字テキストのように言語に依存するコミュニケーション形態でもある。このように，旧来のメディアに新たなメディアが加わった状況の中で，言語はどうなるのか，という問いが生じるのは至極当然であるが，その答えを見極めることは，現段階においてはまだ難しい。

インターネット・マルチメディアにおける言語の問題は，マクロ的には，ドイツ語だけではなく日本語やその他の言語にとっても共通する問題であり，それだけにそれぞれの言語文化の中での言語の動向は，当該の言語文化を知る上で興味深い観察フィールドである。マルチメディアの中で言語がどうなるか，そこから言語全体にどのような影響が出てくるかは，言語があたかも生物のように変化していくような言語変化の問題ではなく，言語の担い手が言語と言語コミュニケーションにどのような態度や意識を持ち，それが言語にどのように反映されてくるかという問題である。

マルチメディアにおける言語の問題をミクロ的に見ると，映像や音声は，見る，聞くという一次的能力で情報処理ができるため，それらが文字テキスト処理に必要な読み書きという二次的能力に，どのような影響を及ぼすかが懸念されている。読み書きは教育を通じて学ばなければならない能力であり，公の場では必要不可欠な能力である。映像音声が優勢であるメディアの中で文字テキストの読み書き能力がどう推移するのか，これまでの言語教育のままで大丈夫なのか，この推移の動向によっては文字テキストに言語上何らかの大きな変化が起きるのか，等々の問いに対して，現状では明確な答を出すことはできていない。

19世紀までのドイツ語の発展に，政治は積極的に関与してはこなかった。それに対して19, 20世紀は，正書法統一，初等義務教育と国語政策，外国語政策などを通じて，国家が言語に積極的に関与してくる時代でもある。その結果は必ずしもポジティヴなものばかりではなく，少数言語の圧迫や表現の自由の制約など，むしろネガティヴなものも多い。誰が公の場での言語の担い手になりうるか，公の場での言語がどのように統制されうるかという問題は，政治体制と深く関わっていることを19, 20世紀の歴史は示している。

6.1.1　戦前の初等義務教育における国語教育

　国語政策の基本は，文字の読み書きができるよう国民を教育することである。この国語教育は，領邦国家体制の下ではそれぞれの国ごとに異なったが，読み書きの教育は長い間，教会がその担い手であり，国が義務教育として国語教育（読み書き教育）を行うようになるのは 17 世紀になってからである。初等教育の義務化の中で，19 世紀のうちには，ほぼすべての領邦国家で国語教育が積極的に推進されるようになった。初等教育推進の背景には，国民と国家全体の利益という政治思想や，農業・産業振興のための人材育成，個々人の能力の向上により，国家全体の発展を図るという意図があった。1871 年に統一を果たしたドイツ帝国においては，国家に忠実な国民を養成することがその主眼であり，職業や日常生活の中で最低限必要な能力を養成するほか，すべての国民をひとつの民族国家に融合させる政治的意図もあった。

　義務教育が導入されたとは言っても，それがどこにおいても実現されていたわけではなかった。教育に対する門戸は，依然として貧しい層に対しては閉ざされ，窮乏のため労働させられる子どもも多く，ドイツで 9 歳未満の子どもの労働が法律で禁止されたのは 1839 年，12 歳未満の子どもの労働が禁止されたのは 1853 年のことであった。子どもの小学校への通学率は，19 世紀半ばには，ザクセンでは 94％，プロイセンでは 82％にまで達するが，一般的に，工業地帯や都市部では通学率が高かったのに対し農村部では低かった。教育の成果とも言える識字率も，19 世紀のうちは社会層や地域によっても大きく異なり，男性の方が女性よりも高く，工業化が進んだ地域の方が農村部より高く，プロテスタント地域の方がカトリック地域よりも高かった。19 世紀半ばには，10 歳以上の全人口の約 20％が非識字者であったと推測されるが，都市と地方の格差は明白であった。

　初等教育は，それぞれの地域が財政負担をし，国からの支出が少ないこともあり，都市と農村，また都市ごとに異なるなど教育レベルの差が顕著であった。学校システム全体としては，国主導の傾向が強まり，教育の大枠，教科内容，学習目標，教員の教育と試験などを国が規定するようになったが，教員の給料も含めて初

等教育の主な財政負担は地方が背負っていた。国からの教育への財政支出は，その大半がギムナジウム，大学などの中等，高等教育に振り向けられていたのである。

初等学校には，読み書きなどの基本的な文化技術を教えることの他，従順，犠牲精神，恭しさ，慎ましさ，軍隊への敬意，王室への愛，君主国家への奉仕など，国家アイデンティティーや国家への忠誠などの価値観を植えつけること，すなわち子どもを国家や社会に順応させることが求められた。教育内容は実用性には乏しく，学校の枠組みの中でのみ通用するような内容であり，工業化の進展の中でようやく，工場労働者に最低限必要となる読み書き能力が実現されるようになった。また，19世紀の後半には，労働者の実用的な読み書き能力を高める労働者教育が，社会民主主義運動の一環でなされるようになった。　　　　（Polenz Ⅲ, 51-53）

6.1.2　ドイツ語規範の統一

識字率の向上とともに，19世紀後半には，読み書きは公の場のコミュニケーションの主要な手段となっていった。このことは，様々な雑誌や書籍の出版状況からうかがうことができるであろう。新聞・雑誌など，書籍の書きことばの標準となったドイツ語の主要な担い手は教養市民階層であった。この階級には，新人文主義ギムナジウムや大学を経て国家権力の中枢で官僚となった者や，知識人としてメディアの中で発言力のあった人々が属し，その人々が理想とするドイツ語が，公の場のコミュニケーションにおけるドイツ語の標準とされ，それをマスターしているか否かで人間の社会的な評価がなされた。特に書く能力に関しては，規範に合致した筆記体で字がきれいに書けるかも含め，人格を判断する材料として用いられた。この標準ドイツ語は社会的シンボルでもあったのである。正書法，発音規範は理想化され，超地域的な統一性を有するべきものとされた。

正書法がドイツ帝国で公に統一されるのは，20世紀になってからである。しかし，実際にはそれ以前に，知識人やジャーナリストの間で正書法標準化は事実上完了している。1876年に初めて第一回正書法会議が開かれ，その際コンラート・ドゥーデンの『ドイツ語正書法』が提案された。続いて1880年，ドゥーデンの『ド

イツ語正書法網羅辞典』により，正書法の統一が進み，1901年，第二回正書法会議でドゥーデンの提案を基本として正書法規範が定められた。これに次ぐ正書法の最近の大幅改訂は，1996年から1998年にかけてのもので，この規範が現在では公の場での規範とされ，それ以前の正書法は旧正書法と呼ばれている。

　19世紀には綴りと同様に発音の規範化も試みられた。特にドイツ帝国成立後，正書法の統一と並ぶ発音の規範化・統一には国家政策上の動機も強く働き，できる限り明確で厳密かつ熱情的な調音が，権威や支配の象徴として実践されるようになった。しかし19世紀初頭では，書きことばにおける正書法のようなモデルは，発音に関しては存在していなかった。書きことばにおいてはモデルとされるような知識人でも，発音においては地域色が濃かったのである。そこで模範とされるようになったのが「舞台発音」であった。1898年にテオドア・ジープスが出版した『ドイツ舞台発音』は，ドイツ語の発音の，初めての規範化の試みであった。しかしこの発音規範は，古典演劇における極度に誇張され，理想化された発音をモデルとしており，現実の発音からはかけ離れていた。例えばこの中では，rの発音は巻き舌のrが規範とされているが，実際には，この当時すでに口蓋垂のrやrの母音化や消失はよく見られる現象であった。この発音規範の支持者は，北ドイツ・プロイセン寄りの宮廷劇場やその役者，ドイツ舞台連盟，言語教育者，文献学者らであった。北ドイツの発音が規範とされた背景には，ルター訳のドイツ語聖書以来，北ドイツでは綴りに忠実に発音がなされるようになっていたこと，オーストリアとの覇権争いや反カトリック文化闘争の中でプロイセンを盟主とする北ドイツが勢力を誇っていたことなどがある。『ドイツ舞台発音』は，1922年にはドイツ帝国全域にわたって拘束力を持つドイツ語標準語とされ，副題として「標準語」という語が添えられるようになった。1931年の『ラジオ発音』には，『ドイツ舞台発音・標準語』の規範がそのまま踏襲された。ヴィルヘルム・フィエトアが実証的な調査に基づき，実際の発音ヴァリエーションを配慮して，1885年に『発音辞典』，1912年に『ドイツ語発音辞典』を出版していたが，客観的な記述よりは政治的な意図や権威が幅をきかす風潮の中で，フィエトアの発音辞典が受け入れられる余地はなかった。1920年代になると，発音の手本は舞台役者からラジオアナウンサーや映画俳

優へと移行し，音の省略や，小声でテンポの速い発音が許容されるようにはなるものの，舞台発音に由来する熱情的な話し方は引き続き理想とされた。フィエトアの流れを汲む，実際の発音の分析に基づく標準ドイツ語発音の記述は，東ドイツで1964年に『ドイツ語発音辞典』として出版され，1982年には『ドイツ語発音大辞典』として全面的に改訂された。実際の発音を配慮した発音辞典は，西ドイツでは1969年に『ドイツ舞台発音』の第19版として出版された。西ドイツで出版された標準ドイツ語の発音辞典の定番としては，1974年の『ドゥーデン発音辞典——ドイツ語標準発音辞典』第2版があげられる。

　現在のドイツ語の発音は，学校教育，ラジオ，テレビなどを通じ，より標準化，統一化されてきている。しかしその一方で，規範意識は20世紀の前半ほどには強くない。それだけに地域性が公の場での発音に反映されることも希ではなく，また，そのことが必ずしも否定的に評価されているわけではない。

〔Polenz Ⅲ, 41-43; 237-245; 255-262; Wells, 371-379〕

6.1.3　外国語政策

　初等国語教育やドイツ語の規範化がドイツ語社会内での問題であるとするならば，ドイツ語社会が他の言語に対してどのような関係にあったのか，という点も問題として取り上げられるべきであろう。いわゆる「ドイツ語圏」は，歴史的には東へと拡大している。また，時代を通じて言語境界が比較的固定している南西方面でも，言語境界地域においては複数言語が「共存」していた。その共存のあり方は必ずしも平和的であったわけではない。スラブ系諸言語との関係では，ドイツの東方植民に伴い，スラブ地域の征服，ゲルマン化が進められ，言語の異なるスラブ民族を神聖ローマ帝国の支配下に置こうとする動きが見られた。ドイツ帝国時代には，スラブ系言語の抑圧，言語切替えへの圧力が大きかった。二言語使用の状態であっても，統治上，支配者側がドイツ語で優位に立つ，非対称的な二言語使用状態であった。ポーランド語やチェコ語を除き，スラブ系言語の中でも，貴族階級，法廷，都市などの社会制度が発展していない民族が話す言語ほど，このゲルマン化の影響

を大きく被り，東ポメラニアのカシュバイ語，東プロイセン南部のマズーア語などは，消滅の運命を辿ることとなった。また，ドイツ国内に現存する少数言語であるスラブ系のソルブ語も，長期的にはその存続が難しい状況にある。

(Polenz Ⅲ, 108-112)

6.1.4 戦前の中等教育

　中等教育では，新人文主義ギムナジウム（以下，ギムナジウムと略す）の他にも新たな性格の中等学校が設けられ，生徒数も拡大した。しかし，ギムナジウムが社会的エリートの再生産，社会的昇進の登竜門であったことには変わりなかった。教養階層とそうでない層の境界は，大学ではなくギムナジウムであり，これら二つの層の格差は19世紀半ばにかけて，より一層広がった。ギムナジウムでの教育は，依然として文学・歴史を中心とした人文科学・教養教育であった。19世紀後半もギムナジウムの数が増える一方，現代外国語，自然科学など，実学教育を行う実科学校が1859年に設けられ，1882年には実科ギムナジウムに格上げされるなど，ギムナジウムによる大学入学資格アビトゥアの独占が崩された。ギムナジウムに進学する生徒は，同年代人口でみると，1860年で1000人に2人，1875年で2.7人という割合であった。ギムナジウムの授業内容は，多くの批判にもかかわらず，19世紀終わりまで古典言語の学習が中心であった。英語またはフランス語が認められたのは1898年になってからであったが，その授業時間は極めて少なく，また教育方法も文法ドリル中心であった。ドイツ統一，ドイツナショナリズムの動きに呼応して，1860年以降，国民文学としてドイツ古典主義文学の学習が初めて導入され，また，それまでのギリシア，ローマ古代史と並んで，ドイツ近代史，プロイセン神話の歴史が教えられるようになった。ギムナジウム卒業生の進路は，依然として国家の官僚，公務員が多かった。ギムナジウムは，就職や階級形成に依然として大きな影響力を維持していたのである。

(Polenz Ⅲ, 55-56)

6.1.5　マスメディアの発展

　書籍，雑誌，新聞など，従来からの印刷メディアに加えて，20世紀には，ラジオ，テレビ，インターネットなどの音声映像メディアも普及する。新しいメディアの登場は，古いメディアを排除するものではなく，社会全体においても個人レベルにおいても，メディア全体の中での新たな棲み分け・役割分担をもたらす。現在その棲み分けがどうなっているかを一概に論じることはできないが，ここではそれぞれのメディアについての推移を概観してみたい。

6.1.5.1　書籍出版

　メディアにおいては，本，日刊紙，雑誌などの印刷メディアが，発行部数と読者数を伸ばしていった。その背景には，言論の自由を求める闘いの中で，1870年頃までには検閲が廃止され，マスメディアの商業化が進んだことがある。それ以外にも，プロテスタント倫理や学校教育の他，各種の読書クラブ，図書館，書店数の増加，書籍行商などの販売網の拡大，1840年代以降の鉄道網の整備，蒸気機関を利用したシリンダープレスなどに見られる印刷技術の進歩，そして印刷物の価格低下などが印刷メディアの普及に貢献している。本の発行件数は1770年以来成長を続け，ナポレオン戦争と解放戦争で約半減したり，1846年以降一度後退した時期があったものの，1815年から1845年の間で3倍となる成長を見せた（Wehler III, 520)。ジャンル別には，経済関係などの実用書が増加した一方，文学，芸術，科学関係が後退した。

　このように実用書の出版比率が高まったことを端的に物語るのが，百科事典の売れゆきである。ブロックハウス社の百科事典は，1806年に全6巻で刊行され，6000部が売れた。ブロックハウス社に乗じてヨーゼフ・マイアー社も52巻からなる百科事典を刊行し，ブロックハウス社も新たに15巻からなる百科事典を1865年から1868年にかけて出版し，30万部を売り上げた。出版点数の増加と書籍の消費拡大には，1867年に古典作家の版権がコッタ社の独占から解放されたことにより，レクラム社の「レクラム・ウニヴェルザール・ビブリオテーク」シリーズのよ

うな廉価文庫本が登場したことも貢献している。

　読み書きが社会の広い層に浸透する一方，文学での読者の趣味の均質化や階級を超えた文化的な同化も進行した。「文学」といっても，教養文学，娯楽文学，大衆文学，純文学とそれぞれ内容や読者層の異なるジャンルに分けられ，教養文学ではグスタフ・フライターク やフェリクス・ダーンなどの歴史小説，娯楽文学ではオイゲニー・マルリットやヘトヴィヒ・クルツ＝マーラーなどの家庭小説，カール・マイの冒険小説などが代表的なものとしてあげられる。その他，ベルトールト・アウアーバッハに代表されるような，農村・郷土小説，書籍行商向けの連続小説シリーズなどもあった。だが当時は，キッチュで平坦な娯楽小説が市場を席巻し，いわゆる純文学の売れ行きはそれほど高くはなかった。19世紀半ば以降，作家を本業とする作家が現れてくるが，その収入は市場での著書の売り上げに左右された。職業作家として成功した例には，フェリクス・ダーン，ヴィクトーア・シェッフェル，グスタフ・フライターク，ベルトールト・アウアーバッハなどがあげられる。このような成功例を別とすれば，大半の作家は経済的に厳しい状況に置かれ，ドイツ文学史に現在まで名を残しているような作家が，当時売れっ子作家であったわけではなかった。

(Polenz Ⅲ, 79-81)

6.1.5.2 新聞

　日刊紙は，19世紀半ば少し前くらいまでは世論の中で力を持たなかったが，その理由は，それまで検閲が厳しかったことにある。1830年以降に日刊紙それぞれの政治的色彩が明確になるまでは，中立的で当たり障りのない「一般紙」が主流であった。政治的色彩は，保守的なものとしては『ライプツィヒ総合紙』，『十字新聞』，『新プロイセン新聞』，『北ドイツ総合新聞』，リベラル，超党派的なものとしては『アウクスブルク総合新聞』，『ベルリンニュース』，『ハンブルク-新-新聞』，『ケルン新聞』，『ライン新聞』，『フォス新聞』，『フランクフルト新聞』などさまざまなものがあったが，全体としてはリベラルな日刊紙の方が優勢であった。19世紀半ば以降には，日刊紙の他に，政党や宗教団体の機関紙も加わってくる。19世紀半ば，プロイセンにおいて広告の国家独占が廃止されて以降，新聞社の経営にと

って広告が重要な役割を担うようになり，それが新聞のサイズやレイアウトなどにも影響を及ぼすようになった。　　　　　　　　　　　　　　　（Polenz Ⅲ, 82-89）

6.1.5.3　雑誌

　雑誌部門では，発行件数は 1826 年まで約 371 件とほぼ一定していたが，1848 年には 688 件に増加し，1850 年には 1000 件を超え，そののち後退があったものの，1867 年には 1217 件，1872 年には 1743 件，1875 年には 1971 件と増加の一途をたどった。発行雑誌総目録である『ドイツ・ジャーナル・カタログ』には，1903 年に 2800 点，1918 年に 3600 点が収録されている。これらの雑誌の大半は大衆向け娯楽雑誌であった。1840 年頃の発行雑誌の約 9 割は，発行部数 2500 部以下であり，それ以上のものは全体の約 1 割程度で，5000 部以上の雑誌は全体の 4％にすぎなかった。しかし，圧倒的発行部数を誇る雑誌もいくつか現れる。その中でも注目に値するのは，1852 年創刊のグラビア家庭雑誌『あずまや』である。この雑誌は，ベルトールト・アウアーバッハ，フェルディナント・フライリヒラート，カール・グツコー，ハインリヒ・ラウベ，ファニー・レーヴァルト，レーヴィン・シュッキング，フリードリヒ・シュピールハーゲンなど，当時の著名な作家を寄稿者に擁し，巧みに時代潮流に合わせながら幅広い層の需要に応え，1861 年に 10 万部，1867 年に 20 万部，1875 年に 28 万部と，世界最大の発行部数を記録する大成功を収めた。

　大衆グラビア誌の発行部数には到底及ばなかったものの，さまざまな領域を専門に扱う雑誌も発行された。文学・文化雑誌としては『ヴェスターマン社月刊誌』，『ドイツ俯瞰』，『ドイツ・レヴュー』，『フェルハーゲン・クラージンク雑誌』など，政治雑誌としてはコッタ社発行でリベラル路線の『ドイツ四半期誌』，カトリック保守路線の『カトリックドイツのための歴史政治誌』，社民党の『新世界』など，科学雑誌としてはブロックハウス社の『ヘルメス』，書評・情報誌としては，『内外文学マガジン』など，演劇批評としては『国民舞台』，『舞台鑑賞』，『世界舞台』などを，それぞれあげることができる。　　　　　　　　　　　　（Polenz Ⅲ, 89-91）

6.1.5.4 ラジオ

　伝統的な印刷メディアに並んで，音声メディアであるラジオがマスメディアのひとつとして効力を発揮するようになるのは，ドイツにおいては1920年代以降である。それまでに慣れ親しんだ文字メディアと異なり，音声だけのラジオ放送では，当初は芸術的な構成や教育を目的とした番組が中心であった。しかしまもなく1930年代には，政治的宣伝に効果的なメディアとして利用されるようになる。まずはラジオ協会が政府の管理下に置かれるようになり，ナチス時代には宣伝相ゲッベルスの下，ナチスのイデオロギー流布や情報操作にとって最も重要なプロパガンダ手段として活用された。一家に1台の普及を目指して開発されたラジオ受信機「国民受信機」は，別名「ゲッベルスの口」とも言われたが，ラジオ放送による世論操作を目論んだものであった。ナチス時代，ラジオ放送は，最初は個人的な娯楽ではなく，国民の政治的義務であるという位置づけであったが，独裁体制が固まるに伴い，ラジオ放送には娯楽的要素が多く取り込まれるようになり，それによって国民の関心を政治からそらすことが意図されるようになった。放送に占める音楽番組の割合は半分以上になり，1936年以降は，毎週水曜と日曜の17時から20時にかけては音楽リクエスト番組が放送された。

　第二次世界大戦以後のラジオ放送では，占領軍政府によって非中央集権化と非政治化が図られ，地域公共放送としての中立性が州ごとの法律の中で規定された。第二次世界大戦後のラジオ放送の番組構成は，旧西ドイツと旧東ドイツでは大きく異なった。旧西ドイツでは音楽など娯楽的要素の割合が高かったのに対し，東ドイツではニュースや講演などが多く，政治的啓蒙の役割を担っていることが明白であった。ラジオ放送による音声メディアは，新聞などとは異なり，それのみが集中的に受容されるのではなく，自動車の運転，家事，手作業など日常生活の様々な作業の背景音として，きわめて個人的に利用されるメディアとなっている。番組構成は，音楽放送の合間に言語情報が織り込まれる形態が大半を占め，言語情報部分のテキストは短くなる傾向にある。テレビでの情報番組と同様，ニュース，レポート，オリジナル音録音，インタビュー，コメント，対話などさまざまなジャンルを速いテ

ンポで織り交ぜながら，モデレーター（番組進行人）が親密さや自然さを演出しながら展開していく形態が，現在のラジオ情報番組には典型的である。

(Polenz Ⅲ, 95-98)

6.1.5.5 テレビ

　ドイツでのテレビの普及は，イギリスやアメリカには多少遅れる。定期的なテレビ放送は 1935 年に始まり，1936 年のベルリンオリンピックがテレビ放送普及の大きな契機となるが，テレビ受信機の普及は，第二次世界大戦中はわずか 500 台であり，街角のテレビホールでの視聴が中心であった。テレビ番組を見ることは，今日では最も人気のある余暇利用形態のひとつであり，ラジオ，音楽鑑賞，読書を大きく引き離している。公共放送の番組構成では，映画，娯楽番組，スポーツ放送がその大多数を占めている。

　ドイツでのテレビ放送においては，ナチス時代の経験から，政府や政党が国レベルでテレビ放送に直接影響を及ぼすことを避け，放送局も公共性，中立的立場，自己監視などを守ることが義務づけられている。1968 年以降は，公共放送と民間放送の双方に対する機会均等原則の下，放送局は広告放送による収入を財源として，視聴率，経済界の関心，視聴者の嗜好に応じて番組を編成，放送するようになり，放送局による裁量の余地が拡大された。このことは，ケーブルテレビや衛星放送などの技術発展とも相まって，受信できる放送局や番組の数が飛躍的に増えることにつながり，特定の視聴者をターゲットとした放送局や番組が増加することとなった。

　ニュース番組でも，内容的には「インフォテインメント」と言われるように，情報性と娯楽性の双方を満たすスタイルが現代では主流になっている。これは番組進行人，つまりモデレーターがニュース情報，実況中継，インタビュー，資料映像など様々な構成部分をとりまとめながら番組全体を構成していくスタイルである。その際の言語用法や行動は，カメラのない場での日常のコミュニケーションのように，親密で自然な印象を与えるものになっているが，演出された言語用法と行動であることに変わりはない。

(Polenz Ⅲ, 98-102)

6.1.5.6 インターネット

　1990年以降，パーソナルコンピュータの性能向上と価格低下，通信網の整備により，最新メディアとしてのインターネットの利用が飛躍的に増加している。従来は印刷メディアでしか得られなかった情報も，インターネットを通じて様々な組織や個人のホームページにアクセスし，電子データとして入手することができる。この電子データはコンピュータ上で見ることも可能であるが，プリントアウトした印刷メディアとして利用することも可能である。インターネットを通じて入手できるデータは，伝統的な文字データのみならず，動画も含めた画像，音声にまで及ぶ。映画やテレビ番組も，インターネットを通じて配信・受信することができる。伝統的な印刷メディア，アナログ式の映画，テレビ番組の制作と発信には，一定の組織と設備が必要であったが，デジタル化されたデータは一個人での制作や編集が容易であり，そのための専用の各種ソフトが市販されている。このことは，個人が比較的容易に情報の発信者となれることを意味する。実際，誰でも自分のホームページを持つことが可能であり，ブログや電子メールを活用すれば，不特定の人間と双方向のコミュニケーションが可能となる。ホームページ検索をしてみればすぐにわかることであるが，インターネットによる情報源は事実上無限であると言っても過言ではない。ところで，映像や音声も用いることができるとはいえ，インターネットで主流となるメディアは依然として文字テキストであろう。個々人が文字テキストを作成して情報発信源になれる現在，この文字テキストにおける規範や実情が，書籍雑誌などの印刷メディアの場合とは大きく異なっていることが注目される。社会一般で言語に対する規範意識が弱まっている中で，インターネットや電子メールでの言語用法には，印刷メディアにおけるような厳密な規範が事実上存在していないのである。誰でも手軽に情報の担い手となれるメディアにおいては，無意識のうちの言語変化が反映されていると考えることができる。ちょうど活版印刷が発明され，より多くの人々が文字テキストで情報発信できるようになった時代には，単語の綴りや文法構造がかなり多岐にわたっていたように，この新しいメディアにおいても，それと似たような現象が起こっていると言えるであろう。公の場ではある

が，私的な色彩も濃い新メディアを通じて，それまでにはない言語規範意識や言語変化を見ることができるという点で，インターネットは言語史研究にとっても興味深いメディアである。

6.1.6　文書コミュニケーションと口頭コミュニケーション

　長期にわたる識字率向上への試みが奏功して，19, 20 世紀には文字の読み書き能力が飛躍的に普及し，20 世紀後半には，ほぼ誰もが読み書きができるまでに達した。かつては二次的であった読み書きの社会的役割は，1800 年の読書革命を境として，社会で必要不可欠な一次的役割を担うようになり，逆に話しことばは，公の場では二次的な役割に降格されるような形となった。このことは，現在でも法的拘束力を持つ約束は契約として文書にしたり，口頭のみの情報では信憑性や検証の可能性に欠けるという理由から，文書による情報源の明示が求められたりすることなどにうかがわれるとおりである。さらには，職場での日常業務における事務処理，新聞などのマスメディア，科学の領域において，書かれた文書，印刷された文書の圧倒的な優位性はより強まっていると言えよう。書きことばに対する規範意識は，現在では 20 世紀前半の頃ほどには厳密ではない。とはいっても，学校での国語教育においては，書記性優位の社会の中で通用するような言語能力，特に正書法や文法規範も含めて，書記能力の養成がこれまで以上に求められている。それだけに，人によっては書くことへの不安，恥ずかしさ，抵抗も少なくないであろう。ベルンハルト・シュリンクの小説『朗読者』に登場する主人公の女性が，冤罪になっても自身が読み書きできないことをひた隠しにしようとした背景には，このような書記性優位の社会が垣間見えているのかもしれない。一方，読み書きにおいて先天的に認知上の困難を抱える子どもらの識字障害（ディスレクシア）の科学的な原因究明や治療法の研究は，読み書きという技術が，人類進化の歴史の中では極めて最近になって獲得された能力であり，認知上の負担も大きく，長期にわたって訓練しなければならない能力であることを示している。

　また，19, 20 世紀の読み書きの特徴は，もはや公の場での朗読や音読という集団

的なものではなく，個人での黙読中心である点，また，現代社会の中で細分化する専門領域に呼応するように，専門領域や言語の用いられる社会領域ごとに，言語の規範や文体が大きく異なる点である。例えば，日常の話しことばと同じ文体で，科学論文を書くことはできない。逆に，科学論文のことばで日常のコミュニケーションをすれば，相手に奇異な印象を与える。このように，コミュニケーション状況や専門領域に応じて規範や文体などを切り替えなければならない点が，現代の文書コミュニケーションの最大の特徴であろう。個人個人がすべての専門領域やコミュニケーション状況における規範や文体をマスターしていることは不可能である。どれだけ異なる規範や文体をマスターしているかについては個人差もあるであろうが，「機能的非識字」（Polenz Ⅲ, 53）という概念で指摘されるように，社会の中で自分にとって必要な領域や状況以外では，事実上書記コミュニケーションに不慣れであるという現象も，現代の書記コミュニケーションに特徴的な点であろう。

　書記コミュニケーションが優勢になる一方，電話，ラジオ，テレビなどの新たなメディアの発展・普及に伴い，特に 1920 年代以降，公の場での口頭コミュニケーションの比重が増していることも事実である。テレビやラジオのニュースでは，特に最近は，口頭コミュニケーションでの方言色や地域訛りなどの地域性に対して寛容になってきている。もっとも，ラジオやテレビでの口頭コミュニケーションは自発的なものではなく，原稿やシナリオなどの文書に基づき，多かれ少なかれ演出されたものであり，まったくの口頭コミュニケーションの言語とは異なる。

6.2　ドイツ語ケア

　ドイツ語に対する意識や，ドイツ語の規範制定あるいは改善など，ドイツ語そのものに関する取り組みや思考を「国語としてのドイツ語へのメタ思考」として「新高ドイツ語時代」で扱った。そこでは，文化愛国主義のもとでの言語浄化運動，規範文法，辞書編纂などが話題となった。文法規範の確立と辞書編纂という，ある言語が国語としての地位を向上，確立させるために必要不可欠な規範化，成文化に，知識人らの私的な取り組みであった。こうしたドイツ語への取り組み，ドイツ古典

主義文学，読書革命後のドイツ語書籍出版の増加などを経て，ドイツ語の国語としての地位は確立した。しかし，これ以降にドイツ語に対するメタ思考がなくなったわけではない。ここでは，国語としての地位が確立された後のドイツ語に対するメタ思考を概観する。19, 20 世紀において特筆すべき点は，現代語文献学，近代言語学という言語についての近代科学が誕生したことである。もっともこれらの言語の科学は，当初は言語のごく限られた領域しか扱わなかったため，ドイツ語の包括的で体系的な科学的記述がすぐになされたわけではない。むしろ，一般の言語意識とはかけ離れていることも希ではなかった。しかし，1970 年代以降の社会言語学や語用論などの言語学領域の拡大と深化に伴い，日常のさまざまな言語使用が分析対象とされ，言語批判においても，実証的データに基づく客観的な観察や批判が可能となった。

6.2.1　言語ケア・言語批判

　広い意味での「言語批判」には，外来語ドイツ語化や外来語排斥とも呼ばれる「外来語純粋主義」の他，外来語のみならず古語，方言語，俗語，下層語などの使用も排除しようとする「言語浄化」，「言語純粋主義」も含まれる。言語批判，言語の規範化，辞書編纂，言語使用についての助言アドバイスなど，言語そのものや言語使用をめぐる社会でのさまざまな取り組みは，「言語ケア」と総称される。16, 17 世紀のドイツ語における言語浄化運動は，文化愛国主義に由来し，ドイツ語をラテン語，フランス語，イタリア語などと肩を並べられる国語にするために，その文法や語彙を洗練・規範化する試みであった。これに対して，ドイツ語の国語としての地位が揺るぎないものとして確立された 19, 20 世紀の言語ケアは，対ナポレオン戦争，近代国民国家としてのドイツ帝国の成立，ナチス支配といった時代を背景に，ドイツナショナリズムがその大きな原動力となった。このナショナリズムは，19 世紀後半から 20 世紀前半にかけては，排他的で偏狭な帝国ナショナリズム，国粋主義でさえあった。
　　　　　　　　　　　　　　　　　　　　　　　　　（Polenz Ⅲ, 264-268）

6.2.1.1　ドイツナショナリズムと外来語排斥

　ナポレオン支配下とその支配からの解放戦争時代における，言語浄化思想の代表の一人として，「体操運動」の指導者であり「体操の父」とも呼ばれるフリードリヒ・ルートヴィヒ・ヤーンがあげられる。ヤーンの思想はドイツナショナリズムに基づく外来語排斥の思想であり，実践面でもヤーンは，Schwebebalken（平均台）や stabspringen（棒高跳びで跳ぶ）など，体操の専門用語にドイツ語固有と思われる語を用いた。同じ頃，ドイツナショナリズムを代表するジャーナリストであったモーリッツ・アルントも，フランス語を排斥し，ドイツ語古来の語彙を維持するための協会設立を提唱していた。1801 年に出版されたヨアヒム・ハインリヒ・カンペの『強制的に母語にされた外国語を解説しドイツ語化する辞典』は，1813 年の改訂第 2 版では，かなり感情的な外来語排斥を露わにしている。このような言語排斥の動きに対しては，批判がまったくなかったわけではないが，反ナポレオン・フランス感情の高まりの中で，そのような外来語排斥の動きが，特に知識人の間で影響力を持ったことが，後の言語浄化にとって決定的であった。これらナショナリズムに動機づけられた言語浄化は，帝国ナショナリズムの下では，言語ナショナリズムと呼ぶべき排他的思想へとエスカレートした。

　言語浄化，外来語排斥の思想を喧伝したのは，さまざまな一般言語協会である。その大半は独善的で世間離れしており，実際の言語使用に直接の影響を及ぼしたわけではない。このような一般言語協会の最も代表的なものは，1885 年設立の「一般ドイツ言語協会」である。　　　　　　　　　　（Polenz III, 267-268; Wells, 420-425）

6.2.1.2　ドイツ帝国政府と外来語純粋主義

　1871 年のドイツ帝国成立に伴って，外来語純粋主義は，国家レベルの支持を受けて半公的に組織化してなされるようになった。帝国成立以前にも，軍隊，行政，司法の領域において外来語のドイツ語化が試みられていたが，広範な影響力を持つことはなかった。しかし帝国成立とともに，新たに成立した国民国家にとっては，その官庁での言語使用を統一的に規定し，そしてこの国家規定を徹底させることが

不可欠であると認識された。ドイツ語正書法の統一もこの政策の一環であった。官庁での言語使用の統一規定によって，それまでに官庁用語の中で通用していた多くの外来語がドイツ語化されることとなった。スイス，オーストリア，ルクセンブルクはこのドイツ語化に関与していないため，ドイツでは，これらの国々とは異なる官庁用語が多く誕生することとなった。主に，官庁用語や公の場の語彙において，スイスやオーストリアのドイツ語とはっきりと異なるドイツ語は「帝国ドイツ語」と呼ばれた。

ドイツ帝国特有の官庁用語は，郵便，軍事，建築，鉄道，行政・法律などの領域に顕著に見られる。ドイツ帝国での正式な用語として，Couvert（封筒）を Briefumschlag に，Avancement（階級昇進）を Beförderung に，Perron（ホーム）を Bahnsteig にするなど，それまでに通用していたフランス語起源の外来語をドイツ語化したからである。これらの領域における，Kupee / Coupé（ドイドイツ語 Abteil コンパートメント），Kuvert（封筒），Perron（ホーム），Waggon（ドイドイツ語 Wagen 車両），Velo（ドイドイツ語 Fahrrad 自転車）などのフランス語起源の外来語は，スイス，オーストリアのドイツ語では今でも用いられている。

（Polenz Ⅲ, 268-269; Wells, 428-432）

6.2.1.3 一般ドイツ言語協会

体操の父ヤーンに遡る外来語排斥運動の流れは，ドイツ帝国成立以降，1885年の「一般ドイツ言語協会」の設立につながった，全国的な組織と多くの会員を抱えるこの協会は，その他の排他的ナショナリズムの諸団体とともに政治イデオロギーの形成に関わっていくようになった。外来語排斥活動に対する国家の支援を訴え，国家が各種団体や学校での国語教育を通じて言語使用に介入していくことを要求するこの協会の活動は，懸賞，キャンペーン，官庁への陳情書，協会機関誌『母国語』を通じての一般向け助言や啓蒙，新聞社への論文やコラム投稿，さらには飲食業，通商，家政，官庁用語，鉱工業，学校，医療，音楽，スポーツ，保険，出版などの専門領域におけるドイツ語用語集の出版などであった。また，言語使用に関して，官庁からこの協会に諮問がなされることも多かった。例えば，学校授業関係の

語彙である Erdkunde（地理）は，協会への諮問に基づき Geographie がドイツ語化されたもので，今日でも用いられている。

協会の活動は，実際の外来語排斥とドイツ語化に関しては，直接それほど大きな成果をあげたわけではなかったが，排他的な帝国ナショナリズムの思想を，外来語排斥など，言語との関わりを通じて一般に広く浸透させることには大きく貢献した。第一次世界大戦後には，最大で約4万人近くいた会員が激減し，1923年からは「ドイツ言語協会」と名称を改め，外来語排斥，外来語ドイツ語化などの協会の活動は，全体としてはかつてのように過激ではなくなった。しかし，法律文書や専門文書の，理解しやすい文体，適切な語彙選択，正書法などの言語ケアの問題に取り組む一方で，暴力的で国粋主義的な傾向での外来語排斥活動がまったくなかったわけではなかった。

ナチス時代，ドイツ言語協会はすばやくナチス体制に同調し，人気挽回をはかり，新たにナチス・イデオロギーを取り込んだ外国語排斥運動を繰り広げる。だが，ヒトラーの演説や公文書での外来語使用に対しても執拗に批判をしたため，最終的には総統の怒りを買い，1940年には公の協会の活動に終止符が打たれる結末となった。ナチスの外来語使用は，真意を隠したり，外来語が醸し出すモダンなイメージを民意操作に活用したり，外来語にナチス組織上特別な意味を持たせたりする上で，計算されたものであったが，一般言語協会の外来語批判は，このような意図にはまったく無頓着であり，あまりにも単純でナイーブなものだった。

(Polenz Ⅲ, 269-282; Wells, 425-428)

6.2.1.4 第二次世界大戦後の言語ケア

外来語排斥に関しては，様々な試みがあったにもかかわらず，国家レベルで組織化することはできなかった。1949年に新たに設立された「ドイツ語協会」は，その活動目標から，ドイツ言語協会の後継組織と見ることができるが，一方的な外来語排斥や単なる外来語のドイツ語化のみを言語ケアの課題とする思想とは決別し，言語使用についての相談・助言がその活動の中心となっている。機関誌『母語』も，内容，装丁ともに一新され，言語使用についての助言，専門用語，政治の言

語，方言，言語社会学，ドイツ語史，言語教育などのテーマを扱い，特に 1960 年以降は，言語学，ドイツ語教育，一般の言語意識の三者の間を仲介する一般雑誌の色彩が鮮明になっている。

広い意味での言語ケアに関わる主な組織には，現在，「ドイツ語協会」（在ヴィースバーデン）の他，「ドゥーデン編集部」（在マンハイム），「ドイツ語研究所（IdS）」（在マンハイム）がある。ドゥーデン編集部は，民間の出版社として，正書法辞典『ドゥーデン』の改訂，ドイツ語辞典，ドイツ語文法など，ドイツ語に関する辞典，参考書の発行の他，ドイツ語使用についての一般からの問い合わせに答えるサービスも行っている。ドイツ語研究所（IdS）は，文法，辞書，語用論の 3 部局において，さまざまな言語学的観点から各種プロジェクトを通じて，現代ドイツ語の科学的な研究に取り組んでいる。 (Polenz Ⅲ, 290-292)

6.2.1.5　言語世論

第二次世界大戦後は，特に 1970 年以降，政治体制，政治意識の民主化浸透に伴い，公の場での言語使用に対する意識が敏感になり，言語使用についての批判が活発になされている。言語批判・批評は，言語の発展傾向に対する批判，文体やことば遣いへの批判，そして言語に左右される外界認識の仕方への哲学的な省察の三つに大きく区別することができる。(Polenz Ⅲ, 294; 320-321)

言語の発展傾向に対する批判は，言語の変化を退廃として否定的に捉え，新しい現象を好ましくない変化と断定するものである。古いところでは，ヤーコプ・グリムなどは言語の変化を生物体の成長と衰退にたとえ，新しい用法を衰退の兆候として否定的に捉えていた。一般向けの，言語世論における発展傾向への批判は，正しい用法・間違った用法についての一般向け指南書においてなされ，そこで取り上げられる言語現象は，例えば，前置詞 trotz（～にもかかわらず），wegen（～のせいで）は属格支配か与格支配か，trotzdem（それにもかかわらず）は副詞か従属の接続詞か，比較級で比較対象をあらわすのには als か wie か，Werbeprospekt（広告パンフレット），Glasvitrine（ガラス陳列ケース）のように外来語部分とドイツ語部分が意味的に重複している冗語法など，大体共通しており，それらは 100 年から 200 年前にも

批判の対象になったような事象ばかりである。このような言語批判の代表的なものは 1891 年に出版されたグスタフ・ヴストマンの『言語愚行』で，これは現在でも改訂され出版されている。言語変化は決して恣意的なものではなく，言語体系上の然るべき原因があって生じるものである。しかしこのような批判は，言語体系とその変遷への視点を欠き，新しい現象や規範から外れる現象が十把一絡げで主観的に断罪されるのが常である。かつては間違いとして非難された多くの現象が，現在では普通になっているものも少なくない。(Polenz Ⅲ, 297; 299-300)

　文体やことば遣いに対する批判も，同様に，一般向けの文体指南書で扱われるが，その多くが，副題に冠している「よい」,「よりよい」ドイツ語という表現にもうかがわれるように，文体や語句用法について主観的な判断を下すものである。文体指南書は，ジャーナリストや作家らが新聞や雑誌のコラムに掲載した「語用注釈コメント」に遡る。この系譜には，1900 年以降，カール・クラウス，クルト・トゥホルスキー，エドゥアード・エンゲルなどのジャーナリストらをあげることができる。第二次世界大戦後ではルートヴィヒ・ライナースの指南書がロングセラーであるが，その他にもディーター・E・ツィマーのものがあげられる。読者からの国語相談室として『シュピーゲル』誌に連載されたコラム『不揃い組版』を，単行本として，2004 年から 2006 年にかけて 3 巻にわたって出版したバスティアン・ジックの『与格は属格の死』も，この類の指南書に数えられる。このような一般向けの指南書は，改訂出版または新出版されて今でも健在であり，また今後も健在であろう。このようなジャンルに常に一定の需要があることは，一般の人々が言語用法に対して敏感であり，変化する用法の中で何らかの規範なり説明を求めていることのあらわれである。これら指南書の成功の大きな理由は，言語学的に説明がつくことと，日々の言語とのつきあいの中で一定の規範を求めようとする心理との間には大きなギャップがあり，そのようなギャップの中で，どちらの用法が正しいかを断言する大胆さ，その際のウィットに富んだ主観性や著者の知名度や権威が，読者に説得力や充足感を与えている点にあるのではないだろうか。(Polenz Ⅲ, 299; 310-312)

　言語に左右される外界認識の仕方への批判・省察は，アルトゥア・ショーペンハウアーやニーチェの文明悲観的な言語批判，フーゴー・フォン・ホーフマンスタ

ールの『チャンドス卿の手紙』，プラハ出身のジャーナリストであるフリッツ・マウトナーの言語批判などに典型的に見られるように，19世紀から20世紀への世紀転換期において，文学者をはじめとする知識人たちの間でのディスクールであった。文学史や文化史の中では「言語危機」と呼ばれたりもするが，この背景には，新聞などのマスメディア，大衆文学の興隆などに見られるように，教養知識人階層が理想とする教養のあるドイツ語，純文学のドイツ語とは異なるスタイルの空疎なドイツ語が巷で隆盛を極めている，という教養知識人らの危機意識があった。ルートヴィヒ・ヴィトゲンシュタインの言語哲学もこの系譜に属すると言ってよいであろう。（Polenz III, 301-304）

　このような悲観的態度から一歩進んだ，政治体制批判と絡めた現代的な言語批判の巨匠は，ウィーンのジャーナリスト，カール・クラウスである。自身が編集する雑誌『燈火』の中でクラウスは，ことば遊び，アフォリズム，慣用句パロディーなどの手段を駆使した言語批判を通じ，言語の背後に隠された権力者の政治的意図や意識を暴き出した。この他，劇作家のベルトールト・ブレヒトもこのような言語批判の先駆者にあげることができる。ブレヒトは，『介入する文の教え』，『真実を書くことの五つの難しさ』などをはじめとする数多くの著作の中で，文章のパラフレーズによって権力者の真意を暴き出す方法を好んで用いたが，ナチスの暴力を伴う言論統制の下，効力を発揮することは不可能であった。（Polenz III, 306-310; 313-314）

　こうした政治体制に対する言語批判の系譜としては，ドルフ・シュテルンベルガー，ゲアハルト・シュトーツ，ヴィルヘルム・E・ジュースキントらがそれまでに雑誌で発表してきた言語批判を，1957年に単行本として発行した，『非人間の辞書から』があげられる。これは，用法や意味に問題があるとされる語彙を集めた語彙集であるが，その中には曖昧な概念，神秘化・比喩化するような表現，生物体メタファーなどが収録されている。ウィットに富んだ，時には激しく感情的な言語批判エッセイとして一世を風靡したが，語彙を取り上げる基準は主観的で，語彙の政治社会史背景が曖昧であり，あたかも語彙のみに責任があるような書き方であった。1968年の改訂版に対する言語学者らからの批判をきっかけとして，言語世論には，次のようなことが求められるようになった。すなわち，単に好ましからざる語彙の

みが非難されるのではなく，そのような語彙のルーツとその背後にある人間の意識，価値観，行動などが批判的に問い糾されなければならない，ということである。すなわちこの批判の背景には，1970年代以降の言語学における「語用論転換（プラグマティック・ターン）」を機に，社会言語学，テキスト言語学，行動理論，心理言語学などの領域での科学的な言語研究を通じ，言語をそれ独自で変化する有機体ととらえる言語観から，言語を取り巻く諸条件の中で人間行動や社会の反映として言語の変化を観察しようとする態度が可能になってきたことがある。(Polenz Ⅲ, 315-323)

1970年以降，言語使用に対して敏感になった世論の中で，ある言語表現の意味を，特定の集団が自分たちの価値観や考え方に合致するように限定して用いる，「概念の占有」という行為がクローズアップされるようになった。これは，言語表現を意味的にどう解釈するか，逆にある事象をどうことばにするかについての「意味解釈のせめぎ合い」でもあり，特に政治や思想領域での言語用法が問題となる。例えば，兵役義務の代わりに行う社会福祉活動を意味するZivildienst（文民業務）という表現には，「兵役」ということばはどこにも見えない。同様に，Entsorgung（廃棄物処理）という表現には「廃棄物」ということばは見えない。言語意識が世論の中で敏感になった現在，ある表現が，意図するつもりはなくとも言語使用者の価値観や考え方の「兆候」として理解されてしまうことがある。公の場，特に政治領域での言語使用においては，ある表現を用いる際には，その表現のニュアンスにも注意を払わなければならないのである。(Polenz Ⅲ, 323-326)

言語を通じての政治・社会体制批判という点では，フェミニズム言語批判もそれに該当する。特に，ドイツ語は名詞に文法上の「性」が存在するため，文法上の「性」と現実での「性」が同一視されてしまい，文法上の性において男性が優勢であるのは現実が男性優勢の社会であることの反映であり，言語使用を変えることで男性優勢の現実が変えられなければならない，というのがドイツのフェミニズム言語批判の特徴のひとつである。男女雇用機会均等とフェミニズム言語批判が相まって，現在では職業名を示す場合，男性形と女性形の双方を明記しなければ不平等とされるようになっている。従来は，例えば，複数形die Lehrer（教師）は男性も女

性も含めての複数形であるとされていたが，フェミニズム言語批判以降，die Lehrer は男性形 der Lehrer の複数形であり女性は含まれないとされ，男性も女性も含め複数形で表現したい場合には，die Lehrerinnen und die Lehrer または die Lehrer und die Lehrerinnen と言わなければならない。これを文字で表記する場合は die Lehrer/innen または die LehrerInnen と表記される。この表記方法は，新聞・雑誌の求人広告などでは普通である。法律文書などでこの表記を実践しようとなると，名詞のみならず代名詞 er / sie 併記への書き換え，テキスト量の増加など，実用面での障害が大きいため，「男性形を用いても，女性も当然意味されている」という断り書きをすることで凌いでいる。また男性形と女性形の区別が明確な名詞に代わって，Studierende（学生〈複数〉），Auszubildende（職業教育生〈複数〉）などのように形容詞や分詞の名詞形を複数形として用いたり，Lehrkräfte, Lehrpersonen（教員〈複数〉）などの集合名詞や上位概念をあらわす合成語を用いたりする傾向も見られる。(Polenz Ⅲ, 299-319)

6.2.2　言語の多様性への注目

　個々の言語が一枚岩ではなく多様であることは，古くから観察されてきた言語の特徴である。言語の多様さを示す身近なもののひとつが方言である。ドイツ語に関しては，書きことばにおいては方言がほとんど見られないが，話しことばにおいては比較的大きな方言差が見られる。もっとも「方言」は，狭い意味では言語の地理的な相違を指すが，現代ドイツ語においては，地理的な相違のみならず，政治体制による国ごとの相違，社会階層による相違，専門領域による相違，利用されるメディアによる相違など多種多様な相違が観察される。19 世紀の言語イデオロギーの中では，純文学のドイツ語のように，教養市民階層の書きことばが標準ドイツ語の理想とされ，それ以外のドイツ語へはあまり関心が向けられなかったか，たとえ関心が向けられたとしても，好ましくないドイツ語として批判的に見られていた。しかし現在では，いわゆる純文学のドイツ語のみを標準ドイツ語としてクローズアップすることは不可能である。純文学のドイツ語は，エッガース（Eggers 1963-1977）

のドイツ語史においては現代ドイツ語の中心に据えられているが，ウェルズ（Wells 1990）やポーレンツ（Polenz 1994-2000）などの最近の包括的ドイツ語史記述においては，社会階層，専門領域，メディアなど，数ある領域やテキストジャンルにおける言語（用法）のひとつとして相対的に捉えられている。もっとも，多様性と言ってもそれは主に語彙や発音，文体において見られるものであって，ドイツ語という言語の文法体系は基本的には同じである。以下，ここでは，地域性，政治体制，社会的諸条件，専門領域を要因とする現代ドイツ語の多様性を概観する。

6.2.2.1 地域性 —— 方言

　中世や近世初期には，書きことばにも地域性が反映されていたが，ドイツ語の正書法規範が確立した後は，方言は話しことば特有の現象となった。19世紀初頭，書きことばには事実上，規範が確立していたが，話しことばにおいては依然として方言が強かった。そのような中で，貴族や教養市民階層は純文学のドイツ語を模範とした書きことばを標準ドイツ語として用い，また，公の場では文字に書かれたとおりに発音することが正しいとされ，またそのようにできることがステータスシンボルであるとするイデオロギーが形成されていった結果，地域方言は社会的に蔑まれるようになっていく。もっとも，プライベートな領域では，あらゆる階層において地域方言が話されていた。しかし，地域方言は，工業化により人間の移動が頻繁になるのに伴って希薄になってくる。特に，地方から都会に労働者として移住して来た者は，他の地域から移住してきた労働者とともに都市の下層市民階層を形成し，そこでは地域方言が混ざり合い，完全に地域性に根ざした方言は消滅していく。いわゆる「正しいドイツ語」として規範とされた都市上層の標準語とは異なる，日常コミュニケーションのための社会的方言となるのである。大都市や工業地帯などの広域にわたる日常コミュニケーション語は，都市方言，地域方言，都市日常語，地域日常語などと呼ばれる。例えば，「ルールドイツ語」，「ルール低地語」，「炭坑ドイツ語」と呼ばれるドイツ北西部ルール工業地帯の地域日常語は，その典型的な例である。

　20世紀前半以降，人口移動，兵役，新聞，ラジオなどを通じ，あらゆる社会層

の間での標準語を介した接触，交流が進むにつれ，地域方言はより一層薄れていく。1945年以降は，東プロイセンをはじめとする旧ドイツ領から1700万人にものぼる避難民が東西ドイツ各地に移住してきた。1876年以降，言語学者ゲオルク・ヴェンカーによるアンケート調査によって始まり，1887年以降は国の支援の下，さらに1889年から1923年にかけてはドイツ全土にわたって調査，作成された方言地図『ドイツ言語地図』において見られる，オーデル川とナイセ川以東のドイツ語方言も，現在では国境線の変更に伴い消滅している。現在のドイツ語圏内でも，テレビなど全国版のマスメディアの普及，交通網の著しい発達，人口の高い流動性のため，かつてのように純粋な地域方言は弱くなっている。現在，方言はJungeとBub（男の子），SonnabendとSamstag（土曜日），SahneとRahm（クリーム）などのように基本的には語彙や発音の違いに見られる。また，方言の持つ役割もかなり変化してきている。かつては蔑まれた方言であったが，1970年代以降の草の根民主主義の浸透，反中央集権・反権威主義意識の高まり，また欧州憲章の中で明言されているような方言や少数言語を含めた地域特性を尊重する欧州連合の政策などの諸要因により，方言がポジティヴに評価されるようになってきている。この傾向は，ラジオやテレビの娯楽番組，新聞や広告などにおける娯楽性の高い領域で，特に顕著である。ただし，このポジティヴな評価の度合いは，方言によって異なる。

(Polenz Ⅲ, 455-459; Wellls, 380-391)

6.2.2.2 政治体制と言語の多様性

　ドイツと国境を接し，ドイツ語を少数言語のひとつとする国々でのケースを別とすれば，ドイツ語圏には，ドイツ連邦共和国の他，スイスの一部とオーストリアが含まれる。このことから，国によってドイツ語は異なるかという疑問が出てきても不思議はない。ドイツ語史の中ではこれらの国々は連続するひとつの言語圏として，書きことばとしての標準ドイツ語の形成に関わってきた。標準ドイツ語は，これらの国々の公用語として誰にでも理解でき，またその文法や正書法などの規範において大きな差異はない。国によって差異が生じるのは，言語そのものに関しては主に発音と語彙においてであり，言語をめぐるメタ思考に関しては，それぞれの国

の歴史に条件づけられた言語意識においてである。

　発音の差異は，国家体制によって決定づけられたものというよりは，地域方言としてドイツ語史上自然に生じたものである。スイスドイツ語の発音はアレマン方言の発音であり，隣接するドイツ南西部やフランスのアルザス地方の方言と同じである。オーストリアのドイツ語の発音は，オーストリア内でも地域ごとの差異はあるものの，大きな方言区分としてはバイエルン・オーストリア方言に属し，中世末期から18世紀にかけては，書記方言においても共通の標準を有していたほど，そのつながりは密接である。語彙における差異は，古来の方言独特の語彙に由来する差異のほか，特に政治体制に関わる語彙において顕著に現れる。特にドイツ帝国が官庁用語の統一的なドイツ語化を行って以降，いわゆる「帝国ドイツ語」といわれるドイツドイツ語，オーストリアドイツ語，スイスドイツ語の間での語彙の差が顕著になり，ドイツドイツ語の Rechtsanwalt（弁護士）はオーストリアドイツ語とスイスドイツ語では Advokat と呼ばれたり，ドイツドイツ語の Mietshaus（借家）がオーストリアドイツ語では Zinshaus，スイスドイツ語では Renditenhaus と言われたりするなど語彙の間に差異が見られる。旧西ドイツと旧東ドイツの間でのドイツ語の差異に関しても，基本的には政治体制に影響された概念や語彙の相違が中心であった。

　音声と語彙以外でも，造語において，Adventkranz と Adventskranz（降臨節花輪）のようにドイツドイツ語では構成要素の間に繋ぎ音の s を入れないが，オーストリアドイツ語とスイスドイツ語では入れる，また，ドイツドイツ語は Frack / Fräcke（燕尾服），Marone / Maronen（クリ）のようにドイツ語固有の複数形語尾で複数形を作るのに対し，オーストリアドイツ語とスイスドイツ語では Fracks, Maroni のように外来語の複数形をそのまま用いる，あるいは liegen（横たわっている），sitzen（座っている），stehen（立っている），stecken（差してある），hängen（掛かっている）の動詞を完了形にする際，ドイツドイツ語は助動詞に haben を用いるのに対し，オーストリアドイツ語とスイスドイツ語では sein を用いる，さらに Resümee と Résumé（レジュメ），Kabarett と Cabaret（寄席）のようにいくつかの外来語の正書法において，ドイツドイツ語はドイツ語正書法の原則に則り綴るのに対し，オースト

リアドイツ語とスイスドイツ語は外来語の正書法をそのまま維持している，などの差異が見られるが，標準ドイツ語全体から見れば，それらはごくわずかな違いである。(Polenz Ⅲ, 423-424)

「ドイツ語」に対する言語意識については，国ごとに大きな違いが観察される。スイスでは，書きことばの標準ドイツ語と，話しことばとして日常コミュニケーションで用いるスイスドイツ語との間には構造上もかなり大きな隔たりがあり，事実上「言文不一致」とも言える状態である。ドイツ人にとっても，スイスドイツ語は外国語に等しい。しかし，日常の話しことばのスイスドイツ語方言はドイツ語圏スイスの国民語としてポジティヴに捉えられ，その使用が，スイスにおいて社会的な差別をもたらすことはない。それに対して，標準ドイツ語はドイツ語圏スイス人にとっては言語バリアーのように働き，逆にスイスドイツ語方言はそれが完全にできない者にとっては言語バリアーとして働き得る。スイス全体や対外的な政治，経済，文化的な関係を除けば，ほとんどすべての領域において方言の使用が可能であり，プライベートな領域ではむしろ方言の使用が期待されるのに対し，書きことばとしての標準ドイツ語には権威，責任，距離，形式，事実伝達などといったイメージがつきまとう。スイスドイツ語は，それ自体方言差が激しく，超地域的なスイスドイツ語標準語が存在しないため，事実上，個々の方言に分裂しているのに近い状況に陥ってしまう危険もある。そうなると，隠れた第4の公用語とも言われる英語が，コミュニケーション言語として有力になってしまうかもしれない。

オーストリアドイツ語が，言語的にも独自の言語であるという意識は，多民族国家ハプスブルク帝国における官庁公用語および帝国全域にわたるコミュニケーション言語としての位置づけと，ウィーンをその中心とする独自文化への認識とが絡み合って発展してきた結果である。その一方で，オーストリアのドイツ語は，皇帝マリア・テレジアの治世以降，ドイツ語書きことばの標準化へのプロセスにおいても共に歩んできた。したがってオーストリアドイツ語は，発音や語彙に独自性は存在するものの，標準ドイツ語，ドイツドイツ語と異なる言語ではなく，コミュニケーション状況や社会的要因に応じて使い分けられる，ドイツ語話しことばのヴァリエーションとして捉えられるべきである。ハプスブルク帝国時代の19世紀には，標

準ドイツ語書きことばに非常に近いが鼻音がかった母音などのように，オーストリア独特の発音標準を持つ帝国官僚のドイツ語が「シェーンブルンドイツ語」，「宮中顧問官ドイツ語」などと呼ばれ，社会的プレスティージの高いドイツ語として模範とされた。また帝国官僚のドイツ語以外にも，ブルク劇場のドイツ語やウィーン市民のドイツ語もプレスティージのあるドイツ語とされた。オーストリアドイツ語が独自の言語であるという意識は，そもそも，オーストリアではスイスほどには強くなく，またこの意識の由来もスイスほどには古くない。オーストリアドイツ語への独自意識が強くなるのは，ナチスによるオーストリア併合の終焉以後，ナチス・ドイツによる被害者意識とそれに伴うドイツへの距離，そしてオーストリアという国家意識が明確になってきてからのことである。この独自意識のあらわれが，1951年から政府支援の下で発行された『オーストリア語辞典』である。この辞書は標準ドイツ語の他にオーストリアドイツ語独自の語彙をできるだけ多く収録することを目指したものであるが，1979年の第37版では，何が標準的なオーストリアドイツ語独自の語彙であるかの基準が曖昧で恣意的であった点や，ドイツドイツ語の使用を控えさせるような意図が垣間見られことから，専門家らに批判された。しかし，オーストリアドイツ語を独自の言語として，ドイツドイツ語から一線を画そうとする態度は，必ずしもオーストリア国民全体の総意ではなく，一部の愛国主義者に限られるものである。

　ドイツ語に対するドイツでの言語意識については，古いところではマイセンドイツ語のプレスティージ主張や，東中部ドイツ語を中心とする規範化に対する，南ドイツの知識人からの批判があったものの，特にドイツドイツ語の特徴に関心が向くのは，オーストリアドイツ語やスイスドイツ語との比較を通じてであり，19世紀の終わり以降のことである。当初は「帝国ドイツ語」と言われたドイツドイツ語は，第二次世界大戦後はドイツ連邦共和国を中心として「内国ドイツ語」と呼ばれるようになり，それ以外の地域のドイツ語が特殊であるという見方がされた。ここには，ドイツドイツ語が標準であるという意識がはっきりとうかがわれる。しかし1970年代以降は，ドイツ語には複数の中心があり，標準ドイツ語にも国ごとのヴァリエーションが存在するという意識に変化してきた。ドイツの中でも南北の間で

地域差が大きいことは，ドイツドイツ語をひとつの標準化されたヴァリエーションとして意識させることを困難にしている。このことによりスイスドイツ語もオーストリアドイツ語も，ドイツ国内において「地域ごと」にドイツ語に特徴があることの延長線上で捉えられ，「国ごと」に異なるという意識は際立っていないとも言えるだろう。オーストリアドイツ語やスイスドイツ語から見ると，ドイツドイツ語の典型とされるような現象も，実は北ドイツのドイツ語の特徴であって，南ドイツのドイツ語には該当しないというようなことも少なくない。　　　(Polenz Ⅲ, 412-451)

6.2.2.3 社会階層による差異

　貴族などの上層階級では，プレスティージのあるフランス語と，使用人らに対するドイツ語方言という二言語使用の状況にあったが，ナポレオン支配からの解放戦争以後，フランス語を敬遠し，徐々に教養市民階層のドイツ語に新たなプレスティージを見いだすようになってくる。しかしそのドイツ語の中にフランス語の語彙や言い回しが混ざる点が，上層階級のドイツ語の特徴であった。ヴィルヘルム時代には，将校らが軍隊での命令に用いる，教養市民階層の書きことばを忠実に発音したドイツ語と，その音声上の独特の調子は，「プロイセン将校口調」，「プロイセン少尉口調」と呼ばれ，官僚，教授，社長など上層階級のステータスシンボルとして広まった。その一方で，このドイツ語は，ドイツ以外のドイツ語圏や社会批判的なジャーナリストなどから，典型的なドイツドイツ語，権威的なドイツ語としてネガティヴに見られ揶揄されたりもした。

　19世紀後半から20世紀半ばにかけて「教養あるドイツ語」として社会的にもステータスあるシンボルとされたのは，書きことばに忠実な教養市民階層のドイツ語であった。一方，この階級のドイツ語は，それより下の階級や成り上がり者に対して，公然と社会的距離をとるための手段でもあった。この教養あるドイツ語は，手紙の書き方，礼儀作法，子どものしつけなどのための指南書や，大衆小説を通じて広く流布されることとなった。その中で特に重視されたことは，身振りを伴わないで，できる限り言語で表現すること，書きことばに忠実な，正確で明瞭な発音を行うこと，呼びかけ形式の遵守，文学作品からの引用，方言や卑俗な表現を用いない

ことなどであった。言語を通じたこのような社会行動規範は，1968年の学生運動の中で批判の的になり，それ以降ドイツ社会ではこのような言語行動規範は緩くなってきている。いわゆる「若者ことば」と言われる一種のサブスタンダードも，ひとつには，緩くなったとはいえ何らかの形で存在する言語行動規範への反抗であり，もうひとつには特定の社会グループ内で価値観を共有していることの証として機能しているとも言えるであろう。

　書きことばや教養あるドイツ語のモデルは，19世紀には，商用ドイツ語や官庁ドイツ語，教師や牧師の話すドイツ語，聖書，教義問答集，修養道徳文学，暦文学などのジャンルのドイツ語，朗読される新聞記事などであった。日常の話しことばとしてのドイツ語と教養あるドイツ語との間での切替えができないことは，社会的に下層として差別されることにつながる。例えば，ヨハンナ・シュピーリの小説『アルプスの少女ハイジ』の中で，クララの家庭教師ロッテンマイアー婦人がハイジのことば遣いにショックを受け毛嫌いするのは，このような言語による社会差別意識のあらわれであろう。19世紀半ば以降の工業の発展から，現在の情報化社会に至るまで，公の場でのコミュニケーションにおける書きことば優位には，揺らぎがない。現在でも，学校での国語教育の目標のひとつは，書きことば優位の社会の中で通用する言語能力を養うことにある。日常の話しことば能力だけでは，職場など社会の中で必要とされる言語能力としては不十分である。公の場で標準ドイツ語が十分にできるか否かという問題は，現在では外国人労働者において，特に深刻な問題となりつつある。特に，子どもの世代においてドイツ語ができないことは，新たな下層社会を形成することを意味するからである。

（Polenz Ⅲ, 459-463; 467-469; Wells, 391-400）

6.2.2.4　専門領域と言語

　かつてドイツ語史記述の中では，純文学のドイツ語を中心としてその変遷が論じられたが，テキスト言語学，社会言語学の発展とともに，純文学の言語のみを対象にドイツ語の変遷を論じることはもはや不可能になってきた。したがって純文学の

ドイツ語も広い意味での専門領域のひとつとして捉えられるべきであろう。

　実用的な領域で日常生活に密着しているものは，法律・行政の言語であろう。そこで問題となるのは，一般市民にとってのわかりやすさである。1794 年にプロイセンで発布された「一般国法」は，1 条 1 文のドイツ語でわかりやすく書かれている。また，1809 年にドイツ語に翻訳された「ナポレオン法典」も，わかりやすさに関しては，19 世紀を通じて模範とされた。また 18 世紀以降，ラテン語表現は一貫してドイツ語に直され，法律テキストでの外来語はそのほとんどがドイツ語化された。しかし，現在の法律・行政領域のドイツ語は，名詞化文体がその特徴である。すなわち，従属する副文が用いられず，文構造自体はすっきりしているが，その文肢を成す名詞句には文に匹敵するほどの情報が凝縮されており，それを理解することは必ずしも容易とは言えない。(Polenz Ⅲ, 473-474; 485-490)

　自然科学，人文科学を含めた科学領域でのドイツ語については，流行の科学分野や科学技術における専門用語や言い回しが，本来の厳密な意味が認識されないまま，日常言語の中に広く普及するという現象が見られる。Lokomotive (機関車・牽引力) や Weiche stellen (ポイントを切り替える・予め将来の発展を決定づける) などの鉄道用語，Vormarsch (進撃) や Ansturm (突撃) などの軍事用語など，科学や技術の用語が日常語に定着しているケースが頻繁に見られる。その際，例えば，ダーウィニズムの「生存競争」，「自然淘汰」といった概念は，生物学的比喩表現として，帝国ナショナリズムやナチスにおける覇権政治を正当化する際に多用された。心理分析の専門用語も日常語の中に広まり，生物学的比喩と同様，人間の営みがその意思とは関係なしに，それ自身で変化推移するような世界観を助長している。科学信仰，科学万能主義の近現代にあって，流行の科学領域の言語表現を用いたり模倣したりすることで，自身の斬新さ，科学的信憑性の高さ，優越性を誇示しようとする傾向があることは否定できないであろう。それだけに日常語における科学技術の専門用語の使用は，言語批判の対象となるところでもある。(Polenz Ⅲ, 492-493; 496-497)

　いわゆる純文学のドイツ語においては，ドイツ古典主義文学のドイツ語が理想とされ，公の場での真剣な文章や演説の手本とされた。本来，言語芸術としての文学

が，保守的な教養市民階層や支配者側から，あるべきドイツ語の理想的姿として，そしてまたそのドイツ語を通じての保守的な道徳修養教育の手段として道具化されることへの反駁が，カール・グツコー，ハインリヒ・ラウベ，テオドア・ムント，ハインリヒ・ハイネ，ルートヴィヒ・ベルネ，ゲオルク・ビューヒナーなどの文学者に代表される「若きドイツ」と呼ばれるグループや，アウグスト・ハインリヒ・ホフマン・フォン・ファラースレーベン，フェルディナント・フライリヒラート，ゲオルク・ヘルヴェークらによる「三月革命前」と呼ばれる19世紀半ばの文学潮流であると言えよう。社会変革のために政治的に働きかけようとする文学の系譜には，19世紀から20世紀の世紀転換期における，戯曲作家ゲアハルト・ハウプトマンに代表される「自然主義」文学や，文学による社会変革を目指した戯曲作家ベルトールト・ブレヒトなどが属する。また，第二次世界大戦後は，アルフレート・アンダーシュとハンス・ヴェルナー・リヒターの二人の文学者によって立ち上げられた作品発表会を通じて著名になった，ハインリヒ・ベルやギュンター・グラスなどのいわゆる「47年グループ」と呼ばれる作家らの多くもこの系譜に属する。共通する点は，社会問題を取り上げている点であるが，その描き方や表現はそれぞれ異なる。「若きドイツ」や「三月革命前」の文学では，政治的にかなり過激で行動を促すような表現がなされたのに対し，三月革命後の反動政治の時代，テオドア・フォンターネ，テオドア・シュトルム，ヴィルヘルム・ラーベ，グスタフ・フライタークなどの小説家らに代表される「市民リアリズム」文学においては，社会批判的ではあってもその表現は現実描写に徹し，社会批判も登場人物の会話などで間接的に語らせるにとどまり，直接的に表明しているわけではない。「自然主義」文学では，社会下層，社会の暗部を素材として，そこで使われる表現や言い回しが作品に取り入れられた。ブレヒトの戯曲においては，「異化作用」といわれる効果をねらったパロディーや皮肉が，その特徴のひとつであった。これらは，それまでの伝統的なアリストテレス詩学への挑戦であり，おおよそ文学においてはタブー視されるような題材と言語表現を，文学の中に持ち込んだものであった。一方，直接的な社会批判ではなく，例えば19世紀末から20世紀初頭にかけてのフーゴー・フォン・ホーフマンスタールやトーマス・マンなどのように，芸術としての文学におい

て，その表現の可能性を追求する文学もあった。常に新しい表現の可能性を求め，政治社会体制に対して批判的な視点を持つ文学は，ナチス時代には当然発行禁止焚書の憂き目に遭い，多くの作家が外国への亡命を余儀なくされた。ナチス体制を積極的に支持し，ナチスの価値観や思想を文学の中で鼓舞する作家は別として，いわゆる「内への亡命」とも言われるように，ドイツ国内に残った，または残らざるを得なかった作家も，表現の自由がない中で活動は制約された。　　（Polenz Ⅲ, 473-475）

　このように様々な社会条件や文学潮流の中で，「文学のドイツ語」を一括りにして論じることは不可能であり，またその言語表現や文体などは作家により大きく異なる。内的独白，体験話法，メタファーなど，現代ドイツ語文学の言語的特徴をあげようとすれば際限がない。しかし，それらの特徴をあえてまとめるならば，大衆文学や日常言語の慣習を何らかの形で打ち破ろうとする文学の言語は，誰でもが難なく理解できる言語とは異なる，ということになろう。特定の伝達意図を持ち，それに応じた文体慣習や表現を用いる実用テキストと異なり，文学テキストは，芸術作品であろうとすることを目的とする以外，特定の伝達意図を明示したりするものでもなければ，一定の文体慣習や表現に則って書かれるわけでもない。したがって，テキストの理解や解釈の仕方も，比較的読み手の自由である。それだけに難解な印象を与えることも少なくない。いずれにしても，ドイツ語全体の発展傾向にとって文学テキストは，決定的な役割を担っているテキストジャンルではないと言えるだろう。

6.3　ドイツ語の発展傾向

　ドイツ語の仕組みに関しての発展傾向は，前の時代から続く継続的なものである。すでに，ドイツ語に対する意識について概観したように，ドイツ語を取り巻くマクロ環境としては，ドイツ語に対する規範意識が後退していること，方言などを含めドイツ語内のヴァリエーションに対して寛容になってきていること，そしてコミュニケーション状況に応じて使い分けるべき文体が多様になっていることなどをあげることができる。

6.3.1 音韻・正書法

　音韻のモデルについては，19世紀後半から20世紀にかけては，劇場での舞台発音がモデルとされ規範化されたが，ラジオやテレビなどの音声・映像メディアの発展に伴い，ラジオやテレビのアナウンサーの発音がモデルとされるようになった。アナウンサーの発音も，綴りに忠実，厳密で明確な調音，熱情的な調子といった特徴から，よりテンポが速く，プライベートな場におけるような親密さのある調子という特徴に変わってきている。地域独特の訛りを伴った発音も許容され，メディアの中での厳密な標準ドイツ語発音の場は，むしろ限定される傾向にある。それだけに綴り字と実際の発音の乖離も目立つ。例えば，haben（持っている）や legen（置く）などの発音においては，語尾部分の弱いeの音が脱落し，その前後の子音が同化して [ha:bm/ha:m] や [le:gŋ/le:ŋ] になるなど，調音点の近い音の間での同時調音と同化が，むしろ事実上の標準となっている。rの発音についても，der [deɐ]，Tor [to:ɐ]（ゴール）などのように，音節末や子音の直前では母音化したり，war [va:]（～であった）に見られるように，消滅して，その前の母音が長母音化したりするなどの現象が普通となっている。また，Bundesrepublik（連邦共和国）や Programm（プログラム）などにおいて，語中のdや子音直後のrが脱落したり，nicht や ist で語末のtが発音されなかったりするような，日常で普通に聞かれる発音が，テレビやラジオのアナウンサーやモデレーターの発音でも聞かれる。

　正書法については，1996 年に大幅な改訂がなされた。その是非や賛否については，ここでは問題としないが，bahnbrechend（画期的な）を Bahn brechend にしたように，本来は名詞であった要素を含む熟語や合成語において，名詞部分を大文字で分かち書きにしたり，großschreiben（強調する）を，その意味に関係なく一律に groß schreiben（強調する/大きく書く）のように分かち書きにしたりした結果，従来の正書法に比べ，いくつかの弊害も出ている。従来の bahnbrechend や großschreiben では，本来，名詞であったものが小文字で書かれることで，本来の名詞がもつ意味が希薄になったり，一綴りで書かれることで，それぞれの構成部分がもつ意味が薄れ，語全体として抽象的な意味になったが，改訂された正書法では，従来の表

記による意味づけが無視され，語の意味が曖昧になったり，抽象的な意味であることが即座に判断できなくなっている。メール，ブログなど，個々人が手軽に文字情報を発信できるようになった一方で，規範に合致していない正書法を目にすることも多くなり，どれが規範なのかが一般の人々の間では不確かになってしまうようなケースも少なくない。例えば Würfelzucker（角砂糖）のような合成語を綴る際，WürfelZucker のように，構成要素のそれぞれの始まりを大文字で書き，語中大文字にしたり，Würfel-Zucker のように，常に構成要素の間にハイフンを入れたり，または Würfel Zucker のようにスペースを空けたりするものが見られる。PostPaket（郵便小包）のように，公の場での広告などで，規範に合致していなくとも様々な可能性が用いられていることが，このような不確かさの原因となっているのであろう。広告などのマスメディアが，注意を惹くために規範を破ることも，日常の正書法の不確かさを助長しているのかもしれない。　　　　　　　　　　　　（Polenz Ⅲ, 342）

6.3.2　形態

　形態面においては，古い形の消滅が更に進行している。名詞の格変化では，der Frauen（女性〈女性単数属格・与格〉），in der Mitten（真ん中で），bei der Kirchen（教会のところで）などのような，女性弱変化名詞の名残である語尾 -en，des Heldens（英雄〈男性単数属格〉），des Knabens（男の子〈男性単数属格〉）のような男性弱変化名詞で，属格語尾 -(en)s が欠落する傾向が，18 世紀以降顕著になり，現在ではこれらは変化語尾の例外となっている。これと同様に，des Bauern（農民〈男性単数属格〉）が des Bauers に，mit dem Präsidenten（大統領と）が mit dem Präsident になるなど，男性弱変化名詞が普通名詞の変化パターンに同化される傾向も広まっている。男性名詞と中性名詞の単数与格の語尾 -e についても，現在では in diesem Sinne（この意味で），zu Hause（家で）など，熟語の中に残っているのみである。

　体系としての一貫性という原則から広まってきている変化として，男性名詞と中性名詞の単数属格においても，des Februar（二月〈男性単数属格〉），des Lkw（トラック〈男性単数属格〉）などのように，冠詞部分で -es の語尾が明示されていると，名詞本体

の属格語尾 -s が脱落する傾向があげられる。形容詞の格語尾変化において，letzten Jahres（昨年），nächsten Jahres（来年）のように，男性名詞と中性名詞の単数属格で名詞本体に語尾 -(e)s がついた場合，その名詞の前にある形容詞は弱変化になり，-en の語尾をとる規則が現代ドイツ語では定着しているが，これは名詞句のどこか一箇所で格変化を明示すればよいという単一箇所格表示の発展上にある現象である。この原則は，現代ドイツ語では定冠詞類の格語尾変化にまで及び，その例として最も頻繁に観察されるのは，diesen Jahres（今年）である。定冠詞類は形容詞の格語尾変化とは違い，単一箇所格表示は規範として認められていないため，dieses Jahres が正しいが，letzten や nächsten との類推から diesen とされていると考えられる。しかし，単一箇所格表示の原則からすれば，diesen Jahres も，論理的には首尾一貫している現象である。このように，他の現象からの類推に基づく「誤った」用法や論理的に誤った表現は，例えば，南西ドイツ放送局のウェブ・ラジオの娯楽番組（http://www.swr3.de/fun/comix/comix）の中の『しったかぶり』というシリーズに集められているが，現代ドイツ語の動向と，それに対する人々の意識を知る上で興味深い。

　格の用法，動詞や前置詞の格支配については，動詞の補足語としての属格の用法が後退する傾向が続いている。属格支配の用法は，現代ドイツ語ではかなり限られ，文体上も古めかしい印象を与える。属格支配の動詞の多くは，属格目的語の他，対格目的語もとり，この対格目的語は，$sich^4$ etw^2 / js annehmen（面倒を見る，引き受ける）のように，再帰代名詞となる場合も多い。また，規範としては誤りであるが，属格の代わりに与格が目的語に用いられることも少なくない。前置詞や副詞の格支配においても，laut eines Berichtes なのか，laut einem Bericht（報告によれば）なのか，与格と属格の間での揺らぎが少なくない。付加語としての用法でも，ein Glas Weines（ワイングラス一杯），ein Haufen faulender Äpfel（腐りかけているリンゴ一山）などに見られるように，物質の数量をあらわす際に用いる属格も，ein Gals Wein, ein Haufen faulende Äpfel のように主格に取って代わられる傾向がある。この他，格支配においては，やはり規範の上では誤りとされるが，$sich^4$ an … erinnern（〜を覚えている）に対して etw^4 erinnern が，$sich^4$ mit … treffen（〜と会う）に対して

jn treffen が用いられるように，本来の前置詞目的語に代わって対格目的語が用いられる場合が，少なからず見られる。格支配において共通する傾向は，主格化と対格化が優勢になり，格支配パターンが均一化し，有標な格としては，属格に代わって与格が優勢になりつつあるという点である。

　動詞の活用においては，強変化動詞が弱変化動詞に移行し，そして強変化動詞と弱変化動詞がひとつの動詞に共存する場合は，両者の間で文体や意味において区別がなされる，という変化をあげることができる。例えば，schleifen が，強変化動詞として schliff, geschliffen となる場合の意味は「研磨する」なのに対し，弱変化動詞として schleifte, geschleift となる場合の意味は「引き摺る」となる。強変化動詞で，現在人称変化の単数 2 人称と 3 人称において語幹母音が e から i に変化する動詞では，Hilf mir!（手伝って！）のように，du に対する命令形でも変化した i を用いる規則になっているが，Helf mir! というように，語幹母音を変化させないまま用いる傾向も顕著になってきている。接続法においては，正しい文法のための一般向け指南書などでは必ずと言っていいほど批判の対象となった，werden（～になる）の接続法 II 式である würde は，現代ドイツ語では，一種の婉曲・丁寧の助動詞として定着していると言ってよいであろう。特に，käme（kommen 来る〈接続法 II 式〉）のように，語幹母音がウムラウトする強変化動詞の接続法 II 式は，形態上の区別が明確なこともあり，現代ドイツ語の話しことばでは間接話法でも用いられることが多い。

　動詞複合体の中で扱った機能動詞複合体も，現代ドイツ語では広く浸透し，動作相の明確な表示と並んで，zu Anwendung kommen（利用されるようになる），Zustimmung finden（賛成される），Veränderung erleben / erfahren（変更される）などのように，受動表現として用いられるものも多くなってきている。

（Polenz III, 342-353）

6.3.3　統語

　統語面において目立つ傾向は，もちろん，テキストジャンルやコミュニケーショ

ン状況によっても異なるが，副文の複合体からなる動詞的文体に代わって，名詞化文体が広まっている点である。現代ドイツ語の官庁文書，ジャーナリズム，学術論文などの書きことばの文体は，「名詞化文体」と特徴づけられる。このような名詞化文体においては，定動詞を含む文の数こそ少ないものの，そこに置かれたそれぞれの名詞句は，複雑な副文が名詞句化されたものであり，結局はひとつの文に多くの情報と論理関係が詰め込まれた複雑な文体であることに変わりはない。例えば，次のような場合である。

　Ich rechne damit, dass er am Symposium teilnimmt.
　（私は彼がシンポジウムに参加することをあてにしている）
　Ich rechne mit seiner Beteiligung am Symposium.

　このような名詞化文体が可能になった背景には，名詞句の単一箇所格表示と，それに伴う形容詞の強変化・弱変化の峻別の他，名詞を修飾する付加語の位置が明確に整理されたことがある。つまり，形容詞付加語は前から，属格ないしは前置詞 von などによる名詞付加語は後ろから，それぞれ名詞を修飾し，属格名詞付加語が前から修飾する場合には，その修飾される名詞が，意味的に人間の「所有対象」，「財産」，「所属」をあらわすものであるなど，特定の場合に限定されるようになったのである。その一方，後置される属格名詞付加語は，人間には限られず，また意味的にも所有関係に限定されない。例えば，die Besichtigung der Stadt（町の見物）における属格名詞の付加語は，die Stadt besichtigen（町を見物する）と言いかえられるように，上で名詞化された動詞 besichtigen の目的語に対応する。前置詞目的語を伴う文をひとつの名詞句にするならば，以下の例のようになる。

　Er äußerte kritisch über das Ergebnis.（彼はその結果について批判的に発言した）
　→ seine kritische Äußerung über das Ergebnis（その結果についての彼の批判的発言）

動詞の前置詞目的語は，名詞化文体では前置詞句付加語となり，動詞から派生された名詞の後ろに置かれる。文中の動詞 äußern はそれから派生された名詞 Äußerung に，主語 Er は名詞句の所有冠詞 sein に，副詞 kritisch は名詞 Äußerung にかかる形

容詞になる。文から変換されたこの名詞句は，以下の例のように，別の文の名詞句として文肢を成すことも可能である。

[Seine kritische Äußerung über das Ergebnis] kann ich gut verstehen.
（その結果についての彼の批判的発言を私はよく理解できる）

これを，副文を用いた動詞的文体で表現するならば，以下のようになるであろう。

Ich kann gut verstehen, dass er kritisch über das Ergebnis äußerte.

このように，名詞化文体においては，文構造自体は主文のみで単純に見えても，それぞれの名詞句は，内容的には副文に相当し，複雑である。また，主語（S），動詞（V），目的語（O）の語順に関しても，上記例の名詞句におけるSVOの他，次の例に見られるように，VOSという語順さえ可能になる。

Der Experte äußerte kritisch über das Ergebnis.
（専門家はその結果について批判的に発言した）
→ eine kritische Äußerung über das Ergebnis durch den Experten
（その結果に対しての専門家による批判的な発言）

特に，新聞記事や学術論文などの書きことばにおいては，この傾向が顕著である。動詞的文体に比べると，名詞化文体では一文あたりの単語数は減少するが，多くの情報が凝縮されてひとつの文の中に詰め込まれ，名詞句や前置詞句がひとつの文相当になっていることも珍しくない。例えば，der erhöhte Blutdruck（上昇した血圧）という名詞句は，dass der Blutdruck erhöht istという文内容，つまり「血圧が上昇したこと」に相当する。特に，前置詞句においては，例えばbeim Malen einer Flasche（ビンを描く際に）は，従属の接続詞に導かれる副文 wenn man eine Flasche malt に相当するが，前置詞は，論理的，意味的関係が明確な接続詞に比べて，非常に多義的であり，理解が容易ではないことも少なくない。動詞的文体では認知上はっきりと意識される述語部分が，名詞化文体では，付加語として名詞の前に置かれるため，名詞の方が認知上クローズアップされ，述語であらわされる動きや明白な価値判断

などが陰に隠れてしまうという問題もある。また，名詞化文体においては，ドイツ語の標準的な語順でもあり言語類型論上も多数を占めるとされる SVO や SOV ではなく，VOS や VS のように特異な語順になることが，この文体の難解さを増長し，同時に話しことばと書きことばの乖離も大きくしている。

　このような名詞化文体の一方で，話しことばに頻繁に見られる現象が，書きことばでも見られるようになっていることも事実である。文の枠構造が長くなるような場合，枠を，文の終わりではなく文中で閉じ，枠構造の外にさらに文要素を置く「枠外配置」が，そのような例のひとつである。また，文法的には誤りとされるが，weil や obwohl などの従属の接続詞を用いても，定動詞を文末に置かないで主文の語順と同様にする現象は，weil や obwohl によって，文頭で「理由」や「逆接」など，これから述べることを明示し，その後すぐに定動詞を持ってくることで，文を理解しやすくさせているとも考えられる。この現象をもう少し一般化して特徴づけるならば，コミュニケーションを展開する際，文頭位置が，様々な形で活用されていると言えるであろう。例えば，Geboren ist Dieter in Köln（生まれはディーターはケルンです）のように，枠構造を閉じる要素として，普通は文末に置かれる動詞要素が，文頭に置かれることもある。この現象は，文法記述の中では，口語的，感情的などとして例外的なものとされているが，現代ドイツ語の書きことばでは頻繁に見られ，文頭要素は，当該の文の中やテキスト展開の中でテーマとなる領域や事柄を明示する役割を果たすようになってきている。上の例も，「出身について言うとディーターはケルンです」という意味であり，「ディーターはケルン生まれです」という叙述とは，テキスト中で果たす役割が異なっている。また Wann glaubst du, dass wir eine Bergwanderung machen?（いつ登山するのがいいと思う）のように，副文内の文要素が主文の冒頭に置かれる「交差文」という現象も，文法規範の中では，書きことばとしてはふさわしくないとされるが，話しことばには典型的な現象であり，新聞記事においても見受けられることがある。これもまた，質問の核心を冒頭で述べ，相手の注意を惹くことを意図した語順であると言えよう。このように，テキストジャンルやコミュニケーション意図にもよるが，話しことばに特有な現象が，公の場での書きことばでも見られるようになってきていることは，現代ドイツ語の特

色のひとつである。　　　　　　　　　　　　　　（Polenz Ⅲ, 347; 353−358）

6.3.4　語彙

6.3.4.1　名詞

　語彙を増やす手段である造語法において，現代ドイツ語で特に目立つのは「短縮」による造語である。短縮は，長い語のどこかを省略することで作られるものの他，句や合成語の構成要素の頭文字から作られる頭文字語もそれに該当する。これは，機関名や会社名などの固有名詞に多く見られる。

　　AEG [aːeːgeː] = **A**llgemeine **E**lektricitäts-**G**esellschaft（会社名 AEG）
　　BASF [beːaːes ef] = **B**adische **A**nilin- und **S**oda-**F**abrik（会社名 BASF）
　　GmbH [geːembeːhaː] = **G**esellschaft **m**it **b**eschränkter **H**aftung（有限会社）

上記の例では，頭文字が，個々のアルファベットで読まれるが，次にあげるように，頭文字語全体を，通常の単語のように発音するような，頭文字語もある。

　　Hapag [haːpak] = **H**amburg-**A**merikanische **P**aketfahrt **A**ktien**g**esellschaft（会
　　　　　　　　　社名 Hapag）
　　TÜV [tyf] = **T**echnische **Ü**berwachungs**v**erein（技術検査協会）
　　BAföG [baːføk] = **B**undes**a**usbildungs**f**örderungs**g**esetz（連邦教育促進法）
　　Haribo [haribo] = **Ha**ns **Ri**egel **Bo**nn（ハリボ）

Professor（教授）を Prof. としたり，Professionelle（プロ）を Profi などとするように，複数の音節や構成語からなる単語を短くしたり，そうした後に -o, -i などの語尾をつける短縮法もよく見られるが，これは俗語・口語に典型的である。この他にも例をあげると，Zivi（兵役代替社会福祉活動をしている者）や，Abi（アビトゥア），Brummi（トラック），Realo（現実路線派）などがあり，これら-oや-iの語末音は，対象への親しみや，そのことばを用いる者の間での親密さや連帯感などをあらわす縮小語音となっている。短さという点においては，動詞からの名詞派生で，Panikmache（煽動）や Umkleide（更衣室）などに見られるように，接尾辞 -ung ではなく，古い接尾辞 -e が，再び生産的になっている傾向が観察される。後者の接尾辞においては，中立的に事象を伝えるよりは，話し手が当該の事象について抱いている（大抵はネガティヴな）態度が明白である。例えば，1996年に導入された新正書法のことを，批判者たちは Neuschrieb と呼んでいた。もっとも，これらの短縮派生語は，書きことばにおいては標準的になっているとは言えないものも多く，まだ口頭でのコミュニケーションに特徴的な現象である点は否めない。

　それ以外の造語傾向としては，名詞においては，派生よりも合成語による造語が多く，その合成語も3語や4語以上からなるもの，さらにはフレーズや文全体が合成語になることも希ではない。その際，例えば，広告表現の中で顕著な現象であるが，die Mein-Bauch-gehört-mir-Haltung（自分のお腹は自分のものという態度）のように，構成要素をそれぞれ分かち書きしてハイフンで結ぶケースや，das word 7 für windows 95 Buch（ウィンドウズ95用ワード7解説書）のように，分かち書きのままでハイフンなしのケースも見られる。古くからある接尾辞とは異なり，-aktion（〜行動），-vorgang（〜過程），-prozeß（〜プロセス），-geschehen（〜発生），-verfahren（〜手順），-zustand（〜状態），-eigenschaft（〜特徴），-arbeit（〜作業），-person（〜人員），などのように，上位概念を造語で明示する際，もともとは独立していた語を半接尾辞として用いるケースが増えている。また程度を強調する際にも，Groß-（大〜），Haupt-（メイン〜），Spitzen-（トップ〜），Grund-（根本〜），Riesen-（巨大〜），Bomben-（爆発的〜），Über-（超〜），Super-（スーパー〜），Extra-（特別〜），Klein-（小〜），Mini-（ミニ〜），Null-（ゼロ〜），Pseudo-（擬〜）などのように，程度の激しさを意味する語を語頭に置いて，合成語とする例も目立つ。

　名詞を派生させる接尾辞については，-er, -ler, -ung, -heit/keit, -(er)ei や，借用接尾辞である -eur, -(at)or, -ist, -atur, -(a)tion, -ität, -ik, -ismus が比較的多く用いられる一方，-schaft, -nis, -t などの，ドイツ語固有の接尾辞による新たな造語は少なくなっている。特定の対象を指示するという名詞の指示機能に関して言えば，あるひとつの対象を指すのにも，新たに派生された語は，古くから存在する語とは異なるニュアンスを持つことが多い。例えば，分詞が名詞化された Abweichende（路線逸脱者）

や Protestierende（抗議者）を，接尾辞 -ler を用いた Abweichler や Protestler と比べると，前者は中立的に対象を指しているだけなのに対し，後者はその対象をネガティヴに捉え，どこか小馬鹿にしている印象さえ与える。このように，すでに語彙が存在しているのに，さらに新たな語彙が加わる場合，新たな語彙の機能は，対象を指すことよりも，その対象に対する話者のスタンスや，それを用いる人との間での連帯感など，語用論上の働きが強いことが特徴であろう。

　動詞からの名詞派生においては，名詞化というプロセス自体が，単に概念を新たに作り出したり，新たな対象を新たに命名する役割よりも，動詞的文体の文を名詞的文体に変換するという文体上の役割を担うようになってきていることが指摘できる。また，動詞の名詞化の手段としては，古くからある名詞派生のための接尾辞 -ung に代わって，不定詞の中性名詞化が頻繁に用いられるようになってきている。

（Polenz Ⅲ, 365-368）

6.3.4.2　形容詞

　形容詞の派生においても，名詞合成の場合と同様，-mäßig（～に従って，関して），-fähig（～できる），-haltig（～を含む），-reich（～に富む），-voll（～に満ちた），-gerecht（～に適した），-intensiv（～の強い），-freundlich（～に優しい），-freudig（～を喜ぶ），-tüchtig（～に有能な），-beständig（～に強い），-los（～のない），-arm（～に乏しい），-frei（～のない），-leer（～のない）などのように，本来は独立した語彙であったものが，半接尾辞として，名詞や動詞に付加される現象が見られる。また，名詞の場合と同様に，「超～」，「特別～」など，程度を強調する接頭辞として，über-, super-, hyper-, hoch-, extra- などが，広告などにおいて頻繁に用いられている。その一方，以前から存在する接尾辞に関しては，-sam が新たな派生に用いられることは皆無なのに対し，-ig, -isch, -lich が主に用いられている。借用接尾辞では，-abel/ibel, -ar/är, -os/ös, -ell などが生産的である。特に，ある対象がある行為や動作に適していることをあらわす形容詞を動詞から派生させる，接尾辞 -bar の生産性は非常に高く，本来は他動詞にのみ付加されるものであるが，unabsteigbar（リーグ降格しない）の

ように自動詞に付加されるケースも見られる。また，-lich と -bar の競合関係でも，käuflich（金で買える）のように，本来は -lich しか存在しないところでも，kaufbar が用いられることすらある。すなわち，従来の規範からすれば間違いであるようなケースでも，使われていることが多い。これら以外の形容詞派生方法としては，den Raum sparend, mit Hand gearbeitet, von Computer gestützt となるところを，raumsparend（省スペースの），handgearbeitet（手作りの），computergestützt（コンピュータに支援された）などのように，現在分詞や過去分詞となっている動詞の，目的語や前置詞目的語にあたる名詞が，前置詞を省いて，分詞とともにひとつの語彙を形成するケースがあげられる。　　　　　　　　　　　　　　　　　（Polenz Ⅲ, 368）

6.3.4.3　動詞

　動詞派生においては，名詞の場合に見られたように，「短縮」化の傾向が見られる。すなわち，従来の -ieren, -isieren, -igen などの接尾辞を用いずに，texten（テキストを作成する），filmen（映画を撮る），lacken（マニキュアする），paddeln（カヌーする）などのように，名詞に動詞活用語尾部分 -(e)n を付加して，その名詞があらわしている対象を作り出したり，その対象を使用したりすることを意味する動詞を，派生させる方法が，それに該当する。また，schauspielern（役者する），schriftstellern（作家する），tischlern（木工する）などのように，職業名に変化語尾部分を付加して動詞を派生させる方法も見られるが，その場合は，「職業としてではなく，素人として当該の行為をする」という意味を含む。それ以外の派生では，前綴り be- による派生が生産的で，特に bestuhlen（椅子を備えつける）のように，ある対象に何かを施す，備えつけるという意味をあらわす動詞を派生させる。動詞の合成としては，schutzimpfen（予防接種する），bergwandern（トレッキングする），zweckentfremden（本来の目的を逸する），maßschneidern（身丈にあわせて仕立てる）のように，動詞の目的語や前置詞句で用いられる名詞とともに合成される造語が目立つ。テキストの中では，„spiel gut"-auszeichnen（「よく遊べる」マークで表彰する）のように，その場限りの造語も見られる。その他の合成では，spazierengehen（散歩する）や sitzenbleiben

（留年する）などのような二つの動詞の結合や，blaumachen（さぼる）やgroßschreiben（強調する）などのように，副詞的用法の形容詞と動詞がひとつの意味単位をなすものなどが見られる。二つで一つの意味単位をなすという意識は，両方の構成要素を一綴りで綴ることに反映されているが，このような語感を反映する表記方法は，1996年の新正書法では無視された。2006年の変更で，一部の語について，分かち書きと一綴りの両方が認められるようになったり，旧正書法に戻されたりしたことは，合成語での分かち書きについて，正書法上の不確かさを一層広めることになってしまった。
(Polenz Ⅲ, 368-369)

6.3.4.4 外来語

　国際化，グローバル化が進む社会の中で，ドイツ語本来の語彙でないものの流入は当然の現象である。現代ドイツ語では，それ以前の時代のように，フランス語やイタリア語からの外来語は少なく，その代わり，英語からの外来語が圧倒的に多い。もっとも「英語」というよりは，ヨーロッパ共通の「ヨーロッパ・ラテン語」と呼ぶべきルーツを持つ語彙が多い。ヨーロッパ・ラテン語とは，ラテン語に起源を持ち，ヨーロッパ全体に伝播した語彙というよりは，個々の言語を超えてヨーロッパ言語の多くに見られる共通の語彙で，それは，近代初期以降のヨーロッパ文化史における共通遺産でもあり，現在に至るまで影響を及ぼしている語彙と捉えればよいであろう。例えばhydro-（水），aero-（空），thermo-（熱）などのように，ラテン語の語彙が，ヨーロッパ中の言語の中で，今でも造語などに利用されているようなケースが，このヨーロッパ・ラテン語に該当する。もちろん，それぞれの言語ごとの正書法原則や発音によって字面や発音は多少異なるものの，共有するラテン語語彙のおかげで，ヨーロッパ言語のどれにおいても理解できることが，これらの語彙の特徴である。ヨーロッパ・ラテン語は，様々な専門領域で専門用語に利用され，特に科学技術分野では多用されている。ただし，同じ起源の語彙であっても，言語によってその指す対象やニュアンスが異なる場合があることには注意しなければならない。例えば，bio-という語彙は英語とドイツ語どちらでも用いられるが，英語

の bio- はむしろ遺伝子関係の領域を指すのに対し，ドイツ語の Bio- は自然環境の領域を指す。日本語でも「バイオテクノロジー」というが，これは英語と同様，遺伝子学領域を指し，ドイツ語であれば Gentechnologie と言うところである。ドイツ語の専門語彙に関しては，できるだけドイツ語本来の表現を用いて，指示対象がすぐにわかるような説明的な用語作りが行われてきたという歴史がある。ドイツ語を知らない人には，ドイツ語の特異さは際立って感じられるだろう。例えば，television, télévision, Fernseher（テレビ）のように英語，フランス語，ドイツ語で専門用語を対比してみるとはっきりすることであるが，英語とフランス語は，ヨーロッパ・ラテン語の語彙を用いているのに，ドイツ語は，ドイツ語本来の語彙に置き換えているケースが少なくない。しかし，現在は，ヨーロッパ・ラテン語を，ドイツ語発音原則に従って発音して用いるケースも多くなっている。

　外来語からの新たな語彙としては，英語からの語彙が圧倒的に多いが，これらの語彙がどの程度，ドイツ語の発音・正書法体系，文法体系に融合されていくかが興味深いところである。発音・正書法の面では，かつては英語の sh をドイツ語では sch にしたり，c を k にしたりするなど，ドイツ語化が行われた語彙もあるが，すべての英語からの外来語が，体系的にドイツ語化されたわけではない。現在では，例えば，action が [aktsio:n] ではなく，[ekʃən] と発音されるように，ドイツ語の発音に同化しないで，英語風の発音のままである場合も多い。形態面では，複数形や動詞の人称変化などにおいて不確かさが目立つ。例えば，lady や story は，ドイツ語で複数形にする場合は -s をつけそれぞれ Ladys と Storys とするが，英語の複数形にしたがって，Ladies や Stories とするようなケースも見られる。また動詞の活用においても，ドイツ語でもかなり定着した動詞をどう活用させるかという問題が生じる。例えば design や recycle などは，ドイツ語の人称変化の原則に従って変化させられるようになってきている。しかし，style に対しては gestylt のように，scan に対しては gescannt といったように，過去分詞で ge- がつく形で用いられる一方，recycle に対しては recyclet / recycled のように，design に対しては designet / designed のように，ge- が用いられない場合もある。また，発音は同じかもしれないが過去分詞の語末の綴りが -d になるか -t になるかについての規範も存在しない。

英語に限らず，そもそも，もとの言語の形態変化の原則を，ドイツ語に持ち込むか否かは，語彙によっても異なる。Topos（トポス）と Topoi のように，古くはラテン語やギリシア語の複数形が持ち込まれ，現在でも用いているケースもあるが，イタリア語起源の Broccoli（ブロッコリー）や Zuccini（ズッキーニ）などは，イタリア語ではすでに複数形をあらわしているにもかかわらず，ドイツ語で複数形を言う際には，Broccolis と Zuccinis となる。このように，必ずしも，元の言語の文法形態が引き継がれるわけではないが，これらの言語圏との交流が盛んな現在においては，元の言語の形態がそのまま用いられることが増えるのかもしれない。実際，流入する語彙の多さと，流入する速さから，規範や原則を確立できないまま，様々な形が用いられているのが実情であろう。そしてまた，それらの語を，ドイツ語の形態変化体系に合わせて変化をさせた場合，それぞれの語彙ごとに違和感は異なる。例えば，当該語彙の音韻構造が，ドイツ語のそれとは異なる場合，ドイツ語の形態変化体系に合わせた場合の違和感は大きいであろう。したがって，当該の外来語がドイツ語に根づくかどうかに関しては，その語がドイツ語の中でも長い間用いられるかどうか，ということだけで決まるのではなく，それ以外の要因も影響するように思われる。

　意味の面においては，外来語の意味が，ドイツ語で用いられている場合と，元の言語で用いられている場合では，異なることも少なくない。例えば，ドイツ語の Keks（ビスケット）は，英語の cakes に由来するが，両者が指している対象は異なる。ドイツ語の City も「中心街」を意味し，英語の city とは異なった意味で用いられている。このように，元の言語の意味と比べると，外来語として受け入れた場合の方が，その意味が限定化されて用いられていることが多い。また，Job と Arbeit のように，同じ「仕事」という意味でも，前者はアルバイトなど臨時の仕事であるのに対し，後者は定職を意味するように，使い分けがなされているケースもある。外来語が入って来たとしても，従来からのドイツ語の単語が駆逐されてしまうわけではなく，使い分けがなされることが普通である。ある語が指している対象についての微妙な使い分け以外にも，語用論的な差異が，外来語とドイツ語の間に存在していることも少なくない。ここで言う語用論的差異とは，それを使うことでコ

ミュニケーションの相手に与える印象に違いを生じさせたり，また外来語に対する語感が乏しい故に，ドイツ語と比べると相手の感情を害さずにすむといった効果を生み出すことなどを指す。　　　　　　　　　　　　　（Polenz Ⅲ, 398-403）

おわりに —— 研究パラダイムと関心の推移

　どのような切り口からドイツ語史を提示するかには，さまざまな可能性がある。そもそも，どのような観点からドイツ語の歴史に注目するかは，その時々の言語研究のパラダイムによるところが大きい。グリムのドイツ語史のように，いわゆる伝統的なドイツ語史は，「歴史比較言語学」というパラダイムの中でのドイツ語の歴史であり，そこでは，文字として残されている古い資料から推測する音韻や形態の変遷が中心であった。このパラダイムでのドイツ語史記述の成果は，本書では子音推移をはじめとして，中世までのドイツ語の音韻構造変化の記述に反映されている。

　「構造主義言語学」のパラダイムの中でのドイツ語史でも，やはり音韻や形態など言語の仕組みの変遷が関心の的であったが，ゾンダーエッガーのドイツ語史に代表されるように，個別の音や形態の変遷を記述するだけにとどまらず，それらを言語の中に見出されるそれぞれの体系の中で位置づけ，体系を構成する要素の間での相互関係の変遷を記述するものとなった。本書で述べられた仕組みの変遷についての記述は，動詞複合体などをはじめとして，構造主義言語学のもとでのドイツ語史記述の成果の上に成り立っている。

　1970年代頃のいわゆるプラグマティック・ターンと呼ばれる転換の後，言語外の要因からまったく切り離された，いわば無菌状態で言語のみを見ようとする態度に対して，言語を取り巻く社会的な諸要因との関連から言語を捉えようとすることを可能にしたパラダイムを，仮に「社会言語学的パラダイム」と呼ぶならば，ポーレンツのドイツ語史はこのパラダイムでの代表的なドイツ語史記述である。社会言語学パラダイムの下で，初めて可能になった研究テーマは多く，目下のドイツ語史研究はまさに，社会言語学的パラダイムの真っ只中にあると言っても過言ではないであろう。それは同時に，トマス・キューンのことばを借りるならば，社会言語学的なドイツ語史研究が，良い意味でも悪い意味でも「普通の科学」になったことを意味する。現代ドイツ語書きことばの成立プロセスの解明は，まだまだ未解決の課

題も多いものの，このパラダイムの下での代表的な成果である。しかし現代ドイツ語の成立についてのテオドア・フリンクスの東方植民説が通用しなくなったことに見られるように，それまでの一般的見解が疑問視されたり覆されたりすることも，まだ十分にあり得るだろう。

　1990年代以降，言語研究には「大脳生理学」というパラダイムが新たに加わった。言語処理のための脳の働きが解明されることで，ドイツ語史記述にまた新たな観点や関心が浮かび上がってくるのだろうか。現段階ではまだ確実なことは何も言えないが，重要なのは次の点である。我々の関心は常に一定のパラダイムの下で可能になり，そしてそのパラダイムの主流は常に，それより前のパラダイムに取って代わるということである。言語現象や言語変化が，我々の目の前にすでに存在し，発見されることをじっと待っているわけではなく，我々の側の関心や見方が変わって初めて，それまでは気がつかなかったことが見えるようになってくるのである。そういう意味では，このドイツ語史も完結したドイツ語史ではないし，その記述も完璧なものではない。しかし，社会言語学的パラダイムのもとでのドイツ語史記述のひとつとして，ドイツ語の歴史の見方のひとつを提示することに成功していれば幸いである。

参考文献

ドイツ語史総記

Bach, Adolf: Geschichte der deutschen Sprache. 8. stark erweit. Aufl. Heidelberg 1965（1. Aufl. Leipzig 1938）.

Besch, Werner / Reichmann, Oskar / Sonderegger, Stefan (Hrsg.): Sprachgeschichte. Ein Handbuch zur Geschichte der deutschen Sprache und ihrer Erforschung. Berlin / New York 1984 / 85. Neubearbeitung (2. Aufl.) 1998ff.（ = Handbücher zur Sprach- und Kommunikationswissenschaft ; Bd. 2）.

Bundin, Gudrun: Kleine deutsche Sprachgeschichte. München 2004（=UTB 2559M）.

Eggers, Hans: Deutsche Sprachgeschichte. 2 Bde. Reinbek. Bd. 1: Das Althochdeutsche und das Mittelhochdeutsche, 1986; Bd. 2: Das Frühneuhochdeutsche und das Neuhochdeutsche, 1986. Überarb. u. erg. Neuaufl. Bd. 1, 1991; Bd. 2, 1992.

Ernst, Peter: Deutsche Sprachgeschichte. Korrigierter Nachdruck Wien 2006（=UTB Basis 2583）.

Keller, Rudolf E. : Die Deutsche Sprache und ihre historische Entwicklung. Bearb. und übertrag. aus dem Englischen, mit einem Begleitwort sowie einem Glossar vers. v. Karl-Heinz Mulagk. Hamburg 1986（2. unveränderte Aufl. 1996）.

Moser, Hugo: Deutsche Sprachgeschichte. 6. überarb. Aufl. Tübingen 1969.

Polenz, Peter von: Deutsche Sprachgeschichte. Vom Spätmittelalter bis zur Gegenwart. Bd. I: Einführung, Grudbegriffe, 14. bis 16. Jahrhundert. Berlin / New York. 2. überarbeit. u. erg. Aufl. 2000.

Polenz, Peter von: Deutsche Sprachgeschichte. Vom Spätmittelalter bis zur Gegenwart. Bd. II: 17. und 18. Jahrhundert. Berlin / New York 1994.

Polenz, Peter von: Deutsche Sprachgeschichte. Vom Spätmittelalter bis zur Gegenwart. Bd. III: 19. und 20. Jahrhundert. Berlin / New York 1999.

Polenz, Peter von: Geschichte der deutschen Sprache. Völlig neubearb. Aufl. der früheren Darstellung von Hans Sperber. Berlin / New York. 9. Aufl. 1978.（=Sammlung Göschen ; 2206）

Scherer, Wilhelm: Zur Geschichte der deutschen Sprache. Berlin 1868（2. Ausg. Berlin 1878）.

Schildt, Joachim: Abriß der Geschichte der deutschen Sprache. Zum Verhältnis von Gesellschafts- und Sprachgeschichte. Berlin 1976 (2. Aufl. 1981).

Schmidt, Wilhelm: Geschichte der deutschen Sprache. Ein Lehrbuch für das germanistische Studium. 6. Aufl., erarb. unter der Leitung v. Helmut Langner. Stuttgart / Leipzig 1993 (10. verb. u. erw. Aufl. unter der Leitung v. Helmut Langner. Stuttgart 2007).

Schmidt, Wilhelm: Geschichte der deutschen Sprache. Mit Texten und Übersetzungshilfen. Verfaßt von einem Autorenkollektiv unter der Leitung von Wilhelm Schmidt. Berlin 1969 (5. überarb. u. erw. Aufl. 1984).

Schweikle, Günter: Germanisch-deutsche Sprachgeschichte im Überblick. Stuttgart 1986 (5. Aufl. 2002).

Sonderegger, Stefan: Grundzüge deutscher Sprachgeschichte. Diachronie des Sprachsystems. Bd. I: Einführung — Genealogie — Konstanten. Berlin / New York 1979.

Stedje, Astrid: Deutsche Sprache gestern und heute. Einführug in die Sprachgeschichte und Sprachkunde. München. 1989 (6. Aufl., neu bearb. v. Astrid Stedje u. Heinz-Peter Prell. Paderborn 2007) (= UTB 1499).

Tschirch, Fritz: Geschichte der deutschen Sprache. Bd. 1: Die Entfaltung der deutschen Sprachgestalt in der Vor- und Frühzeit. 3. durchges. Aufl., bearb. v. Werner Besch. Berlin 1983 (= Grundlage der Germanistik ; 5); Bd. 2: Entwicklung und Wandlung der deutschen Sprachgestalt vom Hochmittelalter bis zur Gegenwart. 3. erg. u. überarb. Aufl., bearb. v. Werner Besch. Berlin 1989 (= Grundlage der Germanistik ; 9).

Wells, Christopher J.: Deutsch. Eine Sprachgeschichte bis 1945. Übers. v. Rainhild Wells. Tübingen 1990.

Wolff, Gerhardt: Deutsche Sprachgeschichte. Von den Anfängen bis zur Gegenwart. Ein Studienbuch. Tübingen / Basel. 5. überarb. u. aktualisierte Aufl. 2004.

個別研究文献

Bauer, Gerhard: Einführung in die diachrone Sprachwissenschaft. Ein Lehr-, Studien- und Übungsbuch für Germanisten. Göppingen 1986.

Besch, Werner: Sprachliche Äußerungen in Lutherbibeldrucken des 16. bis 18. Jh. In: Schildt (1984), Bd. I, S. 108−133. Neudr. In: H. Wolf (1996), S. 250−269.

Betten, Anne (Hrsg.): Neuere Forschungen zur historischen Syntax des Deutschen. Referate der Internationalen Fachkonferenz Eichstätt 1989, Tübingen 1990.

Betz, Werner: Lehnwörter und Lehnprägungen im Vor- und Frühdeutschen. In: Friedrich Maurer / Heinz Rupp (Hrsg.): Deutsche Wortgeschichte. Bd. 1. Berlin / New York 1965 (3. Aufl. 1974), S. 135ff.

Bodmer, Friedrick: Die Sprache der Welt. Aus dem Englischen übersetzt v. Rudolf Keller. 2. Aufl. Köln 1959 (1. Aufl. 1955; die neueste Ausgabe 1997).

Braune, Wilhelm: Althochdeutsche Grammatik. 14. Aufl., bearb. v. Hans Eggers. Tübingen 1987.

Braune, Wilhelm: Gotische Grammatik. 20. Aufl., neu bearb. v. Frank Heidermanns. Tübingen 2004.

Burdach, Konrad: Vom Mittelalter zur Reformation. Forschungen zur Geschichte der deutschen Bildung. Berlin 1893. Nachgedr. In: Konrad Burdach: Vorspiel. Gesammelte Schriften zur Geschichte des deutschen Geistes. Halle / Saale (1925), S. 127–140.

Ebert, Robert P.: Historische Syntax des Deutschen II: 1300–1750. Bern u. a. 1986.

Etymologisches Wörterbuch des Deutschen. Erarbeit. v. einem Autorenkollektiv unter der Leitung v. W. Pfeifer. 3 Bde. Berlin 1989; 2. Aufl. in 2 Bde. 1993; 5. Aufl. München 2000.

Frings, Theodor: Die Grundlagen des Meißnischen Deutsch. Ein Beitrag zur Entstehungsgeschichte der deutschen Hochsprache. Halle 1936. In: Theodor Frings: Sprache und Geschichte Bd. III, Halle 1956, S. 11 ff.

Grimm, Jacob: Deutsche Grammatik I. Hrsg. v. W. Scherer. Hildesheim 1967 (Reprografischer Nachdruck der 2. Ausg., Berlin 1870), S. VII.

Guchmann, Mirra / Semenjuk, Natalja N.: Zur Ausbildung der Norm der deutschen Literatursprache im Bereich des Verbs. (1470–1730). Tempus und Modus. Berlin (DDR) 1981.

Habermann, Mechthild: Verbale Wortbildung um 1500. Eine historisch-synchrone Untersuchung anhand von Texten Albrecht Dürers, Heinrich Deichslers und Veit Dietrichs. Berlin / New York 1994 (= Wortbildung des Nürnberger Frühneuhochdeutsch, Bd. 2).

Hartweg, Frédéric / Wegera, Klaus-Peter: Frühneuhochdeutsch. Eine Einführung in die deutsche Sprache des Spätmittelalters und der frühen Neuzeit. Tübingen 1989, S. 38 ff.

Hartweg, Frédéric: Die Rolle des Buchdrucks für die frühneuhochdeutsche Sprachgeschichte. In: Werner Besch u. a. (Hrsg). Sprachgeschichte. 2. Halbband, 1985, S. 1419f.

Henzen, Walter: Schriftsprache und Mundarten., 2. Aufl. Bern 1954, S. 54. (=Bibliotheca Germanica; 5).

Humboldt, Wilhelm von: Über die Verschiedenheit des menschlichen Sprachbaus. Berlin 1836. (Faksimiledruck nach Dümmlers Original-Ausgabe von 1836. Bonn / Hannover / Hamburg / München 1960).

Höfler, Otto: Die hochdeutsche Lautverschiebung und ihre Gegenstücke bei Goten, Vandalen, Langobarden und Burgunden. In: Anzeiger der phil.-hist. Klasse der österreichischen Akademie der Wissenschaft 24 (1956), S. 318.

Höfler, Otto: Stammbaumtheorie, Wellentheorie, Entfaltungstheorie. In: PBB (Tübingen) 77 (1955), S. 30 ff., S. 424 ff. und PBB (Tübingen) 78 (1956), S. 1 ff.

Höfler, Otto: Die zweite Lautverschiebung bei Ostgermanen und Westgermanen. In: PBB (Tübingen) 79 (1957), S. 161ff.

Kettmann, Gerhard / Schildt, Joachim u. a. (Hrsg.): Zur Ausbildung der Norm der deutschen Literatursprache (1470-1730) I: Der Einfachsatz. Berlin (DDR) 1976.

Lachmann, Karl: Vorrede zu „Auswahl aus den hochdeutschen Dichtern des 13. Jh.". Berlin 1820, wieder abgedruckt in K. Lachmann: Kleinere Schriften zur deutschen Philologie. Berlin 1876, S. 161.

Lerchner, Gotthard: Zur Zweiten Lautverschiebung im Rheinisch-Westmitteldeutschen. Diachronische und diatopische Untersuchungen. Halle 1971 (=Mitteldeutsche Studien; 30), S. 271f.

Maurer, Friedrich / Rupp, Heinz (Hrsg.): Deutsche Wortgeschichte. Bd. 1. Berlin / New York 1965 (3. Aufl. 1974).

Maurer, Friedrich: Nordgermanen und Alemannen. 3. Aufl. Bern/München 1952.

Mitzka, Walther: Zur Frage des Alters der hochdeutschen Lautverschiebung. In: Erbe der Vergangenheit. Germanisitische Beiträge. Festgabe für Karl Helm zum 80. Geburtstag. Tübingen 1951, S. 63ff.

Müllenhoff, Karl / Scherer, Wilhelm (Hrsg.): Denkmäler deutscher Poesie und Prosa aus dem VIII. — XII. Jh. Bd. 1: Vorrede zur 2. verm. u. verb. Aufl. Berlin 1863. (4. Ausg. mit d. Gesamtt.: Deutsche Neudrucke: Reihe Texte des Mittelalters. Berlin 1964), S. 28 ff.

Müller, Peter O.: Historische Wortbildung.: Forschungsstand und Perspektiven. In: Zeitschrift für deutsche Philologie 112 (1993), S. 394-419.

Paul, Hermann: Gab es eine mhd. Schriftsprache? 2. Abdruck. Halle 1873, S. 37.

Paul, Hermann / Grosse, Siegfried / Wiehl, Peter: Mittelhochdeutsche Grammatik. Neu bearb. v. Thomas Klein. 25. Aufl. Tübingen 2007.

Penzl, Herbert: Die Phasen der althochdeutschen Lautverschiebung. In: Werner Betz (Hrsg.): Festschrift für Taylor Starck. London / Den Haag / Paris 1964, S. 27 ff.

Philipp, Gerhard: Einführung ins Frühneuhochdeutsche. Heigelberg 1980 (= UTB 822).

Reichmann, Oskar / Wegera, Klaus-Peter (Hrsg.): Frühneuhochdeutsche Grammatik v. Robert P. Ebert, Oskar Reichmann, Hans-Joachim Solms und Klaus-Peter Wegera. Tübingen 1993.

Schieb, Gabriele: Der Verbkomplex aus verbalen Bestandteilen. In: Kettmann / Schildt 1976, S. 39-234.

Schildt, Joachim (Hrsg.): Luthers Sprachschaffen. Gesellschaftliche Grundlagen. Geschichtliche Wirkungen. Referate der internationalen sprachwissenschaftlichen Konferenz Eisenach 1983. 3 Bde. Berlin 1984.

Schirokauer, Arno: Frühneuhochdeutsch. In: Wolfgang Stammler (Hrsg.): Deutsche Philologie im Aufriß. Bd. 1. 2. überarb. Aufl. Berlin 1957, S. 855-930.

Schleicher, August: Compendium der vergleichenden Grammatik der indogermanischen Sprachen. Kurzer Abriß einer Laut- und Formenlehre der indogermanischen Ursprache, des Altindischen, Altiranischen, Altgriechischen, Altitalienischen, Altkeltischen, Altslawischen, Litauischen und Altdeutschen. Weimar 1861 / 1862 (Neudruck, New York 1974).

Schmidt, Johannes: Die Verwandtschaftsverhältnisse der indo-germanischen Sprachen. Weimar 1872.

Schmitt, Ludwig Erich (Hrsg.): Untersuchungen zu Entstehung und Struktur der neuhochdeutschen Schriftsprache I: Sprachgeschichte des Thüringisch-Obersächsischen im Spätmittelalter. Die Geschäftssprache von 1300 bis 1500. 1966 (2. Aufl. Köln / Wien 1982) (= Mitteldeutsche Forschungen ; 36 / 1).

Schützeichel, Rudolf: Die Grundlage des westlichen Mitteldeutschen. 2. stark erw. Aufl. Tübingen 1976（＝Hermaea Neue Folge ; 10）, S. 191（1. Aufl. 1961）.

Sick, Bastian: Der Dativ ist dem Genitiv sein Tod. Folge 1: Köln 2004; Folge 2: Köln 2005; Folge 3: Köln 2006.

Sonderegger, Stefan: Althochdeutsche Sprache und Literatur. Eine Einführung in das älteste Deutsch. Darstellung und Grammatik. Berlin / New York. 3., durchges. und wesentlich erw. Aufl. 2003.（＝Sammlung Göschen ; 8005）.

Sonderegger, Stefan: Althochdeutsche Sprache. In: Ludwig Erich Schmitt（Hrsg.）: Kurzer Grundriß der germanischen Philologie bis 1500. Bd. 1: Sprachgeschichte. Berlin 1970, S. 288ff.

Stolt, Birgit: Redeglieder, Informationseinheiten: Cola und commata in Luthers Syntax. In: Betten 1990, S. 377−390.

Wehler, Hans-Ulrich: Deutsche Gesellschaftsgeschichte, 5 Bde. Bd. Ⅲ: Von der ‚Deutschen Doppelrevolution' bis zum Beginn des Ersten Weltkrieges 1849−1914. München 1995.

Weinhold, Karl / Ehrismann, Gustav / Moser, Hugo: Kleine mittelhochdeutsche Grammatik. Wien. 18. verb. Aufl. 1994.

Wolf, Herbert: Luthers Deutsch. Sprachliche Leistung und Wirkung. Frankfurt / M. u. a. 1996.

Wolf, Norbert Richard: Althochdeutsch ― Mittelhochdeutsch（＝Hans Moser / Hans Wellmann / Norbert Richard Wolf（Hrsg.）: Die Geschichte der deutschen Sprache. Bd. 1）Heidelberg 1981（＝UTB 1139）.

荻野蔵平・齋藤治之：『ドイツ語史小辞典』同学社　2005 年。

工藤康弘・藤代幸一：『初期新高ドイツ語』大学書林　1992 年。

藤代幸一・檜枝陽一郎・山口春樹：『中世低地ドイツ語』大学書林　1987 年。

索　引

【人　名】

[ア]

アーデルンク，ヨハン・クリストフ　Adelung, Johann Christoph　*220-222, 224, 225, 230, 231, 238, 240, 252, 256*

アイケ・フォン・レプゴウ　Eike von Repgow　*117*

アインハルト　Einhart　*73*

アウアーバッハ，ベルトールト　Auerbach, Berthold　*276, 277*

アヴェンティヌス　Aventinus　*216*

アッティラ　Attila　*64*

アナ・アマーリア公爵夫人　Anna Amalia, Herzogin von Sachsen-Weimar-Eisenach　*207*

アリストテレス　Aristoteles　*114, 300*

アルプレヒト・フォン・ハルバーシュタット　Albrecht von Halberstadt　*112*

アルベルトゥス・マグヌス　Albertus Magnus　*114*

アルント，モーリッツ　Arndt, Ernst Moritz　*284*

アルント・フォン・アイヒ　Arnd von Aich　*149*

アンダーシュ，アルフレート　Andersch, Alfred　*300*

アンドレアス・フォン・レーゲンスブルク　Andreas von Regensburg　*118*

アンハルト侯ルートヴィヒ　Ludwig I. Fürst von Anhalt-Köthen　*216, 223*

[イ]

イシドール・フォン・セビーリァ　Isidor von Sevilla　*74, 75, 82, 105*

[ウ]

ヴァイゼ，クリスティアン　Weise, Christian　*209*

ヴァルター・フォン・デア・フォーゲルヴァイデ　Walther von der Vogelweide　*105, 110*

ヴィーラント，クリストフ・マルティン　Wieland, Christoph Martin　*211*

ヴィクラム，イェルク　Wickram, Jörg　*139*

ヴィトゲンシュタイン，ルートヴィヒ　Wittgenstein, Ludwig　*289*

ヴィリラム・フォン・エーベルスベルク　Williram von Ebersberg　*74*

ヴィルヘルム・フォン・オッカム　Wilhelm von Ockham　*159*

ウェルズ，クリストファー・J　Wells, Christopher J.　*292*

ヴェルナー，カール　Verner, Karl　*31, 33*

ヴェンカー，ゲオルク　Wenker, Georg　*293*

ヴォルフ，クリスティアン　Wolff, Christian　*206, 211, 218*

ヴォルフラム・フォン・エッシェンバッハ　Wolfram von Eschenbach　*105, 110*

ヴストマン，グスタフ　Wustmann, Gustav　*288*

ヴューレ，ニコラウス・フォン　Wyle, Nikolaus von　*139*

[エ]

エバーナント・フォン・エアフルト　Ebernand von Erfurt　*112*

エッガース，ハンス　Eggers, Hans　*132, 291*

エメラム　Emmeram　*87*

エンゲル，エドゥアード　Engel, Eduard　*288*

[オ]

オーピッツ，マルティン　Opitz, Martin　*216, 220-222, 257*

オットー三世　Kaiser Otto III.　*92*

オトゥマー，シルヴァン　Otmar, Silvan　*161*

オトフリート・フォン・ヴァイセンブルク Otfrid von Weißenburg *74*

[カ]

カール（禿頭王）Karl der Kahle *56*

カール五世 Kaiser Karl V. *133, 134, 195*

カール大帝 Kaiser Karl der Große *19, 56, 73, 75*

カール四世 Kaiser Karl IV. *133, 155*

カエサル，ガイウス・ユリウス Caesar, Gaius Julius *28*

カスティグリオーネ，バルダッサーレ Gastiglione, Baldassare *158*

ガルス Gallus *87*

カント，イマヌエル Kant, Immanuel *258, 259*

カンペ，ヨアヒム・ハインリヒ Campe, Joachim Heinrich *211, 218-220, 223, 225, 254, 284*

[ク]

グヴァインツ，クリスティアン Gueintz, Christian *216, 223*

クヴェンテル，ペーター Quentell, Peter *149*

グーテンベルク，ヨハネス Gutenberg, Johannes *134, 156*

グツコー，カール Gutzkow, Karl *277, 300*

クッヒマイスター，クリスティアン Kuchimeister, Christian *118*

クラーマー，マティアス Kramer, Matthias *223, 224*

クラーユス，ヨハネス Clajus, Johannes *221*

クラウス，カール Kraus, Karl *288, 289*

グラス，ギュンター Grass, Günter *300*

グリム，ヤーコプ Grimm, Jacob *29, 83, 132, 287*

グリューフィウス，アンドレアス Gryphius, Andreas *217*

グリンメルスハウゼン，ハンス・ヤーコプ・クリストッフェル・フォン Grimmelshausen, Hans Jakob Christoffel von *239*

クルツ＝マーラー，ヘトヴィヒ Courths-Mahler, Hedwig *276*

グレゴリウス七世 Papst Gregor VII. *92*

クロートヴィヒ Chlodwig *56*

クロップシュトック，フリードリヒ・ゴットリープ Klopstock, Friedrich Gottlieb *248, 258*

[ケ]

ゲーテ，ヨハン・ヴォルフガング・フォン Goethe, Johann Wolfgang von *184, 248, 264*

ゲオルク・フォン・オスティア Georg von Ostia *89*

ゲッベルス Goebbels, Joseph *278*

ゲラート，クリスティアン・フュルヒテゴット Gellert, Christian Fürchtegott *207*

ケルティス，コンラート Celtis, Conrad *160*

[コ]

ゴットシェート，ヨハン・クリストフ Gottsched, Johann Christoph *210, 220-222, 230, 231, 238-241, 246, 249, 250*

ゴットフリート・フォン・シュトラースブルク Gottfried von Straßburg *105, 109, 112*

コルンバン・フォン・リュクセウィル Columban von Luxeuil *87*

コンラート一世 Konrad I.（König des Ostfrankenreichs）*92*

[シ]

ジープス，テオドア Siebs, Theodor *227, 272*

シェーラー，ヴィルヘルム Scherer, Wilhelm *132, 200*

シェッフェル，ヨーゼフ・ヴィクトーア・フォン Scheffel, Joseph Victor von *276*

シェリング，フリードリヒ・ヴィルヘルム・ヨーゼフ Schelling, Friedrich Wilhelm Joseph *258*

ジギスムント Kaiser Sigismund *133*

ジック，バスティアン Sick, Bastian *288*

シャミッソー，アーデルベルト・フォン

索引

Chamisso, Adelbert von　204
ジュースキント，ヴィルヘルム・エマヌエル　Süskind, Wilhelm Emanuel　289
シュタインバッハ，クリストフ・エルンスト　Steinbach, Christoph Ernst　223, 224
シュッキング，レーヴィン　Schücking, Levin　277
シュティーラー，カスパー・フォン　Stieler, Kaspar von　209, 223, 224, 230, 246
シュテルンベルガー，ドルフ　Sternberger, Dolf　289
シュトーツ，ゲアハルト　Storz, Gerhard　289
シュトルム，テオドア　Storm, Theodor　300
シュトローマー，ウルマン　Stromer, Ulman　137
シュピーリ，ヨハンナ　Spyri, Johanna　298
シュピールハーゲン，フリードリヒ　Spielhagen, Friedrich　277
シュペーナー，フィリップ・ヤーコプ　Spener, Philipp Jacob　207
シュミット，ヨハネス　Schmidt, Johannes　24
シュミット，ルートヴィヒ・エーリヒ　Schmitt, Ludwig Erich　155
シュライヒャー，アウグスト　Schleicher, August　24
シュリンク，ベルンハルト　Schlink, Bernhard　281
シュレーゲル，フリードリヒ・フォン　Schlegel, Friedrich von　22
シュレーツァー，アウグスト・ルートヴィヒ・フォン　Schlözer, August Ludwig von　211
シュロッサー，ヨハン・ゲオルク　Schlosser, Johann Georg　213
ショーペンハウアー，アルトゥーア　Schopenhauer, Arthur　258, 288
ジョーンズ，ウィリアム　Jones, William　21
ショッテル（ショッテリウス），ユストゥス・ゲオルク　Schottel (Schottelius), Justus Georg　200, 216-218, 220, 221, 223, 226, 230, 240, 246
シラー，フリードリヒ・フォン　Schiller, Friedrich von　264
シロカウアー，アルノー　Schirokauer, Arno　132

[ス]
スターン，ローレンス　Sterne, Laurence　207

[ソ]
ゾイゼ，ハインリヒ　Seuse, Heinrich　116, 193
ゾンダーエッガー，シュテファン　Sonderegger, Stefan　49, 51, 65

[タ]
ダーウィン，チャールズ・ロバート　Darwin, Charles Robert　24
ダーン，フェリクス　Dahn, Felix　276
タウラー，ヨハネス　Tauler, Johannes　116, 193
タキトゥス，プブリウス・コルネリウス　Tacitus, Publius Cornelius　28, 160
ダシポディウス，ペトゥルス　Dasypodius, Petrus　192
ダンテ，アリギエーリ　Dante, Alighieri　159

[ツ]
ツィーグラー，ニクラス　Ziegler, Niclas　153
ツィマー，ディーター・E　Zimmer, Dieter E.　288
ツィンツェンドルフ，ニコラウス・ルートヴィヒ・フォン　Zinzendorf, Nikolaus Ludwig von　207
ツェーゼン，フィリップ・フォン　Zesen, Philipp von　216-218

[テ]
デューラー，アルブレヒト　Dürer, Albrecht　184, 191

[ト]
ドゥーデン，コンラート　Duden, Konrad

271, 272
トゥホルスキー，クルト　Tucholsky, Kurt *288*
トマジウス，クリスティアン　Thomasius, Christian *211, 260*
トマス・アクィナス　Thomas Aquinas *114*

[ナ]
ナポレオン，ボナパルト　Napoléon, Bonaparte *202, 220, 284, 297*

[ニ]
ニーチェ，フリードリヒ　Nietzsche, Friedrich *288*

[ノ]
ノートカー・フォン・ザンクト・ガレン　Notker von St. Gallen *72, 74, 90*
ノヴァーリス（フリードリヒ・フォン・ハルデンベルク）　Novalis (Friedrich von Hardenberg) *258*

[ハ]
パーニニ　Pāṇini *22*
バイエルン大公ルートヴィヒ　Herzog von Oberbayern Ludwig *118, 155*
ハイネ，ハインリヒ　Heine, Heinrich *300*
ハインリヒ・フォン・フェルデケ　Heinrich von Veldeke *111*
ハインリヒ獅子公　Herzog Heinrich der Löwe *119*
ハインリヒ四世　Kaiser Heinrich IV. *92*
ハウプトマン，ゲアハルト　Hauptmann, Gerhart *300*
パウル，ヘルマン　Paul, Hermann *110*
バッハ，アドルフ　Bach, Adolf *132*
ハデウィック　Hadewijch *126*
パラケルズス，テオフラストゥス・ボムバストゥス・フォン・ホーエンハイム　Paracelsus (Theophrastus Bombastus von Hohenheim) *192*
ハルスデルファー，ゲオルク・フィリップ　Harsdörffer, Georg Philipp *216–218, 223, 227, 230*
ハルトマン・フォン・アウエ　Hartmann von Aue *105, 109–111*

[ヒ]
ビスマルク，オットー・フォン　Bismarck, Otto von *206*
ビューヒナー，ゲオルク　Büchner, Georg *300*

[フ]
ファラースレーベン，アウグスト・ハインリヒ・ホフマン・フォン　Fallersleben, August Heinrich Hoffmann von *300*
フィエトア，ヴィルヘルム　Viëtor, Wilhelm *272, 273*
フォンターネ，テオドア　Fontane, Theodor *300*
フケー，フリードリヒ・ドゥ・ラ・モット　Fouqué, Friedrich de la Motte *204*
フス，ヤーン　Hus, Jan *133*
フッテン，ウルリヒ・フォン　Hutten, Ulrich von *160*
ブティリン　Butilin *65*
フライアー，ヒエロニュムス　Freyer, Hieronymus *231*
フライターク，グスタフ　Freytag, Gustav *276, 300*
ブライティンガー，ヨハン・ヤーコプ　Breitinger, Johann Jakob *210*
フライリヒラート，フェルディナント　Freiligrath, Ferdinand *277, 300*
ブラトケ，ペーター・フォン　Bradke, Peter von *23*
フランケ，アウグスト・ヘルマン　Francke, August Hermann *207*
フランツ二世　Kaiser Franz II. *202*
ブラント，セバスティアン　Brant, Sebastian *139, 159*
フリードリヒ・ヴィルヘルム　Friedrich Wilhelm *201*
フリードリヒ・ヴィルヘルム一世　Friedrich Wilhelm I. *201*
フリードリヒ一世バルバロッサ　Kaiser Friedrich I. Barbarossa *92*
フリードリヒ二世（大王）　Friedrich II. *118, 201*
フリッシュ，ヨハン・レオンハルト

Frisch, Johann Leonhard *223, 225*
プリニウス（大） Plinius major *29*
フリンクス，テオドア Frings, Theodor *156*
ブルダハ，コンラート Burdach, Konrad *155, 156*
ブレヒト，ベルトールト Brecht, Bertolt *289, 300*
フレヒュルフ Frechulf *89*
フンボルト，ヴィルヘルム・フォン Humboldt, Wilhelm von *21*

[ヘ]
ヘーゲル，ゲオルク・ヴィルヘルム・フリードリヒ Hegel, Georg Wilhelm Friedrich *258*
ベーディカー，ヨハン Bödiker, Johann *221, 230, 231, 238, 240*
ヘーニッシュ，ゲオルク Henisch, Georg *223*
ヘーフラー，オットー Höfler, Otto *24*
ベーメ，ヤーコプ Böhme, Jakob *257, 258*
ベッカー，ルードルフ・ツァハリアス Becker, Rudolph Zacharias *213*
ベッツ，ヴェルナー Betz, Werner *88*
ペトゥリ，アダム Petri, Adam *161, 163*
ペトラルカ，フランチェスコ Petrarca, Francesco *159*
ベル，ハインリヒ Böll, Heinrich *300*
ヘルヴェーク，ゲオルク Herwegh, Georg *300*
ベルトホルト・フォン・レーゲンスブルク Berthold von Regensburg *113, 193*
ベルネ，ルートヴィヒ Börne, Ludwig *300*
ヘロドトス・フォン・ハリカルナッソス Herodot von Halikarnassos *32*
ペンツゥル，ヘルベルト Penzl, Herbert *62*
ヘンツェン，ヴァルター Henzen, Walter *110*

[ホ]
ボードマー，ヨハン・ヤーコプ Bodmer, Johann Jakob *210*
ポーレンツ，ペーター・フォン Polenz, Peter von *132, 292*
ホーフマンスタール，フーゴー・フォン Hofmannsthal, Hugo von *288, 300*
ボップ，フランツ Bopp, Franz *20, 22*
ホルシュタイン伯アドルフ二世 Graf Adolf II. von Schauenburg und Holstein *118*
ポンタヌス，ジョバンニ Pontanus, Giovanni *158*

[マ]
マーラー，ヨシュア Maaler, Josua *222*
マイ，カール May, Karl *276*
マイスター・エックハルト Meister Eckhart *116, 117, 193*
マウトナー，フリッツ Mauthner, Fritz *289*
マウラー，フリードリヒ Maurer, Friedrich *48, 51*
マクシミリアン一世 Kaiser Maximilian I. *133, 153, 159, 195*
マリア・テレージア Kaiserin Maria Theresia von Österreich *202*
マルシリウス・フォン・パドゥア Marsilius von Padua *159*
マルリット，オイゲニー Marlitt, Eugenie *276*
マン，トーマス Mann, Thomas *300*

[ミ]
ミュレンホフ，カール Müllenhoff, Karl *155, 156*

[ム]
ムント，テオドア Mundt, Theodor *300*

[メ]
メッテルニヒ，クレーメンス・ヴェンツェル・ロタール・フォン Metternich, Klemens Wenzel Lothar von *202*
メヒトヒルト・フォン・マクデブルク Mechthild von Magdeburg *115*
メンテリーン，ヨハネス Mentelin, Johannes *192*

[モ]

モーザー，フーゴー　Moser, Hugo　*132*

モーリッツ，カール・フィリップ　Moritz, Karl Philipp　*207*

モシェロシュ，ヨハン・ミヒャエル　Moscherosch, Johann Michael　*217*

[ヤ]

ヤーン，フリードリヒ・ルートヴィヒ　Jahn, Friedrich Ludwig　*284, 285*

ヤン・ファン・ロイスブルク　Jan van Ruusbroec　*126*

[ラ]

ラートケ（ラティヒウス），ヴォルフガング　Ratke (Ratichius), Wolfgang　*216*

ラーベ，ヴィルヘルム　Raabe, Wilhelm　*300*

ライナース，ルートヴィヒ　Reiners, Ludwig　*288*

ライプニッツ，ゴットフリート・ヴィルヘルム　Leibniz, Gottfried Wilhelm　*191, 218, 224, 259, 260*

ラウベ，ハインリヒ　Laube, Heinrich　*277, 300*

ラスク，ラスムス・クリスティアン　Rask, Rasmus Christian　*29*

ラッハマン，カール　Lachmann, Karl　*109, 110*

[リ]

リーゼ，アダム　Riese, Adam　*191*

リスト，ヨハン　Rist, Johann　*217*

リチャードソン，サミュエル　Richardson, Samuel　*207*

リヒター，ハンス・ヴェルナー　Richter, Hans Werner　*300*

[ル]

ルートヴィヒ（ドイツ王）　Ludwig der Deutsche　*74*

ルートヴィヒ・バイエルン国王　König Ludwig von Bayern　*153*

ルートヴィヒ敬虔王　Ludwig der Fromme　*56, 73*

ルートヴィヒ四世　Kaiser Ludwig IV.　*118, 155*

ルードルフ・フォン・ハプスブルク　Rudolf von Habsburg　*112*

ルードルフ・フォン・エムス　Rudolf von Ems　*117*

ルイ十四世　Louis XIV.　*204, 259*

ルター，マルティン　Luther, Martin　*57, 117, 125, 134, 146-147, 149, 150, 152, 153, 156, 158-164, 176, 180, 181, 183, 192-194, 205, 220-222, 229, 230, 233, 272*

ルフト，ハンス　Lufft, Hans　*161*

[レ]

レーヴァルト，ファニー　Lewald, Fanny　*277*

レーヴェンハルト，イェサイアス・ロンプラー・フォン　Löwenhalt, Jesajas Rompler von　*217*

レッシング，ゴットホルト・エフライム　Lessing, Gotthold Ephraim　*248*

[ロ]

ローガウ，フリードリヒ・フライヘル・フォン　Logau, Friedrich Freiherr von　*217*

ロート，ヨハン・フェルディナント　Roth, Johann Ferdinand　*213*

ロタール（一世）　Lothar I.　*56*

ロッター，メルヒオール　Lotter, Melchior　*161*

【書名など】

(斜体字のドイツ語は当時の表現であることを示す)

[ア]

『アインコメンデ・ツァイトゥンク』　„Einkommende Zeitung"　*209*

『アヴィーゼン』　„Avisen"　*208*

『アヴィーゾ，レラツィオーネン，またはツァイトゥンク』　„Aviso, Relationen oder Zeitung"　*209*

『アウクスブルク総合新聞』　„Augsburger Allgemeine Zeitung"　*276*

『アウローラ，立ち昇る曙光』„Aurora oder Morgenröte im Aufgang"　*257*

『あずまや』 „Gartenlaube" 277
『アブロガンス』 „Abrogans" 72, 74
『アルプスの少女ハイジ』 „Heidi" 298
『アンノの詩』 „Anno-Lied" 90
[イ]
『イエスの生涯』 „Het Leven van Jesus" 125
『イエスの幼年時代』 „Kindheit Jesu" 112
[ウ]
『ヴェスターマン社月刊誌』 „Westermanns Monatsheft" 277
『ヴェッソブルンの祈祷書』 „Wessobrunner Gebet" 74
『ヴォカブラリウス・エクス・クオ』 „Vocabularius Ex quo" 141, 222
『ウンディーネ』 „Undine" 204
[エ]
『エネイート』 „Eneit" 111
[オ]
『オーストリア語辞典』 „Österreichisches Wörterbuch" 296
『おもに歴史的・政治的内容をもつ往復書簡』 „Briefwechsel meist historischen und politischen Inhalts" 211
[カ]
『ガーディアン』 „The Guardian" 210
『介入する文の教え』 „Lehre von den eingreifenden Sätzen" 289
『雅歌』（ヴィリラム訳） „Hohelied" 74
『画家のディスコース』 „Discourse der Mahlern" 210
『カトリックドイツのための歴史政治誌』 Historisch-Politische Blätter für das katholische Deutschland 277
[キ]
『北ドイツ総合新聞』 „Norddeutsche Nachrichten" 276
『狐ラインケ』 „Reynke de vos" 124
『狐レイナルド物語』 „Van den vos Raynaerde" 125
「95ヶ条の提題」 „95 Thesen" 134, 160
『強制的に母語にされた外国語を解説しドイツ語化する辞典』 „Wörterbuch zur Erklärung und Verdeutschung der unserer Sprache aufgedrungenen fremden Wörter" 219, 284
[ク]
『9月聖書』 „September-Bibel" 161–163
[ケ]
『ゲオルクの詩』（ライヒェナウ修道院） „Georgslied" 74
『ケルン新聞』 „Kölnische Zeitung" 276
『言語愚行』 „Sprachdummheiten" 288
『絢爛大型独伊辞典』 „Das herrlich-Grosse Teutsch-Italiänische Dictionarium" 223
[コ]
『高地ドイツ語方言の文法的・批判的辞典』 „Grammatisch-kritisches Wörterbuch der hochdeutschen Mundart" 225
『国民舞台』 „Volksbühne" 277
『国家告発』 „Staatsanzeigen" 211
『コンパスと長定規を使った線・面・立体の測定指導書』 „Vnderweysung der messung / mit dem zirckel vnd richtscheyt / in Linien ebnen vnnd gantzen corporen" 191
[サ]
『ザクセン世界年代記』 Sächsische Weltchronik 117, 124
『ザクセン法鑑』 „Sachsenspiegel" 117, 121, 124, 141
『サリカ法典』 „rex salicus" 74
『サンスクリット語，ゼンド語，アルメニア語，ギリシャ語，ラテン語，リトアニア語，古代スラブ語，ゴート語およびドイツ語比較文法』 „Vergleichende Grammatik des Sanskrit, Zend, Armenischen, Griechischen, Lateinischen, Litauischen, Altslawischen, Gotischen und Deutschen" 20
[シ]
『しったかぶり』 „Klugscheißer" 304
『シュヴァーベン法鑑』 „Schwabenspiegel" 117
『十字新聞』 „Kreuzzeitung" 276
『シュトラースブルクの宣誓』 „Straßburger Eid" 75

『主の祈り』（ザンクト・ガレン修道院）„Vaterunser" 74
『シュピーゲル』„Der Spiegel" 288
『神学大全』„Summa Theologica" 114
『真実を書くことの五つの難しさ』„Fünf Schwierigkeiten beim Schreiben der Wahrheit" 289
『新世界』„Neue Welt" 277
『新プロイセン新聞』„Neue Preußische Zeitung" 276

[ス]
『スペクテーター』„The Spectator" 210
『すべての階層の人々，特に学のない人々に役立つ事典』„Gemeinnütziges Lexikon für Leser aller Klassen, besonders für Unstudierte" 213

[セ]
『世界年代記』„Weltchronik" 117
『世界舞台』„Weltbühne" 277

[ソ]
『総合福音書』„Evangelienharmonie" 74
『創世記』（古ザクセン語）„Genesis" 74

[タ]
『タトラー』„The Tatler" 210

[チ]
『チャンドス卿の手紙』„Brief des Lord Chandos an Francis Bacon" 289

[テ]
『テーブル談義』„Tischrede" 181
『天上と地上の神秘について』„Mysterium pansophicum (Gründlicher Bericht von dem Irdischen und Himmlischen Mysterio)" 258

[ト]
『ドイツ・メルクーア』„Der teutsche Merkur" 211
『ドイツ・レヴュー』„Deutsche Review" 277
『ドイツ言語地図』„Deutsches Sprachatlas" 293
『ドイツ語。新独羅辞典』„Die teutsche Spraach. Dictionarium Germanico-latinum novum" 222
『ドイツ語系統樹と成長』„Der teutschen Sprache Stammbaum und Fortwachs" 223
『ドイツ語辞典』„Wörterbuch der deutschen Sprache" 219
『ドイツ語詳細学的体系』„Umständliches Lehrgebäude der deutschen Sprache" 221
『ドイツ語正書法』„Die deutsche Rechtschreibung" 271
『ドイツ語正書法網羅辞典』„Vollständiges Orthographisches Wörterbuch der deutschen Sprache, nach den neuen preußischen und bayerischen Regeln" 271
『ドイツ語の行使と改善に関する私論』„Unvorgreifflicher Gedanke betreffend Ausübung und Verbesserung der deutschen Sprache" 191
『ドイツ語の諸原理』„Grundsätze der Deutschen Sprache im Reden und Schreiben" 221
『ドイツ語発音辞典』„Wörterbuch der deutschen Aussprache" 272, 273
『ドイツ語発音大辞典』„Großes Wörterbuch der deutschen Aussprache" 273
『ドイツ語文法』„Grammatica germanicae linguae" 221
『ドイツ語法』（ゴットシェート）„Grundlagen einer Deutschen Sprachkunst" 221
『ドイツ語法』（ショッテル）„Teutsche Sprachkunst" 221
『ドイツ語網羅辞典』„Vollständiges Deutsches Wörter-Buch" 223
『ドイツ詩学の書』„Buch von der Deutschen Poeterey" 221, 257
『ドイツ四半期誌』„Deutsche Vierteljahrschrift" 277
『ドイツ人の理性と言語を改善するためのドイツ人への提言』„Ermahnung an die Teutsche, ihren verstand und sprache besser zu üben" 260
『ドイツの言語と知恵。ドイツ語の言語と

知識の辞典』 „Teütsche Sprach und Weißheit: Thesaurus linguae et sapientiae Germanicae, A-G" 223
『ドイツ俯瞰』 „Deutsche Rundschau" 277
『ドイツ舞台発音』 „Deutsche Bühnenaussprache" 227, 272, 273
『ドイツ舞台発音・標準語』 „Deutsche Bühnenaussprache-Hochsprache" 272
『ドイツ法鑑』 „Deutschenspiegel" 117
『ドゥーデン発音辞典──ドイツ語標準発音辞典』 „Duden-Aussprachewörterbuch. Wörterbuch der deutschen Standardsprache" 273
『燈火』 „Die Fackel" 289
『独羅辞典』 „Teutsch-Lateinisches Wörter-Buch" 225

[ナ]
『内外文学マガジン』 „Magazin für die Literatur des In- und Auslands" 277

[ニ]
『ニーベルンゲンの歌』 „Nibelungenlied" 105, 108, 109

[ノ]
『ノイエ・ツァイトゥンゲン』 „Newe Zeitungen" 208
『ノヴェレン』 „Novellen" 208
『農村民衆のための教問答集』 „Katechismus der christlichen Religion für das Landvolk" 213
『農民啓蒙についての試み』 „Versuch über die Aufklärung des Landmannes" 213
『農民のための必須お助け本』 „Noth- und Hülfsbüchlein für Bauerleute" 213

[ハ]
『発音辞典』 „Deutsche Aussprachewörterbuch" 272
『ハンブルク-新-新聞』 „Hambruger Neue Zeitung" 276
『反マキアヴェリ論』 „Antimachiavellismus" 202

[ヒ]
『非人間の辞書から』 „Aus dem Wörterbuch des Unmenschen" 289
『ヒルデブラントの詩』 „Hildebrandslied" 75

[フ]
『フェルハーゲン・クラージンク雑誌』 „Velhagen und Klasings Hefte" 277
『フォス新聞』 „Vossische Zeitung" 276
『不揃い組版』 „Zwiebelfisch" 288
『舞台鑑賞』 „Schaubühne" 277
『フランクフルト新聞』 „Frankfurter Zeitung" 276
『分別ある批判者たち』 „Die vernünftigen Tadlerinnen" 210

[ヘ]
『ペーター・シュレミールの不思議な物語』 „Peter Schlemihls wundersame Geschichte" 204
『ヘーリアント』 „Heliand" 74, 75
『ヘルメス』 „Hermes" 277
『ベルリンニュース』 „Berlinische Nachrichten" 276

[マ]
『マールベルクの注釈』 „Marbergische Glossen" 74
『マインツ和平令』 „Mainzer Landfriede" 118

[ム]
『ムースピリ』 „Muspilli" 74

[メ]
『メルゼブルクの呪文』 „Merseburger Zaubersprüche" 75

[ヨ]
『与格は属格の死』 „Der Dativ ist dem Genitiv sein Tod" 288

[ラ]
『ライプツィヒ総合紙』 „Leipziger Allgemeine" 276
『ライン新聞』 „Rheinische Zeitung" 276
『ラジオ発音』 „Rundfunkaussprache" 272
『羅独辞典』 „Dicitonarium Latinogermanicum" 192

[リ]
『理性者』 „Der Vernünftler" 210

［ル］
『ルートヴィヒの詩』 „Ludwigslied" *75*
［レ］
『レラツィオーネン』 „Relationen" *208*
［ロ］
『朗読者』 „Der Vorleser" *281*

【事　項】
（斜体字のドイツ語は当時の表現であることを示す）

[a]
an-動詞　*an*-Verben　*45*
appel/apfel-線　*appel/apfel*-Linie　*67*
[e]
e-音　e-Laut　*34, 83, 122, 167, 222*
e-音の簡素化　e-Verschmelzung　*167*
ên-動詞　*ên*-Verben　*103*
[h]
h の脱落　*h*-Schwund　*123*
h の変化　*h*-Laut　*171*
[i]
i-ウムラウト　i-Umlaut　*69, 70, 72, 83*
ian-動詞　*ian*-Verben　*82, 83*
ik/ich-線　*ik/ich*-Linie　*65, 67*
[j]
jan-動詞　*jan*-Verben　*44, 82, 83, 102, 103*
[m]
maken/machen-線　*maken/machen*-Linie　*67*
[n]
nan-動詞（ゴート語）　*nan*-Verben　*45*
[o]
ôn-動詞　*ôn*-Verben　*103*
[r]
r-音　r-Laut　*28, 227*
r-音の長母音化　völliger r-Schwund mit Vokaldehnung　*302*
r の音位転換　*r*-Methatese　*123*
r（＜*s*）の消滅　*r*- Schwund　*54*
r の母音化　Vokalisierung des *r*　*272*
[s]
s-音の変化　Entwicklung der s-Laute　*169*

[t]
tw- の変化　Entwicklung der *tw*-Laute　*171*

［ア］
アイルランド人伝道　irische Mission　*87*
アビトゥア　Abitur　*274*
ア・ラ・モード　a la mode　*260*
アリストテレス詩学　Aristotelische Poetik　*300*
アルファベット配列（辞書）　Alphabetische Anordnung　*225*
アレマン方言　Alemannisch　*52, 60. 61, 67, 72, 75, 77, 94, 110, 111, 139, 144, 146, 152, 154, 163, 165, 254, 294*
アングロサクソン語　Angelsächsisch　*51, 86, 87*
アングロサクソン人伝道　angelsächsische Mission　*87*
アンチテーゼ　Antithese　*116, 207*
［イ］
異音　Allophon　*62, 63, 70-72*
医学　Medizin　*142, 189, 192*
異化作用　Entfremdung　*300*
イシドール翻訳　Isidorübersetzung　*75*
イストヴェオン語　Istwäonisch　*52*
依存技芸　unfreie künste, eigenkünste　*189*
依存副文文体　Hypotaxe　*246*
イタリア語アカデミー辞書　italienisches Akademiewörterbuch　*223*
一般言語協会　Allgemeiner Sprachverein　*284, 286*
一般ドイツ言語協会　Allgemeiner Deutscher Sprachverein　*284, 285*
一般プロイセン国法　Allgemeines Preußisches Landrecht　*205*
イディオム　Idiom　*223*
イディッシュ語　Jiddisch　*127-129, 136, 204*
移民　Migration　*128, 203, 204*
意訳借用語　Lehnübertragung　*87-89*
イングヴェオン語　Ingwäonisch　*52*
隠語　Gaunersprache　*129*
印刷技術　Drucktechnik　*132, 275*

印刷業　Druckerei　*153, 154, 156–158, 160, 162*

印刷ドイツ語　Druckersprache　*57, 145, 154, 156, 157, 160–164*

印刷ビラ（・小冊子）　Flugschriften, Flugblätter, büchlein, sendbrief　*158–160*

印刷メディア　Druckmedien　*275–278, 280*

インターネット　Internet　*268, 269, 275, 280, 281*

インド・ゲルマン（諸）語　indo-germanische Sprachen　*20*

インド・ヨーロッパ基語　indo-europäische Grundsprache　*20*

インド・ヨーロッパ（諸）語　indo-europäische Sprachen　*20–24, 27–29, 31, 33 –37, 39, 79, 83, 84, 99, 104*

インド・ヨーロッパ語化　Indo-europäisierung　*27*

インド・ヨーロッパ語族　indo-europäische Sprachfamilie　*20, 27, 28*

インド・ヨーロッパ語族原住地　Urheimat der ie. Sprachfamilie　*27*

インド・ヨーロッパ（語）祖語　indo-europäische Ursprache　*20, 22, 24, 27, 28, 35, 54*

インフォテインメント　Infotainment　*279*

韻文　Verse　*117, 140, 179, 183, 233*

韻律法　Metrik　*257*

[ウ]

ヴァイセンブルク修道院　Kloster Weißenburg　*65*

ウィーン会議　Wiener Kongress　*202*

ヴィッテルスバッハ家　Wittelsbacher Dynastie　*133, 155*

ヴィルゲル　Virgel　*231*

ヴィルヘルム時代　Wilhelminische Zeit　*297*

ヴェーザー・ライン・ゲルマン語　Weser-Rhein-Germanisch　*52, 57*

ウェストファリア条約　Westfälischer Friede　*134, 200, 201*

ウェストファリア方言　Westfälisch　*76, 120*

ヴェッティーン家（朝）　Wettiner Dynastie　*133, 134, 155, 156*

ヴェッティーン朝官房文書　wettinische Kanzleischriften　*149, 150, 220*

ヴェッティーン朝官房書記法（慣習）　wettinische Kanzleischreibe　*149, 150*

ヴェルザー家　Welser Dynastie　*154*

ヴェルダン条約　Vertrag von Verdun　*56*

ヴェルナーの法則　Vernersches Gesetz　*31, 33*

ヴォルムスの協定　Wormser Konkordat　*92*

内への亡命　innere Emigration　*301*

宇宙論　Kosmoslehre, Kosmologie　*191*

ウムラウト　Umlaut　*34, 69–72, 83, 99, 103, 150, 151, 228, 233, 234, 237, 305*

[エ]

映画俳優　Filmschauspieler　*272*

映像音声メディア　audio-visuelle Medien　*268*

エムスラント方言　Emsländisch　*120*

エラスムス　ERASMUS (European Region Action Scheme for the Mobility of University Students)　*266*

エルベ・ゲルマン語　Elbe-Germanisch　*51, 52, 57*

エルベ白鳥協会　Elbschwanenorden　*217*

遠隔地貿易　Fernhandel　*135, 259*

演劇批評　Bühnenkritik　*277*

円唇母音化　Rundung, frühneuhochdeutsche　*122, 168*

円卓の会　Tafelrunde　*207*

[オ]

オーストリアドイツ語　österreichisches Deutsch　*294–297*

オーデル・ヴァイクセル・ゲルマン語　Oder-Weichsel-Germanisch　*54*

押韻　Reim　*110, 111*

黄金の角、ガレフースの　Goldhörner von Gallehus　*28*

黄金の20年代　Goldene Zwanzigerjahre　*266*

オストファリア方言　Ostfälisch　*76, 120, 192*
オットー朝（ザクセン朝）　Ottonen Dynastie　*92, 93, 125*
オルトグラフィア　Orthographia　*226*
音韻法則　Lautgesetz　*24, 27*
音楽用語　Musikwortschatz　*195*
音声学的表記原則　phonemisches Orthographieprinzip　*221, 228*
音声メディア　akustische Medien　*268, 278*
音素　Phonem　*62, 63, 70–72, 168*

[カ]

海員語　Seemannssprache, Seemannsgarn　*190*
外因説（第二次子音推移）　Substrattheorie, Theorie über fremdsprachige Einflüsse　*64*
海運用語　Schifffahrtssprache　*124*
開音節　offene Silbe　*166, 229*
開花説　Entfaltungstheorie　*24*
階級社会　Klassegesellschaft　*267, 268*
外国語政策　Fremdsprachenpolitik　*269, 273*
外国語排斥（運動）　Fremdsprachenpurismus　*286*
外国人労働者　Gastarbeiter　*298*
解放戦争　Befreiungskrieg　*275, 284, 297*
外来語純粋主義　Fremdwortpurismus　*283, 284*
外来語浄化　Fremdwortreinigung（Fremdwortpurismus）　*217, 218, 220*
外来語排斥　Fremdwortjagd（Fremdwortpurismus）　*220, 283–286*
替え歌　Liedkontrafakturen　*159*
科学雑誌　wissenschaftliche Zeitschriften　*277*
書き換え表現　Paraphrasen　*81, 104*
書きことば　geschriebene Sprache　*72–76, 86, 119, 136, 138–140, 142–155, 163, 164, 168, 179–182, 184, 189, 194, 205, 214, 215, 225, 226, 233, 239, 244–249, 271, 272, 281, 291–298, 306–308, 310*

架空の会話　fingierte Dialoge　*159*
架空の手紙　fingierte Briefe　*159*
格言詩　Spruchdichtung　*159, 217*
学術語　wissenschaftliche Terminologie　*114–116, 218, 219, 259*
学生運動　Studentenbewegung　*265, 268, 298*
拡張形容詞付加語　erweitertes Adjektivattribut　*247*
拡張形容詞分詞付加語　erweitertes Adjektiv- und Partizipattribut　*246*
拡張語尾　Flexiv　*234*
過去現在動詞　Präterito-Präsentien　*83, 84, 103, 104*
頭文字語　Initialkurzwörter　*309*
下層語　Pöbelsprache　*283*
下層市民階層　Unterschicht　*292*
学校・教育制度（学校制度）　Schul- und Erziehungssystem　*206, 211*
活字師　Setzer　*229*
活版印刷　Druck mit beweglichen Lettern　*134, 138, 156, 157, 160, 163, 280*
家庭小説　Familienromane　*276*
カノッサの屈辱　Gang nach Canossa　*92*
家父長指南書　Hausväterbücher　*206, 208*
貨幣経済　Geldwirtschaft　*139*
紙　Papier　*137, 138, 205*
カルヴァン・ピューリタン派　Calvinistischer Puritarismus　*201*
ガレフース　Gallehus　*28*
カロリング朝　Karolinger Dynastie　*19, 56, 57, 73, 74, 76, 87*
カロリング朝宮廷語　Karolingische Hofsprache　*75, 76, 155*
感傷主義　Empfindsamkeit　*206, 207*
官庁（ドイツ）語　Kanzleisprache, Verwaltungssprache　*57, 155–157, 298*
官庁用語　Amtsdeutsch　*285, 294*
慣用句　Redewendungen　*183, 184, 192, 223, 224, 289*
官僚　Beamten　*201, 205, 267, 271, 274, 296, 297*

[キ]

機械術　artes mechanicae　189
技芸史　historia artis　191
疑似接辞　Affixoid　252
騎士戦争　Ritterkrieg　134
騎士文化　Rittertum　93, 108, 112
技術解説　technische Anleitungen　140
技術史　kunstgeschichte　191
技術専門用語　technischer Fachwortschatz　214
技術文書　Handwerker-Literatur　142
技術本　kunstbuch　191
奇跡の経済復興　Wirtschaftswunder um 1955　268
基礎三科　Trivium　141
北ゲルマン語　Nordgermanisch　34, 35, 51–53
祈祷書　Gebetbuch　74, 208
祈祷や連祷の皮肉　ironische Gebete　159
機能動詞　Funktionsverb　243
機能動詞複合体　Funktionsverbgefüge　243, 305
規範意識　Normbewusstsein　273, 280, 281, 301
規範文法　normative Grammatik　178, 214, 215, 220, 239, 248, 282
義務教育制度　allgemeine Schulpflicht　211, 270
逆ウムラウト　Rückumlaut　83, 237
旧教徒連盟　Katholische Liga　134
旧正書法　alte Rechtschreibung　272, 313
宮中顧問官ドイツ語　Hofratsdeutsch　296
宮廷騎士階層　höfischer Rittertum　96
宮廷詩人　höfische Dichter　109–112, 116
宮廷詩人語　höfische Dichtersprache　96, 107–113
宮廷叙事詩　höfische Epik　108
宮廷抒情詩　höfische Lyrik　108
宮廷文化　höfische Kultur　108, 109, 112, 195
宮廷文学　höfische Literatur　93, 108, 109, 111, 113
宮廷雄弁術　Hofberedtsamkeit　206, 207
旧約聖書　Altes Testament　134

教育制度　Erziehungssystem　206
教会歌集　Gesangbuch　208
行間（逐語）翻訳　interlineare Übersetzung　74
教義問答　Katechismen　159, 298
教皇のバビロン捕囚　Babylonisches Exil der Kirche　133
教皇分裂　Papst-Schisma　159
強弱（ストレス）アクセント　Stressakzent　26, 34
強変化動詞の幹母音　Stammvokal der starken Verben　175
教養あるドイツ語　Bildungsdeutsch　249, 297, 298
教養教育　allgemeine Ausbildung　206, 274
教養市民階層　Bildungsbürgertum　203, 205, 206, 210, 211, 271, 291, 292, 297, 300
教養知識人（階層）　Bildungsschicht　215, 289
キリスト教・教会用語　christlichen Kirchenwortschatz　86, 88
キリスト教化　Christianisierung　56, 119
金印勅書　Goldene Bulle　133
近代言語学　moderne Linguistik　283
[ク]
寓話　Fabeln　137, 210
草の根民主主義　Basisdemokratie　266, 293
薬本　Arzneibücher　140
屈折語　flektierende Sprache　21
句読点　Interpunktion　226, 230, 231
組合規則　Zunftordnungen　140
グラビア家庭雑誌　illustrierte Familienzeitschriften　277
クリュニー修道院　Kloster Cluny　92
黒魔術　schwarze Magie　142
[ケ]
敬虔主義　Pietismus　206, 207, 258, 259
警察規則　Polizeiordnungen　140
系統樹説　Stammbaumtheorie　24
軽蔑語　Pejorativa　129
啓蒙主義（時代）　Aufklärung　191, 206,

207, 210, 212, 218, 223-225, 258, 259
啓蒙主義哲学　Aufklärungsphilosophie 206, 218
契約　Verträge 140, 281
形容詞派生（造語）　Adjektivableitung 187, 253-255, 311, 312
結実協会　Fruchtbringende Gesellschaft → 棕櫚の会（＝結実協会）
結社　Vereine, bürgerliche 206, 207
ゲットー　Ghetto 127, 135
ゲッベルスの口　Goebbelsschnauze 278
ゲマイン・ドイチュ　gemein teutsch 153
ゲルマースハイム線　Germersheimer Linie 67
ゲルマン化　Germanisierung 273
ゲルマン語　Germanisch 19, 20, 23, 28-54, 56-58, 63, 69, 70, 77, 78, 80-82, 84, 85, 90, 102
ゲルマン語子音推移　germanische Lautverschiebung → 第一次子音推移
ゲルマン祖語（ゲルマン共通基語）　Urgermanisch 28, 51, 54
ケルン大司教　Erzbischof von Köln 133
検閲　Zensur 209, 212, 275, 276
言語意識　Sprachbewusstsein 283, 287, 290, 294-296
言語危機　Sprachkrise, -skepsis 289
言語協会　Sprachgesellschaften 207, 214, 216-218, 284-286
言語ケア　Sprachpflege 215, 283, 286, 287
言語作業　Spracharbeit 215
言語純粋主義　Sprachpurismus 216, 283
言語浄化　Sprachreinigung 215-220, 282-284
言語政策　Sprachenpolitik 144, 203, 266
言語ナショナリズム　Sprachnationalismus 284
言語バリアー　Sprachbarriere 295
言語批判　Sprachkritik 256, 283, 287-291, 299
言語世論　Sprachsensibilität, öffentliche 287, 289

言語類型　Sprachtyp 21, 308
現在分詞の名詞化　Nominalisierung des Partizips Präsens 25, 36
現代語文献学　moderne Philologie 283
ケントゥム語　Kentum-Sprachen 23
言文不一致　Diglossie 149, 153, 295
[コ]
古アレマン語　Altalemannisch 51
語彙集（グロッサー）　Glossar 163
語彙網羅辞典　Dokumentationslexikologie 223-225
口蓋垂 r　Zäpfchen-r → ドイツ語の r- 音
後期ゲルマン語　Spätgermanisch 51
広告　Werbeanzeige 140, 276, 277, 279, 291, 293, 303, 310
交差文　Satzverschränkung 308
公証人　Notar 135, 157
合成語，合成名詞　Komposita, Zusammensetzungen 172, 185, 188, 189, 192, 196, 250-253, 291, 302, 303
校正師　Korrektor 157, 162, 213, 226, 229
構造主義言語学　strukturalistische Linguistik 317
高地ドイツ語　Hochdeutsch 19, 52, 53, 57-68, 73, 75, 132, 137, 144, 146, 147, 170, 192, 200
膠着語　agglutinierende Sprache 21
高低（ピッチ）アクセント　Tonakzent 26, 33
皇帝権　Kaisermacht 92, 112, 133, 195
皇帝庁官房　Reichskanzlei 155, 221
公的文書語　öffentliche Schriftsprache, Urkundensprache 121
高等教育　höhere Schulbildung 271
口頭コミュニケーション　mündliche Kommunikation 281, 282
高等四科　Quadrivium 142
行動理論　Handlungstheorie 290
高度工業化　Hochindustrialisierung 266
鉱夫語　Bergmannssprache 190
公文書　öffentliche Schriften 118, 139, 155, 158, 286
公用語　Amtssparche 73, 118, 128, 144,

155, 293, 295
古英語　Altenglisch　51
語幹辞典　Stammwörterbuch-Programm　223, 224
語幹配列（辞書）　Stammwortprinzip　225
国語　Nationalsprache　200, 201, 214, 260, 282, 283
国語教育　Deutschunterricht, muttersprachlicher　211, 226, 270, 273, 281, 285, 298
国語辞書　deutsches Wörberbuch　200, 225
国語政策　Sprachpolitik　203, 266, 269, 270
国粋主義　Chauvinismus　283, 286
国民国家　Nationalstaat　215, 267, 283, 284
国民受信機　Volksempfänger　278
国民文学　Nationalliteratur　274
語形借用語　Lehnformung　88
語源　Etymologie　26, 221, 224, 225, 228
語源的表記原則　etymologisches Orthographieprinzip　221, 228
古高ドイツ語（古代高地ドイツ語）　Althochdeutsch　31, 44, 45, 54, 68, 72, 73, 75−78, 80, 82, 84, 87, 88, 97, 99, 101−104, 114, 132, 176, 239, 256
古高ドイツ語子音推移　althochdeutsche Lautverschiebung → 第二次子音推移
語根名詞　Wurzelnomina　25, 36, 37, 78, 79
古ザクセン語，古ザクセン方言　Altsächsisch　73−76
ゴシック文字　gotische Schrift　230
語借用　Wortentlehnung　88
語族　Sprachfamilie　20
語中音消失　Synkope　97, 122, 169
滑稽譚　Schwänke　137
コッタ社　Cotta'sche Verlagsbuchhandlung　275, 277
古低ドイツ語（古代低地ドイツ語）　Altniederdeutsch　72, 73, 76, 82, 84, 118, 122, 123, 125
古低（地）フランケン方言　Altniederfränkisch　76, 125
古バイエルン語　Altbairisch　51
語尾 -e　Flexiv-e　99, 233, 234, 303
古フランケン語　Altfränkisch　51
古フリジア語　Altfriesisch　51
個別語原則（文字化）　Einzelwortnorm　228
語末音 -e　Auslaut-e　222
語末音 -t の添加　t-Epithese　171, 172
語末音消失　Apokope　97
語末音消失（初期新高ドイツ語）　Apokope, frühneuhochdeutsch　169, 222
語末音節（母音）の弱化　Abschwächung der Endsilbe　33, 34, 99
語末音の変化　Auslautsänderungen　123
語用注釈コメント　Glossar　288
語用論　Pragmatik　283, 287, 311, 315
語用論的差異　pragmatische Differenz　315
語用論転換　pragmatische Wende　290
暦（文学）　Kalender　208, 298
娯楽雑誌　Unterhaltungszeitschriften　277
娯楽小説　Unterhaltungsromane　213, 276
娯楽番組　Unterhaltungsprogramme　279, 293, 304
娯楽文学　Unterhaltungsliteratur　276
孤立語　isolierende Sprache　21
コロン　Kolon　230
混合変化動詞　gemischte Verben　83, 175, 176
コンスタンツ公会議　Konstanzer Konzil　159
コンマ　Komma　230, 231
[サ]
ザクセン・ヴィッテンベルク侯爵領　Herzogtum Sachsen-Wittenberg　149
ザクセン・ワイマール公国　Herzogtum Sachsen-Weimar　207
ザクセン語，ザクセン方言　Sächsisch　144, 149, 150, 156, 164, 220, 233
ザクセン大公　Herzog von Sachsen　133
作家　Schriftsteller　139, 209, 210, 213, 217, 221, 275−277, 288, 289, 300, 301

雑誌　Zeitschriften　*206, 211, 268, 271, 275, 277, 288, 289, 291*
冊子氾濫　*Broschürenfluth*　*212*
サテム諸語　Satem-Sprachen　*23*
サブスタンダード　Substandard　*298*
ザリエル朝　Salier Dynastie　*92, 93*
三月革命　Märzrevolution　*202, 300*
三月革命前　Vormärz　*300*
産業革命　Industrierevolution　*266, 267*
ザンクト・エメラム修道院　Kloster St. Emmeram　*87*
ザンクト・ガレン修道院　Kloster St. Gallen　*72, 74, 87*
三十年戦争　Dreißigjähriger Krieg　*133, 134, 201, 203, 207, 258*
算術本　Rechenbücher　*191*
サンスーシー宮殿　Schloss Sanssouci　*202*
散文化　Entreimen　*140*
散文物語　Prosaerzählungen　*137*
[シ]
子音語幹　konsonantische Stämme　*24, 25, 35−38, 78−80*
子音の脱落（母音間）　intervokalischer Konsonantenschwund　*98*
子音重複（表記）　Konsonantenverdoppelung　*153, 161, 226, 227*
シェーンブルン・ドイツ語　Schönbrunner Deutsch　*296*
識字率　Alphabetismus　*270, 271, 281*
司教座都市　Bischofsstadt　*135*
歯擦音　Dentalfrikativ　*23, 169*
自然科学　Naturgeschichte, Naturwissenschaft　*142 191, 192, 207, 214, 274, 299*
自然主義文学　Naturalismus　*300*
十戒　Zehn Gebote　*159*
実科学校　Realschule　*274*
実科ギムナジウム　Realgymnasium　*274*
質の母音交替　qualitativer Ablaut　*26*
実用的散文　Gebrauchsprosa　*117*
実用的指南書　Ratgeberbücher, Hausväter-Bücher　*212*
実用的指南文学　Ratgeberliteratur　*191*
実用テキスト　Gebrauchstexte　*301*

指南文学　Ratgeberliteratur　*191*
ジプシー語　Rotwelsch　*190*
姉妹語　Tochtersprache　*127*
市民階級, 市民階層　Bürgertum　*96, 114, 125, 135, 202, 203, 206, 207, 210, 213, 218, 259*
市民社会　Bürgerliche Gesellschaft　*267, 268*
市民リアリズム　Bürgerlicher Realismus　*300*
ジャーナリスト　Journalist　*213, 271, 284, 288, 289, 297*
社会言語学　Soziolinguistik　*247, 283, 290, 298*
社会主義　Sozialismus　*267*
社会的方言　Soziolekt　*264, 292*
社会民主主義　Sozialdemokratie　*271*
借義語　Lehnbedeutung　*88, 115*
借用形成語　Lehnbildung　*88*
借用語　Lehnwort　*19, 29, 32, 46, 47, 86−88, 108−110, 123, 126, 129, 147, 188, 195, 209, 226, 232, 260−262*
借用接尾辞　Lehnsuffix　*104, 187, 255, 310, 311*
借用造語　Lehnprägung　*88, 89, 108, 114−116, 192*
借用創作語　Lehnschöpfung　*88*
謝肉祭劇　Fastnachtspiele　*137*
謝肉祭習慣　Fastnachtsbräuche　*159*
写本　Handschrift　*65, 110, 113, 138, 141*
写本工房　Schreibmanufaktur　*138*
自由なアクセント　freier Akzent　*26, 31, 33*
シュヴァバッハ活字　Schwabacher-Type　*160*
自由学芸七科　septem artes liberalis　*142, 189*
宗教歌　religiöse Lieder　*137*
宗教改革　Reformation　*134, 137, 145, 147, 149, 152, 154, 158−160, 193*
宗教詩　religiöse Lyrik　*96, 124*
十字軍　Kreuzzug　*93, 115*
修辞的手法　rhetorisches Mittel　*116*
重商主義経済　Merkantilismus　*203*

自由都市　freie Stadt　*112*
自由翻訳　freie Übersetzung　*74*
修養道徳文学　Erbauungsliteratur　*298*
主格化　Nominativierung　*305*
主語受け直し　pronominale Wiederaufnahme des Subjekts　*180*
シュテトゥル　Schtettle　*128*
主導的ヴァリエーション　Leitvariation　*145*
首都都市　Residenzstadt　*135*
狩猟用語　Jagdwortschatz　*189*
シュレジア地方バロック文学　schlesische Barockliteratur　*150*
シュレジア方言　Schlesisch　*94, 144*
シュレスヴィヒ方言　Schleswigsch　*120*
棕櫚の会（＝結実協会）　Palmenorden　*207, 216, 217, 223*
純文学　Hochliteratur　*276, 289, 291, 292, 298, 299*
上位概念　Oberbegriff　*148, 185, 291, 310*
商業・経済用語　Handel- und Wirtschaftssprache　*195*
商業語　Handelssprache　*120, 121, 123–125*
商業都市　Handelsstadt　*94, 152–154, 195, 210*
商業文書　Geschäftsschreibe, deutsche　*139*
冗語法　Pleonasmen　*287*
少数言語　Minderheitssprachen　*269, 274, 293*
小説三昧　*Romanleserey*　*212*
縄線文土器文化　Schnurkeramikkultur　*27*
上層階級　Oberschicht　*64, 126, 259, 297*
商人専門語　Kaufmannssprache　*190*
上部ザクセン方言　Obersächsisch　*94, 144, 150, 156, 220, 233*
上部ドイツ・フランケン方言　Oberdeutsches Fränkisch　*67, 77*
上部ドイツ共通ドイツ語（＝南ドイツ帝国ドイツ語）　oberdeutsches Gemeindeutsch　*148, 150, 153*
上部ドイツ語　Oberdeutsch　*52, 67, 69, 72, 77, 94, 98, 111, 118, 128, 144, 146, 149, 151, 162, 166, 176, 177, 192, 193, 222, 233, 237*

商用手紙　Geschäftsbriefe　*140*
商用ドイツ語　deutsche Geschäftsschreibe　*298*
書記官　Schreiber　*139, 140*
書記慣習　Schreibgebrauch, Schreibgewohnheit　*145, 148–150, 152, 157, 163, 220, 221*
書記記録　schriftliche Aufzeichnungen　*137, 138, 140*
初期ゲルマン語　Frühgermanisch　*51*
初期工業化　Frühindustrialisierung　*205, 213*
初期古高ドイツ語　Frühalthochdeutsch　*73*
初期古ザクセン語　Frühaltsächsisch　*73*
初期古低ドイツ語　Frühaltniederdeutsch　*73*
初期資本主義　Frühkapitalismus　*135–137, 142, 205*
初期市民時代のドイツ語　frühbürgerliches Deutsch　*132*
初期市民社会　frühbürgerliche Gesellschaft　*141, 142, 146, 158, 189, 191, 193*
初期新高ドイツ語　Frühneuhochdeutsch　*73, 132, 142, 144, 146, 151, 155, 164–196, 200, 214, 222, 226–231, 234–238, 244, 251, 254, 255*
初期人文主義者　Frühhumanisten　*133*
初期ドイツ語　Frühdeutsch　*43, 56, 57, 65, 68, 70–88, 94, 99, 101–103*
書記標準　Schreibstandard　*146, 149, 152, 153*
書記方言　Schreiblandschaften, Schreibdialekte　*145, 146, 148–151, 153, 154, 163, 164, 182, 200, 294*
職業語　Wortschatz der Handwerke　*189*
職業作家　Berufsschriftsteller　*276*
職匠歌　Meistersang　*137*
職人語　Handwerkersprache　*189*
職人専門用語　Berufswortschatz des Handwerks　*214*
書籍行商　Kolporteur　*192, 212, 275, 276*
書籍見本市　Buchmesse　*207, 212*
初等学校　Elementarschule　*216, 271*

初等義務教育　Schulpflicht　*269, 270*
初等教育　Elementarschulbildung　*270*
初等国語教育　elementarer Schreibunterricht　*211, 273*
叙任権闘争　Investiturstreit　*92*
シリンダープレス　Zylinderpresse　*275*
親縁関係　Verwandtschaftsbeziehung　*20−22, 24*
神学　Theologie　*114−117, 134, 142, 159, 189, 191*
進化論　Evolutionstheorie　*24*
新教徒同盟　Protestantische Union　*134*
新高ドイツ語　Neuhochdeutsch　*22, 39, 73, 110, 132, 140, 145, 147−157, 162−168, 170−175, 181, 192−194, 200, 201, 229, 251, 257, 282*
唇歯音　Labiodental　*63*
新人文主義ギムナジウム　neuhumanistisches Gymnasium　*271, 274*
新正書法　neue Rechtschreibung　*310, 313*
神聖ローマ帝国　Heiliges Römisches Reich　*125, 134, 136, 201, 202, 273*
神聖ローマ帝国議会　Reichstag　*153*
神聖ローマ帝国皇帝　Kaiser des Heiligen Römischen Reiches　*92*
神秘主義　Mystik　*113−117, 126, 189, 258*
神秘主義者　Mystiker　*115−117, 193*
新聞　Zeitungen　*160, 206−210, 230, 238, 244, 246, 260, 268, 271, 275−278, 281, 285, 288−293, 298, 307, 308*
人文主義　Humanismus　*133, 159, 184, 191, 195, 203*
新約聖書　Neues Testament　*134, 161, 192*
心理言語学　Psycholinguistik　*290*
[ス]
スイスドイツ語　Schweizerdeutsch　*294−297*
スコラ哲学　Scholastik　*113−115, 189*
スペイン領ネーデルラント　spanische Niederlande　*126*
[セ]
制限的用法（関係代名詞）　attributiver Relativsatz　*249*

政治雑誌　politische Zeitschriften　*210, 211, 277*
青少年向け図書出版　*Büchermacherey für Kinder*　*214*
西上部ドイツ語　Westoberdeutsch　*146, 152, 158, 237, 245*
聖職者（言語文化の担い手として）　Geistliche　*75, 89, 92, 96, 114, 115, 135, 140, 141, 157, 210*
聖書パロディー　Bibelparodien　*159*
正書法　Rechtschreibung, Orthographie　*110, 157, 215, 218, 226, 264, 271, 272, 281, 286, 287, 292−295, 302, 303, 313, 314*
正書法統一　Vereinheitlichung der Rechtschreibung　*269, 272, 285*
正書法標準化　Standardisierung der Rechtschreibung　*271*
聖書翻訳　Bibelübersetzung　*125, 152, 153, 160, 163, 164, 192*
精神修養　Erbauung　*138*
精神修養書　Erbauungsliteratur　*206, 208*
聖人伝　Heiligenlegende　*140*
西中部ドイツ語　Westmitteldeutsch　*94, 144, 146, 148, 158, 166, 237*
西部低地ドイツ語　Westniederdeutsch　*94, 119, 120*
世界年代記　Weltchronik　*140*
舌音 r　Zungen-*r*　→　ドイツ語の r- 音
説教文学　Predigtliteratur　*96, 113*
接合辞　Fuge　*189*
接周辞　Zirkumfix　*188*
絶対王政　Absoltismus　*201, 203, 206, 207, 211, 214, 225, 253*
接頭辞　Präfix　*33, 85, 86, 97, 115, 116, 176, 185, 255, 256, 311*
接尾辞　Suffix　*21, 44, 65, 82, 85, 104, 107, 114, 116, 117, 185−188, 252−257, 310−312*
接尾辞ゼロ派生　Verbableitung mit Nullsufix　*257*
接尾辞の複合　Suffixhäufung　*185*
戦斧文化　Streitaxtkultur　*27*
前期新高ドイツ語　älteres Neuhochdeutsch

132

占星術　Astrologie　*142*
前置詞句付加語　Präpositionalattribut　*306*
前置詞目的語　Präpositionalobjekt　*240, 305, 306, 312*
選帝侯ザクセン語　Kursächsisch　*150*
専門語，専門用語　Fachwort, Fachsprache, Fachterminus　*184, 189, 191, 192, 209, 214, 219, 224, 225, 250, 284, 286, 299, 313, 314*
専門用語集　Fachlexikon, Fachwortschatzsammlungen　*191*
占領国　Besatzungsmächte　*268*

[ソ]

装備動詞　Ornative　*256, 257*
俗語　Vulgärsprache　*129, 224, 225, 283, 309*

[タ]

第一音節へのアクセント固定化　Akzentfestlegung auf die Erstsilbe　*33*
第一次ウムラウト　Primärumlaut　*69, 71*
第一次経済奇跡　deutsches Wirtschaftswunder von 1890 bis 1914　*266*
第一次子音推移（ゲルマン語子音推移）　erste Lautverschiebung　*29, 31-33, 48*
第一回正書法会議　erste Orthographiekonferenz　*271*
対格化　Akkusativierung　*305*
大学都市　Universitätsstadt　*210*
帯気音　aspirierter Laut　*62, 63*
大空位時代　Interregnum　*112*
体験話法　erlebte Rede　*301*
大衆文学　Trivialliteratur, Konsumliteratur; Modeskriblerey, Pfeffertütenliteratur　*124, 212, 213, 276, 289, 301*
大選帝候　Großkurfürst　*201*
体操運動　Turnerbewegung　*284*
体操の父　Turnvater　*284, 285*
大道浪曲師　Bänkelsänger　*160*
第二回正書法会議　zweite Orthographiekonferenz　*272*
第二次ウムラウト　Sekundärumlaut　*69, 71*

第二次子音推移（古高ドイツ語子音推移）　zweite Lautverschiebung　*53, 57-68, 76, 87, 94, 122, 147, 148*
タツィアーンの福音書翻訳　Übersetzung von Tatians Evangelienbuch　*74*
単一箇所格表示の原則　Monoflexion　*231*
単一中枢型　monozentrisch　*144*
炭坑ドイツ語　Kohlenpott-Deutsch　*292*
短縮（造語）　Abkürzung　*232, 309, 310, 312*
短縮派生語　Abkürzungswörter　*310*
単数属格語尾 -s の脱落　fehlende Genitivflexion im Singular　*303, 304*
団体設立ブーム　Vereinsgründungsfieber　*212*
短母音シグナル　Kürzebezeichnung, vokalische　*227*
単母音の二重母音化（古高ドイツ語）　Diphthongierung der Monophthonge, althochdeutsche　*69*

[チ]

地域主義　Regionalismus　*266*
地域日常語　regionale Umgangsprache　*292*
地域方言　Regiolekt　*150, 292-294*
知覚動詞　Wahrnehmungsverb　*177*
知識人　Gelehrte, Bildungsbürger　*135, 139, 158-160, 182, 184, 202, 204, 206, 210, 215, 233, 249, 260, 271, 272, 282, 284, 289, 296*
茶番劇　Possenspiele　*137*
中期ゲルマン語　Mittelgermanisch　*51*
中高ドイツ語（中世高地ドイツ語）　Mittelhochdeutsch　*31, 43, 64, 69, 71, 73, 77, 89, 94-112, 121, 132, 151, 154, 165-172, 174-177, 182-188, 226-229, 236-239, 254, 256*
注釈書　Kommentar　*74*
中世オランダ語　Mittelniederländisch　*18, 124-126*
中世オランダ文学　mittelniederländische Literatur　*125*
中世初期　Frühmittelalter　*96*

中世盛期　Hochmittelalter　*93, 94, 96, 105, 109, 110, 116, 196*
中世末期　Spätmittelalter　*96, 112, 113, 117, 132, 189, 233, 258, 294*
中世末期ドイツ語　spätmittelalterliches Deutsch　*132*
中世ラテン語　Mittellatein　*18, 89, 90*
中低ドイツ語（中世低地ドイツ語）　Mittelniederdeutsch　*73, 94, 117-124, 126, 146, 147, 200*
中等，高等教育　Mittel- und Hochschulausbildung　*271*
中部ドイツ・フランケン方言　mitteldeutsches Fränkisch　*67, 76*
中部ドイツ語　Mitteldeutsch　*52, 67, 76, 94, 98, 112, 144, 146, 151, 175, 176, 192, 193, 254*
中部フランク王国　Mittelfrankenreich, mittelfränkisches Königreich　*57*
中部フランケン方言　Mittelfränkisch　*61, 64, 67, 76, 94, 144*
中部ポンメルン方言　Mittelpommersch　*119*
中流階層読者　mittelständisches Publikum　*213*
長音記号　Dehnungszeichen　*162, 166, 171*
兆候　Symptome　*287, 290*
重複子音化　Geminata　*53*
帳簿　Rechnungsbücher　*140*
長母音化　Vokaldehnung　*154, 166, 167, 229, 302*
長母音の短母音化　Vokalkürzung　*122, 168*
長母音表記　Längebezeichnung, vokalische　*226, 229*
陳情書　Beschwerdebriefe　*140, 285*
[ツ]
通俗な嘲笑詩　volkstümliche Spottverse　*159*
綴りかた　Buchstabieren, Schreibweise　*226*
綴り方帳　Buchstabierbüchlein　*141*
つなぎ母音　Bindevokal　*83, 103*

繋ぎ音の *s*　Fügen-*s*　*294*
[テ]
帝国ドイツ語　Reichsdeutsch　*285, 294, 296*
帝国都市　Reichsstadt　*112, 136*
帝国ナショナリズム　Reichsnationalismus　*206, 265, 283, 284, 286, 299*
低舌母音化　Senkung　*122, 165, 167, 169*
低地ザクセン方言　Niedersächsisch　*62, 67*
低地ドイツ語　Niederdeutsch　*19, 52, 53, 72, 73, 94, 111, 112, 118, 120, 121, 125, 132, 144, 146, 147, 160-165, 173, 190, 192, 193, 200, 232, 241, 245*
低地フランケン方言　Niederfränkisch　*62, 67, 125*
低地プロイセン方言　Niederpreußisch　*119*
定動詞省略副文　affinite Nebensätze　*245*
定動詞第二位　Zweitstellung des Finitums　*179, 244*
定動詞文頭の条件文　nichteingeleitete konditionale Nebensätze　*181*
定動詞（の）文末（配置）　Endstellung des Finitums　*179, 244*
テーマ母音　Themavokal　*36, 77, 99, 173*
手紙　Brief　*139, 140, 159, 160, 180, 206, 207, 210, 253, 289, 297*
手紙（の書き方）指南書　Briefsteller　*253*
テキスト言語学　Textlinguistik　*290, 298*
テキストジャンル　Textsorten　*138, 140, 145, 149, 159, 160, 183, 206, 210, 229, 240, 244-246, 292, 301, 305, 308*
テューリンゲン方言　Thüringisch　*67, 94, 112, 144*
テレビ　Fernsehen　*268, 273, 275, 278-280, 282, 293, 302, 314*
電子メール　E-mail　*268, 280*
[ト]
ドイツ騎士団　Deutscher Orden　*93, 119*
ドイツ気質協会　Deutschgesinnte Genossenschaft　*217*
ドイツ語規範化　Sprachnormierung, Sprachkodifizierung　*215, 220*

ドイツ語教育　Deutschunterricht, muttersprachlicher　*216, 221, 287*
ドイツ語協会　Gesellschaft für deutsche Sprache　*286, 287*
ドイツ語研究所　Institut für deutsche Sprache　*287*
ドイツ語孤島　deutsche Sprachinseln　*150*
ドイツ語辞典編纂　deutsche Lexikologie　*222*
ドイツ語浄化　Sprachreinigung　*215-219*
ドイツ語聖書　Bibelübersetzungen, deutsche　*152, 160, 272*
ドイツ語洗練（化）　Sprachkultivierung　*214, 215, 218, 220-222, 257, 260*
ドイツ語の r- 音　*227*
ドイツ古典主義文学　deutsche Klassik　*264*
ドイツ語文法　deutsche Grammatik　*141, 182-184, 216, 220-222, 225, 226, 248, 287*
ドイツ帝国　Deutsches Kaiserreich　*153, 203, 265-267, 270-273, 283-285, 294*
ドイツドイツ語　deutschländisches Deutsch　*285, 294-297*
ドイツ統一（ドイツ帝国成立）　Reichseinigung　*202, 206, 274*
ドイツナショナリズム　Deutschnationalismus　*274, 283, 284*
ドイツ連邦　Deutscher Bund　*202, 265*
ドイツ連邦共和国　Bundesrepublik Deutschland　*265, 293, 296*
ドゥーデン編集部　Dudenredaktion　*287*
頭韻法　Alliteration, Stabreim　*34*
同化　Assimilation　*128, 172, 204, 206, 276, 302, 303, 314*
統合的言語構造　synthetischer Sprachbau　*39*
等語線　Isoglosse　*65-67*
同時調音　Koartikulation　*302*
動詞的文体　Verbalsstil　*306, 307, 311*
動詞の結合価　Verbvalenz　*239, 240*
動詞の単一複数形　Einheitsplural im Paradigma der Verbflexion　*54*
動詞派生　Verbableitung　*187, 243, 255-257, 312*

動詞複合体　Verbgefüge　*81, 104, 176, 178, 179, 231, 241, 242, 244, 245, 305*
東上部ドイツ語　Ostoberdeutsch　*145, 146, 149-154, 156, 157, 163, 165, 192, 227, 240, 246*
撞着語法　Oxymoron　*116*
東中部ドイツ語　Ostmitteldeutsch　*57, 94, 119, 128, 144-146, 149-153, 156, 158, 162-166, 171, 175, 182, 208, 220, 222, 229, 233, 237, 240, 245, 249*
東中部ドイツ語・東上部ドイツ語同盟　ostmitteldeutsch-ostoberdeutschen Schreiballianz　*151*
道徳週刊誌　moralische Wochenzeitschriften　*207, 210*
東部低地ドイツ語　Ostniederdeutsch　*94, 119*
東部ポンメルン方言　Ostpommerisch　*119*
東方植民　Ostkolonisation　*93, 118-120, 152, 155, 273*
特殊語　Sondersprache　*115, 127*
読書革命　Leserevolution　*206, 210, 212, 213, 281, 283*
読書キャビネット　Lesekabinett　*212*
読書協会　Lesegesellschaft　*212*
読書クラブ　Lesegesellschaften　*275*
読書サークル　Lesegesellschaft, Lesezirkel　*212*
読書中毒　Lesesucht　*212*
読書熱　Lesefieber　*212*
都市化　Urbanisierung　*205, 267*
都市下級階層　städtische Unterschicht　*135*
都市官房　Stadtkanzlei　*121, 139*
都市貴族　Patriziat, Patrizier　*135*
都市上級階層　städtische Oberschicht　*135*
都市書記官　Stadtschreiber　*135, 157*
都市中級階層　städtische Mittelschicht　*135*
都市同盟　Städtebund　*94, 136*
都市日常語　städtische Umgangsprache　*292*
都市法　Stadtrecht　*94, 121, 124*
都市方言　Stadtdialekte　*292*

図書館　Bibliothek　*213, 275*
ドナウシュヴァーベン人　Donauschwaben　*203*
ドミニコ修道会　Dominikaner　*116, 117*
トリーア大司教　Erzbischof von Trier　*133*
トルコ戦争　Türkischer Krieg　*203*

[ナ]
内因説（第二次子音推移）　innersprachliche Kausalität　*64*
内国ドイツ語　Binnendeutsch　*296*
内的独白　innerer Monolog　*301*
ナチス支配　Nationalsozialistische Herrschaft　*265, 283*
七選帝侯　Sieben Kurfürsten　*133*
七年戦争　Siebenjähriger Krieg　*207*
ナポレオン支配　Napoleonische Herrschaft　*202, 284, 297*
ナポレオン戦争　Napoleonischer Krieg　*202, 275, 283*
ナポレオン法典　Code Napoleon　*299*
軟口蓋音　Velar　*63*
軟口蓋摩擦音　velarer Frikativ　*171*
南西ドイツ　Südwestdeutschland　*134, 203, 204, 304*

[ニ]
西イディッシュ語　Westjiddisch　*128*
西ノルド語　Westnordisch　*52*
西フランク王国　Westfrankenreich, westfränkisches Königreich　*92*
西フランケン方言　Westfränkisch　*56, 90*
二重完了形　doppeltes Perfekt-Verbgefüge　*176*
二重半母音の二重母音化　Diphthongierung der Doppelhalbvokale　*53*
二重否定　doppelte Verneinung, polynegativisches Prinzip　*239*
二重母音化（初期新高ドイツ語）　Diphthongierung, frühneuhochdeutsche　*151, 154, 156, 161, 165, 167, 229*
二重母音の単母音化　Monophthongierung der Diphthonge　*68, 151, 154, 156, 166, 167*
日刊紙　Tagesblatt　*209, 275, 276*

[ネ]
ネーデルラント連合国　Vereinigte Niederlande　*126*
年鑑　Almanach　*153, 208*
年代記　Chronik　*117, 118, 124, 139, 140, 240*

[ノ]
農村・郷土小説　Dorf- und Heimatromane　*276*
農民戦争　Bauernkrieg　*134, 203*

[ハ]
バイエルン・オーストリア方言　Bairisch-Österreichisch　*144, 153, 294*
バイエルン方言　Bairisch　*52, 60, 61, 67, 72, 77, 86, 94, 110, 111, 154*
ハイフン　Bindestrich　*251, 303, 310*
箱文　Schachtelsatz　*182, 244, 247*
破擦音　Affrikata　*58, 62, 63*
派生動詞　abgeleitetes Verb　*188, 256*
派生用接尾辞　Ableitungssuffix　*44*
発音規範　Aussprachenorm　*271, 272*
波動説　Wellentheorie　*24*
話しことば　gesprochene Sprache　*138, 139, 144, 148, 149, 152, 154, 156, 168, 179-182, 184, 214, 215, 220, 242, 247, 257, 281, 282, 291, 292, 295, 298, 305, 308*
話しことば方言　Mundarten, Dialekte　*75, 146, 156*
話しことばリズム原則（句読点）　sprechrhythmisches Prinzip der Interpunktion　*231*
ハプスブルク家　Habsburger Dynastie　*112, 126, 133, 155, 195, 202*
バロック　Barock　*150, 203, 217, 218, 225, 227, 228, 230, 247, 248, 253, 257*
ハンザ同盟　Hanse　*94, 119-121, 123, 124, 136, 137, 146, 147, 149*
半接辞　Halbaffix　*252*
半接尾辞　Suffixoid　*253, 254, 310, 311*
反復動詞　reduplizierendes Verb　*43*

[ヒ]
非円唇化　Entrundung　*150*
鼻音の消滅　Schwund des Nasals　*54*

比較文法　historisch-vergleichende Grammatik　20
東イディッシュ語　Ostjiddisch　127, 128
東ゲルマン語　Ostgermanisch　52, 54, 64
東フランク王国　Ostfrankenreich, Ostfränkisches Königreich　57, 90, 92, 125
東フランケン方言　Ostfränkisch　61, 67, 75, 77, 94, 110, 144, 146, 153, 154
東フリジア・オルデンブルク方言　Ostfriesisch-Oldenburgisch　120
非識字者　Analphabeten　270
非自由技芸　artes mechanicae, unfreie Künste　142, 189
ビスマルク体制　Bismarck Ära　206
非対称的な二言語使用　asymmetrischer Bilinguismus　273
否定接頭辞（接尾辞）　Negationspartikel　107
鼻母音　Nasalvokal　226, 227
秘密言語　Geheimsprache　189
百科事典　Konversationslexika　275
百科全書　Enzyklopädie　207
表記異体　Varianten, graphemische　147, 153, 226, 228, 229
標準ドイツ語　Standarddeutsch, Hochdeutsch　19, 57, 154, 200, 201, 217, 220, 221, 271, 273, 291–293, 295, 296, 298, 302

[フ]
風刺的諧謔文学　Satire　136
フェミニズム言語批判　feministische Sprachkritik　290, 291
複合動詞　Verbkompositum　33, 180
複合文　Satzgefüge　107, 183
複合名詞　Kompositum　33, 189
複数形語尾　Pluralendung des Nomens　222, 223, 232–234, 295
複数中枢型　plurizentrisch　145
服装規定　Kleiderordnungen　140
フス戦争　Hussistenkrieg　133
舞台役者　Bühnenschauspieler　273
フッガー家　Fugger　137, 154, 158
プファルツ伯　Pfalzgraf　133
プファルツ方言　Pfälzisch　94, 148

フライシンク修道院　Kloster Freising　72
プラグマティック・ターン　pragmatic turn　290
ブラバント侯領　Herzogtum Brabant　125
フランク王国　Fränkisches Königreich　56, 57, 64, 73, 90, 92, 125
フランケン方言　Fränkisch　52, 60, 61, 64, 74, 75, 90, 128
フランス革命　Französische Revolution　202, 205, 258
ブランデンブルク辺境伯　Markgraf von Brandenburg　133
フランドル伯領　Grafschaft Flandern　125
フリードリヒ賢侯　Friedrich der Weise　134
フルダ修道院　Kloster Fulda　75
プロイセン少尉口調　preußischer Leutnantston　297
ブログ　Blog　269, 280, 303
ブロックハウス社　Verlag Brockhaus　274, 277
プロトコル　Protokolle　140, 253
プロパガンダ　Propaganda　159, 278
文化愛国主義　Kulturpatriotismus　214, 215, 221, 223, 230, 282, 283
文学テキスト　literarische Texte　253, 301
文学用語　Literaturbegriffe　195
文化闘争　Kulturkampf　272
文献学　Philologie　110, 191, 214, 272
分枝語　Zweigsprache　127
文肢追補　Nachtrag, Nachstellung, Rechtsversetzung　180
文章語　Schriftsprache　19, 75, 110, 120, 121, 124, 140, 150, 155, 156, 162–164, 200, 220
文書コミュニケーション　schriftliche Kommunikation　147, 281, 282
分析的（言語構造）　analytischer Sprachbau　39, 179, 231, 236, 242
文体指南書　Stillehre, populäre Spachverbesserungsbücher　288
文頭位置　Vorfeld　308
文否定　Satznegation　239

文法化　Grammatikalisierung　*187, 252*

文法家, 文法学者　Grammatiker　*57, 139, 200, 201, 211, 215, 216, 220, 221−223, 226, 230, 231, 237, 238, 240, 241*

文法原則（句読点）　grammatisches Prinzip der Interpunktion　*231*

文法書　Grammatikbuch　*200, 221, 225, 229*

文法的交替　grammatischer Wechsel　*31−33, 231, 244*

文法用語　grammatische Termini　*216, 226, 250*

[ヘ]

ペーグニッツの牧人協会（＝ペーグニッツ花協会）　Pegnitzer Schäfer (Pegnitzer Blumenorden)　*217*

兵士語　Soldatensprache　*190*

閉塞音　Ostruente　*62*

ベギン修道会　Beginen　*115*

ヘッセン方言　Hessisch　*94, 144, 148*

ヘブライドイツ語　Hebräisch-Deutsch　*127*

ヘブライ文字　hebräische Schrift　*127*

ペリオドゥス　Periodus　*230*

ヘルデルラント伯領　Grafschaft Gelderland　*125*

ヘルミノン語　Herminonisch　*52*

ベルリンオリンピック　Olympische Spiele in Berlin　*279*

ベルリン科学アカデミー　Akademie, Berliner　*202, 260*

ヘレンフート同胞教会　Herrnhuter Brüdergemeinde　*207*

辺境伯　Markgraf　*92, 93, 156*

ベンラート線　Benrather Linie　*67*

[ホ]

ホーエンシュタウフェン朝　Hohenstaufer Dynastie　*92, 93, 107, 111, 112, 155*

ホーエンツォレルン家　Hohenzollern Dynastie　*133, 155*

ホームページ　Web-Seite　*280*

母音交替　Ablaut　*25, 26, 39, 43, 44, 186*

母音交替系列　Ablautreihe　*39−43, 68, 82,* *84, 85, 102, 104*

母音交替平準化　Ausgleich der Ablautunterschiede innerhalb des Präteritums, Ablautausgleich　*237*

母音語幹　vokalischer Stamm　*24, 35−37, 77, 78*

母音推移　vokalische Übergänge　*34*

母音重複（長母音表記）　Vokalverdoppelung　*221, 228, 229*

法学　Jura　*142, 189*

方言語　Provinzialismen　*283*

封建社会　feudale Gesellschaft　*93, 135, 158*

冒険小説　Abenteuerromane　*276*

抱合語　polysynthetische Sprache　*21*

冒頭子音の反復　Reduplikation　*25*

法曹語　Rechtssprache　*190, 191*

法律文書　Rechtstexte　*139, 240, 286, 291*

法律用語　Rechtssprache　*124*

牧師　Pfarrer　*209, 211, 212, 238, 298*

北部低地ザクセン方言　Nordniedersächsisch　*120*

北部低地ドイツ方言　Nordniederdeutsch　*120*

ポグロム　Pogrom　*136*

母語　Muttersprache　*127, 128, 153, 216, 219, 286*

北海ゲルマン語　Nordseegermanisch　*51−53*

ボヘミア王　König von Böhmen　*133*

ボヘミア方言　Böhmisch　*144*

ホラント伯領　Grafschaft Holland　*125*

ホルシュタイン方言　Holsteinisch　*120*

翻訳借用語　Lehnübersetzung　*87−89, 114*

翻訳文学　Übersetzungsliteratur　*114, 115, 259*

[マ]

マイセン語　Meißnisch　*149, 150*

マイセンドイツ語　meißnisches Deutsch　*149, 150, 205, 220, 221, 296*

マインツ大司教　Erzbischof von Mainz　*133*

摩擦音 r　Reibelaut-*r*　→　ドイツ語の r-

音

魔女術　Hexenmagie, Hexerei　*142*

マスメディア　Massenmedien　*275, 278, 281*

マルク方言　Märkisch　*119*

マルチメディア　Multimedien　*268, 269*

［ミ］

南（もしくは西）ゲルマン語　Süd- oder Westgermanisch　*34, 35, 53, 54*

南ドイツ帝国ドイツ語　Süddeutsches Reichsdeutsch　→　上部ドイツ共通ドイツ語（＝南ドイツ帝国ドイツ語）

南フランケン方言　Südfränkisch　*67*

南ライン・フランケン方言　Süd-Rheinfränkisch　*77, 94*

ミニステリアーレ　Ministeriale　*93*

身分社会　Ständegesellschaft　*135, 267*

見本市　Messe　*136, 152, 205*

見本市カタログ　Messekataloge　*140*

民衆啓蒙　Volksaufklärung　*206, 210, 213, 214, 244*

民衆語　Volkssprache　*18, 57, 73, 89, 90, 142, 147, 179, 204, 215*

民主化　Demokratisierung　*268, 287*

民族移動　Völkerwanderung　*27, 28, 56, 64*

ミンネザング　Minnesang　*108*

［ム］

無声閉鎖音　stimmloser Verschlusslaut　*29, 30, 33, 58, 60, 62, 63, 65*

無声摩擦音　stimmloser Frikativ　*29, 31, 54, 58, 60-62*

［メ］

名詞大文字書　Großschreibung des Substantivs　*226, 230*

名詞化　Nominalisierung　*25, 36, 117, 185, 306, 310, 311*

名詞化文体　Nominalisierungsstil　*230, 246, 252, 299, 306, 307, 308*

名詞的文体　Nominalstil　*247, 250, 311*

名詞派生　Nomenableitung　*26, 184-186, 252, 309, 311*

名詞付加語　Nominalattribut　*231, 251,*

306

メクレンブルク・フォーア・ポンメルン方言　Meklenburg-Vorpommerisch

メタファー　Metahpher　*289, 301*

メロヴィング朝　Merowinger Dynastie　*57*

メンテリーン聖書　Mentelin Bibel　*192*

［モ］

モーゼル・フランケン方言　Moselfränkisch　*94, 148*

蒙昧者の手紙　Dunkelmännerbriefe　*159*

黙読　stilles Lesen　*138, 140, 180, 210, 231, 282*

目録　Güterverzeichnisse　*140, 277*

文字化原則　Orthographieprinzipien　*226*

文字テキスト　Schrifttext　*269, 280*

文字メディア　Schriftmedien　*268, 278*

樅木誠実協会　Aufrichtige Gesellschaft von der Tannen　*217*

問答集　Katechismus　*208, 211, 298*

［ユ］

有声帯気閉鎖音　stimmhafter aspirierter Verschlusslaut　*30*

有声閉鎖音　stimmhafter Verschlusslaut　*30, 31, 61-63*

有声摩擦音　stimmhafter Frikativ　*30, 31, 58, 60*

ユグノー　Hugenotten　*204, 259*

輸出規定　Exportbestimmungen　*140*

ユダヤ人　Juden　*127, 128, 135, 136, 203-206, 267*

ユダヤ人解放運動　Emanzipation der Juden　*128*

ユダヤ人大虐殺　Holocoust　*128*

ユダヤ人迫害　Judenverfolgung　*127*

ユダヤドイツ語　Judendeutsch, Jüdisch-Deutsch　*128*

ユルディンゲン線　Ürdinger Linie　*67*

ユンカー貴族　Junker　*202*

［ヨ］

ヨーゼフ・マイアー社　Verlag Joseph Meyer　*275*

ヨーロッパ・ラテン語　Eurolatein, Euroklassizismen　*313, 314*

ヨーロッパ統合　europäische Vereinigung　266
ヨーロッパ連合　europäische Union（EU）266
羊皮紙　Pergament　137, 138
予言　Prophezeiung, Wahrsagerei　142
読み書き学校　Katechismusschule, Küsterschule　211
47年グループ　Gruppe 47　300

[ラ]
ライヒェナウ修道院　Kloster Reichenau　74, 75
ライン・フランケン方言　Rheinfränkisch　61, 67, 69, 75-77
ライン同盟　Rheinbund　202
ラジオ　Radio, Rundfunk　268, 272, 273, 275, 278, 279, 282, 292, 293, 302, 304
ラジオアナウンサー　Radioansager　272
ラテン語学校　Lateinschule　141, 184
ラテン語文法　lateinische Grammatik　239
ラテン文字アンティクヴァ　Antiqua-Schrift　230
羅独辞典　lateinisch-deutsches Wörberbuch　192, 222

[リ]
リアリズム文学　Realismus　264
リプアリア方言　Ripuarisch　94, 148, 149
猟師語　Jägersprache, Jägerlatein　190
両唇音　Bilabial　63
量的母音交替　quantitativer Ablaut　26
領邦国家　Territorialstaaten　135, 137, 144, 145, 200, 201, 203, 205, 206, 211, 265, 270
領邦主権　Souveränität der Territorialstaaten　112
領邦諸侯　Territorialfürsten　112, 133, 134, 155
料理本　Kochbücher　140
旅行記　Reiseliteratur　210
リンブルク侯領　Herzogtum Limburg　125
リンブルク方言　Limburgisch　111

[ル]
ルーネ文字　Runenschrift　28
ルール低地語　Ruhr-Platt　292
ルールドイツ語　Ruhr-Deutsch　292
ルクセンブルク家　Luxemburger Dynastie　133, 155
ルタードイツ語　Lutherdeutsch　57, 145, 147, 152, 162, 180, 192, 205, 220, 221
ルターの e　luthersches -e　233
ルター訳聖書　Lutherbibel　131, 145, 160, 161, 192, 194
ルネサンス　Renaissance　158, 159
流浪者吟遊詩　Vagantenlieder　159

[レ]
歴史小説　historischer Roman　276
歴史比較言語学　historisch-vergleichende Sprachwissenschaft　20, 24
レクラム・ウニヴェルザール・ビブリオテーク　Reclams Universalbibliothek　275
連音変化　kombinatorische Lautwandlung　34
廉価文庫本　Taschenbuch　276
錬金術　Alchemie　142, 189, 191
連続小説シリーズ　Fortsetzungsromane　276
連祷の皮肉　ironische Litaneien　159

[ロ]
ローマ帝国（古代）　Römisches Reich（antikes）　56, 64, 92, 125, 134, 136, 153, 201, 202, 273
ローマ帝国の復興　Wiederaufbau des Römischen Reichs　92
老眼鏡　Lesebrille　138
朗読　Vorlesen　138-140, 180, 206, 209, 231, 281, 298
ロマン主義文学　Romantik　264
ロマンス語化　Romanisierung　90

[ワ]
ワイマール共和国　Weimarer Republik　265-267
若きドイツ　Junges Deutschland　300
若者ことば　Jugendsprache　298
枠外配置　Ausklammerung　180, 182, 244-246, 308
枠構造　Satzrahmen, Klammerbildung, Distanzstellung　181, 182, 244-247, 308

著者紹介

須澤　通（すざわ　とおる）
　信州大学名誉教授

井出　万秀（いで　まんしゅう）
　立教大学教授

ドイツ語史──社会・文化・メディアを背景として

2009年5月1日　初版発行
2020年4月3日　第3刷

　　　著　者　　須　澤　　　通
　　　　　　　　井　出　万　秀
　　　発行者　　大　井　敏　行
　　　発行所　　株式会社　郁 文 堂
　　　　　　　　113-0033　東京都文京区本郷 5-30-21
　　　　　　　　電話［営業］03-3814-5571　［編集］03-3814-5574
　　　　　　　　振替 00130-1-14981
　　　印刷・製本　株式会社シナノ

ISBN 978-4-261-07290-7　　許可なく複製・転載すること，ならびに
Ⓒ 2009　Printed in Japan　　部分的にもコピーすることを禁じます。